無農薬・
無化学肥料で育てる!

おいしい野菜づくり

監修
関野幸生
渋谷正和
明石誠一
竹内孝功

成美堂出版

もくじ

無農薬・無化学肥料で育てる！ おいしい野菜づくり

50音順

栽培時期でわかる写真もくじ

※「春から夏」「秋から冬」の両方に入っている野菜もあります。

春から夏に育てる野菜

…実もの類
…葉・茎もの類
…マメ類
…イモ類
…根もの類
…穀物類

…やさしい
…ふつう
…むずかしい

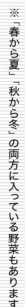

シュンギク

種まき 3〜4月
収穫 6月

P124

ショウガ

植えつけ 4月
収穫 10〜11月

P205

シロウリ

種まき 4〜5月
植えつけ 5月
収穫 7〜8月

P78

スイカ

種まき 5月
植えつけ 5月
収穫 7〜8月

P80

ズッキーニ

種まき 4月
植えつけ 5月
収穫 6〜7月

P82

ツルムラサキ

種まき 4月
植えつけ 5月
収穫 7〜10月

P136

トウガン

種まき 5月
植えつけ 5月
収穫 7〜10月

P84

トウモロコシ

種まき 4〜5月
植えつけ 5月
収穫 7月

P86

トマト

種まき 3月
植えつけ 5月
収穫 7〜8月

P88

ナガイモ

種まき 4〜5月
収穫 11月

P192

ナス

種まき 3月
植えつけ 5月
収穫 6〜11月

P94

ニラ

種まき 3〜4月
植えつけ 6月
収穫 4〜10月

P138

ニンジン

種まき 7月
収穫 12〜2月

P202

ネギ

種まき 9月
植えつけ 5〜6月
収穫 12〜1月

P142

バジル

種まき 4月
植えつけ 5月
収穫 7〜8月

P147

ピーマン

種まき 3月
植えつけ 5月
収穫 7〜11月

P98

ヘチマ

種まき 4〜5月
収穫 8〜10月

P102

食用ホオズキ

種まき 4月
植えつけ 5月
収穫 8〜11月

P104

マクワウリ

種まき 4〜5月
植えつけ 5月
収穫 7〜8月

P106

モロヘイヤ

種まき 4〜5月
植えつけ 5〜6月
収穫 7〜9月

P162

ラッカセイ

種まき 5月
収穫 9〜11月

P178

ラディッシュ

種まき 3〜5月
収穫 4〜6月

P206

ルッコラ

種まき 4〜5月
収穫 6〜7月

P148

リーフレタス

種まき 2〜3月
植えつけ 3〜4月
収穫 5〜6月

P160

レタス

種まき 2〜3月
植えつけ 3〜4月
収穫 5月

P158

秋から冬に育てる野菜

イチゴ

植えつけ 10月
収穫 5月

P52

カツオナ

種まき 8〜9月
収穫 10〜3月

P111

カブ

種まき 9月
収穫 11〜12月

P194

ミズナ
種まき 9月
収穫 10～3月
P157

ニンニク
種まき 10月
植えつけ 5～6月
収穫 5月
P140

ダイコン
種まき 9月
収穫 11～2月
P198

サヤエンドウ
種まき 10～11月
収穫 5月
P173

カラシナ
種まき 9月
収穫 10～12月
P112

ラディッシュ
種まき 9月
収穫 10月
P206

ネギ
種まき 9月
植えつけ 5～6月
収穫 12～1月
P142

タカナ
種まき 9月
収穫 11～12月
2～3月
P126

ジャガイモ
植えつけ 8～9月
収穫 12月
P189

カリフラワー
種まき 8～9月
植えつけ 9月
収穫 10～12月
P155

ルッコラ
種まき 9～10月
収穫 10～11月
P148

ノラボウナ
種まき 9月
収穫 10～12月
3～4月
P144

タマネギ
種まき 9月
植えつけ 11月
収穫 5～6月
P130

シュンギク
種まき 9月
収穫 11～12月
P124

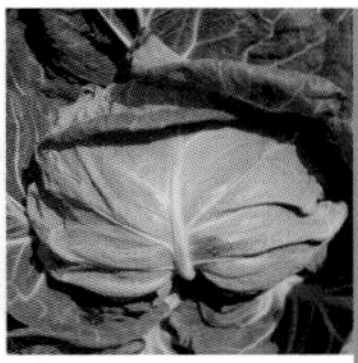

キャベツ
種まき 8～10月
植えつけ 9～11月
収穫 1～5月
P116

リーフレタス
種まき 8～9月
植えつけ 9～10月
収穫 11～1月
P160

ハクサイ
種まき 8月
植えつけ 9月
収穫 12～1月
P150

チンゲンサイ
種まき 9月
収穫 10～1月
P134

スナップエンドウ
種まき 10～11月
収穫 5月
P173

コマツナ
種まき 9～10月
収穫 10～2月
P120

レタス
種まき 8～9月
植えつけ 9～10月
収穫 11～1月
P158

ブロッコリー
種まき 8～9月
植えつけ 9月
収穫 12～2月
P153

東京ベカナ
種まき 8～9月
収穫 10～2月
P137

ソラマメ
種まき 10月
収穫 5～6月
P176

コムギ
種まき 10～11月
収穫 6～7月
P210

…実もの類
…葉・茎もの類
…マメ類
…イモ類
…根もの類
…穀物類

ホウレンソウ
種まき 9月
収穫 11～2月
P156

ニンジン
種まき 7月
収穫 11～2月
P202

タアサイ
種まき 9月
収穫 11～2月
P128

ザーサイ
種まき 8～9月
植えつけ 9月
収穫 12～2月
P122

本書の使い方

●本書は**「実もの野菜」「葉・茎もの野菜」「マメ類」「イモ類」「根もの野菜」「穀類」**の順に、野菜をほぼアイウエオ順に並べています。

●はじめて野菜づくりに挑戦される場合は、Part1**「有機栽培・自然栽培の基本」**からお読みください。

●Part8では**「コンパニオンプランツと緑肥」**について紹介しています。

肥料について
無肥料での育てやすさや、有機栽培で肥料を与える場合の目安について記載。

おすすめの品種
有機栽培や自然栽培に向いた品種をあげています。

畑の準備
種まきや植えつけの際、栽培に適した畝の形や株間、条間、畝間、畝高などのサイズをイラストで示しています。

栽培暦
種まき、植えつけ、収穫、種とりなど、農作業の目安を12か月（各月は上旬・中旬・下旬の3枠）で表示。埼玉県富士見市（暖地・中間地）の露地栽培を基準に紹介。地域により差があるので目安として参考にしてください。

栽培のポイント
その野菜の栽培を成功させるためのポイントを紹介。

栽培難易度
栽培における難易度を、やさしい・ふつう・むずかしいの3種類で紹介。難度が高いものは、栽培期間が長かったり、初心者は失敗する確率が高い野菜です。

野菜の科と属

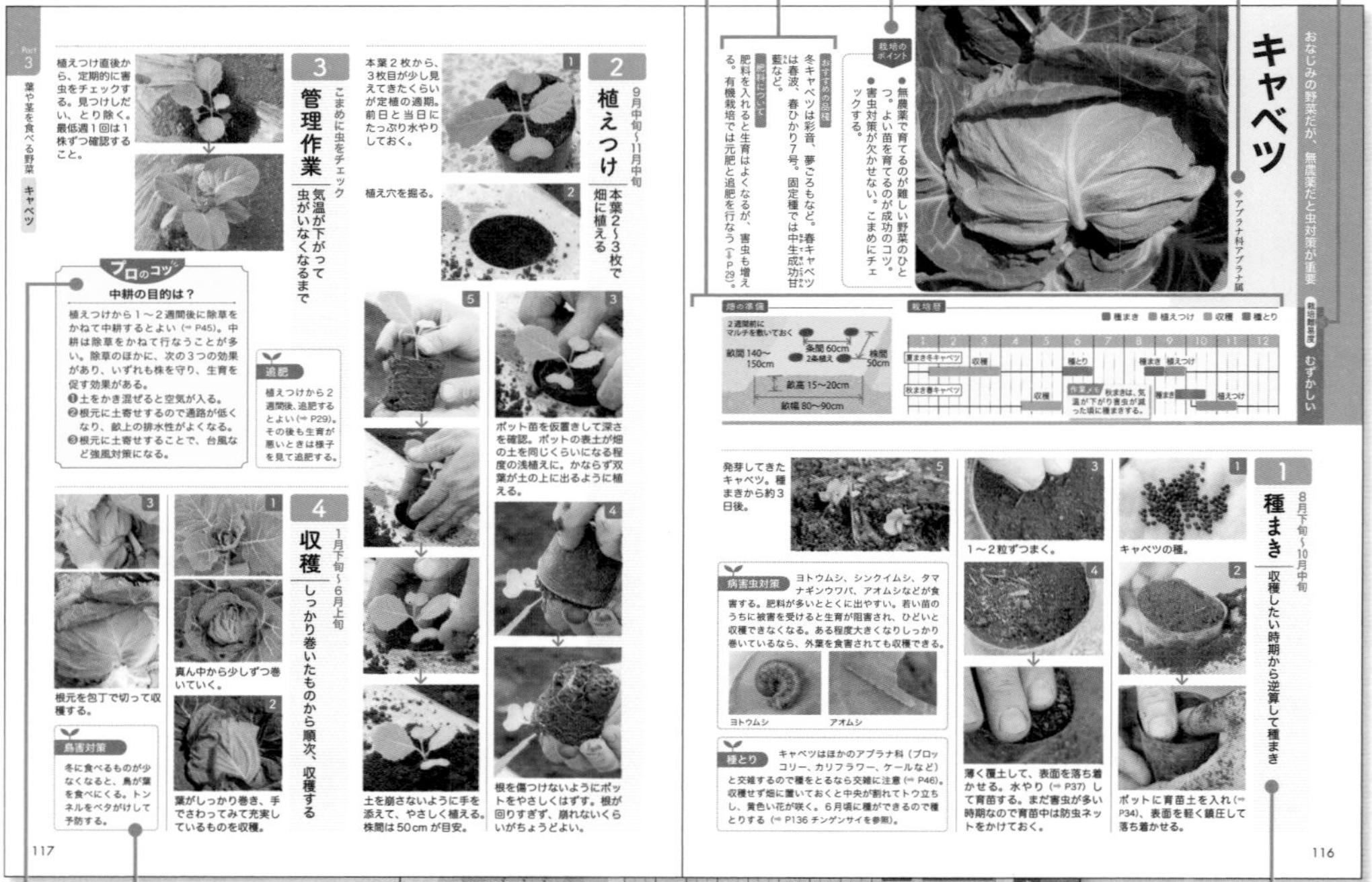

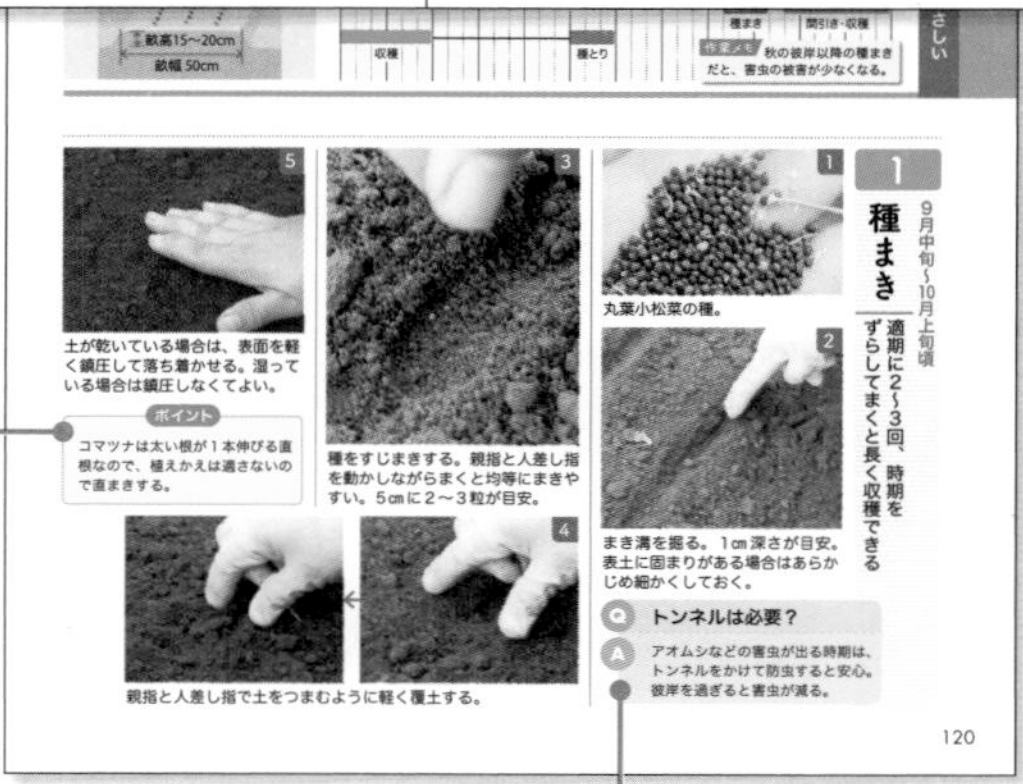

栽培手順
種まき、植えつけ、管理作業、収穫、種とりなど、栽培の手順を写真やイラストで解説。

囲みコラム
◆**プロのコツ**
◆**追肥する場合**
◆**直まきの場合**
◆**ポットまきの場合**
◆**病害虫対策**
◆**種とり**
◆**Q＆A**
◆**ポイント** など、
栽培に役立つ情報や豆知識をテーマ別に紹介しています。

はじめに

野菜づくりにはロマンがある！ とにかく楽しんで育てよう

「本当においしい野菜を無農薬、無化学肥料で育てたい！」そんな人に向けて、本書は生まれました。

この本では、定番野菜から地方野菜まで、多くの品種の育て方を紹介していますが、栽培法には決まりはありません。本書を基本として、あとは楽しむことが大切です。ときには失敗することもあるでしょう。それもひとつの結果としてとらえ、そこからたくさんのことを学んでください。失敗や成功を積み重ねていくと、自分だけの栽培法を編み出していくことができ、それがなによりの財産になります。本で勉強したり、他人の意見に耳を傾けることも大切ですが、自分の畑にあった種まきの時期や育て方を自分の感性で見抜き、本当に野菜が求めているのは何なのか、それを突き止める力こそが、野菜づくりを成功へと導くでしょう。

本書では、種まきから育苗、植えつけ、管理作業、収穫、そして種とりまで、ていねいに解説しました。とくに種とりは、無農薬・無化学肥料栽培では重要です。

種をまいて発芽するときは、いつもドキドキします。そして、その苗が成長し、やがて実がなり、また種をつける。その野菜の種がとれたとき、種がつながっていくことを実感するでしょう。もう種を買わなくても、ずっと種をつないでいける。それは、人がものを食べて生きていく上で、ひじょうに重要なことです。自分で育てた野菜を食べて、その野菜の種をとり、また育てる。それは私たちに安心感を与えてくれるはずです。

種とりはむずかしいと思う人もいるでしょう。まずは、種をとりやすい野菜からはじめましょう。トマトやナス、ピーマン、シシトウ、ゴーヤなどの実野菜は、種をとりやすい代表的な野菜です。また、交雑しやすいダイコンやカブなどのアブラナ科は、仲間とグループをつくって種とりしてみてください。それぞれが「これは！」と思う母本を持ち寄って育てることで、より多様性のある種をとることができます。もともと他家受粉する野菜は、離れた産地の遺伝子と結びつきたがっているのです。野菜づくりも、種とりも、ロマンがあります。ぜひ自分好みの野菜を育て、種をつないでいきましょう。

本書は、有機肥料を使う有機栽培と、肥料を使わない自然栽培と、両方の栽培法を紹介しています。どちらの栽培法を選ぶかは、読者にゆだねています。無肥料にこだわって野菜づくりを失敗し続けてやめてしまうくらいなら、肥料を使う選択肢もあるでしょう。畑に行くのが楽しくて仕方ない、そんな育て方を見つけてください。

本書は無肥料自然栽培を実践している関野幸生、渋谷正和氏、明石誠一氏の3人の畑で撮影しました。そして、コンパニオンプランツと緑肥作物については竹内孝功氏にご協力いただきました。それぞれの栽培法は少しずつ違いますが、その違いを含めて参考にしてください。

たくさんの人に、とびっきりおいしい野菜を楽しんで育ててほしいと思います。本書がそのためのみちすじになることを祈っています。

関野幸生

とにかくおいしい！

有機栽培・自然栽培Q&A

有機栽培も自然栽培も、
農薬を使わないから安心！
ちがいは肥料を使うかどうかだけ。
有機肥料を使う有機栽培も、
肥料をまったく使わない自然栽培も、
とっておきのおいしさが自慢です！

Q1 どんな栽培法？

A 有機

農薬や化学肥料を使わない栽培法。堆肥や腐葉土、ボカシ肥などの有機肥料を畑に施し、マルチやトンネルも使います。市販の有機質肥料を使ってもOK。

➡ P12・P24

A 自然

農薬や肥料を一切使わない栽培法です。耕運や除草をしたり、マルチやトンネルは使うので、見た目は一般の栽培法と変わりません。自然界のバランスを考えながら野菜をつくります。

➡ P12・P24

Q2 なぜ、おいしいの？

A 有機

有機質肥料で育てると、化学肥料を使うより成長がゆっくりですが、肉質が緻密《ちみつ》で、味が濃い、野菜本来の味に。本書の栽培暦は有機・自然栽培の成長に合わせてつくっています。

A 自然

肥料を使わないので、野菜が持つチカラと、土本来のチカラで、じっくり時間をかけて育ちます。雑味がなく、すっきりした甘さが自慢。とくにニンジンやカブは驚く甘さです！　また、化学肥料をたくさん使った野菜は傷みやすいですが、無肥料の野菜は傷みにくいといわれています。

ニンジンの甘さはやみつきになるおいしさ！

生食だとちがいがきわだつ！
すっきりした甘さのカブ。

Q3 初心者でも成功するコツを教えて！

A 有機

完熟したよい堆肥や腐葉土、ボカシ肥を適切な量使うのが成功のポイントです。栽培年数を重ねるごとによい土ができて、成功率が高まります。 ➡ P10・13

A 自然

肥料を使わないと害虫が減り、茎葉も茂りすぎないため、かえって管理はラク！　成功のコツは適地適作（➡ P18）、種選びと種とり（➡ P32・46）、種まきや植えつけ時期のタイミングです。つづけることで成功率がアップします。 ➡ P10・13

Q4 種をとるのは大変じゃない？

A 有機 自然

種をとると作業は増えますが、楽しさは格別！　自分好みの形や味のものを残すことで、自分だけの野菜になり、さらに畑に合っていきます。 ➡ P32・46

個性的な野菜は
種をとるのも楽しい。

種はよく乾燥させてから
保存する。

Q5 肥料なしで、どうして育つの？

A 自然

自然の樹木や草花は、肥料を与えなくても育ちます。野菜という「植物」と、微生物がたくさん棲む「土」。それらが本来持っている能力を最大限に引き出すのが、自然栽培。同じ場所では1年1作が基本で、ゆっくり地力を回復させます。自然栽培の野菜は根を深く伸ばし、土壌の微生物と共生して育ちます。さらに種をとると、肥料がない土でも育つ野菜になっていくのです。 ➡ P24・25

Q6 無農薬だと害虫は大丈夫？

A 有機 自然

化学肥料を使っていた畑から有機栽培や自然栽培に転換すると、はじめの数年は害虫が多くなります。やがて害虫を食べる天敵や土壌微生物が増え、害虫は減っていきますが、トンネルなどを上手に使って防除しましょう。もともと家庭菜園は農家より規模が小さく、限られた面積です。こまめに見回ることで、早めに退治できます。 ➡ P10

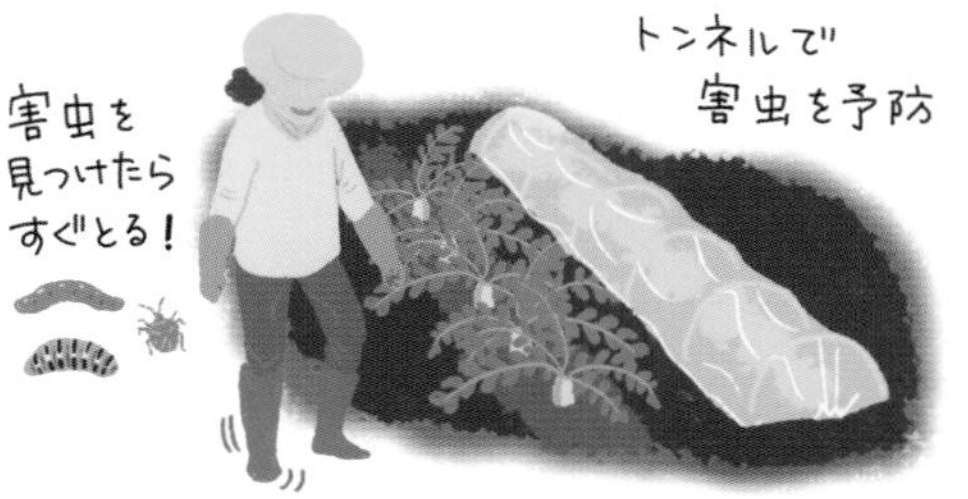

無農薬栽培を成功させる8か条

農薬を使わない有機栽培や自然栽培では、栽培の過程でさまざまな工夫をして病害虫を防ぎます。それでも防ぎきれない被害はありますが、こまめに畑をチェックして早めの対策をしましょう。具体的な工夫と対策をここで紹介します。

ポイント 1 適地適作

畑の土質や環境に適した野菜を育てれば、無理なく育てることができます。土質や環境をよく見きわめて、どんな野菜が向くか調べ試してみましょう。

ポイント 2 こまめに畑に行く

畑にはまめに通うことが大切。風雨で株が倒れたり、急激な乾燥などにも対応でき、病虫害の発生も早く気づければ被害の小さいうちに対処できます。

ポイント 3 よい土づくり

微生物などが多くいる団粒構造の土は野菜がよく育ちます。農薬などを使っていた畑でも土づくりをして3年ほどで微生物が戻りはじめるといわれるので、少しずつ改善を。

ポイント 4 丈夫な苗づくり

無農薬でも育てやすい固定種の種を入手して、種から苗を育てましょう。丈夫な苗なら畑に定植しても雑草や病害虫に負けず、元気に育ちます。

ポイント 5 マルチやトンネルを使いこなす

化学肥料や農薬を使わなくても、マルチで地温を高めて苗の初期生育をよくしたり、雑草を防げます。農薬なしでも、トンネルやベタがけで害虫の侵入や、寒さも防ぐことが可能です。

ポイント 6 風通しや日当たりをよくする

高温多湿や日照不足などが原因になり、病害虫は発生します。混みあった株を切り戻したり、支柱に誘引して風通しや日当たりを改善することも大切です。

ポイント 7 種をとる

種とりを繰り返していくと、栽培する畑の土や環境にも順応して、丈夫で育てやすくなります。自分好みの野菜をつくる楽しみも味わえます。

ポイント 8 天敵を大切にする

畑の土が自然に近づくと、テントウムシやハチ、クモやカマキリ、カエルなど、害虫を捕食する天敵（益虫）がふえます。天敵を殺してしまう農薬を使わずに、天敵を呼ぶ環境をつくりましょう。

畑のよき相棒 ── 害虫の3大天敵

カエル

カマキリ

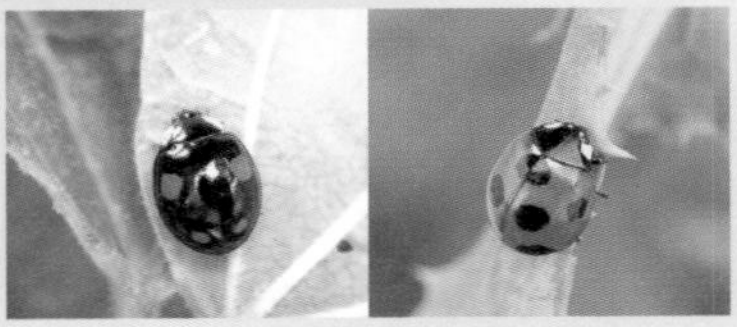
テントウムシ

Part 1

有機栽培・自然栽培の基本

有機栽培・自然栽培で野菜づくり

自分でつくった野菜は、格別な味わいです。家庭菜園だからこそ農薬や化学肥料を使わずに、安心な野菜づくりをしませんか。たとえ形が悪くても、とっておきの野菜になるでしょう。さらに自分で種をとると、畑に合った育てやすい自分だけの野菜をつくることができます。

有機栽培や自然栽培ってどんな栽培法？

現代の農業は、化学肥料と農薬によって収穫量がふえ、品種改良が進んで野菜の形や大きさがそろうF１種（一代交配種）も誕生し、進化を遂げてきました。多くの農家が現在、行なっているこうした一般の栽培のスタイルを慣行栽培と呼びます。

完熟してから収穫するトマトは甘ずっぱくなつかしい味。

これに対して、化学肥料や農薬を使わず、有機肥料を利用するのが有機栽培（オーガニック栽培）です。有機栽培では品種改良されたF１種の種のほか、農家によっては古くから受け継がれて形質が固定化している固定種の野菜も育てています。その希少な種をできるだけ自家採種して使い、一切の肥料を使わない農法を自然栽培といいます。

じっくり育てたカブは甘くて肉質はきめが細かい。

有機栽培や自然栽培が家庭菜園に向く理由

有機栽培では、化学肥料や農薬を使いません。堆肥や腐葉土などで土づくりを行ない、植物が育ちやすい環境を整えます。微生物の力も借りて、自然の循環を大切にすることで、持続可能な方法で、おいしくて安全な野菜を育てます。

自然栽培では、肥料を使いません。肥料を使わないと、野菜の株自体もムダに育ちすぎないため、摘芯などの管理作業が減り、害虫も少なくなる傾向があります。

有機栽培や自然栽培は、一般的に慣行栽培より収量は少なめですが、家族が食べるぶんを少しずつ収穫できるので、家庭菜園向きの栽培法といえるでしょう。

また、近年の大量生産を目指すなかで、日本各地に長く受け継がれてきた伝統野菜、固定種の野菜が失われてきました。生産性が高くて見た目よく改良されたF1種（一代交配種）に追いやられているのが現状ですが、固定種にはおいしくて個性豊かなものがいろいろあります。

固定種の多くは、有機肥料あるいは無肥料で育ちやすいのも特徴です。

有機栽培や自然栽培を成功させるポイント

有機栽培や自然栽培は、手間や技術が必要だといわれます。しかし、家庭菜園なら農家の畑ほどの規模はなく、目の届く範囲だから、害虫対策などもそれほど大変ではありません。

また、野菜の品種選びも大事なポイント。本書では、固定種をメインに、有機栽培や自然栽培で育てやすいおすすめの品種を紹介しています。ただし、栽培地の土質や環境によって適する品種は異なるので（⬇P18）、自分の菜園の特徴を知り、土質に合う野菜を育てて、成功率を高めましょう。菜園仲間と情報交換するのもおすすめです。

■慣行栽培と有機栽培や自然栽培の違い

	慣行栽培（一般の栽培）	有機栽培	自然栽培
特徴	F1種＋化学肥料＋農薬	F1種や固定種＋有機肥料	固定種（自家採種が理想）＋無肥料＋適地適作 （F1種も使えるが育ちにくい場合もある）
メリット	●機械化や施肥のしやすさなど、農作業が合理化されている。 ●機械化で大量生産しやすい。 ●収穫期が一定。 ●作物の形がそろう。（出荷しやすい） ●収量が多い。	●落ち葉や家畜のフン、台所の野菜くずなどを廃棄せず、循環して利用できる。堆肥を手づくりできれば買う必要がない。 ●化学肥料や農薬を使わないので、土壌や野菜に化学物質の蓄積がない。 ●周辺の自然環境を汚染しにくく、土壌微生物がふえ、生物が多様になる。 ●一般的に野菜の味が濃く、きめが細かい。	●収穫期が一時期に集中しないため、天候不順による全滅を受けにくい。 ●株がコンパクトに育つので、摘芯などの作業が減る。 ●肥料や農薬を使わず、経済的で外部依存が少ない。自家採種すれば種も購入しなくてよい。 ●野菜本来の味がする。一般的に、すっきりした雑味のない味。
デメリット	●種や化学肥料や農薬を毎年買う必要がある。（外部依存度が高い） ●農薬などの使い方を誤ると健康被害が出ることがある。	●害虫を手でとったり、有機肥料づくりなどの手間がかかる。 ●落ち葉や家畜のフン、オカラなどの有機資材が身近にない人は、有機肥料を購入する必要がある。	●地力回復が必要なため、同じ場所での作付は年１作が基本。 ●一般的に１株あたりの収量が少ない。 ●害虫を手でとったり、種とりの手間がかかる。 ●上手に栽培できるようになるまでに経験が必要。

いつ育てる？栽培適期を知る

育てやすい野菜を
育てやすい時期につくるのが、成功への近道。
初心者でも育てやすい野菜は？ 栽培適期は？
など、基本を知ることからはじめましょう。
旬の手づくり野菜を味わうには、
種まきのタイミングが大切です！

育てやすい野菜とはどんなもの？

野菜には「実もの」と呼ばれる果菜類、「葉もの」と呼ばれる葉菜類、「根もの」と呼ばれる根菜類のほか、マメ類やイモ類などがあります。一般的に葉ものや根ものはつくりやすく、実ものは難しいなどといわれますが、栽培時期や種類によっても育てやすさはいろいろ。葉ものでも夏は病虫害に悩まされたり、実ものでもオクラなどは栽培にあまり手間がかかりません。トマトもミニトマトなどの品種を選べば育てやすいものです。

本書ではそれぞれの野菜のページに栽培難度を示しているので参考にしてください。一般に栽培が難しいとされるのは、病虫害が発生しやすい、支柱立てや摘芯などの管理作業がある、栽培にコツが必要、といった点です。栽培が難しい野菜は、病虫害の比較的少ない時期を見定めた種まきやトンネルで予防するなど、具体的な対策もできるだけ紹介しています。

さらに、栽培難易度は土質や環境でも変化します。P18の菜園プランの立て方を参考に、自分の畑で育てやすい野菜を見つけましょう。

栽培に適した時期を知ろう

スーパーの野菜売り場にはいろいろな野菜が1年中並んでいるので、旬がわからなくなってしまいがち。しかし、家庭菜園の多くはハウス栽培ではなく露地栽培なので、栽培適期でないと上手に育てられません。種の発芽や生育には気温や地温が影響し、開花や結実には日の長さが影響することも。まずは栽培適期をチェックしましょう。

野菜の栽培適期は「春から夏」「秋から冬」の2期に分かれます。春夏に育てるのは高温を好む野菜で、気温20～25度が生育適温。30度を超えても成長できる暑さに強いエダマメやゴマなどと、30度を超えると高温障害の出るトマトなどがあります。秋冬に育てるのは冷涼を好む野菜や寒さに強い野菜。雪に埋もれても枯れないホウレンソウなどと、それほど寒さに強くないブロッコリーやシュンギクなどがあります。同じ季節に栽培できる野菜でも、ちょっとした気温の違いでダメージを受けるものもあるので注意が必要です。

また、野菜によって栽培期間も差があります。コマツナなどの葉ものは種まきから収穫まで2か月ほどですが、シシトウなどは5か月ほど、タマネギやニンニクは、1年近くかかります。野菜選びでは、栽培期間もチェックしましょう。

本書では野菜ごとに栽培暦を掲載していますが、関東の平地（温暖地・中間地）を基準にしています。栽培暦は各地によって異なるので、自分の畑での適期を探っていきましょう。

種まきに適したタイミングでまくことが大切。

代表的な野菜の栽培適期

春から夏に育てる野菜

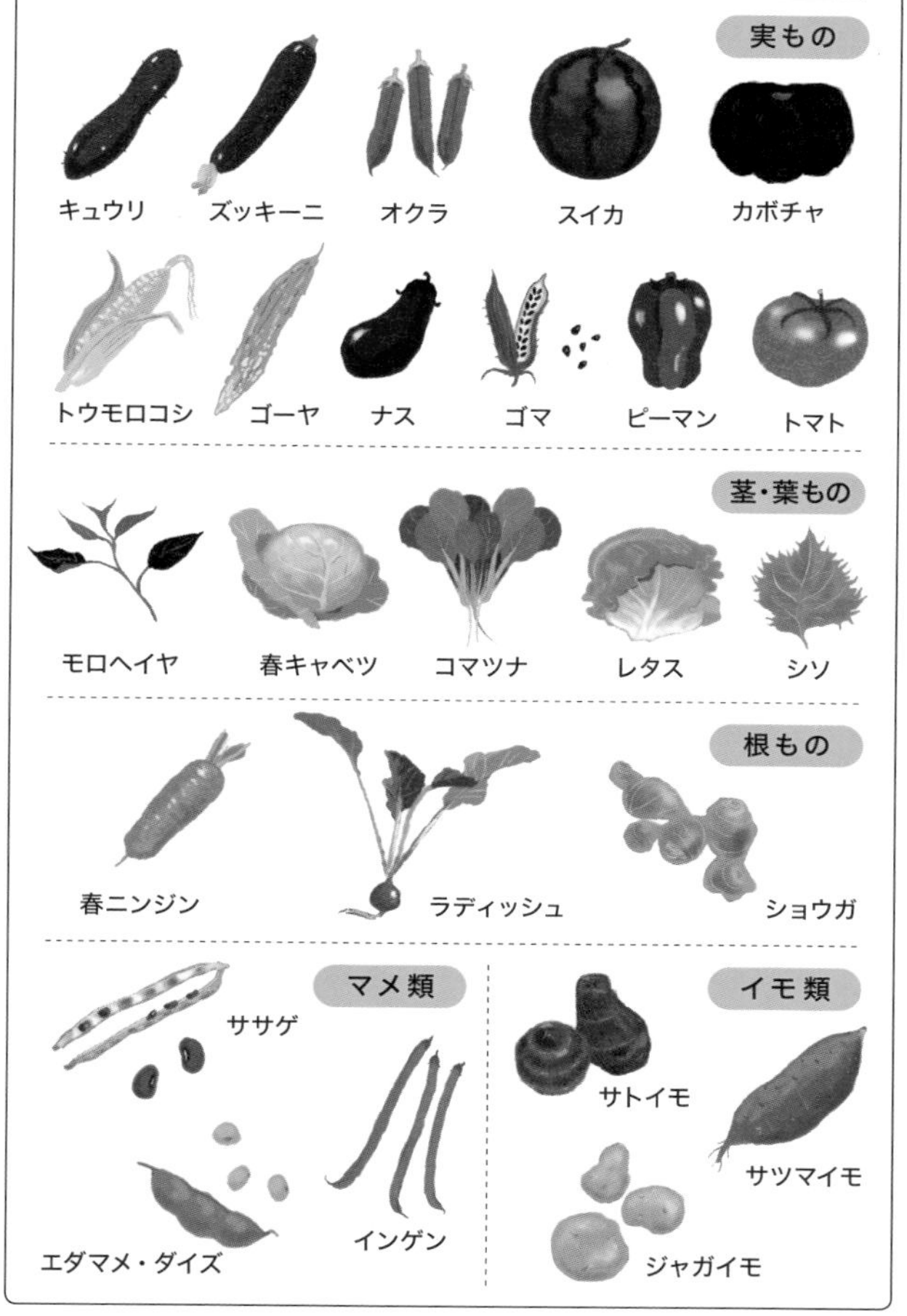

秋から冬に育てる野菜

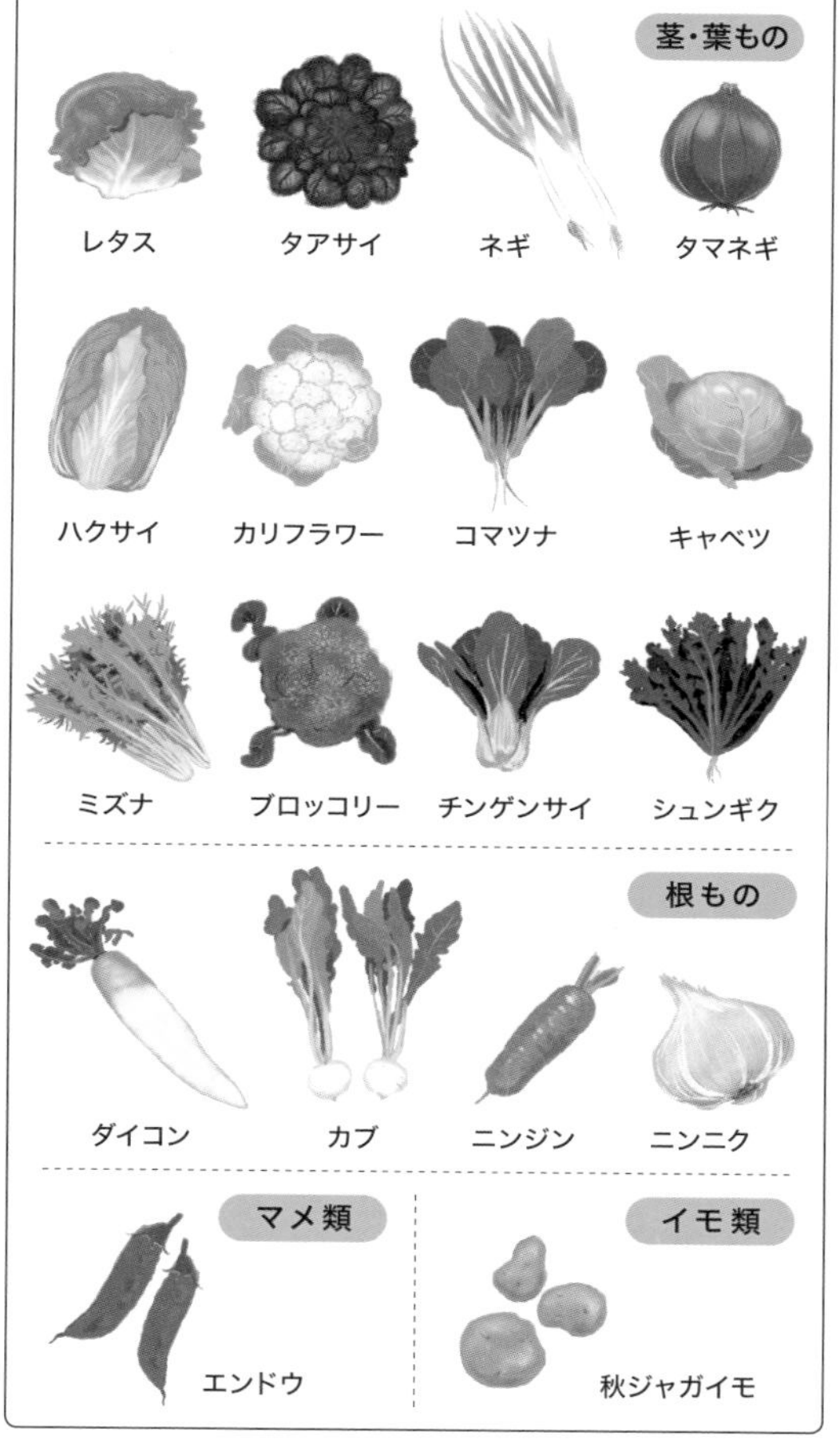

■栽培適温からみた野菜の分類

高温を好む野菜（生育適温 ▶25～27度）		低温を好む野菜（生育適温 ▶15～20度）	
暑さに強く、30～32度でも生育する	暑さにやや弱く、高温では生育が悪い	寒さに強く、0度以下にも耐える	寒さにやや弱く、霜や雪に弱い
●ナス ●ピーマン ●シシトウ ●トウガラシ ●オクラ ●ウリ / ゴーヤ ●ゴマ / シソ ●ニラ ●エダマメ・ダイズ ●ササゲ ●サツマイモ ●サトイモ	●カボチャ ●キュウリ ●スイカ ●マクワウリ ●トマト ●トウモロコシ ●アスパラガス ●インゲン ●ショウガ	●イチゴ ●ハクサイ ●キャベツ ●ミズナ ●ノラボウナ ●コマツナ ●ホウレンソウ ●ネギ ●ニンニク ●ダイコン ●ニンジン ●エンドウなど	●ブロッコリー ●カリフラワー ●レタス ●タカナ ●シュンギク ●カブ ●ジャガイモ

一度植えると数年収穫できる野菜

連作障害と輪作について

菜園ではこれからどんな野菜をつくっていくか、栽培プランを立てることが大切です。とくに今年成功した野菜を来年もおいしくつくるためには、輪作という考え方が必要になります。輪作を味方につけて限られたスペースを生かしましょう。

連作障害とはどんなもの？

同じ野菜を同じ場所でつづけて栽培することを連作といいます。野菜は種類ごとに必要とする栄養分が違うので、同じ場所で同じ野菜をつくりつづけると一定の栄養分だけが減り、うまく育たなくなりがちです。また、同じ野菜を好む病害虫がいついて被害を受けやすくなるなど、こうした不具合を連作障害と呼びます。

連作障害は、同じ野菜だけでなく、野菜を分類するときに仲間としてまとめる「科」が同じもの同士でも発生することが多いのが特徴。たとえばトマトとナスとジャガイモは同じナス科。野菜の科を知ることは、連作障害を防ぐのに役立ちます。

連作障害を防ぐ輪作とは

連作障害を防ぐために、異なる科の野菜を順にローテーションで栽培する方法を輪作と呼びます。連作障害を避けるための期間は輪作年限といい、野菜によって違い、左ページで紹介しているので参考にしてください。

輪作の栽培プランは畑を4区画ほどに分け、区画ごとに異なる科の野菜を配置。1年ずつ区画をずらして栽培すれば、元の区画に戻っても連作障害が起きにくくなります。

有機栽培では輪作するのが一般的ですが、自家採種を行なう自然栽培では、同じ場所で1年1作にして連作する農家もあります。埼玉県の関野農園では、連作して種をとりつづけることで、徐々にその場所に野菜が合ってよく育つようになり、病害虫も減っていくという考え方のもと、連作を実践しています。

これから野菜づくりをはじめるなら、まず一般的な輪作からスタートし、野菜づくりになれてきたら、連作を選択するという方法もあるでしょう。自分に合った方法を見つけてください。

■代表的な野菜のグループ

ナス科
- ナス
- ピーマン
- トマト
- シシトウ・トウガラシ
- ジャガイモ

マメ科
- インゲン
- エンドウ
- ラッカセイ
- エダマメ・ダイズ

アブラナ科
- キャベツ
- ハクサイ
- タアサイ
- ブロッコリー
- カリフラワー
- ノラボウナ
- チンゲンサイ
- コマツナ
- ダイコン
- カブ
- ラディッシュ

セリ科
- ニンジン

アオイ科
- オクラ
- モロヘイヤ

ゴマ科
- ゴマ

キク科
- レタス
- シュンギク

キジカクシ科
- アスパラガス

ヒユ科
- ホウレンソウ

シソ科
- シソ
- バジル

ヒガンバナ科
- タマネギ
- ネギ
- ニラ
- ニンニク

サトイモ科
- サトイモ

ヒルガオ科
- サツマイモ

主な野菜の輪作年限の目安

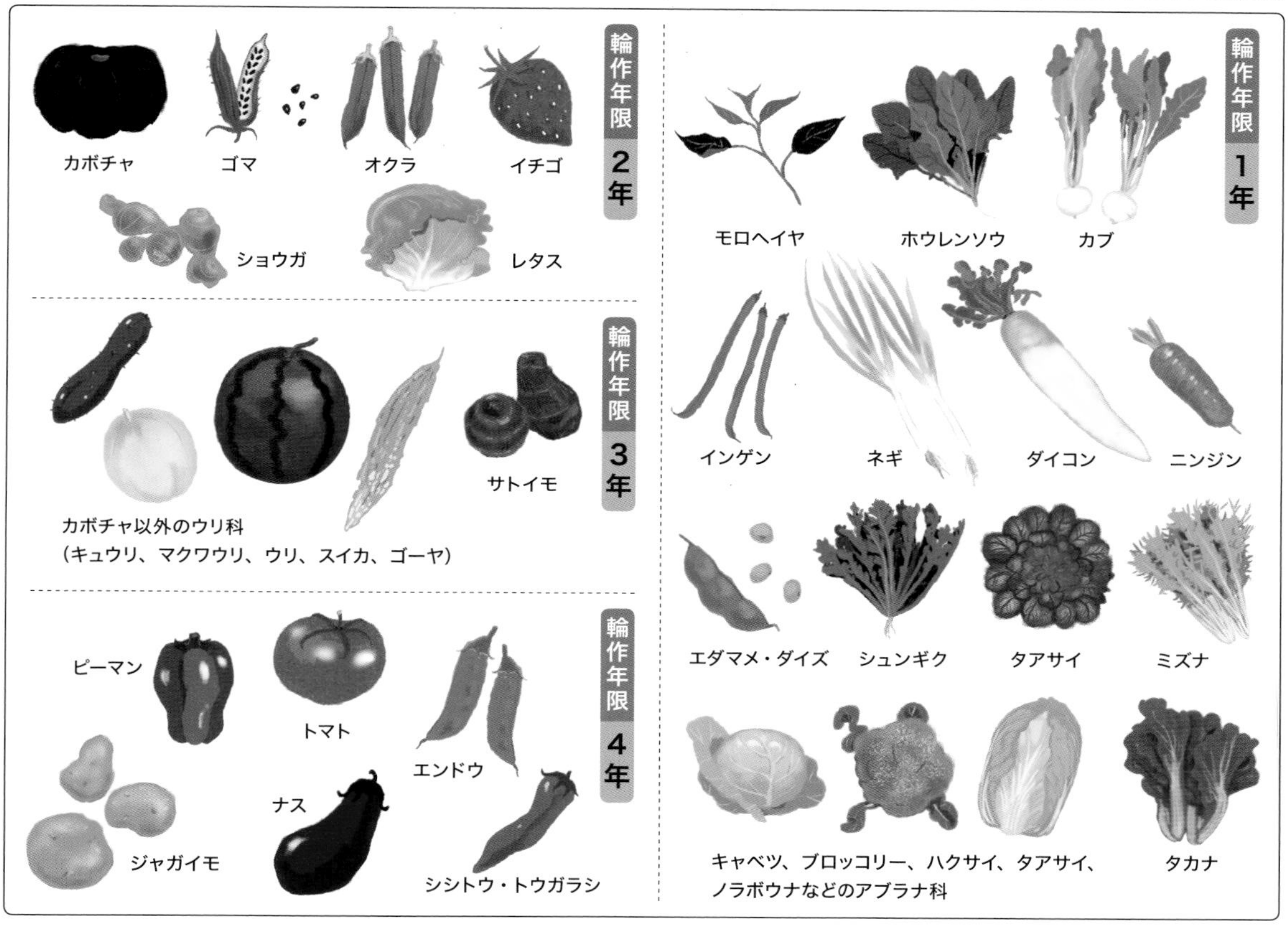

連作障害を防ぐ輪作の栽培プラン

1区画ごとに異なる科の野菜を春と秋に栽培。
これを4区画でローテーションして輪作する。

連作障害が起きにくい野菜

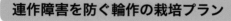

適地適作と菜園プラン

野菜は種類によって栽培に適した土壌があります。野菜が好む土壌で育てることが、成功のための近道です。どんな野菜が、どんな土壌を好むのでしょうか。自分の畑の土の特徴を知り、その上で、栽培プランを立てましょう。

野菜が好む土壌で栽培する「適地適作」とは？

適地適作とは、それぞれの作物に適した場所で栽培すること。たとえば、トマトなど乾燥を好むものは、水はけがよい土だとよく育ちます。サトイモなど湿った状態を好むものは、水もちがよい土壌がよいでしょう。適地適作ができれば、野菜がのびのびとストレスなく育つので、結果的に肥料や農薬がなくてもよく育ちます。とくに自然栽培では野菜の持つ力と土壌の力が重要なので、適地適作が原則です。

日本の土壌にはさまざまなタイプがあり、土壌に含まれる粘土・砂・有機質のバランスで大きく3つのタイプに分けられます。粘土が多い粘土質土壌、砂が多い砂質土壌、中間の火山灰土壌という具合です。

一般に、火山灰土壌は水はけも水もちもよいため、幅広い種類の野菜づくりに適しているといわれています。

粘土質土壌はもともと水田に適した土なので、水分を維持する力はありますが、水はけが悪いのが特徴です。水を好むサトイモやエダマメ・ダイズなどはよく育ちます。ただし、水はけが悪い土壌でも、高畝にしたり、水が流れる排水用の溝をつくるなど、工夫をすることで育てられる野菜もふえるものです。粘土質土壌は、乾燥すると土がひび割れしやすいので、雨が少ないときは定期的な水やりも必要です。

自分の畑の特徴をふまえて菜園プランを立てよう！

自分の畑の土はどんな特徴があるでしょうか。P20で紹介している団粒構造チェックも参考にしてください。団粒構造になっているなら、水はけと水もちがよい火山灰土壌の可能性が高いでしょう。わからないときは、近所で畑をやっている人に尋ねてみるのもおすすめです。

左の表は、土壌のタイプ別に育てやすい野菜の一例です。左ページでは、土壌のタイプ別に菜園プランを紹介しています。自分の畑に合う野菜を選び、菜園プランを立てましょう。

■土質別・育てやすい主な野菜の例

水はけがよい（関東ローム層などの火山灰土壌など）	水はけが悪い（田んぼなどの粘土質土壌など）	どんな土壌でも育てやすい
・トマト ・アブラナ科（キャベツ、ブロッコリー、カブ、ダイコン、ハクサイ、コマツナ など） ・ニンジン ・スイカ ・マクワウリ ・ラッカセイ ・サツマイモ ・ジャガイモ	・マメ科（ダイズ、インゲン、エンドウ、ササゲなど） ・オクラ ・サトイモ ・ヒガンバナ科（タマネギ、ニンニク、ニラ、ラッキョウ） ・キク科（レタス、シュンギクなど）	・ナス ・ピーマン ・シシトウ ・ウリ科（キュウリ、カボチャ、ウリ、ゴーヤなど） ※このグループの野菜は水が好きなので降雨が少ないときは水やりするとよい

土壌のタイプ別・菜園プランの実例

ここでは、火山灰土壌の畑と粘土質土壌の畑の両方で栽培する、埼玉県の渋谷農園での栽培実例を紹介。適地適作の菜園プランを立てるときの参考にしてください。

栽培に適した作物は、地力や気候によっても変化します。

水はけ・水もちがよい土壌（火山灰畑）の菜園プラン

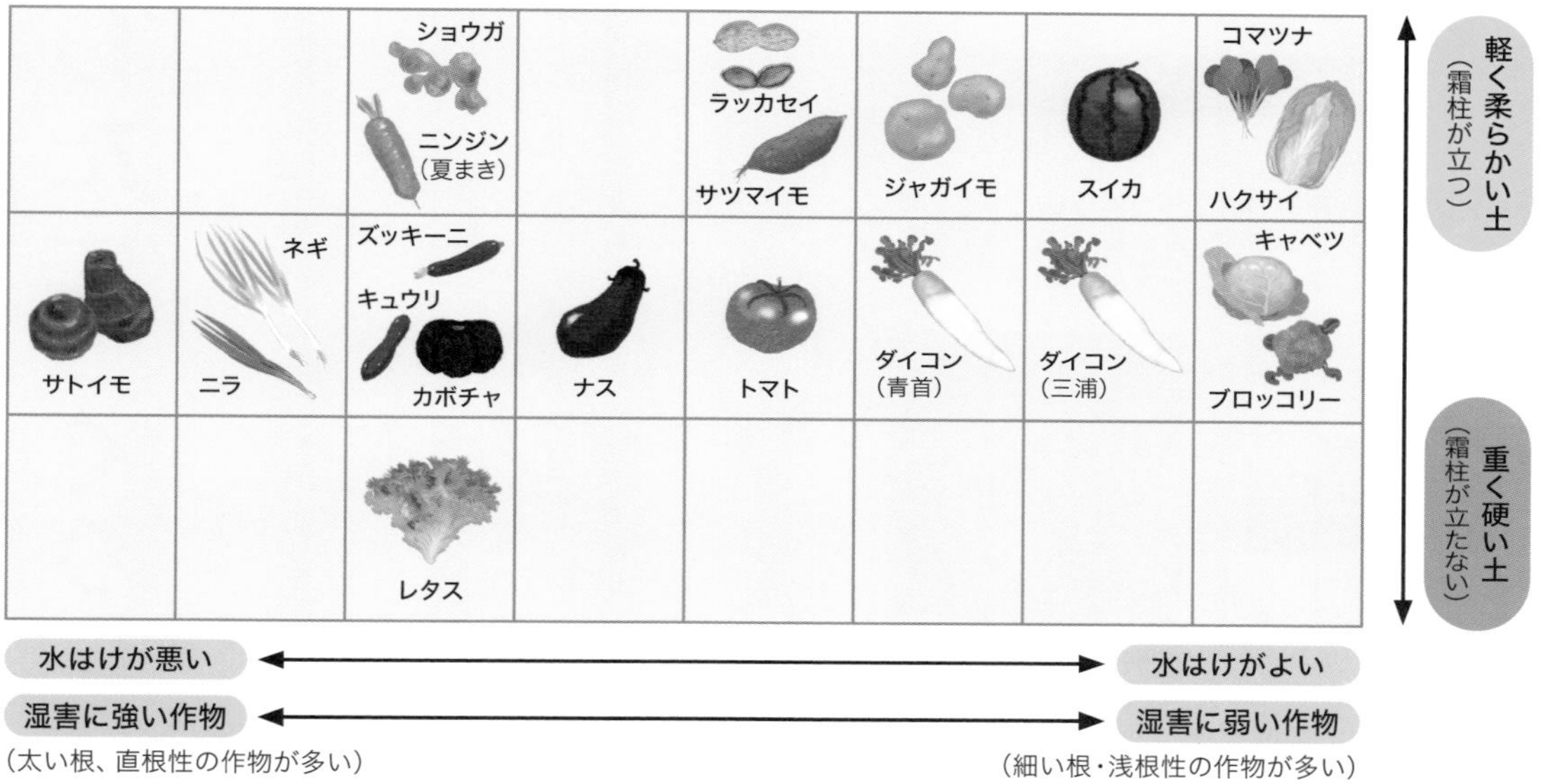

水はけ・水もちが悪い土壌（粘土質畑）の菜園プラン

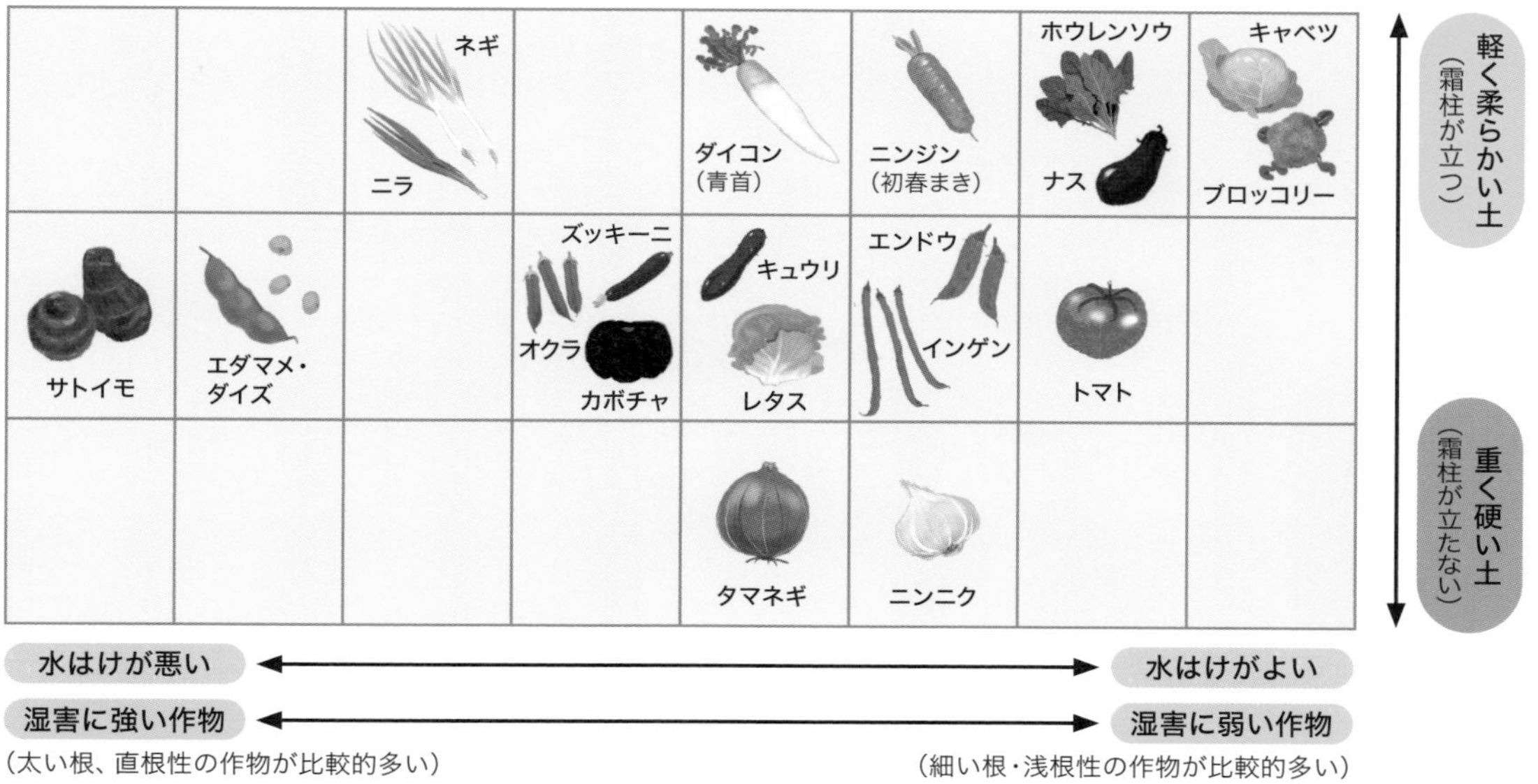

菜園に適した土づくり

野菜は体の半分が土の中にあって、根をしっかり張ることで、大きく成長します。野菜づくりでは目に見える地上だけでなく、土の状態をよく観察しましょう。よい土を準備して、土の力を生かすことが、栽培の基本です。

野菜づくりに適した「団粒構造」の土とは

野菜が元気に育つには、水はけと水もちがよく、通気性のよい土であることが大切です。これらの条件を満たす土は団粒構造と呼ばれ、ふかふかして柔らかく、手で握ってもすぐに崩れるのが特徴です。一方、小さな土の粒が固くくっついた単粒構造では、水はけや通気性が悪くなります。

森など自然の土は、微生物やカビの菌糸などが、土の粒子を結びつけて団粒化します。団粒構造にはすき間があるため、酸素をとり込んだり必要な水を蓄えておくことも可能です。

有機栽培では堆肥や腐葉土などを畑にすき込み、多様な微生物などの働きで団粒構造の土をつくっていきます。自然栽培では雑草や野菜の残渣《ざんさ》を分解してできた土や緑《りょく》肥《ひ》（⬇P240）などを利用することで、微生物などを集めて土の力を高めています。根から放出される微細な有機物を求めて集まってきた微生物との共生関係によって、団粒構造がつくられます。

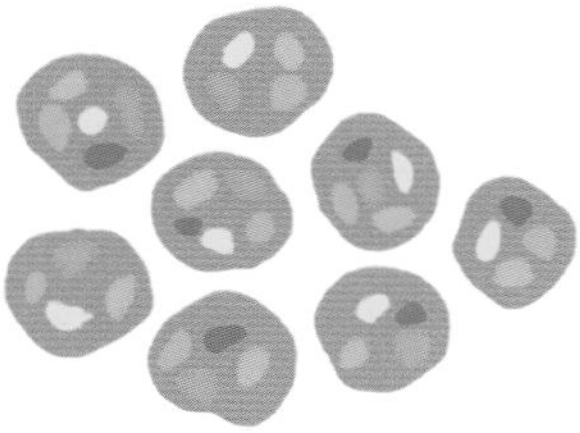
団粒構造

単粒構造

畑の土を調べよう！

畑の土が団粒構造かどうか、チェックしてみましょう。結果が団粒構造でない場合は、堆肥や腐葉土をたっぷりすき込み、よく耕して、時間をかけて少しずつ土づくりをしてください。

畑の土を少し掘って採取する。

2リットルのペットボトルに8分目まで水を入れ、採取した土を大さじ1杯入れる。

ペットボトルのふちいっぱいまで、水を足して入れる。

ふたをしたペットボトルをひっくり返し、土が沈んだら上下を返し、5往復繰り返す。

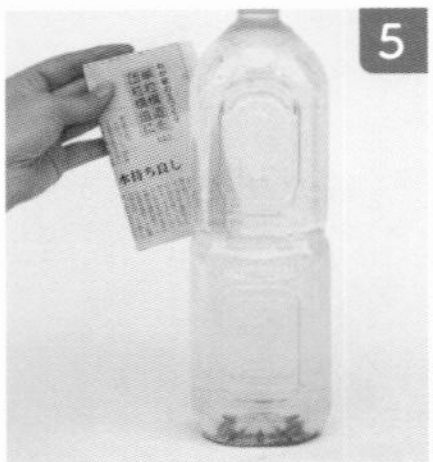

ボトルの反対側の文字が読めるくらい水が澄むまでの時間を計測。理想的な団粒構造の土では、5分以内に澄む。

左のボトルに入れた土は団粒化した土。右は1時間ほど経っても濁ったままなので、単粒構造の土。

土の酸性度（pH）をチェック！

酸性度とは酸の強さの度合いで、pH 0（酸性）～7（中性）～14（アルカリ性）と、pH（水素イオン指数）であらわします。日本の土壌は多くが酸性寄り。酸性が強い土壌では野菜がリン酸を吸収しにくく、根が傷みやすくなります。アルカリ性が強いとマグネシウムや鉄などを吸収しにくく、野菜の育ちが悪く病気が出やすいものです。

多くの野菜は弱酸性（pH 6.0～6.5）を好みますが、ジャガイモやサツマイモはpH 5.5～6.0の酸性土壌を好みます。逆にホウレンソウやアスパラガス、エンドウなどはpH 6.5～7.0が適しています。

酸性度を測るには市販の酸度計を用いるのが一般的です。酸性土壌を中和するには、一般には石灰が多く使われますが、有機栽培では堆肥や腐葉土のほか、牡蠣殻粉末をすき込みます。

畑の雑草で酸性度をチェック

畑にどんな雑草が生えているかで、土壌の酸性度がだいたいわかる。

主に酸性の土に生える草

ツクシ（スギナ）

ヨモギ

エノコログサ

主に中性の土に生える草

ナズナ

ハコベ

オオイヌノフグリ

雑草や野菜残《ざん》渣《さ》で土づくり

野菜づくりをはじめた１年目は、市販の腐葉土や堆肥をすき込んで土づくりをしますが、すぐ翌年のためにはじめたいのが、植物性堆肥づくり。畑の雑草や、野菜づくりで出た残渣（野菜くずや収穫後の茎葉、根など）、キッチンで出た野菜くず（肉や油、味がついた残飯は入れない）を、屋外に積んでおきます。１～３年経つと、下部は完全に分解されてよい土（堆肥）に。未分解の上部をとり除けば、そのまま水はけのよい畝に利用OK。また、分解された土は、植物性堆肥として育苗や畑の土づくりに使うことができます。

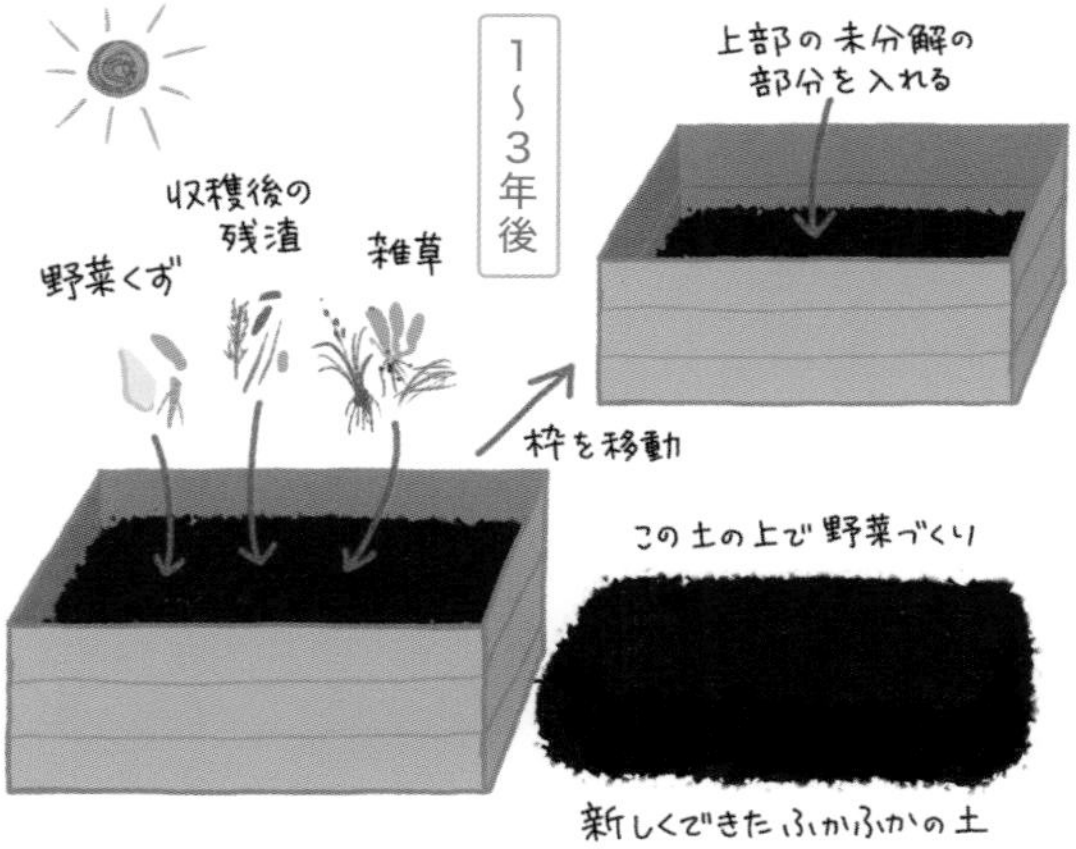

畑の一角に簡単に囲った堆肥枠を設け、残渣などを積んで野積みする。日当たりがよく、雨に濡れる場所に積み、切り返しはしない。下から順番に分解されるので、その流れを崩さない。切り返すとせっかく分解された土に未分解のものが混ざり、その土を使うと病害虫が出やすくなる。

野菜づくりのための畑の準備

おいしい野菜をつくるために、
よい畑を確保することからはじめます。
野菜づくりに必要な畑の条件はどんなものか、
畑をつくったり借りるにはどうしたらよいのか。
野菜づくりを成功に導く、具体的な作業に
とりかかりましょう。

よい畑とはどんなところ？

おいしい野菜をつくるためには日当たりのよさが大切です。できれば朝から夕方まで、たっぷり日が当たる場所がおすすめ。季節によっても太陽の位置が変わるので、四季を通じて日当たりがよい場所を確保しましょう。

野菜が上手に育つかどうかは、畑のもともとの土質にも大きく左右されます。一般的には、粒子の大きい土は水はけがよく、粒子の細かい土は水はけが悪くなります。それぞれの土質によって栽培しやすい野菜は異なります。畑に適した土質であれば、水はけ、水もちともに良好で、幅広い種類の野菜がつくりやすいといえるでしょう（⬇土質別の栽培プランはP18・19参照）。

さらに、土の中に棲む微生物の種類が多く、雑木林の林内の土のようにふかふかの土がベスト。畑に適した土は団粒構造がよいといわれますが、土のチェック方法はP20で紹介しています。

通いやすい場所で畑を探そう！

畑を借りる場合のポイント

畑にできる場所がない場合は、知り合いに借りたり、市民農園などを借りることになります。自治体に問い合わせたり、菜園をやっている人に尋ねてみるとよいでしょう。

畑はもちろんひとりではじめられますが、家族や友人と一緒にはじめるのもおすすめです。

畑を借りる場合は、通いやすさが大切。最低でも週に1回、できれば週2～3回以上通えると理想的。畑に通う回数は、そのまま野菜づくりの成功率と比例します。遅霜や初霜、強風や台風など、急激な天候変化にすぐ対応できる場所であることがポイントです。

庭にミニ菜園をつくる

畑に適さない土質でも、栽培に適した土を入れることで、すぐに野菜づくりをはじめられる。日当たりのよい場所があったらミニ菜園をつくろう。

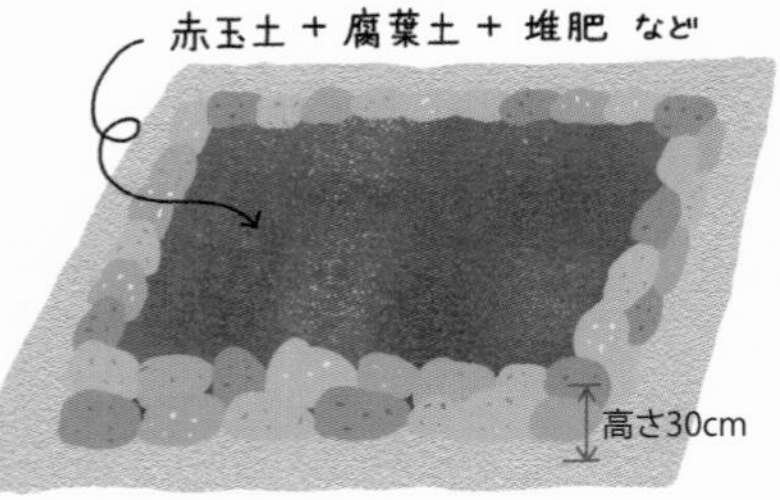

ブロックなどで囲み、30cmほど栽培用土（腐葉土＋堆肥＋赤玉土など）を盛り上げる。または、深さ40cmほど掘り、土を栽培用土と入れ替えてもよい。

土を耕して畑をつくる

もともと畑だった場所や休耕地、園芸栽培に利用されていた場所などは、畑に適しています。小石などをとり除いたら雑草を抜き、クワやスコップで深く耕して畑づくりにとりかかりましょう。

もともと田んぼだった場所や一般的な庭は、水はけが悪いことが多く、畑にはあまり適しません。しかし、水はけや水もちが悪い土でも、よく耕して腐葉土や完熟堆肥をたっぷりすき込むことで、徐々に野菜の栽培に適した土になるものです。

庭であれば、盛り上げてミニ菜園（⬇P22下）をつくれば、目が届くよい畑になります。キッチンからも手軽に行けて、楽しさいっぱいの野菜づくりができるでしょう。

畑をつくろう

腐葉土や堆肥の量は、もともとの土質によって変化するが、1坪あたり5～20キロが目安。

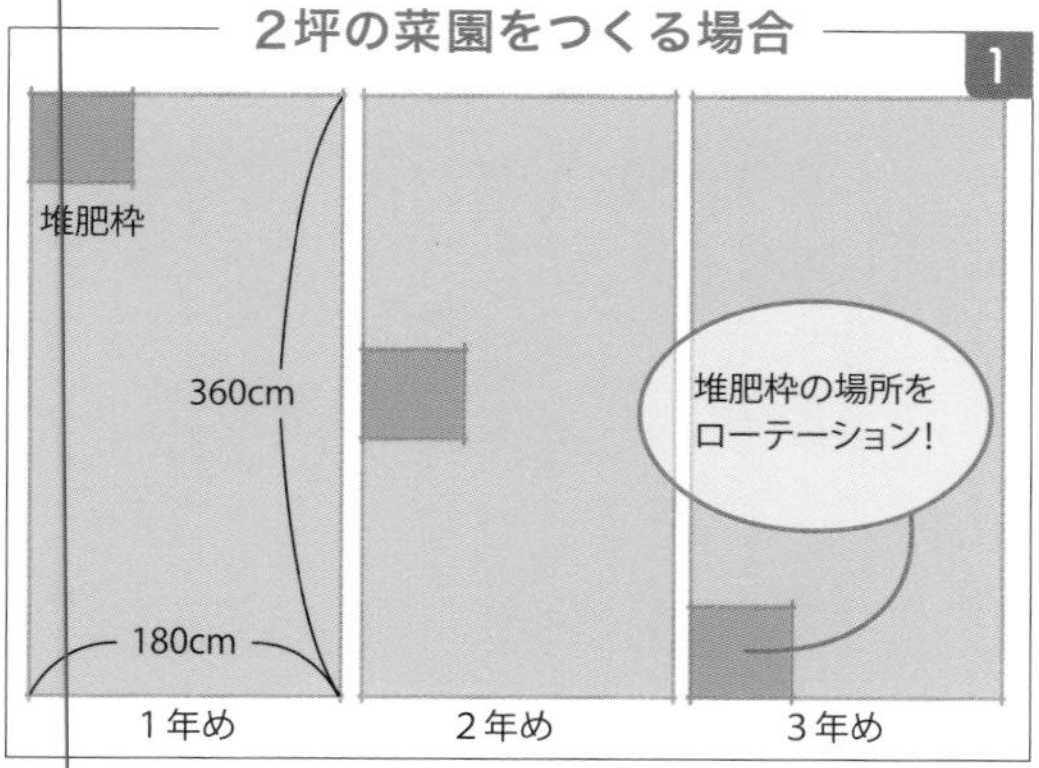

畑にする場所を決めたら、堆肥を積む堆肥枠と隣接する切り返し場を設けた設計図を書く。堆肥枠は1年ごとに場所を移す3年のローテーション例（➡堆肥枠のつくり方はP27）。

支柱とヒモで場所を囲み、雑草や土中に残った根などを抜く。抜いた草はとっておく。

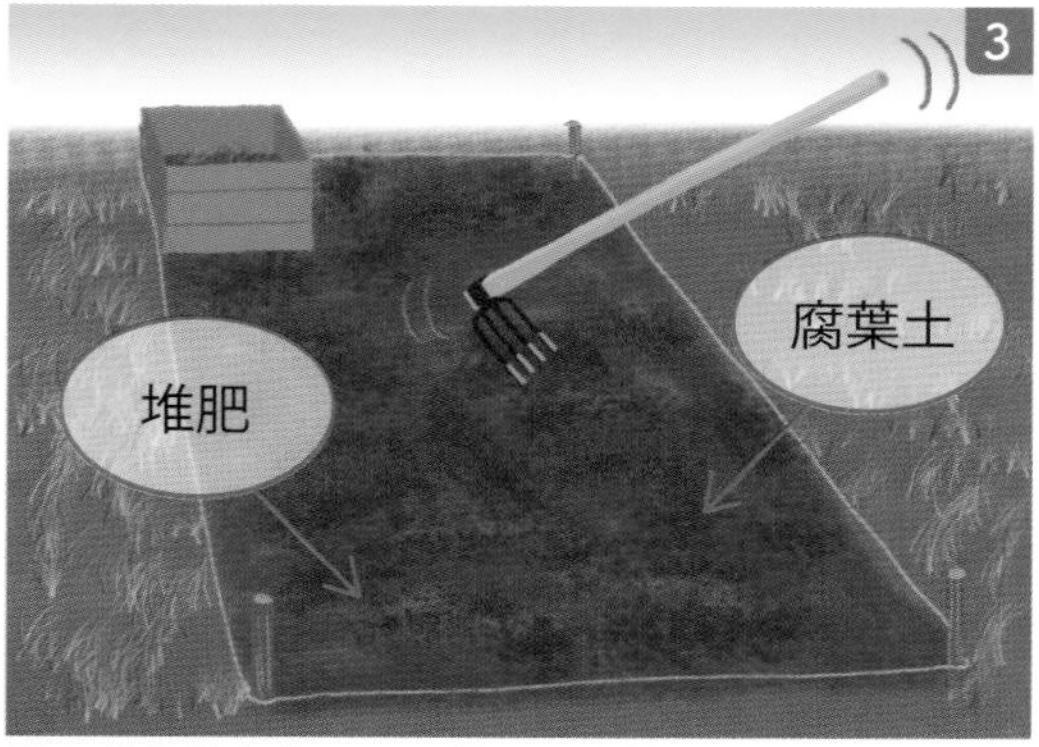

囲んだ部分全体をよく耕す。腐葉土や堆肥を土質によって1坪あたり5～20キロ入れ、さらに耕して整地する。

2で抜いた雑草を堆肥枠に入れて完成！
2週間後から畑として作付スタート！

肥料について知ろう！

野山に生える植物は肥料がなくても育ちますが、畑の野菜は、肥料を与えて育てるのが一般的とされています。肥料とはどんなもので、どのような働きをするのでしょうか。また、肥料を使わない栽培とはどんなものでしょうか。肥料について知っておきましょう。

肥料の三要素「チッソ・リン酸・カリウム」

生き物が生きていくためには、必須元素という栄養素が必要で、植物の場合は16種あります。なかでも光合成を行なうためには大量の水素・酸素・炭素が必要で、これらは空気中と水から吸収しています。残りの13種はおもに土壌から吸収します。その中のチッソ、リン酸、カリウムが植物に必要な三大栄養素で、肥料の三要素とも呼ばれています。

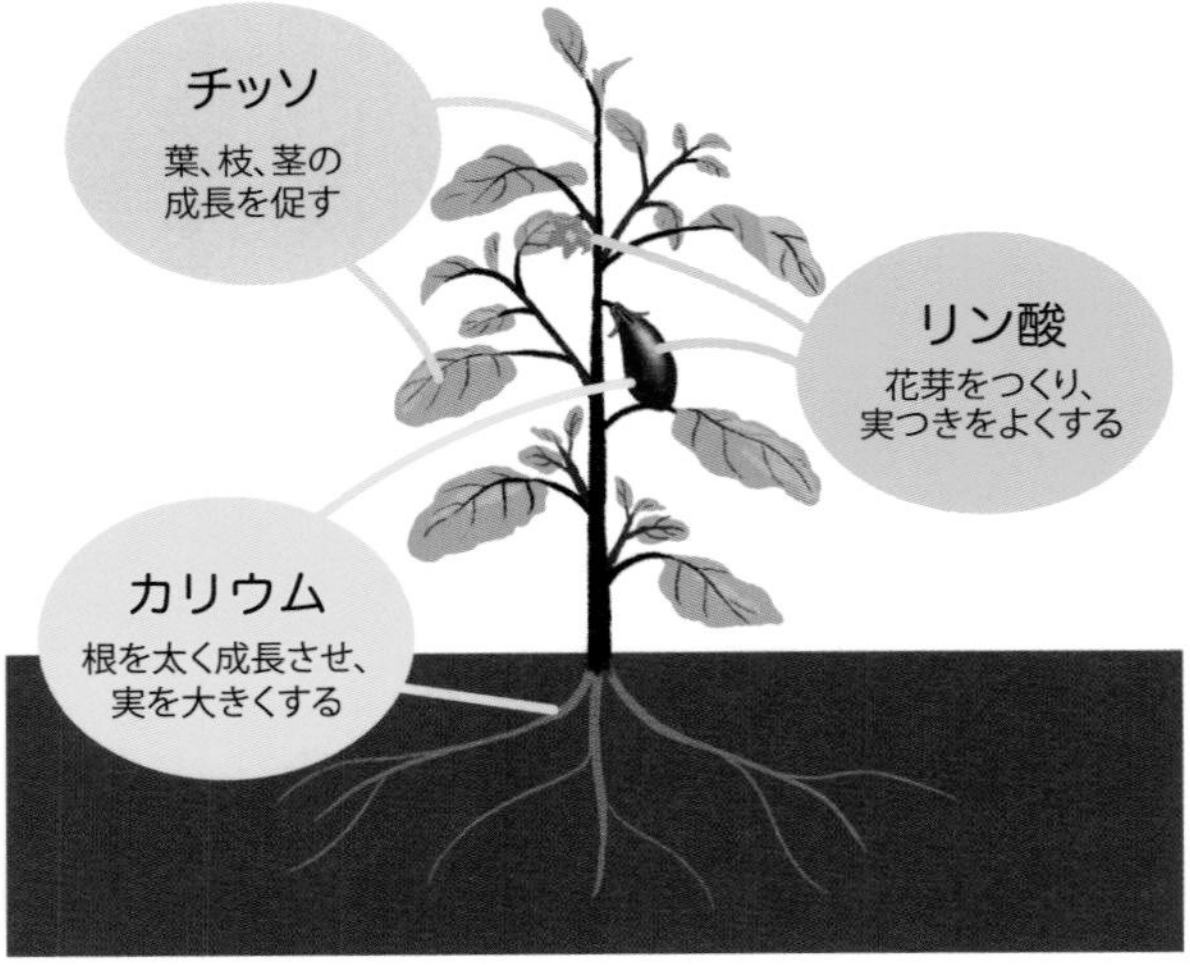

チッソ
葉、枝、茎の成長を促す
リン酸
花芽をつくり、実つきをよくする
カリウム
根を太く成長させ、実を大きくする

肥料の三要素はどう働くか

植物の三大栄養素チッソ、リン酸、カリウムは、それぞれ次のように働きます。

チッソ	細胞をふやして植物を育て、葉や茎を肥えさせるので、「葉肥」と呼ばれます。ナタネ粕や牛フンなどに多く含まれ、不足すると生育が悪くなり、葉色が薄くなります。
リン酸	花や実つきをよくして実を太らせ、根も伸ばすので、「実肥」と呼ばれます。鶏フンや魚骨粉などに含まれ、不足すると花数が減って開花や結実が遅くなります。
カリウム	根を強くして伸ばし、開花や結実を促すので、「根肥」と呼ばれます。草木灰などに多く含まれ、不足すると果実の味が悪くなったり根腐れしやすくなります。

これらの栄養を必要とする割合は、野菜の種類ごとに異なり、開花や結実という生育の段階によっても違います。三要素は必要な時期にバランスよく地中に含まれていることが大切です。

肥料の種類と環境にやさしく持続可能な野菜づくり

野菜の肥料は大きく分けると、鉱物など無機質由来の化学肥料と、落ち葉や家畜のフンなど有機物由来の有機肥料があります（➡P28）。

慣行農業では化学肥料を主に使用します。化学肥料は、三要素がどのような比率で含まれているか明示してあり、使いやすく、効き目が早いのが特徴。ただし、化学肥料の原料である石油や石炭、鉱石などは、ほとんど輸入に頼っていて、なかでもリン酸の原料であるリン鉱石の枯渇が懸念されています。有機農業では有機肥料を使いますが、身近な材料を使うため、持続可能であるということも大きな特徴です。

有機栽培や自然栽培は環境にやさしい循環型

自然の野山では、落ち葉や枯れた草、動物や昆虫の排泄物や死骸などを土壌微生物が分解することで、新しい土や栄養素ができます。

この自然の循環を畑で人の手を加えながら行なうのが有機栽培です。落ち葉や稲ワラ、米ぬか、野菜の残渣、家畜のフンなどを利用して、堆肥や腐葉土をつくり、畑に施して野菜を育てます。

肥料を与えすぎた場合のデメリット

肥料はバランスが大切なので、足りない成分を必要なだけ、野菜が必要とする適期に与えるのが基本です。たくさん使えばよく育つと思いがちですが、与えすぎることで起こる弊害もあります。

まず、土中の肥料濃度が高くなりすぎると、浸透圧の原理で根の水分が奪われ、しなびてしまう肥料焼けが起きます。よく見られるのが、チッソ過多。チッソが過剰になると、茎葉ばかりが茂り、果実や根が太らないつるボケが起きることも。肥料過多は病虫害がふえる原因にもなります。

また、使われなかった成分は土中に蓄積。やがて硝酸イオンがふえ、硝酸態チッソとして土中に蓄えられます。硝酸態チッソは野菜にも吸収され、味の低下などを招きます。肥料を長年使い続けると、余ったチッソが地下水を汚染したり、河川の富栄養化を引き起こすことも知られています。このような現象は化学肥料を使った場合に顕著ですが、有機肥料でも起こります。

肥料を使わない自然栽培という選択

肥料の悪影響を排除して、土と野菜に本来の力を取り戻そうとするのが自然栽培です。肥料を与えないので、野菜の生育はゆるやかになりますが、雑味のないすっきりした野菜本来の味を楽しめ、鮮度も長持ちするといわれています。また、不必要に茎や葉を伸ばすことがないため、摘芯などの作業が最小限で済み、周囲の雑草の成長も施肥した場合と比べると減るのが特徴。病害虫も徐々に減っていきます。

ただし、自然栽培を成功させるには、経験と知識も必要です。

有機栽培も、自然栽培も、農薬や化学肥料に頼らない、環境にやさしい循環型農業です。

これから家庭菜園をはじめるなら、まず、有機栽培からはじめることをおすすめします。自然栽培に興味があるなら、有機栽培になれてから、少しずつ肥料を減らしたり、やめてみる、という方法を試すとよいでしょう。

有機栽培の循環

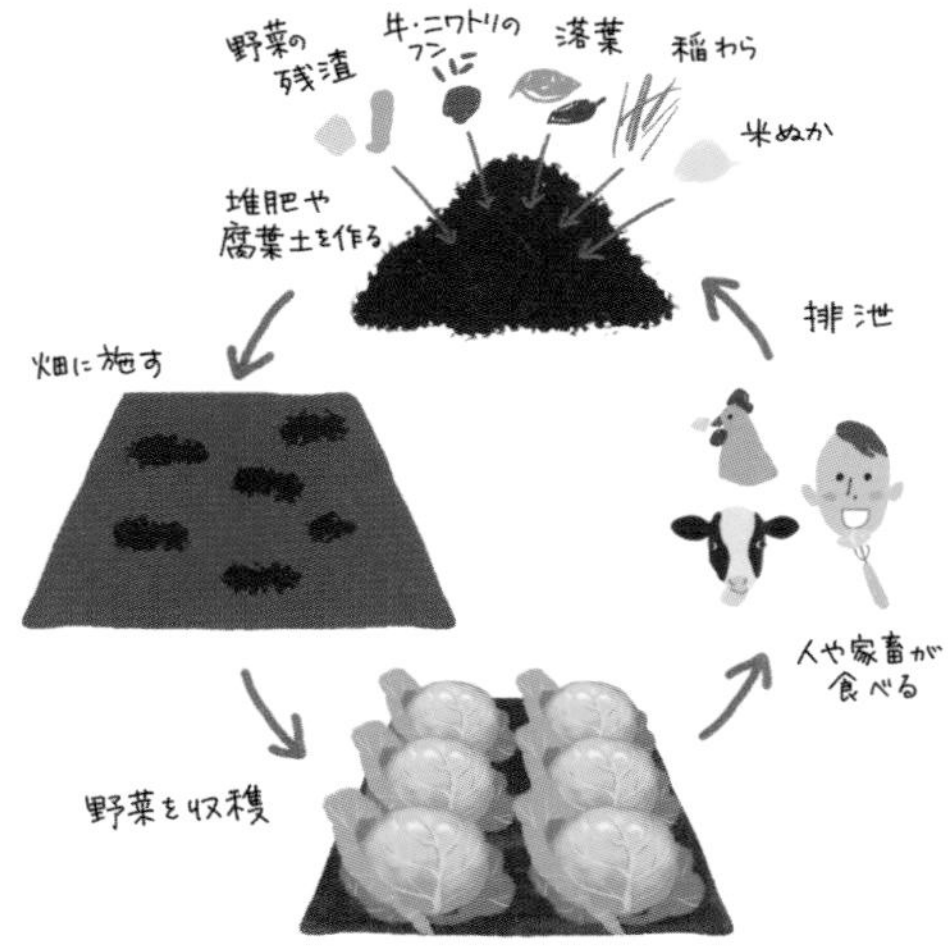

自然栽培の循環

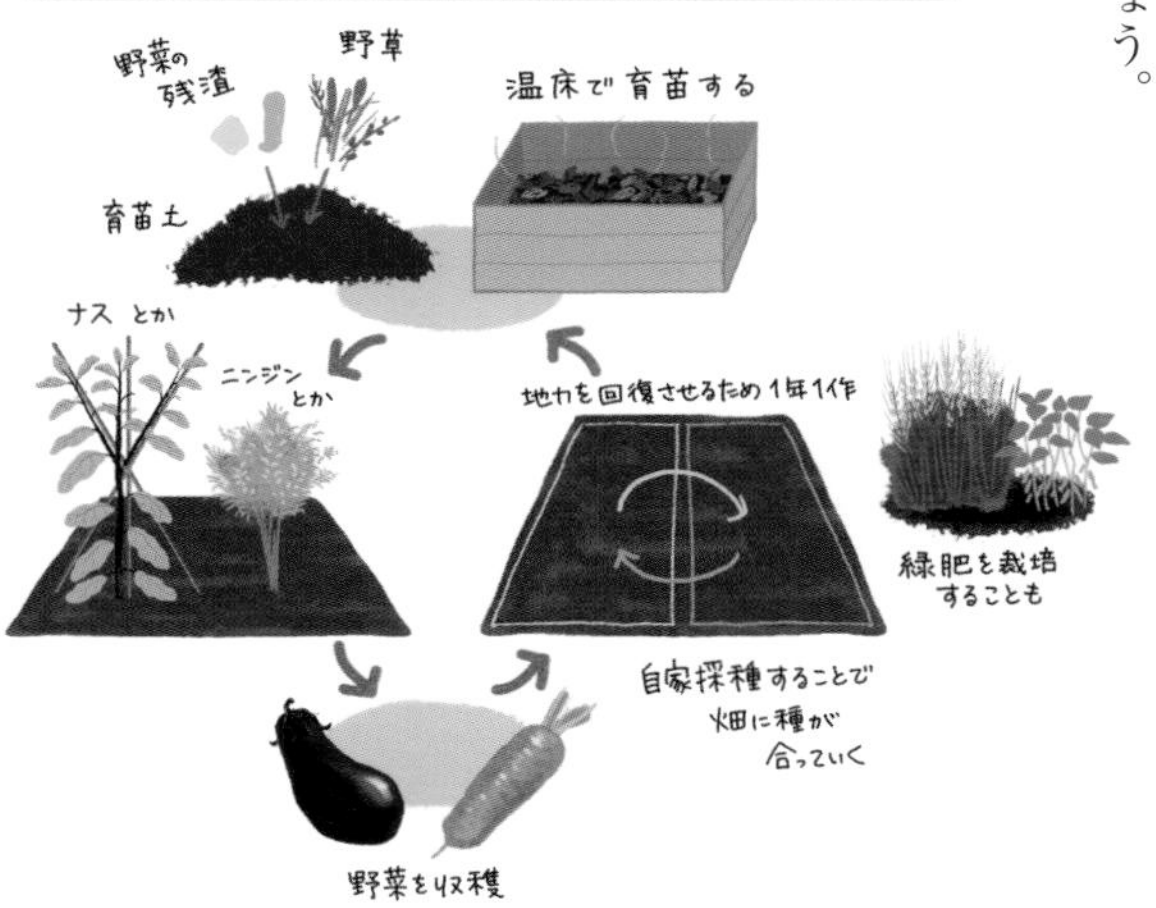

ボカシ肥と温床づくり

本書で使用している肥料は、ここで紹介するボカシ肥です。家庭でも簡単につくれるのでぜひ仕込んでみてください。
また、農家では育苗に温床を使いますが、家庭でもつくりやすいミニ温床を紹介します。

ボカシ肥をつくろう

米ぬかなどを発酵させてつくるボカシ肥は、元肥にも追肥にも向く有機肥料。渋谷農園のつくり方を紹介する。春から秋は仕込んで2～3か月後から使える。家庭ではプラスチック容器（トロ舟）などで仕込むとよい。

材料

●米ぬか１ 対 オカラ１
（もみがら燻炭《くんたん》や魚粉を加えてもよい）

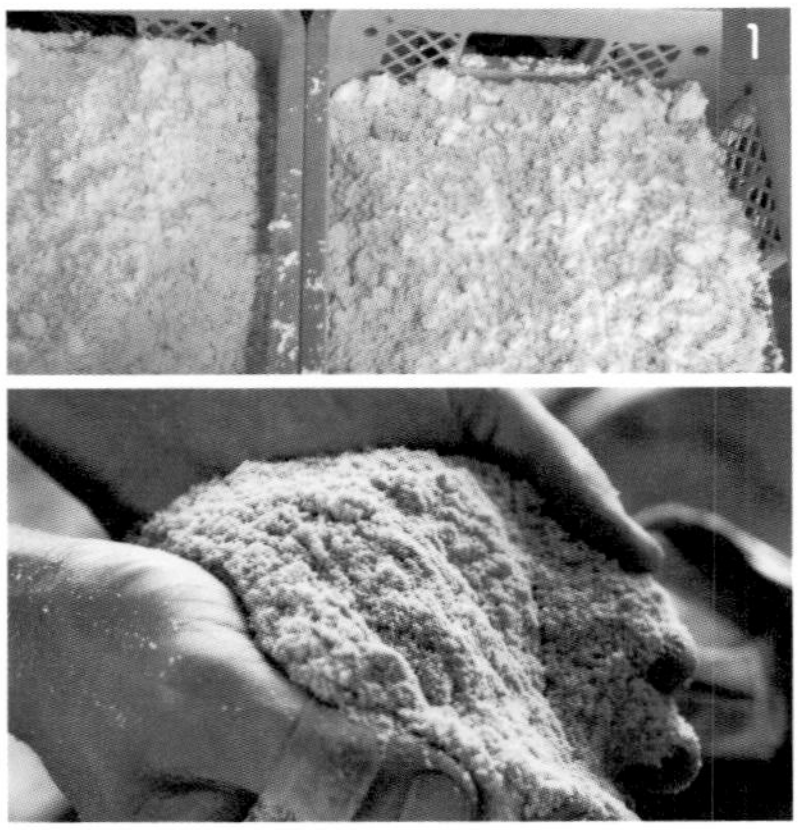

オカラ（上）と米ぬか（下）を用意。

オカラを積む。

オカラの上に米ぬかを積む。

ポイント

オカラが水分を含んでいる場合は、そのまま、そうでない場合は水を加えてよく混ぜる。硬さは、握ると固まるが、さわるとすぐに崩れる程度が目安。

スコップで全体をよく混ぜる。

そのまま発酵熟成させる。仕込んで１週間は毎日切り返す。以降、１週間に一度ずつ切り返す。

ポイント

夏なら１か月半で発酵熱がおさまる。それ以外の季節は２～３か月後かかる。

１か月半から２か月後、発酵熱が完全におさまり、サラサラになったら完成。元肥や追肥に利用する。

ミニ温床をつくろう

種の発芽や育苗には温度が必要なので、一般的に電熱マットや温床の発酵熱を利用する。発酵熱成させた温床の土は、堆肥や腐葉土、育苗土などに使える。明石農園のつくり方を例に、家庭でも簡単につくれるミニサイズの温床づくりを紹介。

材料

- **温床の枠組み**〈堆肥枠〉
  （仕上がりサイズ：縦60㎝×横60㎝×深さ23.5㎝）
  - 板４枚：厚さ２㎝×幅 23.5㎝×長さ 65㎝
    （合板は接着剤などを使っているので避ける）
  - 角材４本（３㎝×３㎝×長さ 23.5㎝）
  - ネジくぎ（３～４㎝長さ）16 本
- **落ち葉**：45ℓゴミ袋７～８袋分
  （コナラ、クヌギ、サクラ、ケヤキなど、雑木林の落葉樹がベスト）
  ※ワラが主体なら、米ぬかは下の量の10 分の１くらいで OK。
- **米ぬか**：約 2.5kg
- **水**：適宜

温床枠をつくる。板に角材をつけて、上下２か所をネジくぎでとめる。ネジはやや斜めに打つと安定しやすい。

板を四角に組み、四隅の上下２か所をネジでとめて枠組みをつくる。

畑の端などに枠を設置。あとで水を入れても流れ出にくいように、枠の外側に土を少し盛りあげておく。

枠いっぱいまで落ち葉を入れる。木の枝など、分解しにくいものは取り除く。

落ち葉に水をかけ、まんべんなく水を吸うように足で踏む。足で掘り返し、落ち葉の上下を返すようにする。水を入れすぎると通気性が悪く発酵しにくい。空気を適度に含むよう水量を調節。

米ぬかを山盛り４～５つかみほど、まんべんなく加え、水をうっすらかける。

4～6を７～８回繰り返して層をつくる。

最上部の層は、米ぬかを振らずに落ち葉にする。水をかけ、足で踏みながら平らに整えてできあがり。

明石農園では、183㎝×183㎝×高さ25㎝の温床枠を6マス設置しており、順番に温床を仕込み、回して使用している。

温床の管理

- 仕込んで３～4日後から発酵熱が上がってくる。40～50度まで上がり、1週間ほど持続するので、その間に育苗する。手を入れてみて温かければ OK。
- 農家は温床をハウス内に設置することが多いが、家庭では温床にビニールトンネルをかけて温度管理するとよい。
- 発酵熱が下がってきたら、堆肥枠を抜いて横に置き、落ち葉と米ぬかを切り返して枠に入れなおすと、再び発酵熱が上がる。

肥料の種類と使い方実例

本書の元肥や追肥には、P26で紹介したボカシ肥を使っていますが、自分でつくるのが難しいときは、市販の肥料を利用してもよいでしょう。有機ＪＡＳの表示があるものを選ぶと安心です。

元肥と追肥の違いは?

種まきや植えつけの前に、あらかじめ畑にすき込んでおく肥料を元肥、生育の途中で肥料を与えることを追肥といいます。

元肥はゆっくり長く最後まで効く遅効性の有機肥料や緩効性の化成肥料を利用。追肥には速効性のあるボカシ肥や液肥、化学肥料を使うのが一般的。肥料の必要性や与えるタイミングは野菜ごとに異なるので、野菜の各ページの肥料の項目を参考にしてください。

緑《りょく》肥《ひ》を上手に使おう

肥料を使わず、緑肥と呼ばれる作物を使うと、微生物などの働きで土を肥やすことがわかっています。

緑肥としてよく使われるのは、マメ科やイネ科の作物。マメ科は根が深く伸びて、土を耕す効果も期待できます。マメ科ではダイズやシロツメクサ、ヘアリーベッチなど、イネ科ではコムギ、オオムギ、ライムギ、タカキビ、ヒエ、アワなど。作物をつくった後に緑肥作物を育て、畑にすき込む方法や作物の畝間で育てる方法（➡P240）などがあります。

市販の主な肥料

自分でつくったボカシ肥や堆肥がない場合は、市販のものを上手に利用しよう。

鶏フン
肥料の三要素がバランスよく含まれ、栽培期間の長いものに適す。

堆肥
植物が育ちやすい土壌に改良する。完熟しているものを選ぶ。

腐葉土
主に広葉樹の落ち葉を発酵させた堆肥。苗づくりや土づくりに。

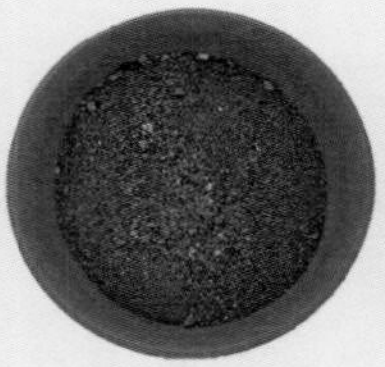

草木灰
草木を燃やした灰。酸性の土壌を中和するのに使われる。

油かす
アブラナやダイズなどの植物から油を搾った残渣。元肥として使いやすい。

牛フン
鶏フンにくらべて肥料成分は低く、主に土壌を団粒化させる堆肥に利用。

化成肥料
チッソ、リン酸、カリウムの２成分以上を含む無機質肥料。１成分のものは化学肥料と呼ぶ。

牡蠣殻粉末
牡蠣の貝殻を焼成して粉末にしたもの。酸性土壌を中和するときに使用。

魚骨粉・魚粉
イワシなどの魚から油分と水分をとり除いて乾燥させたもの。ボカシ肥の材料などに。

もみ殻《がら》燻《くん》炭《たん》
もみ殻を炭にしたもので、微生物が生息しやすく、土壌改良などに使われる。

元肥を入れる

本書で「元肥を入れる」と紹介している場合は、ボカシ肥（⇩P26）を10㎡あたり2～3キロが基本。実際は、土壌の状態や使う肥料によっても異なるので、自分の畑でのベストな量を探っていこう。植えつけの2週間前に行なう。

ボカシ肥は種まきや植えつけの2週間前には施す。

雑草などは除いて耕し平らにならした畑に、肥料をまく。

全体にまんべんなくうっすらと、地面が隠れる程度が目安。

クワで15㎝くらい掘るように耕し、土に肥料をすき込む。

追肥をする

肥料は根の先端から吸収するため、株元ではなくて根の伸び広がっている先に施すのがコツ。茎葉と根の広がりはほぼ同じなので、株の広がりの下あたりが目安。追肥の量は土の状態や野菜の種類にもよるが、1株につき軽くひとつかみ。土がうっすら隠れるくらい。

マルチの端をめくり、畝の肩（傾斜している部分）あたりに肥料をまく。

肥料が分解しやすくなるように、上から土をかける。

土をかけたら、マルチを戻して固定する。

ポイント

マルチをしていない場合

地表に肥料をまいてから土をかけるか、土を少し掘ってから肥料を与えて土を戻す。

畝《うね》の種類と立て方

種まきや植えつけの2週間ほど前には、畑の土を耕して、栽培する野菜や環境に適した畝を立てましょう。畝にはいくつか種類があり、高さや幅などを工夫することが大切です。

畝って何？

畑を耕して整地した後、土を盛り上げたものを「畝」といい、畝をつくる作業を「畝立て」といいます。畝を立てると畑の水はけや通気性が高まり、微生物の働きも活性化します。

本書では、各野菜のページに参考になる畝の形を入れてありますので参考にしてください。

クワの使い方

クワは水平な場所に置いて、柄の延長がへその位置になるものが使いやすいと

スコップで耕そう

スコップを縦にして土を削るようにする。

掘ると土の固まりができてしまうのでダメ。

クワを使ってみよう

クワの重みで地面に振りおろす。

土をすくうように手前に引く。

左右両方で使えるようにするとよい。

畝の種類

畝は南北か東西に立てるのが一般的。南北に配置すると野菜にまんべんなく日が当たる。

普通畝

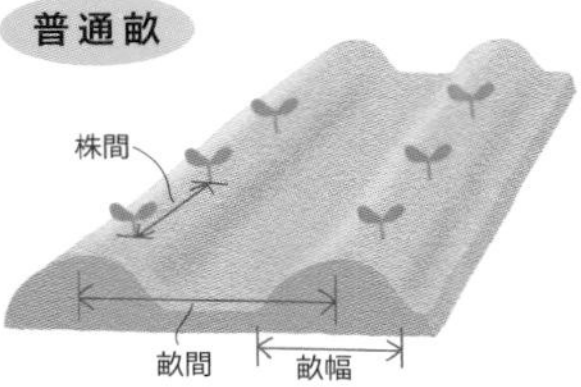

左右から土を盛り上げて自然な山形に仕上げる畝のこと。

ベッド畝

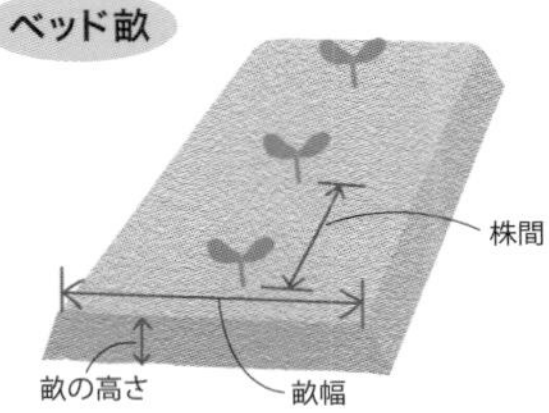

ベッドのように平らに盛り上げた畝。高さ5～10㎝の平畝と、高さ20㎝以上で水はけのよい高畝がある。

条植え

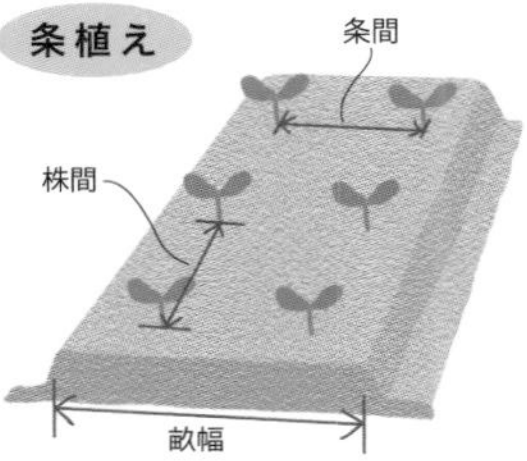

ベッド畝では、ひとつの畝に2列以上の苗を植えることがある。列のことを「条」と呼ぶ。

されます。畝を立てるときなどに重宝する道具ですが、使い慣れるには練習が必要。慣れるまではスコップで耕してもＯＫ。一般には深さは15～30㎝、ダイコンなどの根ものをつくるときはさらに深く耕します。

畝を立てる

野菜を植える株と株の間隔や、畝を盛り上げる高さは、野菜の成長に大きく影響します。

野菜の各ページにある見本を参考に、マルチを使うかどうかなども考えて、適した畝を立てましょう。

畝を立てるときは目分量ではなく、きちんと計測して行ないます。

普通畝を立てる

畝幅40～50㎝、高さ20㎝、長さ150㎝の畝を立てる例。

1 畝を立てる場所は万能クワでよく耕し、平らに整えておく。

2 決めた畝幅の両わきに長い棒（支柱など）を畝の長さ分だけ置く。

3 クワを下から軽く引いて、土をすくいあげて棒の間に盛っていく。

4 クワの持ち方を逆手に変え、畝の反対側の土を盛っていく。

5 土が高さ20㎝に盛り上がったら、棒をはずす。

6 最後に、畝の肩（斜面になっている横の部分）をクワの背で整える。

ベッド畝を立てる

幅90㎝、高さ10㎝、長さ150㎝の畝を立てる例。

1 よく耕した場所に、畝の幅と長さを長い棒（支柱など）で囲う。

2 高さ10cmくらいになるように、棒の外側から万能クワで土を盛る。

3 土が盛り上がったら、畝の肩をクワやシャベルなどで整える。

4 畝の上面に土の固まりがあったらほぐし、平らにならす。

5 畝ができたら、周囲の支柱をはずす。

6 ベッド畝のできあがり。

種の選び方と種とりのすすめ

有機や自然栽培で野菜を育てるには、どんな種を選ぶかが大切です。種から苗を育てれば、伝統野菜などの多彩な品種を楽しめます。F1種と固定種の違いを知り、種とりに挑戦することで、おいしさの可能性が広がります。

種まきからはじめる野菜づくり

家庭菜園を楽しむなら、種まきからはじめることをおすすめします。市販の苗は種類が限られ、育苗中に農薬や化学肥料を使っているかどうかなど、見極めが難しいもの。また、購入したときは、植えつけの適期を過ぎていることもあるでしょう。

農家には「苗半作」という言葉があり、よい苗がつくれれば野菜づくりは半分成功したようなものという意味。それほど、どんな苗を植えるかは大切なのです。苗を育てるのは難しいこともあるでしょう。しかし、まいた種が発芽し、成長する様子を見るのは、命の芽吹きが実感できるすばらしい体験です。回数を重ねると、上手に育てるコツもわかってきます。

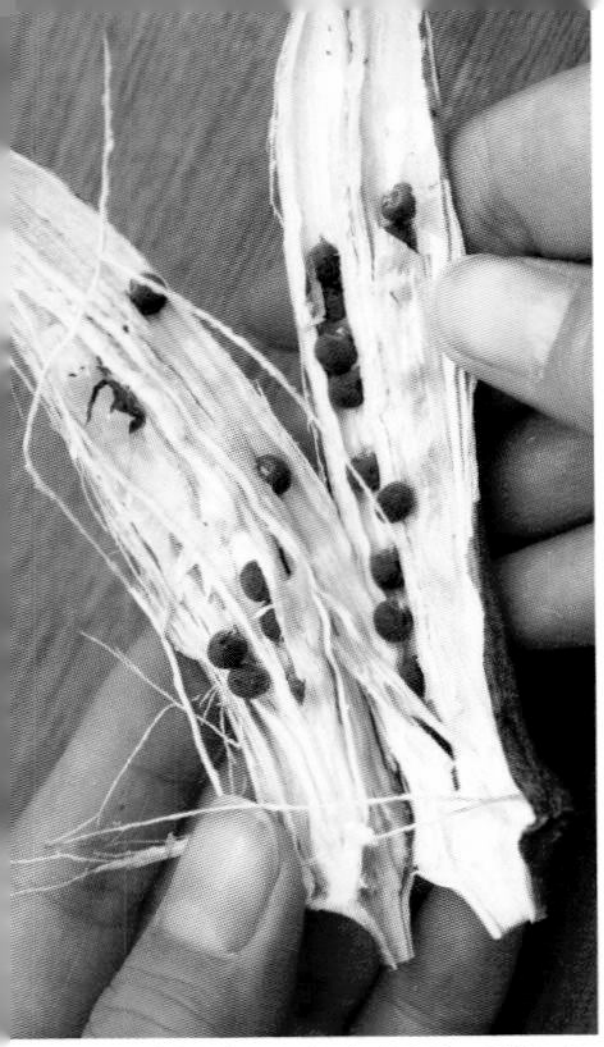
種とりは家庭菜園の楽しみのひとつ（オクラ）。

育てた野菜の種をとる楽しさ

固定種とF1種（一代交配種）の違い

日本だけでなく、世界各地でその土地に受け継がれてきた在来種や固定種と呼ばれる野菜があります。しかし、現在はスーパーの野菜売り場でもホームセンターの種苗売り場でも、並んでいるのはF1種という一代交配種が多くなっています。

F1種とは、異なる品種の両親を人工的に交配させてできたもの。メンデルの法則にあるように、遺伝的に顕性な形質だけがそろってあらわれます。そのため、発芽や生育もそろうので大量生産しやすく、出荷しやすいのも特徴です。しかし、それは一代限りのもので、二代目になると隠れていた潜性が顔を出し、形質はバラバラになります。F1種を育てるなら、毎年、種を購入することになるのです。

これに対して固定種は、何代も同じ形質が受け継がれて固定化した種です。自然淘汰で生まれたものと、人間が選抜を繰り返して育んできた種があり、いずれもその土地に適応しています。F1種にくらべて形質や収穫期は不ぞろいですが、家庭菜園ではむしろ長く収穫できるのがメリットです。形はそろわなくても、特徴ある形や色、個性的な野菜本来の味わいも楽しめます。もちろん自分でとった種から同じ野菜ができるので、毎年買う必要はなく、持続可能な野菜づくりができる種です。

F1種は大量生産に合わせて改良されてきたため、化学肥料や農薬を使わないと育ちにくいという面も。有機肥料や自然栽培で固定種をおすすめするのは、種とりできるという以外にも、化学肥料や農薬がなかった時代の野菜が多いからです。

自分で育てた野菜の種をとろう！

完熟させたトマトやナス、ピーマンなど、果実の中には種があります。ニンジンやキャベツも株を畑に残しておけば、春になると花が咲き、種を結びます。植物は種を残すことで命をつないでいきます。

種をとる場合は、気に入った形のものや、おいしいと感じた野菜を選ぶことが大切。そうして種をつないでいくうちに、だんだん自分好みの野菜になっていきます。これこそが、種とりの醍醐味。また、自分の畑でとった種は、その畑に適応し、より育てやすい性質になっていきます。

固定種の種はどこで購入できる？

一般に市販されている種はF1種が多いですが、種袋を見てもわかりにくいのが現状。「××交配」「一代交配」などと記載があるものはF1種です。

固定種は、一度入手すれば自家採種できますし、近年は自家採種した種を持ち寄る交換会も各地で開催されています。

全国各地で受け継がれてきた固定種の野菜を栽培できるのも、家庭菜園だからこそ。種を購入していると、野菜づくりは1年単位になりますが、種とりすると、今年の作業は翌年へとつながっていきます（⬇固定種の種の入手先はP255参照）。

個性派ぞろい！　固定種の野菜たち

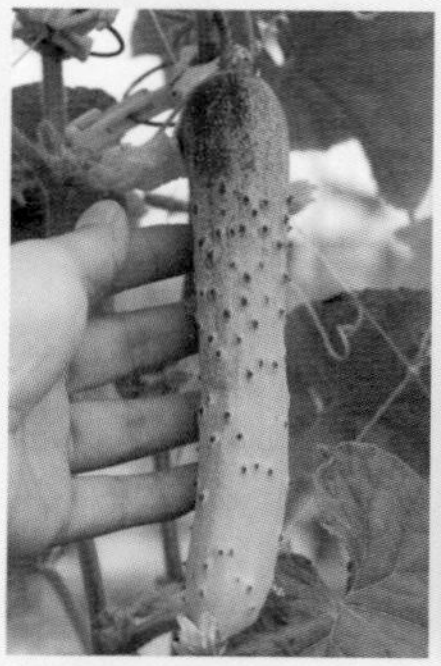
相模半白キュウリ

黒田五寸人参

みやま小かぶ

三浦大根

真黒ナス

スターオブデイビッドオクラ

種のいろいろ

ササゲ

ダイズ

三浦大根

日本ホウレンソウ

鷹の爪

種まきと育苗テクニック

野菜づくりでは、元気な苗を育てることが成功への第一歩。育てたい品種が決まったら、種まきからはじめましょう。育苗に使う土からつくることができると、苗づくりの成功率が上がります。

「苗づくり＝育苗」は成功への近道！

野菜づくりには昔から「苗半作」という言葉があり、苗のよしあしで収穫の半分が決まるといわれています。健康に育った苗は、多少の気候変動にもよく適応するので、無農薬で栽培しても、病害虫に負けず元気に育ちやすいといえるでしょう。

苗を購入したほうが簡単、と思う人もいるかもしれません。しかし、市販の苗は農薬や化学肥料を使って育てられていたり、植えつけの適期を過ぎているものも。自分で育てた健康な苗を最適のタイミングで植えつけることが、成功への近道です。

●育苗土をつくってみよう

苗を育てるために使う土を「育苗土」といいます。

発芽するのに必要な養分は種の中にあるので、基本的に育苗土に肥料分は不要。小さい苗は病害虫に無抵抗なので、清潔で保水性があることがよい育苗土の条件です。根が張りやすいように粒子が細かい土が向いています。

ここでは植物残渣や温床の土を利用した育苗土のつくり方を紹介しましょう。

育《いく》苗《びょう》土《ど》をつくる

植物残渣でつくる

関野農園では、畑の雑草や栽培した野菜の残渣だけを積み、育苗土を作成。畑から出たものだけが、植えつけの際に畑に戻る仕組み。

雑草や野菜残渣を1～3年、野積みして発酵熟成させる。

未分解の部分はよけ、下部で土となっているものを掘り出す。

1㎝角のふるいでふるう。

粒子が細かい良質の育苗土。

温床の土を利用

渋谷農園では温床（➡ P27）に使った土を1年以上発酵熟成させ、畑の土と混ぜて育苗土として使用。さらに2～3年野積みすると発芽や生育の成績がよい。

踏込温床。4m×1.8m×高さ60㎝にワラ8対落ち葉2＋米ぬかバケツ1杯（15リットル）で作成。1年以上発酵熟成させたものを使用。

完熟させた温床の土。

5㎜角のふるいでふるう。

粒子の細かい種まき用土が完成。

ポット育苗

ポット育苗では、温床の土をふるったもの3対畑の土1の割合で混ぜて使用。

種を浸水させる場合

オクラなど発芽がそろいにくいものは、種まきの前に種をひと晩、水につけておくとよい。ほかに、ゴーヤ、トマト、ナス、キュウリ、ピーマン、カボチャなど。レタスは休眠から起こすために水につける（➡ P158）。

オクラの種はプラスチック容器に水を入れて浸漬。

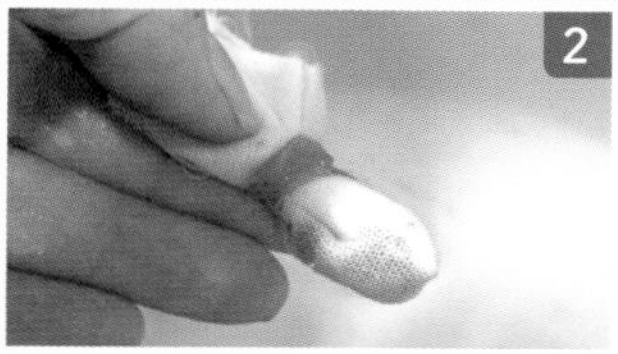

ほかのタネはガーゼや布に包んで輪ゴムでとめ、水にひと晩浸ける。

Q 温床の土は育苗のほかに何に使えますか？

A 温床の土は、しっかり発酵熟成したものは、堆肥や腐葉土、育苗土として使用できる。未熟な部分は、畑の畝間や株元に敷き、雑草予防や保温、保湿のためのマルチングとして使うとよい。自然に分解されて土に還り、土づくりにも役立つ。

ポイント

●市販の育苗用土を使う
はじめて野菜づくりをするときや、自家製の育苗用土がない場合は、市販の種まき・育苗用土を使うとよい。

育苗箱に種をまく

種をたくさんまくときは育苗箱を利用する。大きな育苗箱なら用土がたっぷり入り、乾きにくい。

底に水抜き穴のあいている育苗箱に、前日に水やりして湿らせておいた育苗土を入れる。

土を多めに入れて箱をトントンと打ちつけ、土を落ち着かせる。

板で土の表面を平らにならす。

育苗連結ポットなどを土に押しつけ、種まき穴をあける。

1穴に1粒ずつまく。種が大きい場合は市松模様にまくとよい。ピンセットを使うとまきやすい。

まき終えたら、土をふるいにかけながら種が隠れるくらい覆土。

土と種が密着すると発芽率がよくなるので、手で鎮圧する。

板などで表面を平らにならす。

育苗する場所へ移動し、土が乾いている場合は水やりする。

発芽まで乾燥させないように、新聞紙をかけて、温度管理して育苗する（➡ P37）。

セルトレイまき

セルトレイとは小さな植え穴が並んだ種まき容器。仕切られているので鉢上げのときに苗の根を傷めにくい反面、育苗土の入る量が少ないため乾きやすく、水やりは多めに必要。

育てたい株数にあうセルトレイに、湿らせた育苗土を入れ土を落ちつかせる。

ここではトウモロコシの種２粒を１枠に向きをそろえてまいている。

まき終えたら、指で1cmほど種を押し込む。

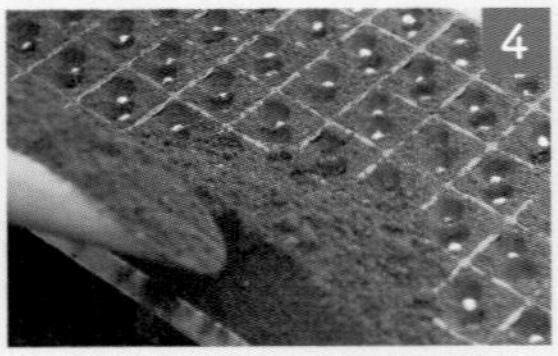
育苗土で覆土して板で表面をならす。

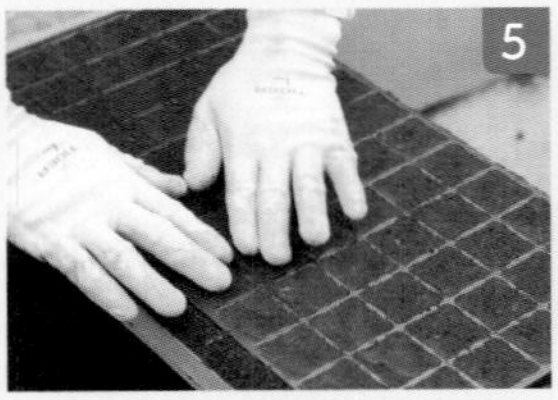
手で鎮圧して土を落ちつかせる。

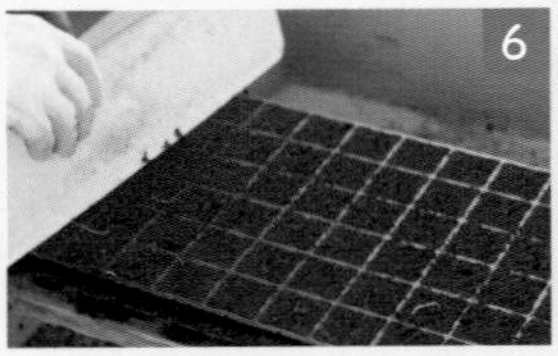
さらに土を乗せて、土と種が密着するように板などでならす。

ポットまき

ポリポットは土がたっぷり入るので、乾燥しにくく水やりの管理がラク。鉢上げしないで定植まで育苗できるので家庭菜園に向く。地温はセルトレイより上がりにくいので、セルトレイより発芽に時間がかかる。

ポットと同じ大きさのプラ鉢があると便利。

プラ鉢にポットを入れる。土がきれいに入る。

適度な湿度の育苗土をポットいっぱいに入れる。

ポットをトントンして土を落ち着かせる。

底が平らなペットボトルなどで土を均一に押す。

スプーンの柄などでまき穴をあける。

種を数粒ずつまく。

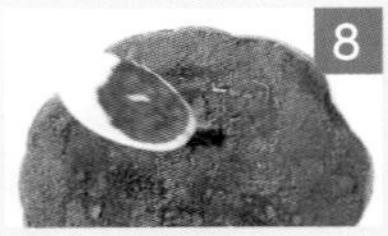
スプーンなどで育苗土をかけて覆土。

土と種をなじませるようスプーンの背で鎮圧。

直まき

直根性のダイコンなどや移植を嫌うインゲンなどのマメ類、栽培期間の短いホウレンソウなどの葉ものは畑に直接種をまく。

点まき

ササゲの例。植え穴に、種を数粒ずつまく。

種の大きさの２〜３倍の深さまで種を押し込む。

覆土する。

手で土を落ち着かせる。土が乾燥している場合は水やりする。

筋まき

畑の土を細かくくずして平らにならし、深さ１cmほどの溝をつくる。

細かい種は親指と人差し指をすりあわせてまく。

溝を左右から指でつまむように覆土。

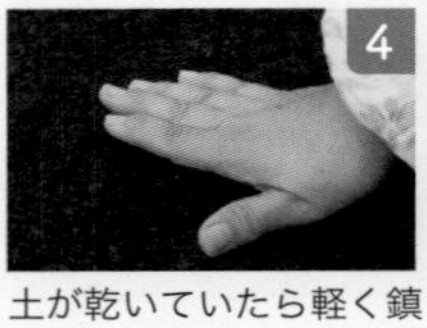
土が乾いていたら軽く鎮圧する。

温度管理

春まき野菜は早春に育てることで、暑さで収穫が減ったり、害虫の被害を受けず、早めに収穫できる。夜間は地温23度以上、ナスは地温30度を目安に保温して育苗。

1

温床はつくってから3～4日で発酵熱が上がり、40～50度を1週間ほど維持できる。

2
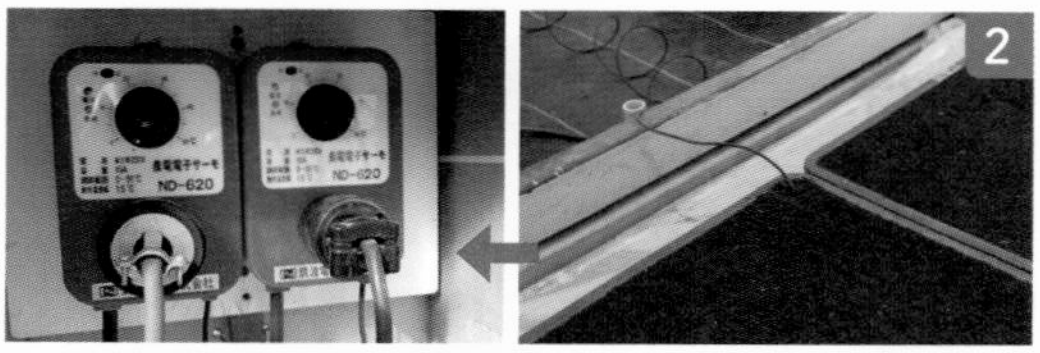

↑農業用の電気マットはサーモスタットと併用すると温度管理がラク。

3

←衣装ケースを簡易温室として利用。昼間はふたを外して日光に当て、夜間は屋内へとり込む。

水やり

発芽に水は欠かせないが、加湿しすぎると酸素不足で発芽できない。育苗土が湿っているときは種まき後の水やりは必要ないが、乾いている場合はたっぷり水やりする。

1

寒い時期はくみおいた水や30℃くらいの湯を、気温が上がった午前に与える。

2

土の表面が乾いたら、細かい水粒のジョウロで土がギラッと照るくらいたっぷりやる。

3

ポットまきした苗には1ポットずつていねいに水やりする。

低温や鳥害対策

1

寒冷紗や不織布のトンネルは害虫や鳥害の予防、寒さや霜よけ、風よけに効果的。

2
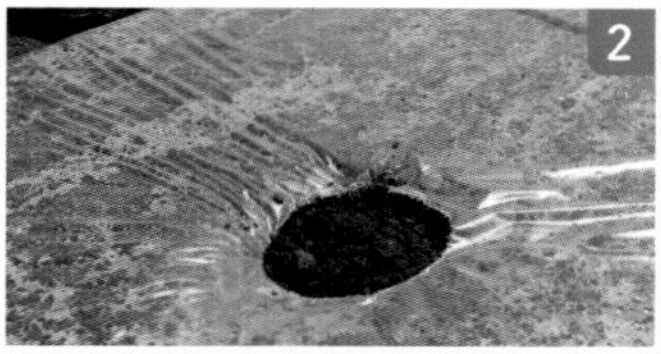

マルチは地温を高める効果が高いので、あらかじめ張っておき、トンネルと併用するのがおすすめ。

3

マメ類などは種まきから発芽後に鳥害があるので、不織布をベタがけして予防。

遮光

発芽までは暗いほうが発芽しやすい野菜が多いが、遮光した場合は、発芽したらすぐにはずして日光に当てる。

1

育苗箱には新聞紙などを発芽までのせておく。

2

種まき後に遮光ネットをかけておくのもよい。

ポイント

ニンジンやシュンギクなどは光好性種子と呼ばれ、発芽に光が必要。覆土をごく薄くするのがコツ。

マルチングとトンネルかけ

農薬を使わない有機栽培や自然栽培では、野菜に病害虫を発生しにくくする工夫が必要です。畝をフィルムなどで覆うマルチング（マルチ）やトンネルかけは、多面的な効果を持つ強い味方。初心者こそ使いこなしたい資材です。

マルチで地温上昇や雑草防止

マルチングは、透明や黒のポリフィルムが一般的です。昔ながらの敷きワラや刈った草を置く草マルチもあります。

マルチの効果はとても多面的。地温を上げて苗の初期生育を促して病害虫に強く育て、土壌の乾燥を防ぎます。さらに、泥ハネを防止して病気にかかりにくくし、雑草を防ぎます。

シルバーマルチには、害虫を寄せつけない効果も期待できます。

マルチをかける

ポリマルチは透明や黒、白、紫などがある。透明マルチは土壌を深くまで温める効果があるのでおすすめ。

畝の片端でマルチの端にシャベルやクワで土をかけて固定。

シワが寄らないようにピンと張りながら畝の上に広げる。

反対側まで広げたら押さえの分を足してマルチを包丁で切る。

マルチの中央を持ち、シワが寄らないように土を置いてマルチをとめる。

畝の両脇も片側ずつ、土を置いてマルチをとめる。

マルチの周囲に置いた土を足で踏んでしっかりとめる。

マルチを張ったところ。

ポイント

- 雨の後、植えつけや種まきの約2週間前に張ると、地温や湿り気がちょうどよい時期に作業できる。
- シワが寄らないようにピンと張り、周囲の土をしっかり踏んでおけば、強風でもはがれにくい。

トンネルで防寒、防風、害虫対策

畝の上に支柱などを渡して寒冷紗やビニールフィルムなどで覆うことを、トンネルがけといいます。寒さや害虫の対策として、マルチと組み合わせて利用すると万全。トンネル用の支柱を使わず不織布を畝にかけるベタがけも便利です。

寒冷紗・不織布

寒冷紗や不織布は、目が細く、通気性がある素材。強光線をやわらげ、寒さや霜の害を防ぎ、害虫を近づけません。

ビニールフィルム

保温性が高く、苗の寒さ対策に効果的。家庭菜園では換気の手間が省ける穴あきタイプがおすすめ。

トンネルをかける

トンネル用の支柱を土に刺す。斜めに刺すと反対側からとりやすい。

支柱を半円形に曲げて畝の反対側に刺す。

支柱の上にトンネルをかける。ここでは穴あきビニールを使用。

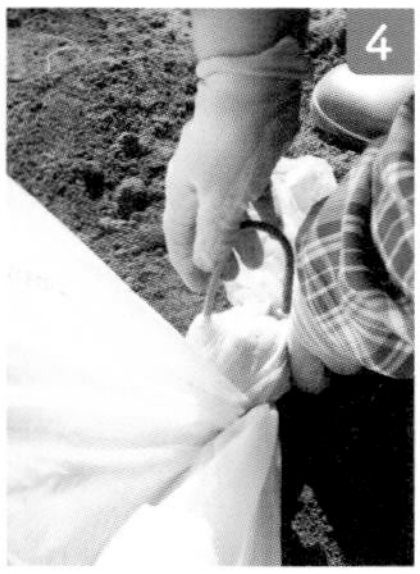

端をしっかり持ってねじり、トンネル用の金具に巻きつける。

金具を土にしっかり刺してフィルムをとめる。

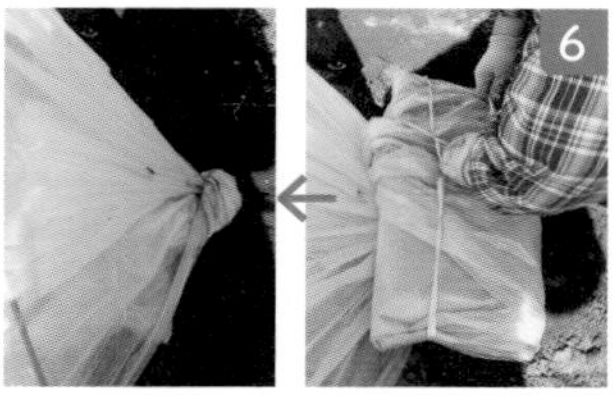

反対側も同様にとめ、余った部分はヒモでしばってまとめ、トンネルの中に入れておく。

上部にもトンネル用の支柱を数か所渡してとめる。

トンネルをかけたところ。

ホットキャップ

←霜や強風、害虫や鳥害などを１株ずつ防げるので、株が少ないときに便利。

ベタがけ

→寒冷紗や不織布をかけて周囲に土をのせてとめる。保温や保湿、害虫・鳥害対策に。

鉢上げと間引き

育苗箱にまいた種が発芽して本葉1～2枚の頃、苗をポリポットに移植する鉢上げをします。また、複数の種をまいて、よい苗を残す作業を間引きといいます。間引きはよい苗を大きく育てるための大切な作業です。

鉢上げ（ポット上げ）

ポリポットは直径10・5cmか12cmが使いやすく、いくつかサイズをそろえておくとよい。鉢上げしたポットは胴の部分を持つと根を傷めるので、かならずふちをもつこと（➡P154）。

1 丸穴が一般的。安価で入手しやすい。

2 底にＹ字のくぼみがあるものは根が露出しないのでおすすめ。

3 ポリポットに育苗土を入れ、表面を落ち着かせる（➡ P36 ポットまき 1～5参照）。

4 棒などで植え穴をあける。

5 育苗箱で本葉１～２枚が出はじめて、元気な苗をスプーンなどでていねいに掘り出す。

6 ポリポットの穴に苗を植え、スプーンで土を株元に寄せて押さえる。

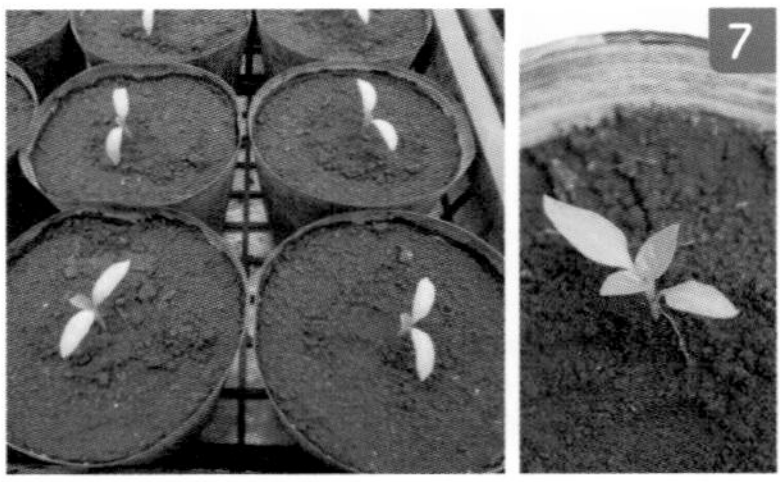

7 鉢上げが終わったところ。

直まきの間引き

直まきの間引きは収穫までに1～3回ほど行ない、株の生育にあわせて適切な株間を確保して風通しよくする。

1 →混み合う部分は間引きの対象。

2 ↓葉が触れ合わない程度に間引く。

ポットまきの間引き

1 →ポットに２～３粒ずつタネまきした野菜は、本葉が１～２枚の頃、間引く。

2 ↓元気な苗を１本残す。

苗の植えつけ

ポリポットで育てた苗の根がポットの底に回りはじめたら、畑に定植します。春の植えつけ前にはマルチングで地温を高めておくとよいでしょう。畑に定植したら、いよいよ畑での栽培がはじまります。

苗が老化する前に植えよう

直径10・5㎝ポットで育てた苗は本葉4～5枚になったら、直径9㎝ポットなら本葉2～3枚が、畑に定植する目安とされます。ただし、本葉の数よりじつは根の育ち具合が重要。ポットから苗をとり出したとき、根鉢は崩れないけれど根が巻きすぎていない状態がベストです。ポットの底穴からちょろっと根が出はじめた頃が植えつけの目安。

ポット内で根が回りすぎて老化していると、植えつけ後に根が畑の土へ伸び出すのに時間がかかります。肥料を使わない自然栽培では、とくに若い苗を定植するのが成功のポイント。

ただし、肥料をたっぷり使って育てるトマトやカボチャを育てる場合は、若い苗だと茎葉が育ちすぎるので、もっと育った成苗を植えるとよいでしょう。

春は地温が低いので、畝を立てたらマルチングをして地温を高めておくと、小さな苗を植えつけてもよく育ちます。ポット苗は前日からたっぷり水やりしておき、当日は水やりしません。土が崩れず、手も汚れません。底面給水もおすすめです。

マルチに穴をあける

穴あきマルチを使う場合は、野菜ごとに適した株間のタイプを購入。穴のあいていないマルチは、定植前に包丁や専用の穴あけ器具であける。

穴あけ器具を使う

1 株間を測り、器具の刃をめりこませてフィルムを切る。

2 フィルムをとり除く。

3 穴あけ器はブラシで土を落としなら作業をすると切れ味が鈍らない。

4 立ったままあけるタイプや、植え穴を同時に掘れるタイプなどがある。

包丁で穴をあける

1 穴をあける位置に、目安として支柱などを置くとよい。包丁の先端をフィルムに突き刺して穴をあける。

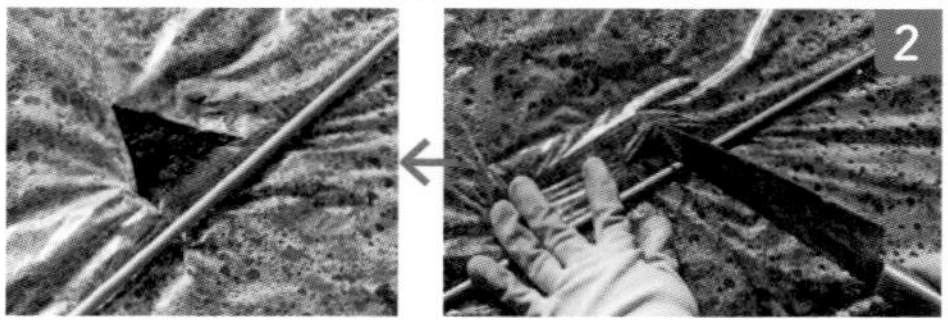
2 刃を上に向けてフィルムをカットすると切れ味が鈍らない。三角に開ける場合は横に切れ込みを入れてから中央の縦に入れ、内側に折り込む。

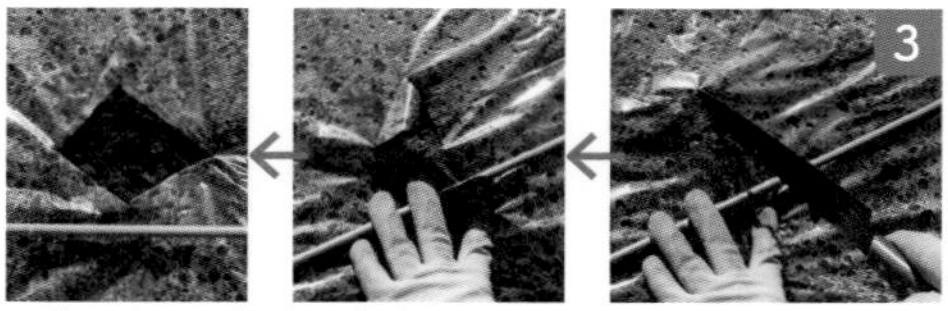
3 四角にあける場合は十字に切れ込みを入れる。

植えつけの手順

若い苗の根はとてもデリケート。ポット苗は土の部分を持たず、縁を持つこと。
根をできるだけ傷つけないように注意しよう。

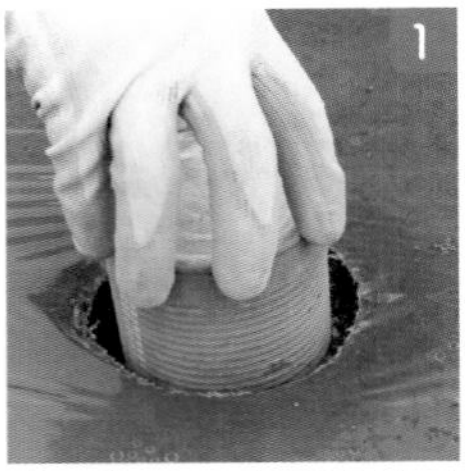

ポリポットの直径と同サイズの空き缶があると便利。逆さまにして地中に埋める。

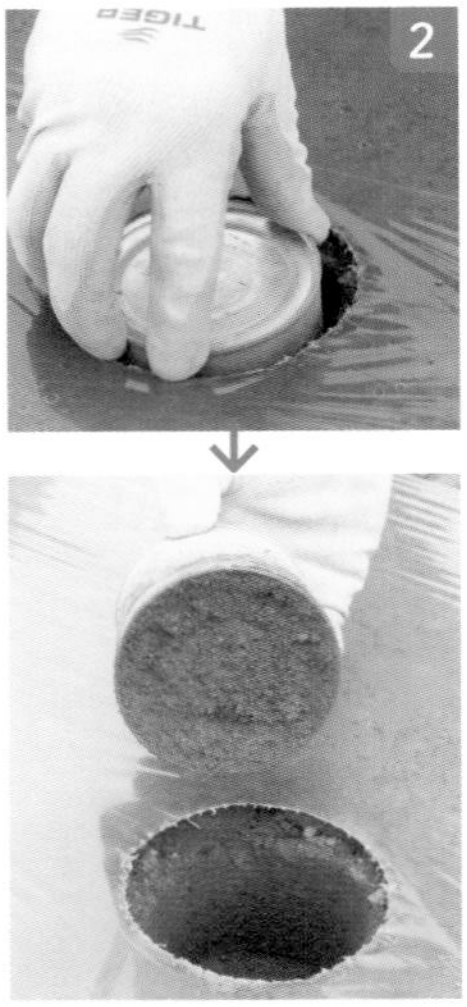

そのまま抜きとると、ポット苗がすっぽり入る穴があけられる。植え穴に水が入ると通気性が悪くなるので気をつける。

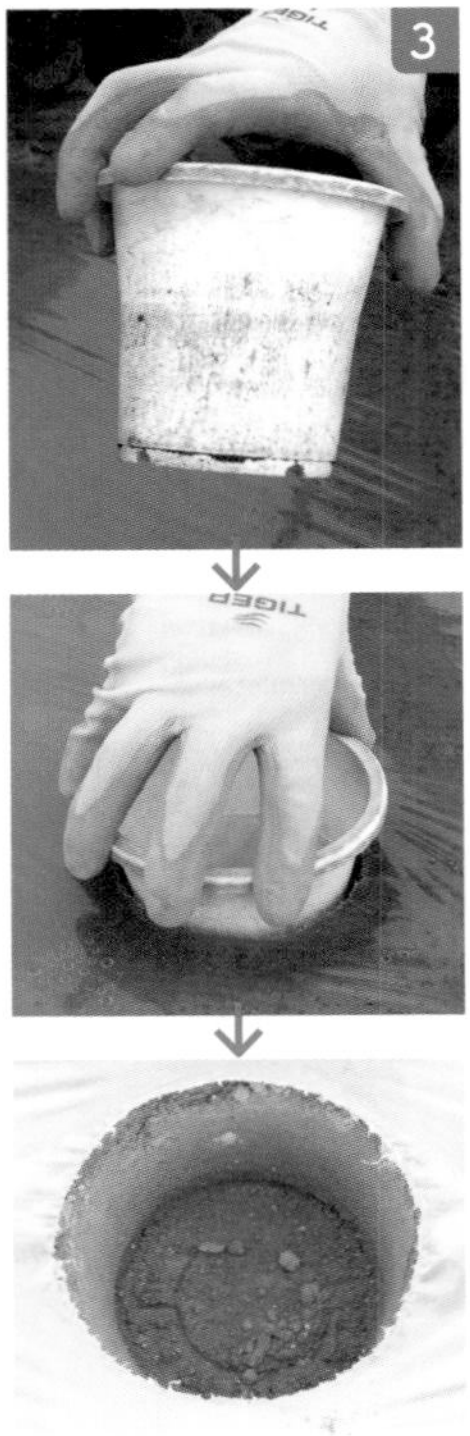

さらにポットと同サイズのプラ鉢があれば、あけた穴に差し込んで穴を固めるとよい。

ポイント

空き缶やプラ鉢を使わないときは、移植ゴテなどで植え穴を掘る。

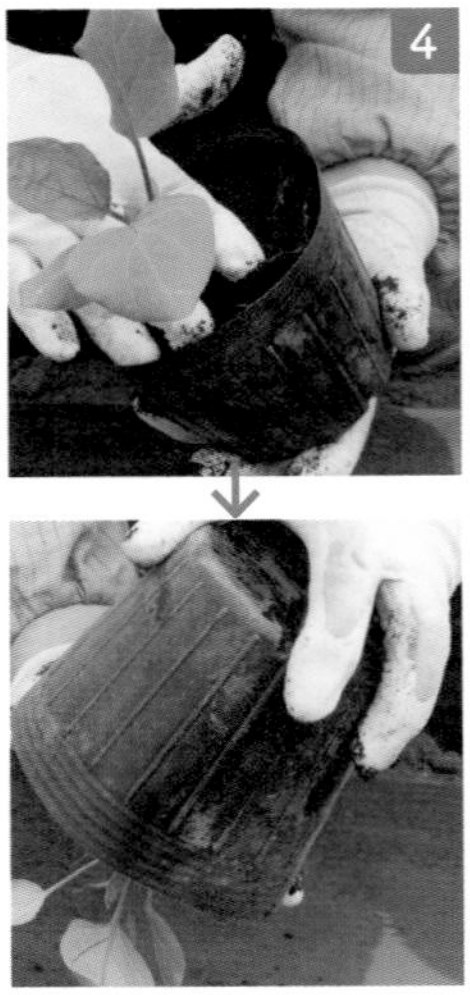

苗の株元を指ではさむように押さえ、苗を逆さまにしてポットをはずす。

苗の根がポットの底に回りはじめた状態。元気な根には綿毛のような根毛が見える。

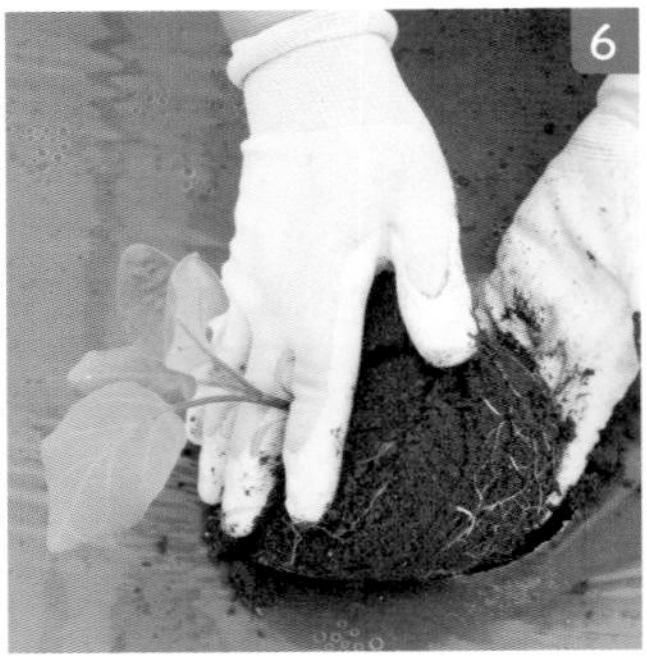

根鉢の底に手を添え、土を崩さないようにそっと植え穴に植えつける。

植え穴と根鉢の間にすき間があれば、掘った土をやさしく入れる。鎮圧はとくに必要ない。

深植えしないように注意。元の土の上面が畝の高さより低くならないようにする。野菜によって浅植えが適したものがあるので各ページを参照のこと。

市販苗の選び方

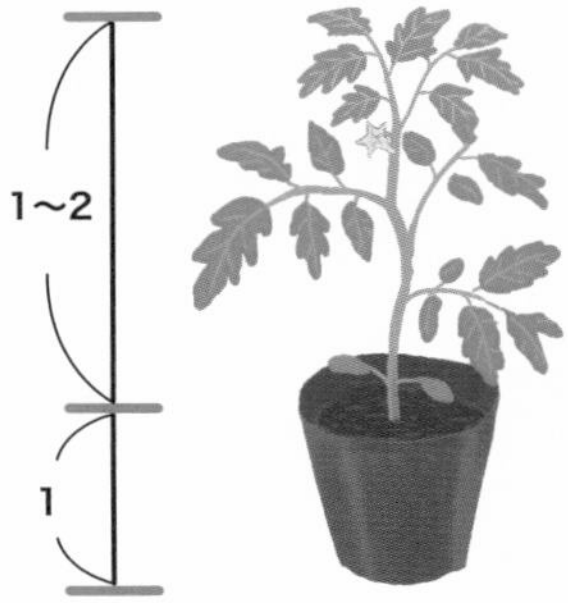

土1に対して地上部が1～2くらいが目安。

有機や自然栽培で育てるときは、苗づくりからするのがベスト。市販苗は育ちすぎていない若い苗を選ぼう。ポットの大きさ（土の量）に対して、地上部が大きすぎないことが大切。株がしっかりして、葉と葉の間が詰まって徒長していないもので、葉色がよく、下葉が黄ばんでいないかチェック。市販苗は肥料を使って育っているため、無肥料で育てるのは難しい。有機栽培など肥料を使って育てるのがおすすめ。

支柱立てと誘引

つる性の野菜やトマトやナスなどの背丈が高くなる野菜は、支柱を立てる作業が必要です。野菜の育ち方や畑のスペースに適した支柱を、風で倒れないように立てましょう。支柱に野菜を添わせる誘引にもコツがあります。

いろいろな仕立て方

■3本仕立て

主枝の近くに支柱1本を立て、側枝用に2本の支柱をクロスして立て、それぞれ1本ずつの茎を誘引する。ナスのように側枝を伸ばすものに。

■1本仕立て

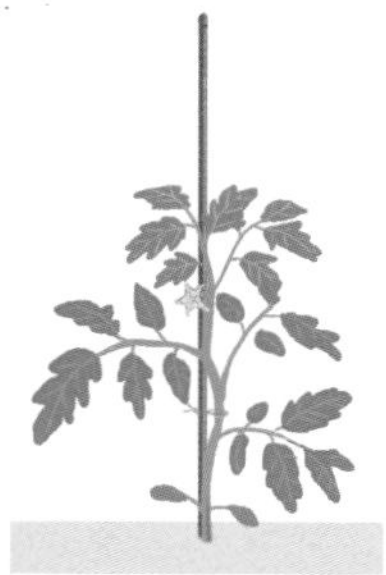

株ごとに1本の支柱を立て、茎を誘引する。株があまり大きくならないピーマンやトウガラシ、ナスなどに向く。

■アーチ(トンネル)型

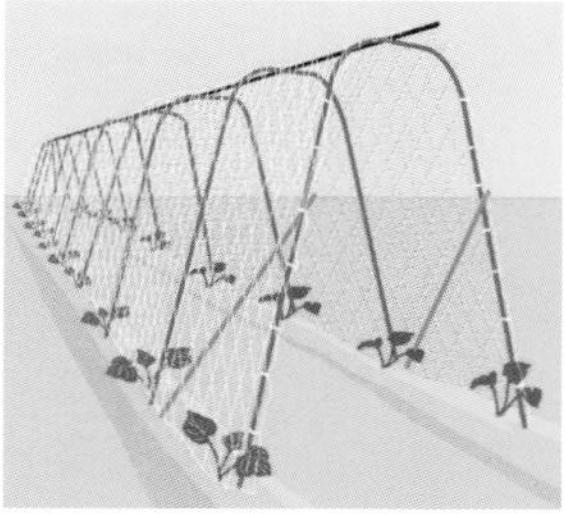

隣り合う畝にアーチ形の支柱を立て、横に補強の筋交いを渡す。株が大きく育つキュウリやつるありインゲン、カボチャやゴーヤなどに向く。アーチの上にナイロンカバーをかけると雨や寒さよけにもなる。

■合掌型

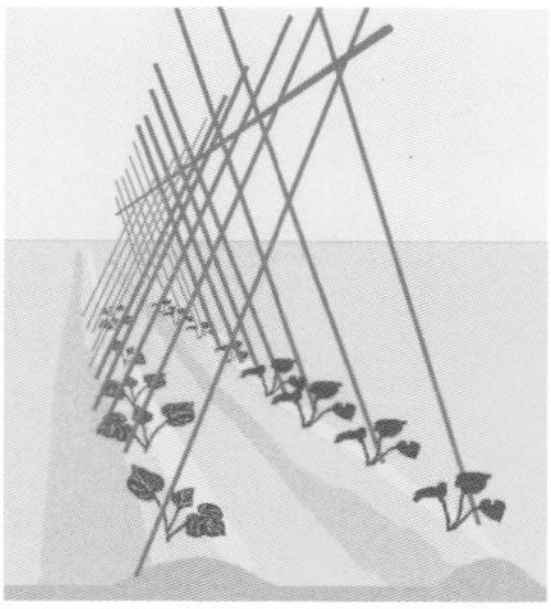

隣り合う畝から2本の支柱を斜めに立て、交差させた上部に横棒を渡して固定。風雨に強く、草丈の高くなるトマトやキュウリ、インゲンなどに向く。

■地這い栽培

スペースに余裕があり、株が大きく広がらない野菜ならつる性でも地面に這わせて栽培できる。カボチャやキュウリ、スイカなどに適する。

■支柱＋ヒモ仕立て

畝の両端に支柱を立てて上部に支柱かヒモを渡し、そこから降ろしたヒモに茎を誘引する。成長にあわせて上にヒモを上げていく。つるありのエンドウなどに。ヒモのかわりにネットを使うと、重い実のなるウリ科の野菜にも適す。

誘引のコツ

●ヒモで結ぶ
ビニールヒモや麻ヒモで茎を支柱に結ぶ。結び方はP91参照。

●クリップを使う
誘引用のクリップだと何回も使えるので便利。

そのほかの管理作業

おいしい野菜をつくるには、野菜が順調に育つようにさまざまな手助けをする必要があります。種類や環境によって必要な作業や行なうタイミングは異なるので、タイミングを逃がさないように観察し、適期に管理作業を行ないましょう。

野菜の成長をコントロールする

野菜の株は自然のままだと茎やつるが伸びすぎることがあります。とくに肥料が多いとそうなりがちです。必要以上に茎葉が茂ると、栄養を奪われて花や実のつき方が悪くなり、日当たりや風通しも損ないます。必要に応じて、茎葉が茂りすぎないように、摘芯やわき芽かきなどをしましょう。

また、人工受粉をすることで実つきをよくすることも可能です。

野菜にとって快適な環境を整える

野菜を育てる上では、畑の環境も整えなければなりません。野菜づくりでは、「空気も肥《こや》しのひとつ」とか「さく（畝）切り、ひと肥し」などといわれます。これは、固くなった畑の土を耕し（中耕）、土に空気を含ませることが、肥料のように生育を促すという意味です。畑では基本的に水やりはしませんが、乾燥が続くときや水を好むものには、必要に応じて水やりを。

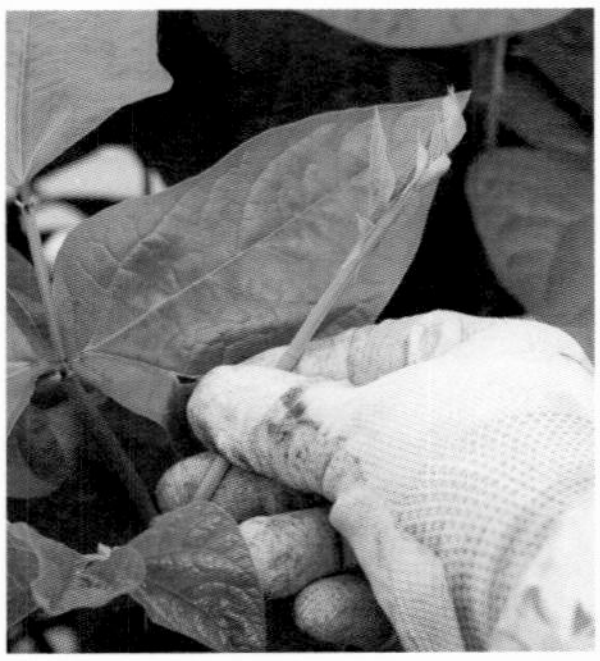

摘芯

主茎や側枝の先端にある成長点を摘む作業。わき芽が出るのを促し、茎葉を茂らせたり、側枝につく実の数をふやす。シュンギクやモロヘイヤ、ピーマンやシシトウ、シソなどに行なう。ただし、自然栽培ではあまり行なわない。

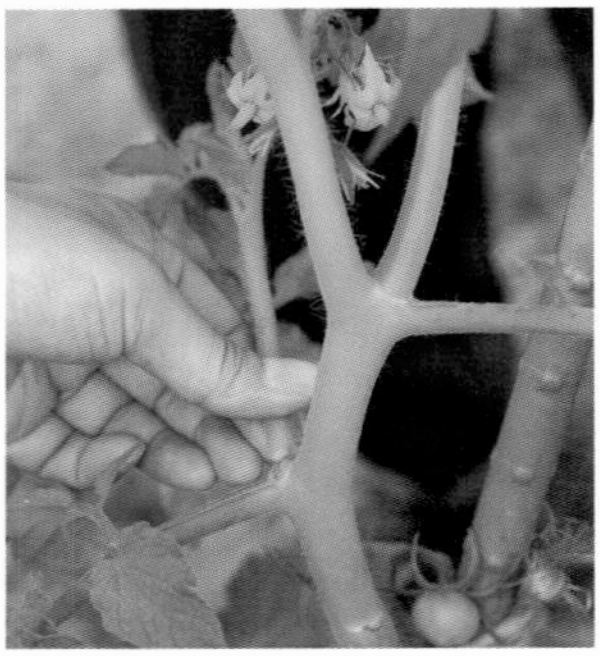

わき芽かき

茎と葉のつけ根から出るわき芽を摘んで風通しなどをよくし、無駄な側枝を伸ばさないで収穫量をふやす。主にトマトに行なう。晴れた午前に行なうと切り口が乾きやすい。

摘花

花や蕾のうちに摘み取り、1株につく果実の数を制限して残した実を大きくする。ナスやズッキーニなどのほか、シソやバジルなどは開花すると葉が硬くなるので、花芽を摘むと長く収穫できる。

摘果

果実を小さなうちに摘みとって数を制限し、よい実を残して大きくする。実を太らせるエネルギーの分散を防ぐ。ナスやスイカ、カボチャ、ズッキーニなどに。

水やり

畑は基本的に水やりしないが、種をまいて発芽するまでや苗を植えつけたとき、1週間以上雨が降らないときには水やりを。水が不足すると実ものの雌花が減ったり、サトイモやオクラ、エダマメなど水が好きな野菜もある。水持ちの悪い土壌でも、適度な水やりを心がけたい。

人工受粉

固定種の人工受粉はほかの品種との交雑を防ぐために行なうことが多い。キュウリやカボチャ、ズッキーニは、開花前日の蕾をクリップでつまみ、翌朝ふくらんだ雄花を摘んで開き、受粉させる。

収穫

野菜をおいしく食べるためには収穫のタイミングが大切。実もの野菜は1日で大きく成長する。収穫適期をすぎると硬くなったり、実が割れたり、スが入ったりすることも。早め早めの収穫がおいしさのポイント。夏は午前8時頃までに、冬は午後2時頃までに収穫するのが理想的。

中耕＆土寄せ

株間や畝間を軽く耕すのが中耕。雑草をおさえたり、踏み固められた表土をほぐして通気性を高め、微生物を活性化する効果もある。追肥とセットで行なうことも多い。

中耕した土を野菜の株元に寄せるのが土寄せ。台風の前や雨の後は、根張りをよくしたり株を安定させる。ダイコンの首が凍らないように防寒したり、ジャガイモの収量をふやす、ネギの白い部分をふやすときも。

貯蔵

野菜は長期保存できるものが多い。タマネギやニンニク、トウガラシなどは雨のかからない軒下などにつるし、ダイコンやイモ類などは土に埋めておくとよい。ハクサイは外葉を上部で縛っておくと霜が降りても春先まで保存可能。ダイコンなどは干しても貯蔵できる。

枯れ葉摘み

健康に育っている野菜でもイチゴやトマト、キュウリ、インゲンなどは、下葉が枯れてくることがある。そのままにしていると病害虫を招きやすいので、まめに摘んでおく。

野菜の種のとり方

固定種（在来種）の野菜を栽培するなら、ぜひ種とりに挑戦してみましょう。自分の畑で育てた野菜の種をとり、次のシーズンにまくことを繰り返すと、畑の環境に適した病害虫に強い、自分好みの野菜をつくれるようになります。

種の命をつなぐ喜びとおいしさ

種をまくと、親と同じ野菜ができる、それが固定種と呼ばれる野菜たちです。固定種野菜を栽培するなら、種をとってみましょう。

ただし、種をとるには収穫期を過ぎた野菜をそのまま畑に残したり、種をとる場所に移植する必要があります。野菜がほかの品種と交雑しないようにする工夫も必要。実もの野菜は畑で完熟させ、葉もの野菜はトウが立って花が咲き、種を結ぶのを待ちます。その間は、次の作付けはできません。

こうした手間をかけても、自分の畑で育った野菜の種をとることには、命をつなぐ喜びがあります。自分の畑に合った世界にひとつの「うちの野菜」を、ぜひつないでください。種をとる親のことを母本《ぼほん》と呼びます。

種とゴミを分ける

サヤに入った種は、種をサヤから出したあと、ゴミと分ける「調整」と呼ばれる作業が必要。

扇風機を使う風選。原理は風と同じ。

風で飛ばす風選。ゴミは軽いので飛んでいき、種だけが下に落ちる。

種の保存法

採種した種は乾燥剤を入れて、冷蔵庫に保存する。種は保存期間が長いほど発芽率が落ちるので早めに使い切りたい。

ジッパーつきビニール袋やプラスチック容器に入れて冷蔵保存。

交雑させない工夫

野菜がほかの品種と交雑すると、形質が変化してしまう。交雑しやすいアブラナ科のダイコンやカブなどは、１年交代に栽培するのもおすすめ。

●主に自家受粉するもの

トマトやナス、ピーマンなどは、同じ花や株の花粉で受粉するので、花ごとに袋で覆ってほかの花粉を近づけないようにする。

●主に他家受粉するもの

キュウリなどのウリ科の野菜や、ハクサイなどのアブラナ科の野菜、ニンジンなどは主に別の株の花粉で受粉する。複数の株ごと寒冷紗などのトンネルで覆い、異なる株の雄花からとった花粉を別の株の雌花に人工受粉するとよい。

実もの野菜の種とり

実ものの種は完熟果からとる。キュウリを例に手順を紹介する。

病虫害がなく生育がよい株から母本を残して完熟させる。

完熟果を半分に切り、種をとり出す。

ゼリー質ごとプラスチック容器などに入れる。

常温で２～３日発酵させる。

ボウルに入れて水洗いし、水に沈んだ種だけを残し、天日で半日、日陰で１週間ほど乾燥させる。

ポイント
ピーマン類やオクラ、マメ類、トウモロコシは種を洗わない。

葉もの野菜の種とり

葉ものの種は花を咲かせて採種する。シュンギクを例に紹介する。

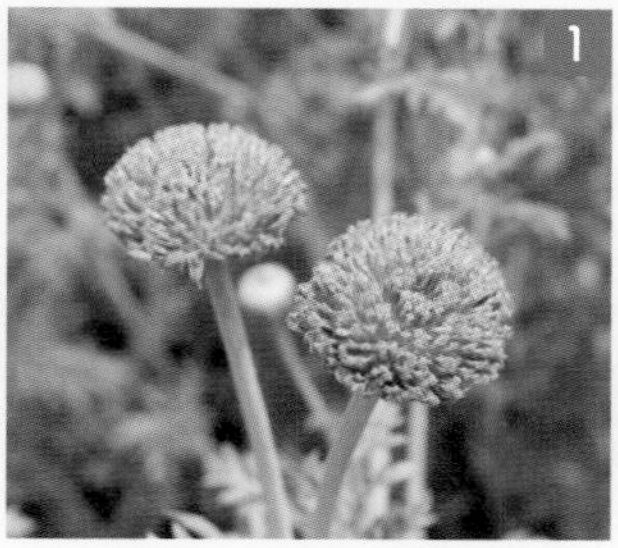

花が枯れたらとり込んで完熟させる。

シュンギクの花には、種がぎっしり。

←もんで種をとり出し、ゴミと分け、充実した種を保存。

根もの野菜の種とり

根ものもよい株の花を咲かせて採種する。ダイコンを例に紹介する。

→生育や形がよいものを最低２本選び、30～40㎝間隔で斜めに植えかえる。

春に花が咲いてサヤができる。

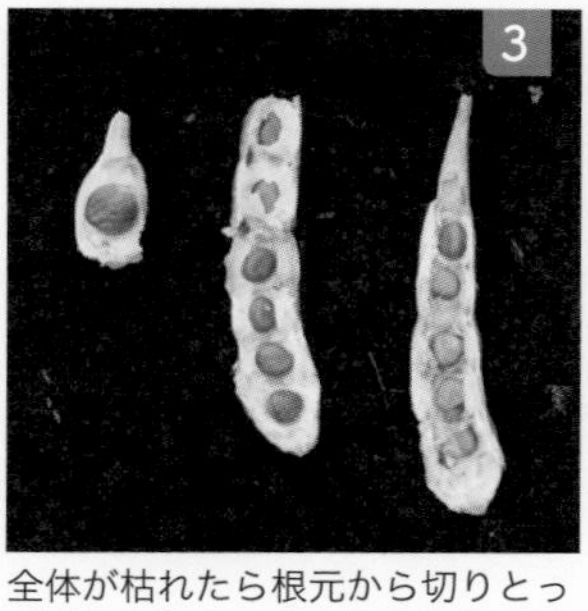

全体が枯れたら根元から切りとって干し、乾かしたら硬いサヤをペンチで割って種をとる。

主な病害虫と対策

農薬を使わない有機栽培や自然栽培では、病害虫を早めに発見して被害を最小限にとどめます。発生しやすい病気や害虫にはどんなものがあるか、どんなときに発生しやすいか、見つけ方のコツも覚えておきましょう。

■野菜に発生しやすい代表的な病気■

病名	発生時期	発生しやすい野菜	特徴と対策
青枯病《あおがれびょう》	6～10月	ナス、トマト、ピーマン、ジャガイモなどのナス科野菜、イチゴ、カボチャ、シソなど	茎葉が緑のまま、急速にしおれて枯れる。土中の細菌が原因で、水はけよくすることで予防になる。発症した株は捨て、連作を避ける。
萎《い》ちょう病《びょう》	5～9月	トマト、ネギ、シュンギク、エダマメ、ホウレンソウなど	土中のカビの一種が原因。病原菌が根から侵入して茎の導管を侵すので、下葉から枯れる。病気になった株は捨て、道具も消毒。
うどんこ病《びょう》	4～11月	カボチャ、キュウリ、エンドウ、ナス、イチゴ、ニンジンなど	春や秋に発生しやすい。病原菌により茎葉に白い粉のようなカビが広がる。日当たりと風通しをよくして、発生した葉はとって捨てる。
疫病《えきびょう》	5～10月	トマト、ナス、キュウリ、カボチャ、スイカ、ジャガイモなど	土中に生息するカビの一種が原因で、泥ハネなどで菌が感染する。茎や葉に黒緑色の斑点が出てカビが広がる。発症した株は捨てる。
褐斑病《かっぱんびょう》	4～10月	キュウリ、インゲンなど	カビの仲間が原因。葉に茶褐色や黒い斑点が出て、葉を枯らす。風通しが悪いと発症しやすいので整姿する。連作でも発生しやすい。
黒腐病《くろぐされびょう》	4～10月	キャベツ、ハクサイ、ブロッコリー、カリフラワーなどアブラナ科の野菜	葉が黄色や黒くなって枯れる。土中の細菌が原因なので、水はけをよくして泥ハネを防ぐ。連作をやめ、害虫を減らすと発症しにくい。
さび病《びょう》（白さび病《びょう》、黒さび病《びょう》）	3～11月	インゲン、カブ、ミズナ、ダイコン、ラッカセイ、エダマメ、シソ、タマネギなど	カビの一種が原因で、黒、褐色、白などの病斑が葉の表面にできる。発症した株はとり除く。風通しをよくして予防する。
立《た》ち枯《が》れ病《びょう》	4～11月	サツマイモ、ホウレンソウ、レタス、ハクサイ、ダイコン、トマト、ニンジン、ネギなど	原因はカビの一種。下葉が黄色く変色して枯れ、茎が細くくびれ、根が腐敗して枯れる。間引きやわき芽かきで風通しをよくする。
軟腐病《なんぷびょう》	6～10月	カブ、キャベツ、レタス、ハクサイ、ダイコン、トマト、ニンジン、ネギなど	土中の細菌が傷口から侵入して発症する。下葉や茎がドロドロ軟化して悪臭を放って腐敗。高温多湿で発症するので水はけをよくする。
半身《はんしん》萎《い》ちょう病《びょう》	6～9月	ナス、トマトなどのナス科やオクラなどに多い	萎ちょう病に似た症状が株の半分に出て、やがて株全体におよぶ。土中の菌が根などから侵入するので、根を食害する害虫を予防する。
べと病《びょう》	4～11月	キャベツ、ハクサイ、カブ、ダイコンなどのアブラナ科、キュウリ、カボチャなどのウリ科、シュンギク、ネギ、ホウレンソウなど	葉にカビが発生し、白から黄色の斑点が広がって枯れる。雨の日は葉がべたつく。高畝や株間を広くすることで風通しと水はけをよくする。肥料過多や泥ハネにも注意。
モザイク病《びょう》	3～11月	ウリ科、アブラナ科をはじめほとんどの野菜	害虫の媒介するウイルスが原因。葉にモザイク状の模様が入り、縮んだりして枯れる。水はけをよくして多湿を避け、アブラムシを駆除。

■野菜に発生しやすい害虫■

害虫名	発生時期	発生しやすい野菜	特徴と対策
アオムシ 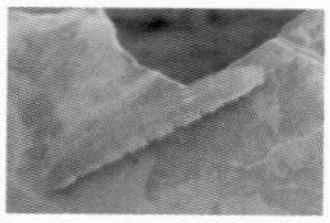	4～6月 9～11月	キャベツ、ブロッコリーなどアブラナ科の野菜	モンシロチョウの幼虫。春から夏に産みつけられた卵からふ化して、茎や葉を食べて成長する。食欲旺盛なので、見つけしだいとり除く。セリ科やキク科との混植で被害が軽減できる。
アブラムシ 	3～11月	ナス科、アブラナ科、ウリ科、マメ科など、ほとんどの野菜	あらゆる野菜に群れて寄生し、吸汁する。寄生部位は排せつ物でべとつき光ってアリが集まり、すす病などになりやすい。モザイク病などのウイルスも伝播させる。チッソが多いと発生しやすいので肥料を控え、黄色に集まる習性を利用して捕獲したり、歯ブラシでこそぎ落とす。
ウリハムシ 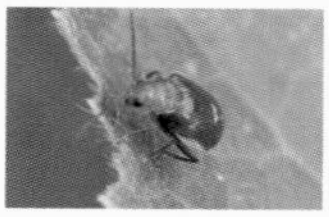	4～10月	キュウリ、ズッキーニなどウリ科、アブラナ科などの野菜	幼虫は根を食べるため、野菜は水分吸収ができなくなる。株が日中しおれて夕方に回復するのを繰り返すようなら、幼虫を疑おう。成虫は葉を食害するので、動きの鈍い朝にとり除くこと。
テントウムシダマシ（ニジュウヤホシテントウ） 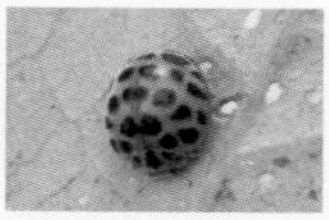	4～11月	ジャガイモ、トマト、ナスなどナス科の野菜	表皮を薄く残して葉裏や果肉を食べる。テントウムシに似ているが、星の数が28個と多いので見分けられる。短い毛の生えた幼虫は、ジャガイモの葉裏で成長するので葉をめくってチェックする。
カブラハバチ 	5～10月	カブ、ダイコン、コマツナなどアブラナ科の野菜	幼虫は集団で葉のふちにかじりつくことが多く、葉を巻きこむことも。成虫は葉や茎に産卵するので折れやすい。日中に見つけてとり除く。
カメムシ 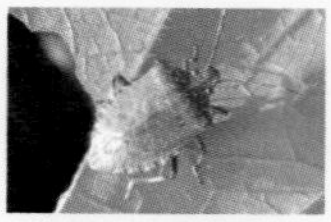	5～10月	ナス科、マメ科、イネ科など多くの野菜	体長2㎜～3㎝と多くの種類がいて、茎葉や実の汁を吸って野菜の成長を妨げる。幼虫のふ化は5～9月頃なので、ふえる時期に要注意。成虫は刺激を受けると悪臭を発する。落ち葉で越冬するので、畑の周辺環境にも気をつける。
キアゲハ 	4～9月	ニンジン、パセリ、セロリ、ミツバなどセリ科の野菜	キアゲハの幼虫は大型で派手な模様が目立つ。チョウの幼虫は食草が決まっているので、野菜ごとに気をつけたい。ニンジンの葉は食害されても収穫にはたいした影響はない。
ネキリムシ  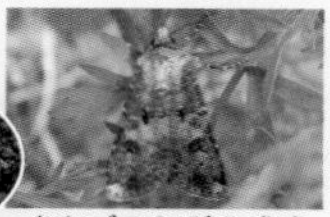 ↑カブラヤガの成虫。	4～11月	キャベツ、ブロッコリー、カブ、ダイコンなどアブラナ科、ナス、レタスなど	カブラヤガやタマナヤガなどの幼虫の総称。若い幼虫は葉を食害し、成長すると土中に入って夜間に這い出ては苗の地際をかみ切る。体長7㎝にもなって食欲旺盛。被害株の周辺を掘り起こして捕まえる。
ハモグリバエ 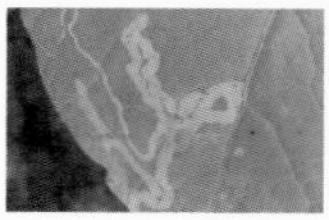	4～11月	キュウリ、カボチャ、オクラ、トマト、エンドウ、ナス、ネギなど	幼虫が葉肉に潜ってトンネル状に食害する「エカキムシ」の一種。メスは葉に穴をあけ、葉肉内に産卵する。葉を透かすと幼虫やサナギの形が見えるので、葉ごととり除く。天敵の寄生バチがいる。
ヨトウムシ（ヨトウガ） 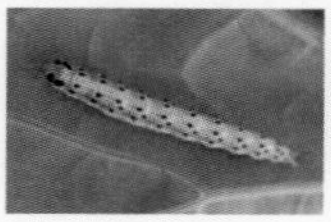	5～11月	イネ科以外のほとんどの野菜	初期の幼虫は群生して葉裏から食害し、きわめて食欲旺盛。表皮1枚を残して食べ進む。この段階で葉ごととり除くのが望ましい。大きくなると夜間のみ活動する「夜盗虫」に。

家庭菜園に必要なグッズ

野菜づくりに必要な道具はホームセンターなどで用意しましょう。

はじめにすべてそろえず、必要に応じて使いやすいものをそろえること。

作業がしやすい服装も大切。虫除けや日焼け防止のため夏も長袖長ズボンがおすすめです。

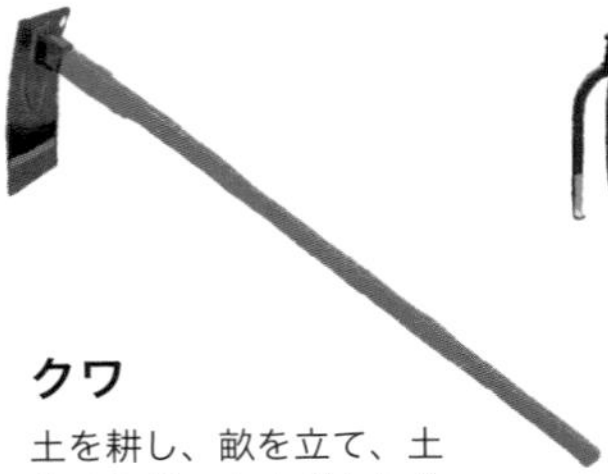

クワ

土を耕し、畝を立て、土寄せなど、さまざまな作業に使える。

（クワの使い方➡P30）

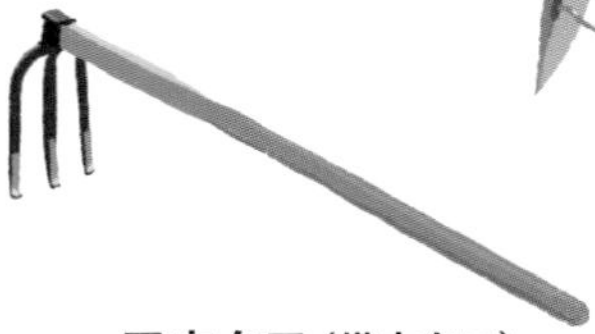

三本クワ（備中クワ）

刃が３本に分かれていて土に接する面積が少なく、クワより重たいため、硬い土に入りやすい。

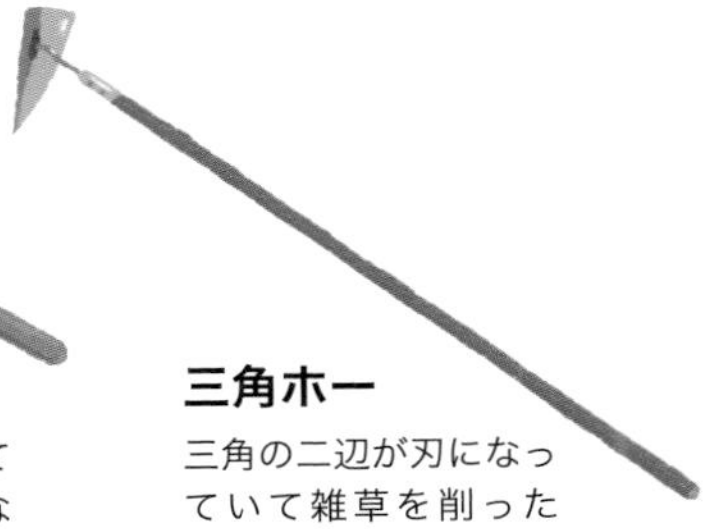

三角ホー

三角の二辺が刃になっていて雑草を削ったり、中耕や土寄せなどに使う。細かい作業で使いやすい。

半月クワ

半月ホーともいい、雑草削りや土寄せなどに使うクワ。刃に窓があいているタイプもある。

フォーク

堆肥の切り返しや刈りとった草をすくうほか、イモや根菜類の収穫に使う。

スコップ

穴掘りや土を耕す、根もの野菜の収穫などに用いる。先が平らなタイプは用土を混ぜやすい。

移植ゴテ

苗を掘り上げたり植えつけ穴を掘ったりする。ポットに用土を入れたり、軽い土起こしにも便利。

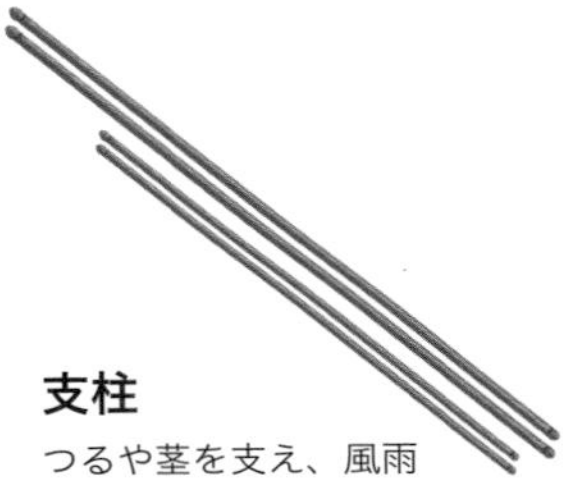

支柱

つるや茎を支え、風雨や果実の重みで倒れないようにする。野菜の草丈や用途に合わせて選ぶ。

レーキ

畝の表面をならしたり、除草や収穫後の後片づけなどに利用する。

ハサミ

葉や茎などを整枝したり収穫に使い、ヒモや袋などの資材を切る。常に携帯する道具。

バケツ

水や肥料や収穫した野菜などを運び、ポット苗を水につけたり、追肥などに便利。

ジョウロ

苗の植えつけや乾燥したときの水やりなどに使う。シャワー状に水やりできるハス口は用途に応じてはずせるものがよい。

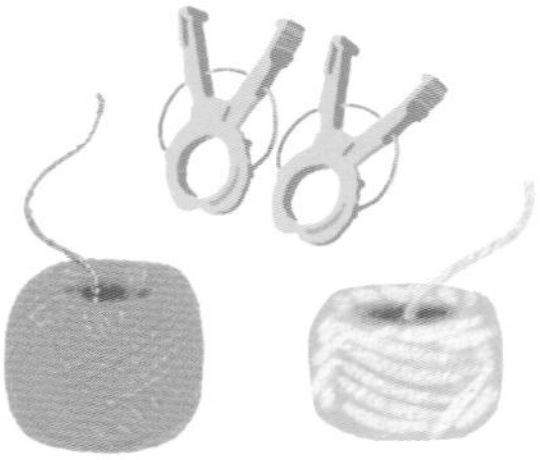

**麻ヒモ・
ビニールヒモ**

支柱に誘引する野菜の茎やつるを固定する。

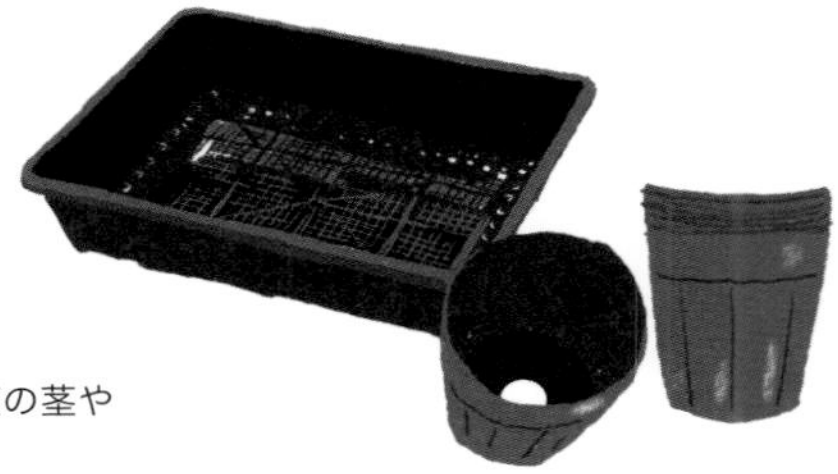

**育苗箱・
ビニールポット**

育苗箱は種まき専用のトレイ。ビニールポットは育苗に用いる。サイズをいくつかそろえておくとよい。

Part 2 実を食べる野菜

2年目以降は苗づくりにトライしよう

イチゴ

◆バラ科キジムシロ属

栽培のポイント

- ●クラウン（株元の茎のつけ根の部分）が太い苗を植える。
- ●2年目以降は苗づくりに挑戦し、丈夫な苗を育てよう。

おすすめの品種

家庭菜園は露地栽培が基本なので、宝交早生やカレンベリーがつくりやすい。ハウス用品種は受粉昆虫がいない冬から開花するため、実をつけるには人工受粉が必要。

肥料について

植えつけ前に元肥（⇒P29）を入れて耕しておく。植え穴に腐葉土を入れてから植えつけるとよい。

栽培難易度　むずかしい

畑の準備

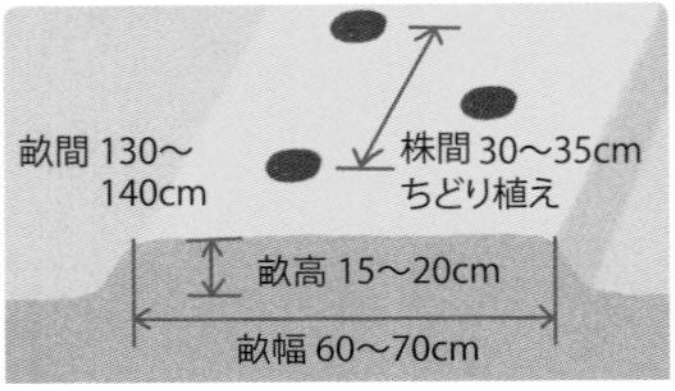

栽培暦

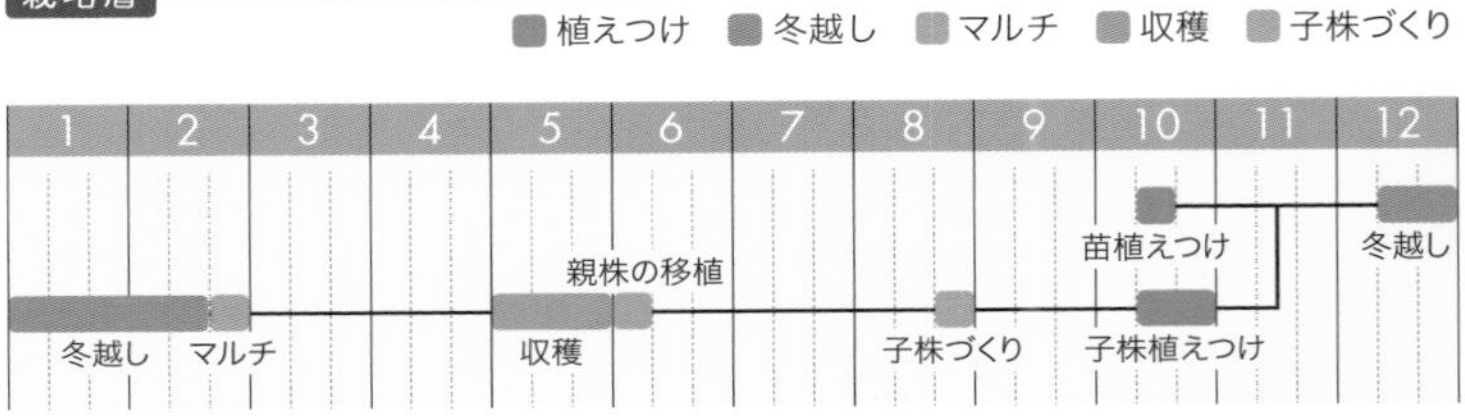

1 植えつけ

10月中旬頃、クラウンを地上に出して

茎の根元をよく見て植えつける

1 植えつけ用の苗。しっかり育った株元の茎が太いものがよい。

2 苗の根の大きさを見ながら、植え穴を掘る。

3 植え穴に苗を置き、根のまわりに土を入れる。

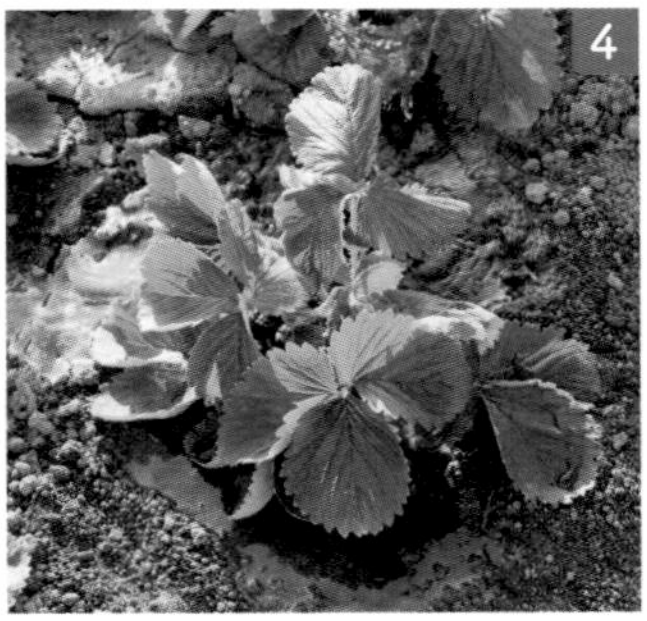

4 土が乾いているときはたっぷり水やりしておくと安心。

プロのコツ

クラウンとランナーがある株元に注目！

茎が出ている根元の部分はクラウンと呼ばれ、植えるときは、ここを埋めないように地上に出すことが大切。また、ランナーと呼ばれる親株とつながっていた部分が、畝の内側になるように植えるとよい。ランナーの反対側に実がたくさんつくので、畝の外側から収穫しやすいように植えておく。

2 冬の管理作業

12月下旬～2月下旬頃まで遮光する

稲ワラや遮光ネットをかけて冬を過ごす

12月下旬頃、遮光ネットをかける。

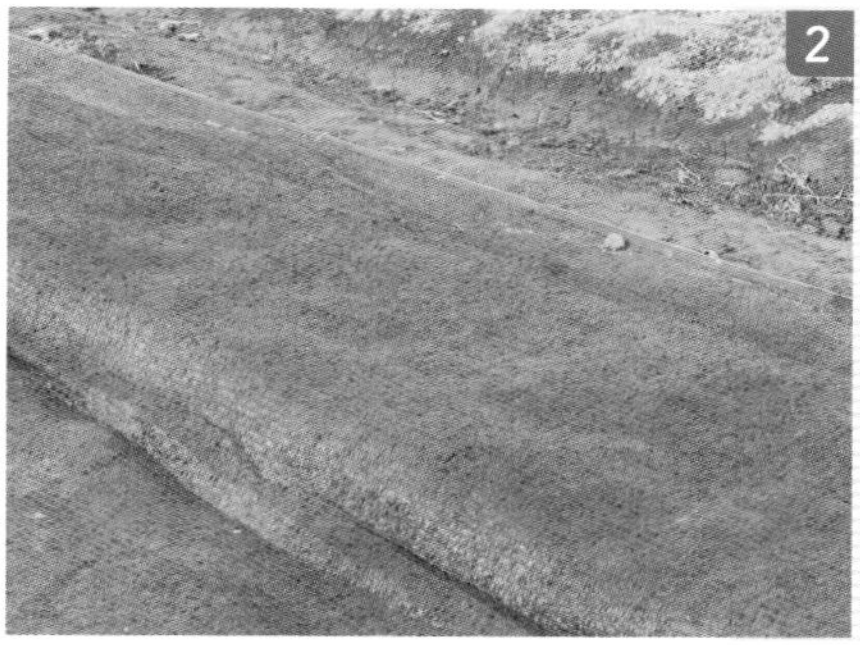

畝全体にかけて、風で飛ばないようにはじは金具などでとめる。

ワラをかぶせる場合は全体を軽く覆うようにのせ、風で飛ばないように麻ヒモをぴんと張って、3～5mおきにクイなどでおさえる。

Q なぜ遮光が必要？

A 乾燥しすぎるとアブラムシが出やすいので、保湿の意味がある。また、冬の間に光をさえぎると、春以降の花つきが順調になる。

3 マルチング

2月下旬頃に遮光をはずす

遮光グッズを除いてマルチをかける

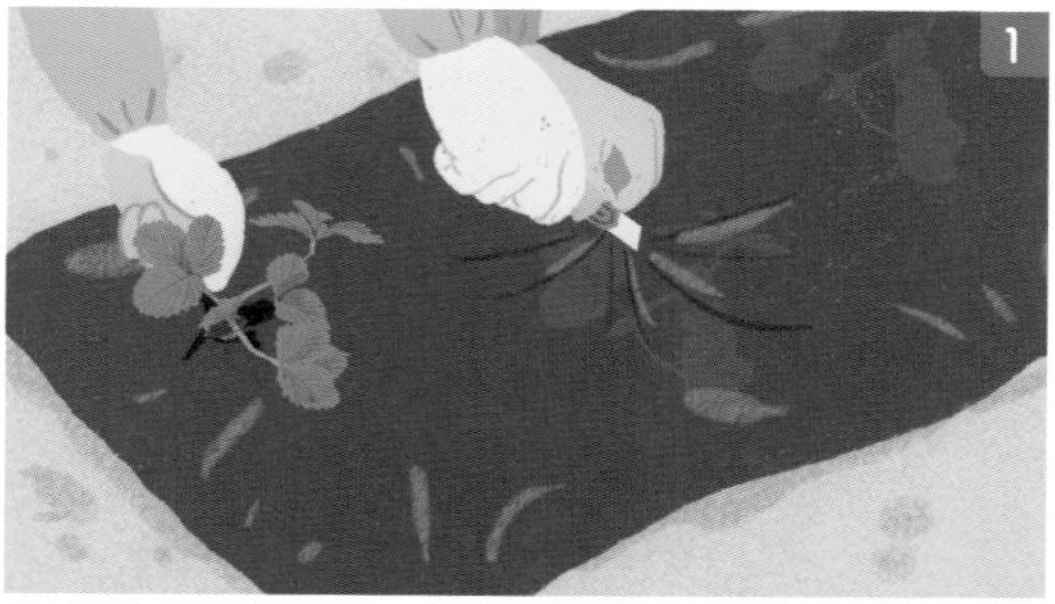

2月下旬頃、遮光ネットやワラをとり除き、マルチングする。苗の上からマルチをかけ、マルチに包丁などで切れ込みを入れ、苗を傷つけないように出す。茎や葉を折らないように注意。

畝間には保湿と除草、泥ハネ予防の目的でワラをおくとよい。春の訪れとともに開花もすすむ。

4 人工受粉・摘果

開花がはじまる3月下旬頃から

人工受粉はしなくてもよいがすると実つきがよくなる

露地栽培では、昆虫が受粉するので人工受粉をしなくても結実する。

人工受粉をするとキレイな形の実がよくつく。ハケでまんべんなくなでて花粉をつけるとよい。

株元の小さい実や、奇形果は早めに摘果する。

追肥する場合

次々と開花し、結実しはじめたら、追肥をしてもよい。畝間または、マルチをめくって畝の肩に追肥する（➡ P29）。

5 収穫

5月上旬から下旬まで次々に結実

赤く熟したものから収穫していく

根元から摘むようにする。

病害虫対策

枯れた葉はこまめにとり除くことで、灰色カビ病など病害虫の予防になる。

6 親株の移植

収穫が終わった6月頃

子株をとるための親株を育てる

よい実がたくさんついた健康な株を選び、移植して親株用に育てる。スコップで根ごと掘り上げる。

畝幅 130～150㎝、畝高20㎝の畝に植え穴を掘る。

株間80cmで親株を植える。

水平に植えて、まわりに土を寄せる。

水鉢をつくり、たっぷり水やりする。

葉や株元、ランナーを埋めないように出しておく。

7 子株の育苗

8月下旬、ランナーがしっかり育つ頃

親株から伸びた子株を掘りとる

1株から子株が20株ほどとれる。親株からランナーで伸びた子株たち。

本葉2～4枚で葉が大きく元気で、根がたくさん生えている苗を掘る。親株から離れている大きい苗によい苗が多い。

左がよい苗。右の徒長したり、根が少ない苗は根づきにくく枯れやすい。

枯れ葉はとり除いておく。

ランナーは2、3cm残しておくと、次に定植する際にわかりやすい。

ここではハウス内で子株を育苗する方法を紹介。家庭菜園ではポット植え（➡P40）で育てるとよい。子株は株間20cm、条間20cmで4条植えする。クラウンを埋めないように浅植えに。

植えつけ後、たっぷり水やりする。以降は、乾いたら葉を濡らす程度に水やりし、葉をたくさん出させる。

子株の育苗中は、枯れ葉やランナーはこまめにとり除く。

プロのコツ

水やり後、遮光ネットを3日ほどかけて根づきを促す。4～5日後には遮光ネットははずす。

8 子株の苗とり

10月下旬の植えつけの頃

育った苗を掘り、いよいよ定植！

苗が育ったら、いよいよ掘り上げる。掘る5～6時間ほど前に水やりしておくと根を傷めにくく葉も乾くのでよい。

植えつけ前の苗。
植えつけかたはP41参照。

柔らかいうちにこまめに収穫する

オクラ

◆アオイ科フヨウ属

栽培のポイント

- 直まきの場合、発芽後の鳥害を防ぐため、トンネルかけしておくと安心。
- 1か所3粒まきにして育て、倒伏を予防する。
- 成長しすぎると硬くなるので、こまめに収穫しよう。

おすすめの品種

東京五角オクラ、楊貴妃、スターオブデイビッド、島オクラ、八丈オクラなどの固定種は、有機や自然栽培で育てやすい。

肥料について

肥料はなくても育つが、元肥（⬇P29）を入れてもよい。追肥（⬇P29）をするなら実がなりはじめる頃に施す。

栽培難易度　やさしい

畑の準備

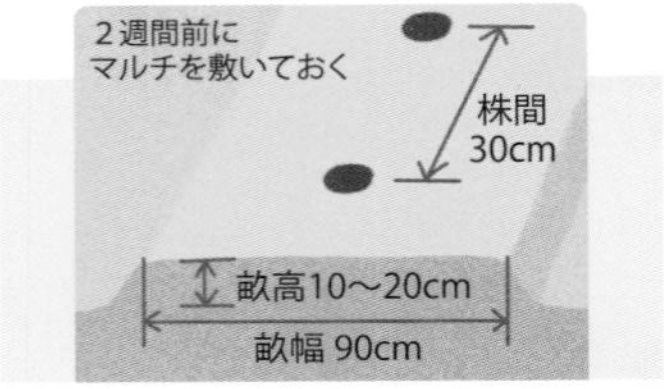

栽培暦

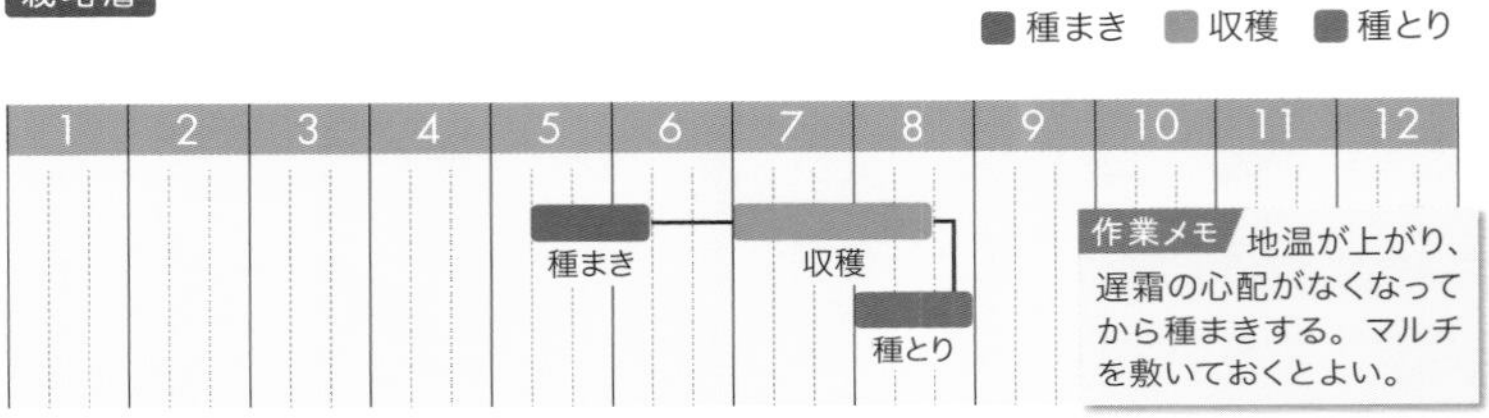

1 種まき

5月中旬～6月上旬頃

梅雨の走りの頃の直まきがおすすめ

1　東京五角オクラの種。

2　種まき前に24時間、浸水させておくと発芽しやすい。

3　1か所3粒まき。間引きはせず、3株で育てるとお互いに支え合い、強風でも倒れにくくなる。

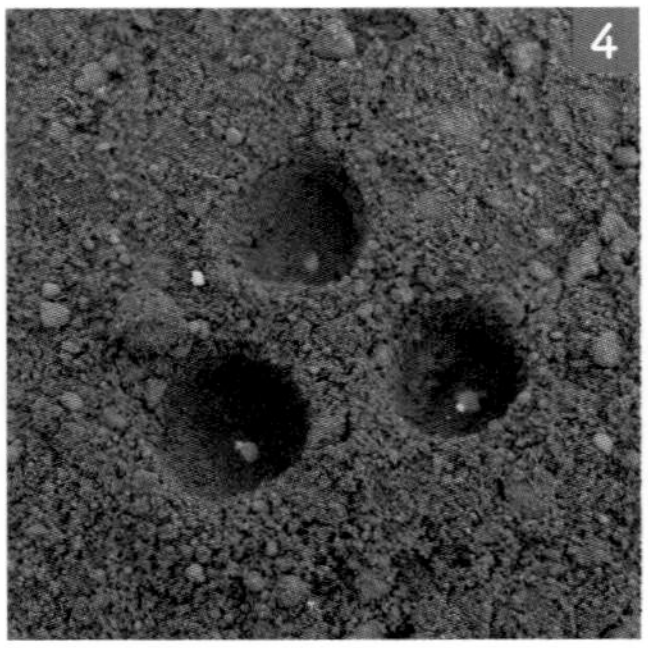

4　第一関節まで押しこむ。

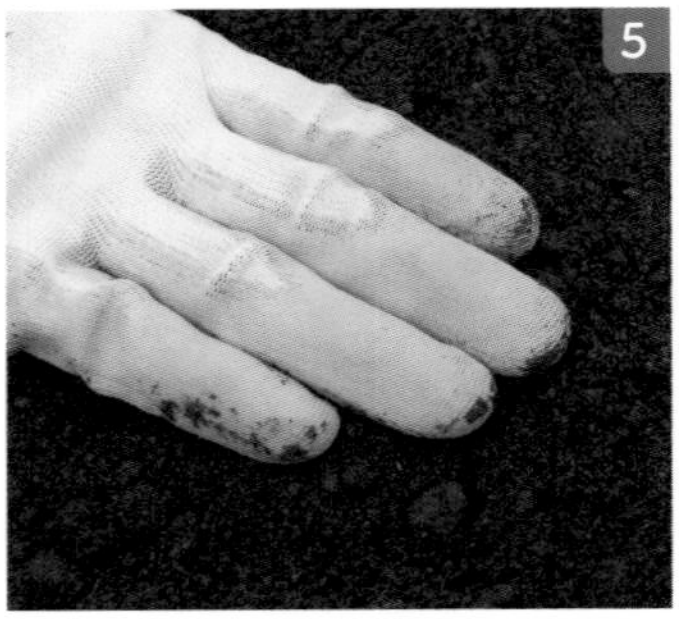

5　覆土して、土を落ち着かせる。

6　双葉がそろい、本葉が出はじめる。発芽直後は鳥害に気をつける。鳥害予防には、トンネルをかけておくとよい。

2 管理作業

6月上旬～下旬頃

追肥をする場合はぐんぐん成長する頃に

オクラは間引きや支柱立て、摘芯などの作業は必要ない。

追肥をするなら、株の勢いがついて成長する頃がよい。実がなりはじめる前、株が成長する時期は、チッソやたんぱく質などが必要になる。

↓オクラは雨が好き。梅雨の合間の日射しを浴びて、葉を大きく広げ、背を伸ばしていく。

ポットまきの場合

ポットに育苗土を入れ、３粒まいて育てる。

間引きはせず、本葉３枚の頃、畑に定植する。

プロのコツ

５月の地温が低い時期に種まきする場合は、発芽がそろうまでトンネルかけをしておくとよい。

3 収穫 7月上旬～8月中旬頃

固くなる前にどんどん収穫する

オクラの花は、野菜の花のなかでも大輪で美しい。自家受粉するので、人工受粉はとくに必要ない。

開花後、7～8日ほどで収穫できるまでに成長する。

東京五角オクラは、10cm 前後で収穫。

楊貴妃は薄い緑色のオクラ。8～10cm で収穫する。

スターオブデイビッドは5～6cmくらいが収穫適期。ハサミで根元を切って収穫。

花が咲いた後、次々とオクラが育つ。収穫適期は種類によって違うが、成長しすぎると硬くなるので、柔らかいうちに収穫しよう。

Q 収穫後は下葉を切ったほうがよいですか？

A 緑色の葉は光合成をしていて、株にとって必要なので、とくに切る必要はありません。枯れた葉は切るとよいでしょう。

4 種とり 8月上旬～下旬頃

畑で枯れるまでおき、とり込んで種をとる

よく生育した株から、形がよいものを選んで、枯れるまで畑におく。

根元からハサミで切る。

サヤを割る。

中の種を出して保存する（➡ P46）。

オクラの品種

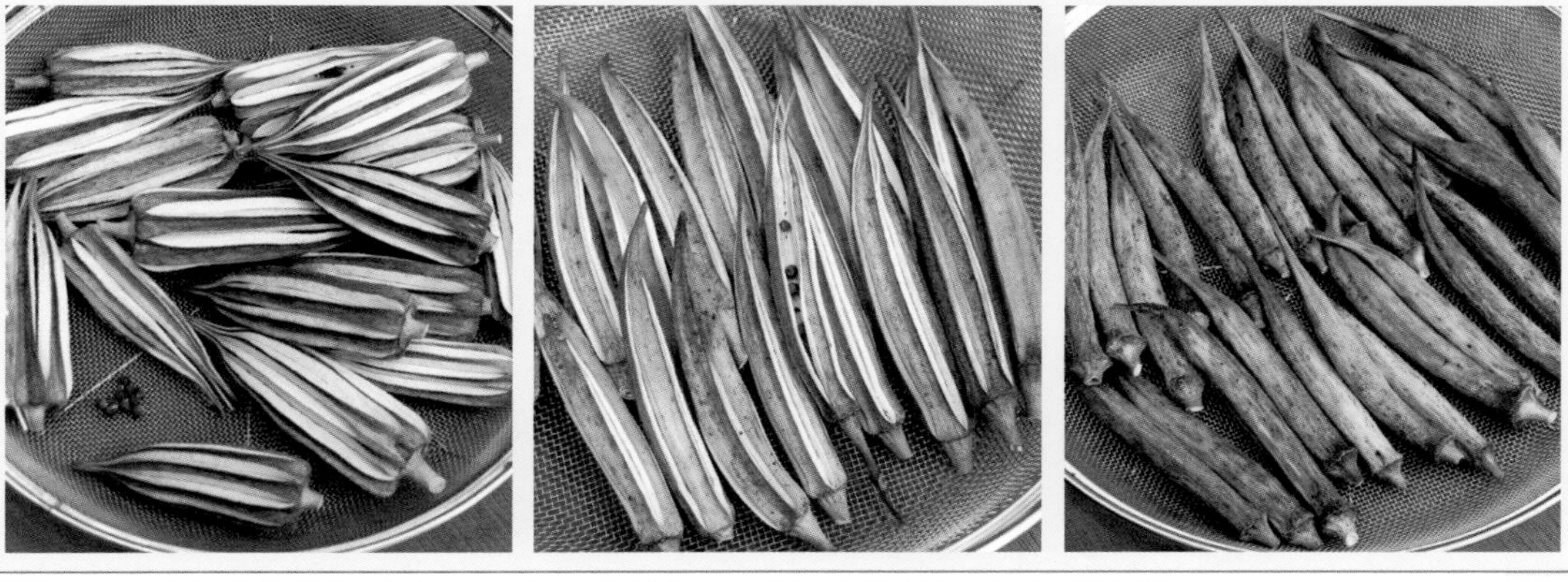

種類によって形はさまざま。左から、スターオブデイビッド、東京五角オクラ、楊貴妃。

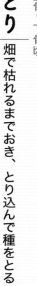

カボチャ

いろいろな種類からお気に入りを見つけよう

◆ウリ科カボチャ属

栽培難易度 ふつう

栽培のポイント

- 地這い栽培では栽培面積が必要だが、広ささえ確保できれば育てやすい。
- 畑に合い、味や形が気に入る種類を見つけよう。

おすすめの品種

固定種では打木赤皮、東京カボチャ、宿儺《すくな》カボチャ、つる首カボチャなど。F1種ではくりひろ、栗坊など。西洋カボチャはほくほく味、日本カボチャはさっぱり味。

肥料について

肥料はなくても育つが、収量アップを目指すなら元肥（⬇P29）を入れるとよい。

畑の準備

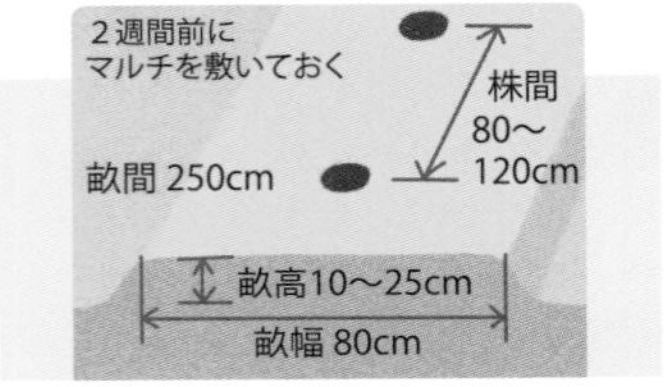

栽培暦

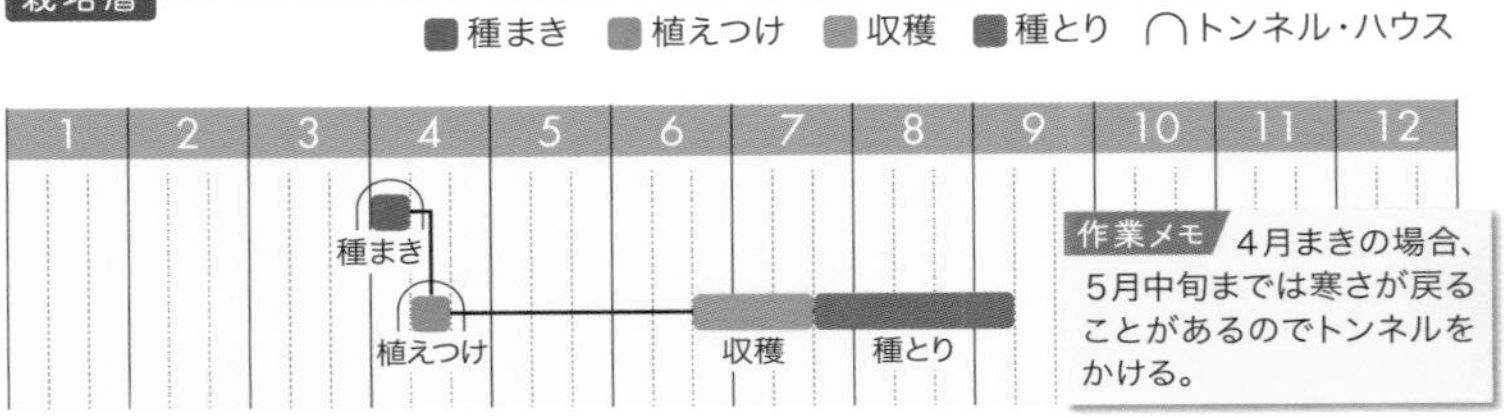

作業メモ 4月まきの場合、5月中旬までは寒さが戻ることがあるのでトンネルをかける。

1 種まき

4月上旬または5月頃

4月まきでは暖かく育て5月の直まきはトンネルなしでもOK

西洋カボチャの種。

育苗土（➡P34）をポットに入れて、軽く押して土を落ち着かせる。

中央に1粒まく。

第一関節まで押しこむ。

土をかけて落ち着かせ、たっぷり水やりをして、暖かい場所で育苗する（➡P37）。2〜3粒まいて、成長がよいものを1株残してもよい。

プロのコツ

育苗時は、水をやりすぎると地温が下がり生育に影響するため、乾き気味に管理するとよい。

2 植えつけ

4月中旬頃を目安に

トンネルをかけて寒さから苗を守る

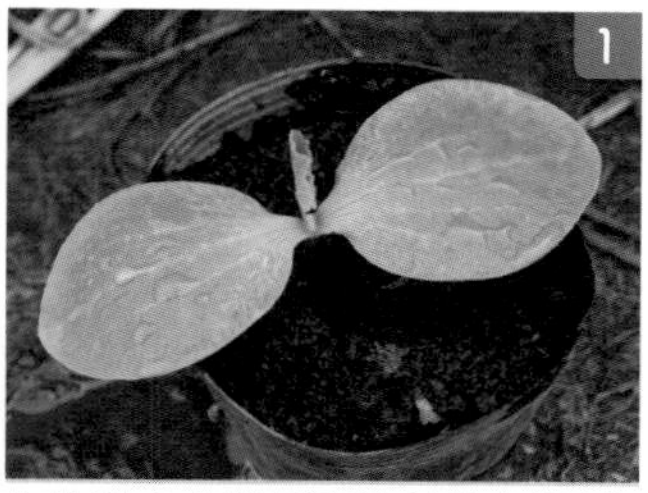

1枚目の本葉が出はじめた頃が植えつけ適期。

植え穴を掘り、ポットを仮置きして深さを調節。

ポットからやさしく苗を出す。根が底に回っていない若い苗がベスト。

根鉢を崩さないように植える。

風や寒さ対策のため5月中旬まではトンネルをかける。

畑ですくすくと成長する苗。

水やり

ポット苗には、植えつけの前日と当日の朝、たっぷり水やりしておく。植え穴には、前日に水をたっぷりやっておき、翌日の日中、地温が上がり、土がしっかり温まってから植えつけるのが理想的。植えつけ後、当日は根が冷えるので水やりせず、１～２日後の日射しの暖かい日の午前９～10時に水やりするとベター。その間に降雨があれば水やりしなくてよい。

3 管理作業

4月下旬～6月下旬頃

地這いなら放任で。支柱を使うと省スペースで栽培可能

5月中旬までは、天気に合わせてトンネルを開閉し、通気や温度を調節する。こまめにあけ閉めできない場合は、穴あきトンネルか、通気性がある素材を選ぶ。5月下旬にトンネルをはずす。

つるを伸ばして成長するカボチャ。地這い栽培では、雑草と土のはね返りや暑さを防ぐため、ワラなどを敷くとよい。写真は防草シートを畝間に敷いている。

自然栽培では、摘芯すると株が弱るので摘芯せず放任栽培でOK。株が成長する前に着果させると生育に影響するため、一番果と二番花の雌花は早めに摘花&摘果するとよい。

カボチャの雄花。花の根元がふくらんでいないので雌花と見分けがつく。

追肥する場合

結実する前に追肥すると、つるばかり伸びる「つるぼけ」しやすい。結実がはじまったタイミングで追肥（➡P29）すると収量アップをねらえる。つるの先端部分の土に施すとよい。１株から収穫できる数は、種類や栽培状況によっていろいろだ。

4 収穫

6月下旬〜7月中旬頃

ヘタが枯れてコルク化したら

開花、受粉後、生育中の若いカボチャ。

つるにつながっているヘタの部分がコルク化して、縦にすじが入ってきたら収穫適期。ハサミでヘタを切って収穫。

宿儺系カボチャ（左）、東京カボチャ（上）、坊ちゃん系カボチャ（下）

病害虫対策

ウドンコ病は、高気温、低湿度で発生しやすく、とくに風通しが悪い場所で多発。病気が発生した葉は水で洗い流し、拡大しそうなら病葉をとり除く。ウリハムシやアブラムシは、見つけたら捕殺する。

ウリハムシ

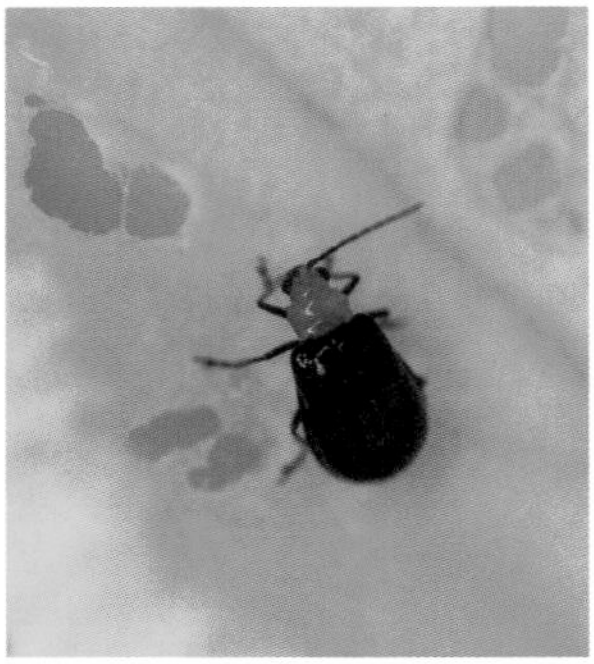

クロウリハムシ

Q 種とりするには、人工受粉が必要？

A 実を収穫するだけであれば、人工受粉は必要ない。交雑が心配な場合は人工受粉をすると安心。前日に開花しそうなつぼみを選び、雄花、雌花、それぞれを洗濯バサミでとめる。翌日、はずすとふわっと開花するので、雄花の花弁を取り除き、雌花の柱頭に花粉をつけて受粉させる。受粉後、約1日は雌花を再びとめて、ほかの花粉がつくのを防ぐ。

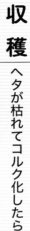

◆東洋系つる首カボチャを支柱栽培する場合

1 種まき・植えつけ

1 つる首カボチャの種。晩生種なので５月上旬から下旬にまく。

2 ポットに育苗土（➡ P36）を入れ、２粒ずつ種まきし、暖かい場所で育てる（➡ P37）。

3 マルチを張った畑にアーチ型支柱などを立てておく。

4 本葉１枚の頃、株間 90cm で定植。５月中旬～６月中旬が目安。畝幅 120cm、畝高 10cm、畝間 200cm。生育のよい１株を残す。

直まきする場合

1 地温が上がる５月なら直まきでもOK。３粒ずつまく。

2 第一関節まで押しこむ。

3 土をかけて覆土し、落ち着かせる。

4 本葉２～３枚の頃までに、生育のよい１株を残して間引きする。

2 管理作業

1 日射しを浴びて成長していく。

2 つるが伸びてきたら誘引する。

3 クリップやヒモを使い、つるを折らないようにネットに誘引する。

4 つるが伸びるにしたがい、こまめに誘引する。

5 雌花（上）と雄花（下）。人工受粉はとくに必要ない。

3 収穫

1 開花、受粉したものから、結実する。

2 支柱栽培では、ぶら下がるように実る。

3 つるが完全に枯れたら、収穫どき。晩生種なので、9～11月頃が収穫の目安。

4 つるをハサミで切って収穫。ここでは支柱仕立てを紹介したが、畑の広さにゆとりがある場合は、地這い栽培がおすすめ。

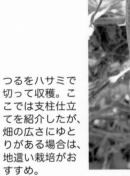

4 種とり

よく生育し、形がよいものを選ぶ。畑で完熟したものを収穫し、さらに1〜2週間、追熟させる。

ヘタと尻の部分を少し切る。

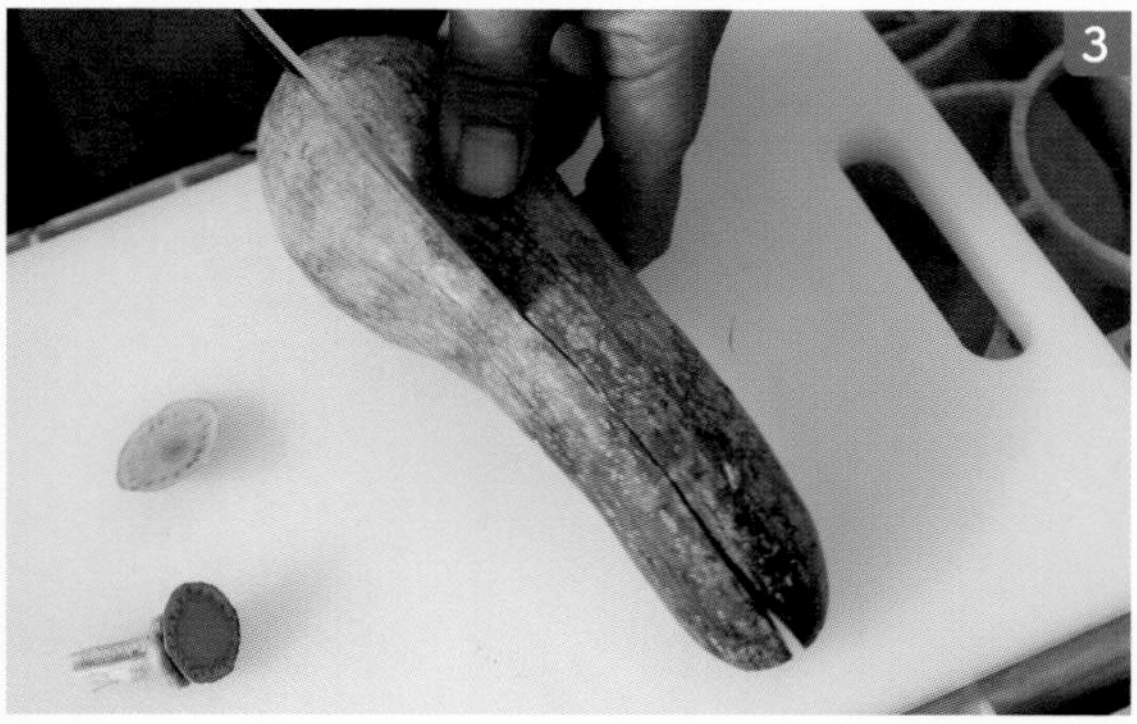

種を傷つけないように周囲にぐるりと切れ込みを入れる。

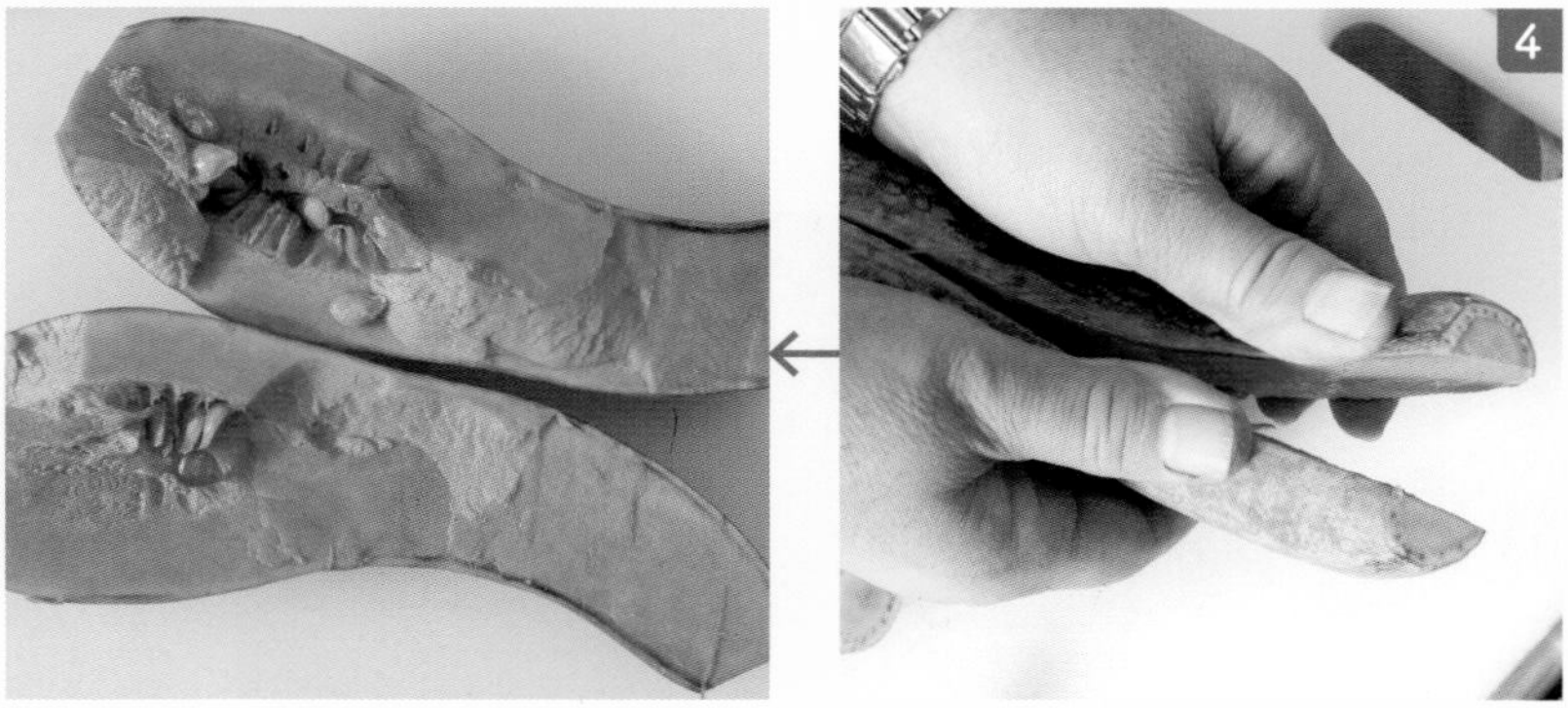

半分に割る。

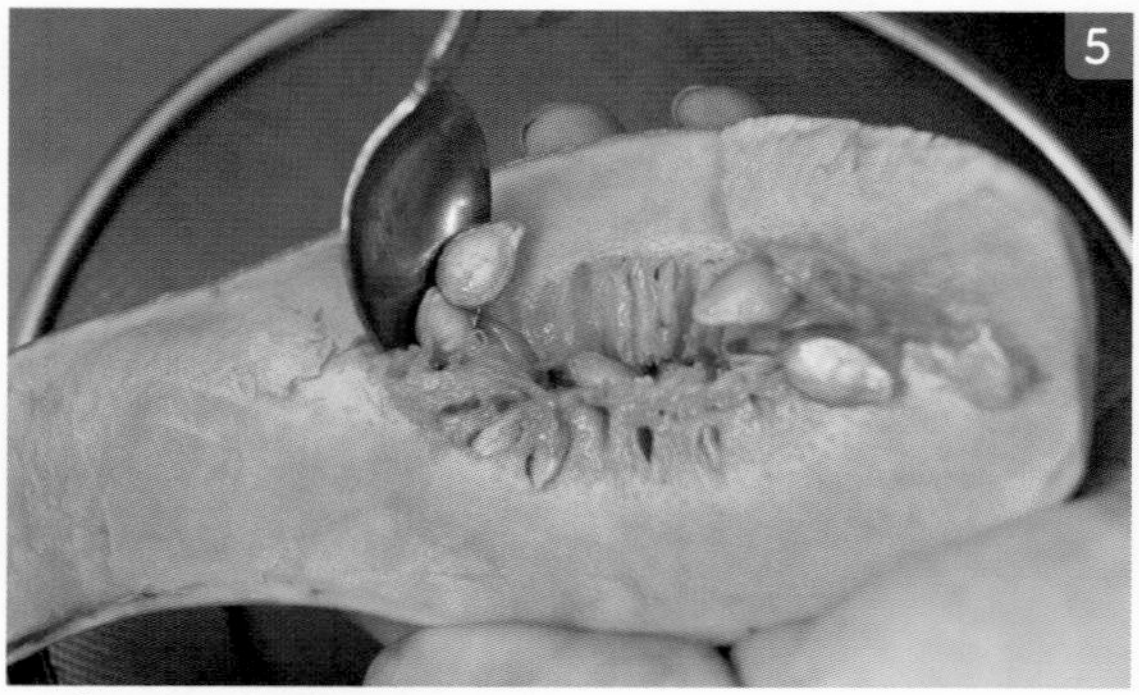

スプーンなどで種をかき出す。

種を水洗いし、よくふくらみ、充実した種を残す。カボチャは沈む種ではなく浮く種がよい。

干して乾燥させて、保存する（➡ P46）。

Q どんなカボチャも種とりできる？

A 種とりできるのは固定種のみで、F１種は種とりできる種もあるが形質がそろわない。種をとりたいときは、栽培前に品種をよく確認しよう。

キュウリ

時期をずらして種まきすると長く収穫できる

◆ウリ科キュウリ属

栽培のポイント

- 支柱を立てて育てる方法が一般的だが、栽培面積を確保できるなら、地這い向きの品種も育てやすい。
- 春から夏まで種まきできるので、何回かまくと、長期間、収穫できる。
- 水が好きなので、乾燥しすぎるときは適宜、水やりするとよい。

おすすめの品種

相模半白、ときわ地這い、奥武蔵地這い、神田四葉などの固定種のほか、F1種の上高地などが育てやすい。

肥料について

肥料はなくてもよいが、元肥と追肥を行なう（➡P29）と収量アップ。

栽培難易度　ふつう

畑の準備

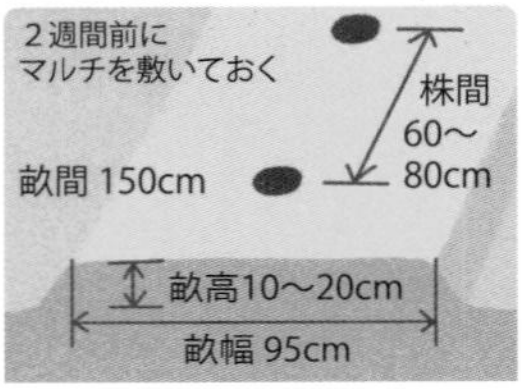

栽培暦

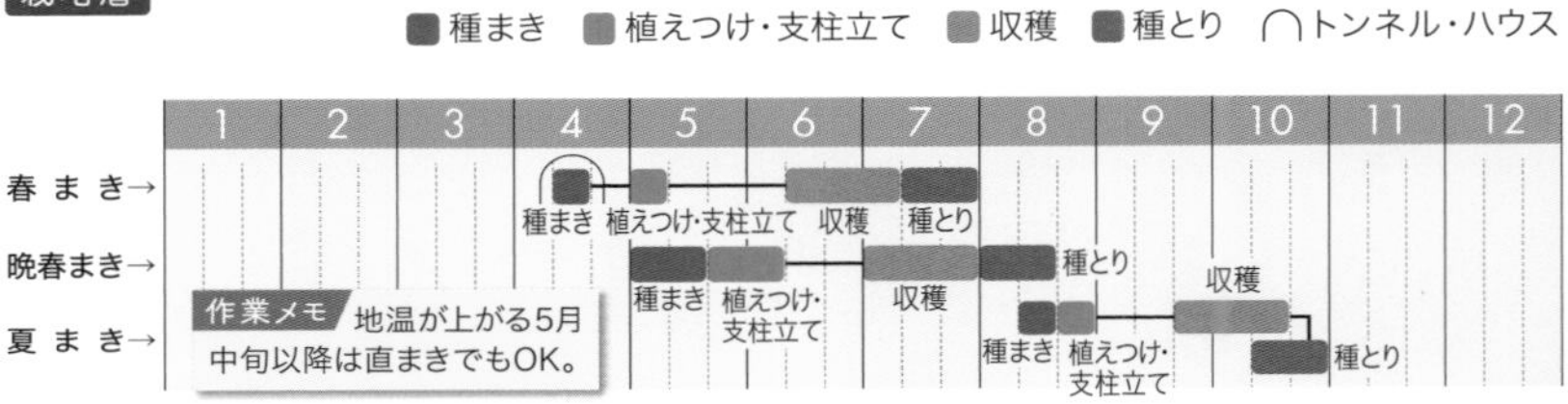

1 種まき

4月中旬～8月中旬頃に

4月まきでは箱まき後、鉢上げして育苗

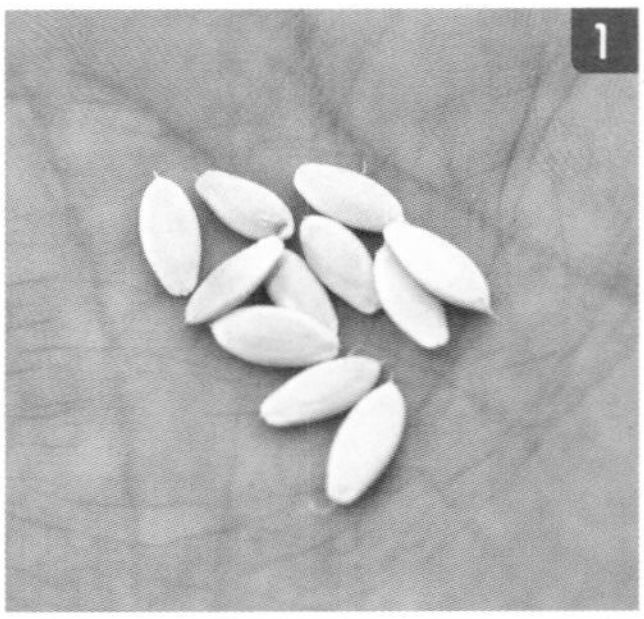

キュウリの種。

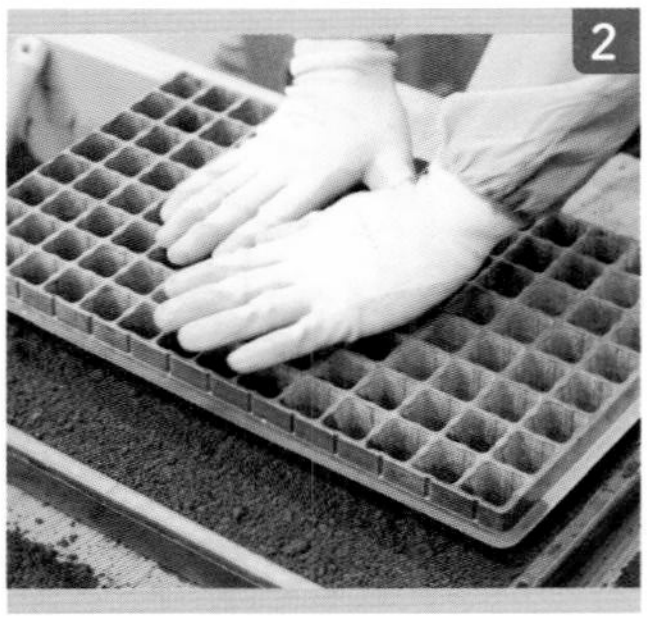

育苗箱に育苗土（➡ P34）を入れ、まき穴をあける。ここでは128穴のセルトレイを利用。

ポイント
ピンセットを使うとまきやすい。

1穴に1粒ずつ種まき。種の向きをそろえると双葉が重ならない。

育苗土をかけて覆土する。

手で土を落ち着かせる。

表面を平らにならす。たっぷり水やりし、発芽まで新聞紙で覆って管理する。

2 鉢上げ

本葉が出はじめた頃

1株ずつポットに鉢上げする

発芽してきたら、新聞紙をはずす。

双葉が出そろったところ。

本葉が出はじめる頃、鉢上げ（➡P40）。１株ずつ傷つけないように掘りとり、育苗土を入れたポットに植える。

ポットまきの場合

ポットに育苗土を入れる。

まき穴をあける。

3粒ずつまいて覆土する。

表面を落ち着かせ、たっぷり水やりして育苗する。植えつけまでに元気な１株を残して間引きする。

直まきの場合

５月中旬以降は、十分に地温が上がっているため、直まきしてもよい。２〜３粒ずつまいて、最終的に生育がよい１株を残して間引きする。

3 植えつけ

本葉2〜3枚の頃

風がない日を選び、支柱を立てた畑に植える

品種によるが本葉２〜３枚が適期。根が巻いてしまう前がベスト。マルチをかけて支柱を立てた畑に植える。

マルチに穴を開けて植え穴を掘る（➡ P41）。

苗をポットからやさしくはずす。

根鉢は崩れないが、鉢底には根が回っていないくらいの若い苗がベスト。

植え穴に根鉢を崩さないように植えつける。表土が３分の１くらい出る浅植えに。

写真ではアーチ型支柱とネットを使用。家庭菜園では、合掌型（➡ P43）でもよい。

病害虫対策

アブラムシやウリハムシなどが出やすいので、見つけたら手でとる。

ウリハムシは早朝は動きが鈍いので捕まえやすい。

4 管理作業

つるが伸びて生育が盛んな頃

摘芯せずに育てる放任栽培でOK

1 つるが伸びてきたら、ネットや支柱に誘引する（➡ P43）。クリップやヒモを使うとよい。

2 根元にキュウリの子どもがあるのが雌花（上）、ないのが雄花（下）。

Q 摘芯は必要？

A 自然栽培では、摘芯すると株の勢いが弱くなるので放任栽培が基本。有機栽培でも、混んだ下葉をとり除く程度でよい。つるや葉が混み合う場合は、下段の子づるを摘芯してもよいが、常に元気に生育しているつるが1株につき5本はあるように管理しよう。

追肥する場合

苗が活着し、生育が旺盛になってきた頃、追肥してもよい。以降、２週間に１度ほど追肥すると、たくさん収穫できる。

5 収穫

6月以降、実が約20㎝の頃

どんどん大きくなるので早め早めに収穫する

1 品種によるが、約 20cm になったら収穫適期。ハサミで切って収穫する。キュウリは成長が早いので、早めに収穫しよう。

2 上は下が白くなる相模半白キュウリ。左は上高地キュウリ。

地這いの場合

地這い栽培では、土のはね返りや雑草予防にマルチや防草シート、ワラなどを敷くとよい。写真では防草シートの上にネットを敷き、つるがからまりやすくしている。

6

畑で黄色くなるまで完熟させる

種とり

交雑しないように人工受粉する

葉がすべて枯れて、実が黄色く完熟して柔らかくなってきたら収穫。

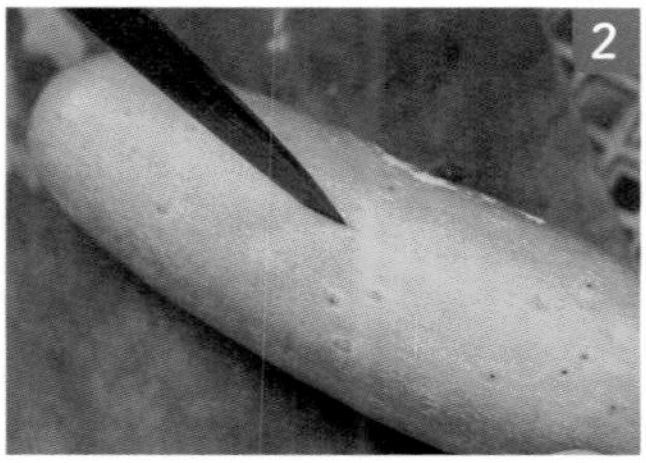

包丁で周囲に切れ込みを入れる。

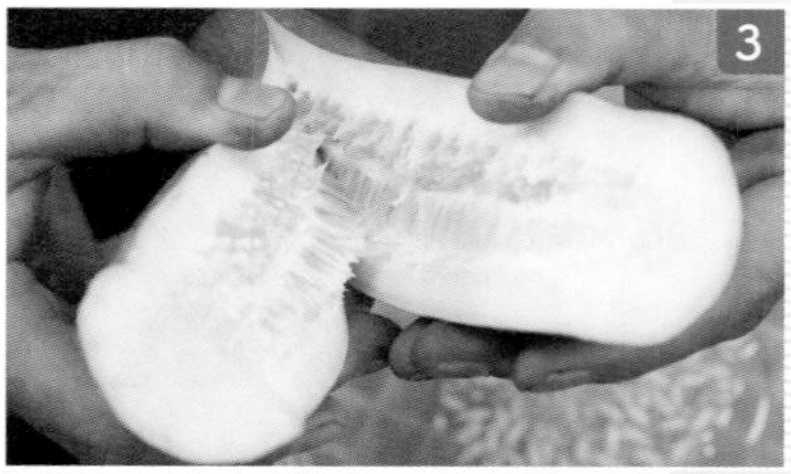

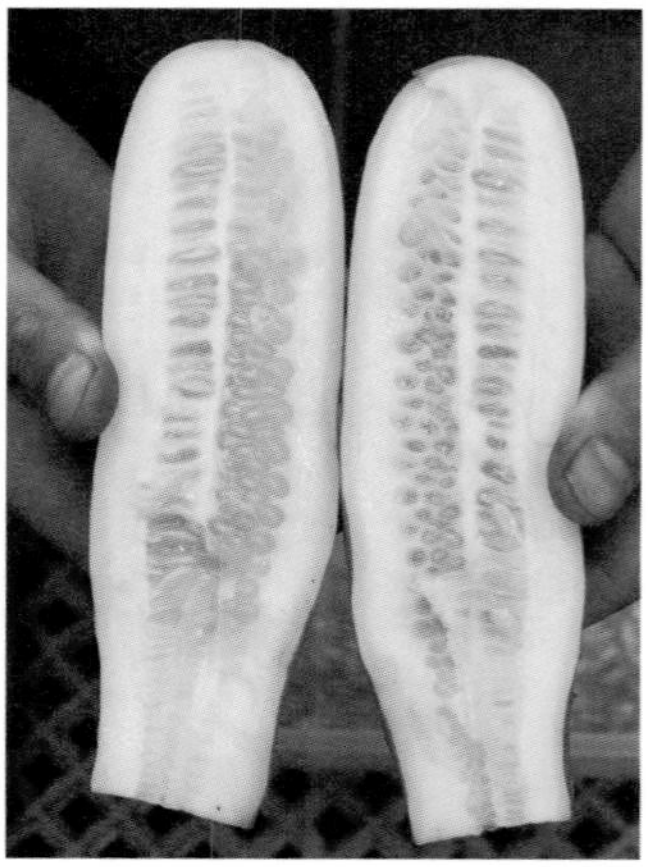

半分に割る。

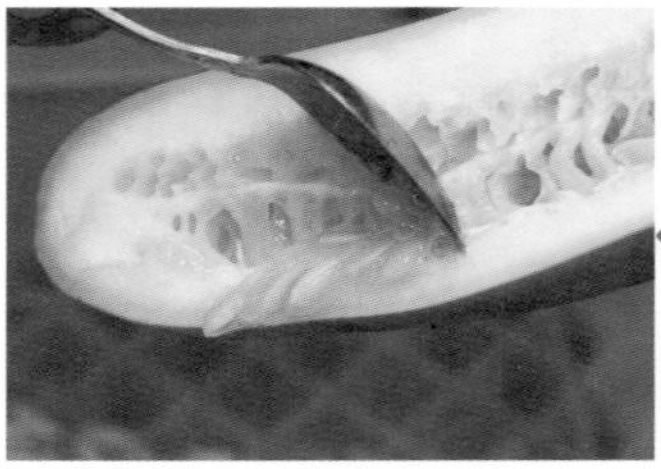

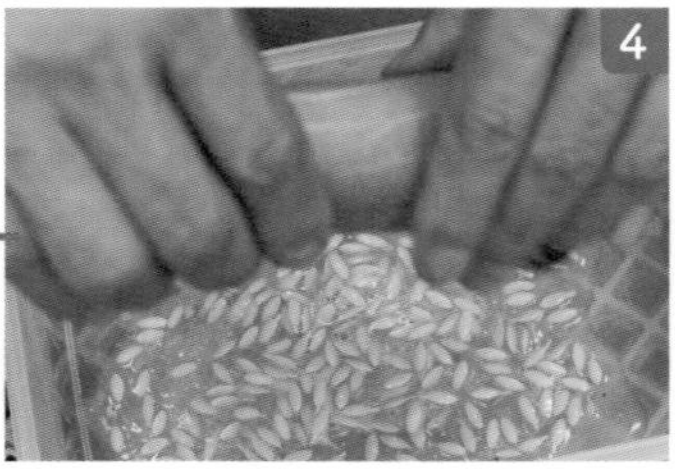

ギュッと押して、種とゼリー状の部分をプラスチック容器などに入れる。スプーンでかき出しても OK。

洗わず、そのままフタをして2～3日、常温において発酵させる。ガスが出るのでときどきフタを開ける。

3日後、発酵した種。

よく水洗いしてゼリー質をとり除き、しっかり乾燥させて保存する（➡ P46）。

種とりのための人工受粉

キュウリは栽培している人が多いので、交雑しやすい。固定種を種とりする場合は、人工受粉を。母本は子づるが元気で、節なりするもの、病害虫が出ていないものを選ぼう。

つぼみがふくらんだら、夕方に、キュウリの接ぎ木用クリップ（小さい洗濯バサミのようなもの）で、とめておく。上が雌花、下が雄花。

翌朝7時頃には、ぷっくりしている。雄花を回収し、花弁をめくって手に持ち、雌花を開いて雌しべにつけて受粉させる。受粉後は再びクリップでとめておき、人工受粉した花に印をつけておく。1株に1～2個、人工受粉したら、種づくりに集中できるように、ほかの実は早めに摘果する。

グリーンカーテンにも人気の健康野菜

ゴーヤ

◆ウリ科ツルレイシ属

栽培難易度 やさしい

栽培のポイント

- 種を浸水させてからまくと発芽がそろいやすい。
- 人工受粉はしなくてもよいが、すると実つきがよくなる。する場合は早朝に行なう。
- 害虫のウリハムシを見つけたら捕殺する。

おすすめの品種

沖縄あばしゴーヤ、太レイシ、さつま大長レイシなどが育てやすい。

肥料について

肥料はなくてもよく育つ。収量アップをねらうなら、実がつきはじめた頃に追肥する。

畑の準備

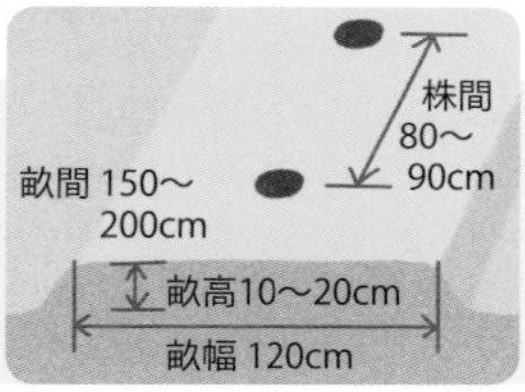

栽培暦

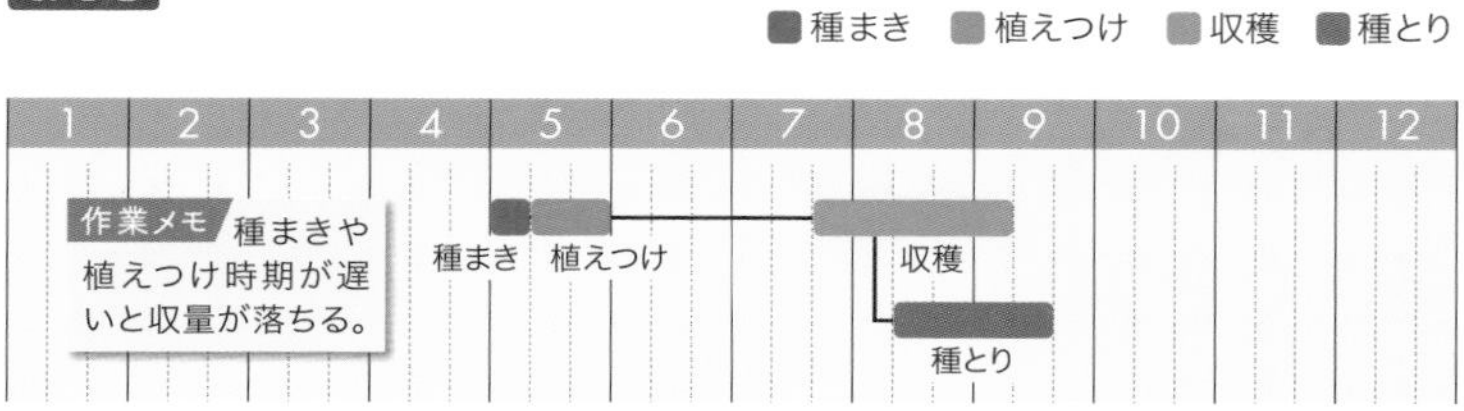

1 種まき

5月上旬頃

ポットまきか直まきでもOK

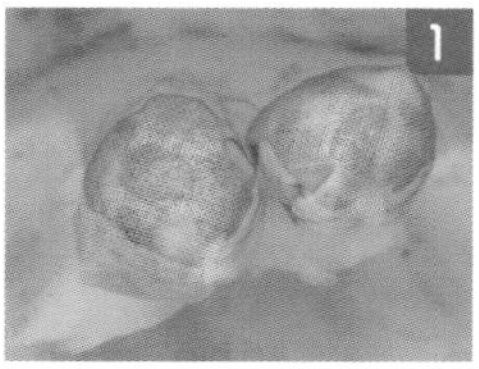

種を35〜37度のぬるま湯に8時間ほどつける。

ポットに育苗土（➡ P34）を入れ、1〜2粒ずつまく。指で1.5㎝くらい押し込み、覆土し鎮圧する。

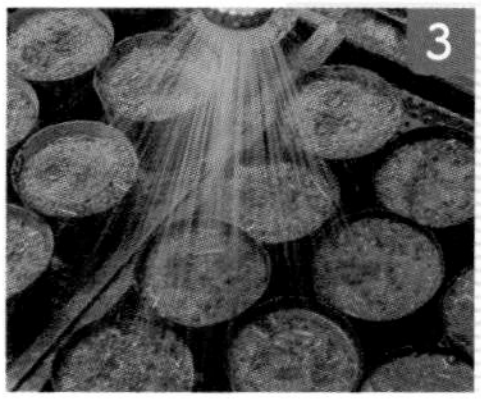

たっぷり水やりをして暖かい場所で育苗する（➡ P37）。

2 植えつけ・管理作業

5月中旬から下旬頃

支柱を立ててネットを張るか合掌仕立てで栽培する

本葉が2〜3枚になったら、株間80〜90㎝で畑に植えつける。

マルチに植え穴を開け、根鉢を崩さないように植える。

ポイント

渋谷農園ではアーチ型支柱を立て、地面近くには風除けのためのネットを張り、キュウリの並びで栽培。家庭菜園では合掌型（➡ P43）でもOK。

つるが伸びてきたら、ネットや支柱に誘引（➡ P43）する。

3 収穫・種とり

7月下旬〜9月上旬頃・8月中旬〜9月中旬頃

収穫が遅れると黄色くなるので早め早めに収穫する

十分に大きくなったらハサミで切って収穫。大きさの目安は品種による。

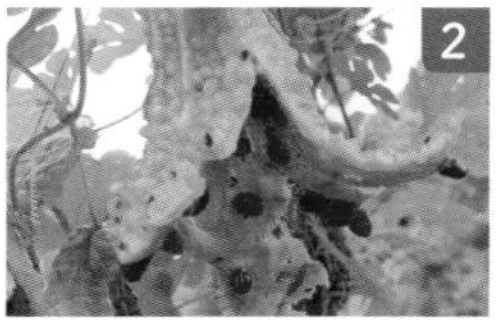

実の色が黄色くなったら完熟したサイン。種をとり出し洗って果肉をとり、十分乾燥させて保存する（➡ P46）。

暑さや雨不足に強く育てやすい

ゴマ

◆ゴマ科ゴマ属

栽培のポイント

- 種が小さいので浅くまくと発芽しやすい。
- 発芽段階で鳥害があるので、ネットなどで鳥よけする。
- 収穫のタイミングを逃さないこと。

おすすめの品種

金ゴマが育てやすく、おいしい。ほかに、白ゴマ、黒ゴマなど。

肥料について

肥料なしでもよく育つ。有機栽培では発育の状態を見て、開花時に追肥してもよい（➡P29）。

栽培難易度 やさしい

畑の準備

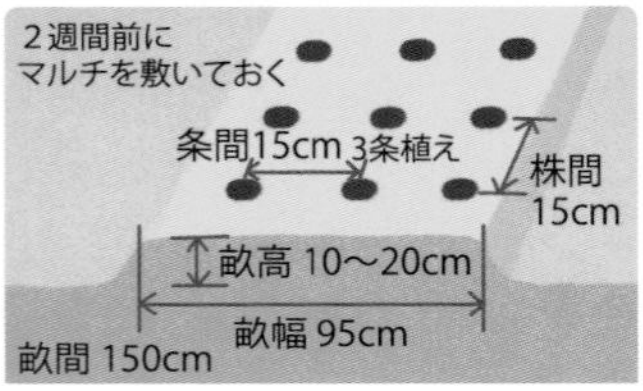

栽培暦

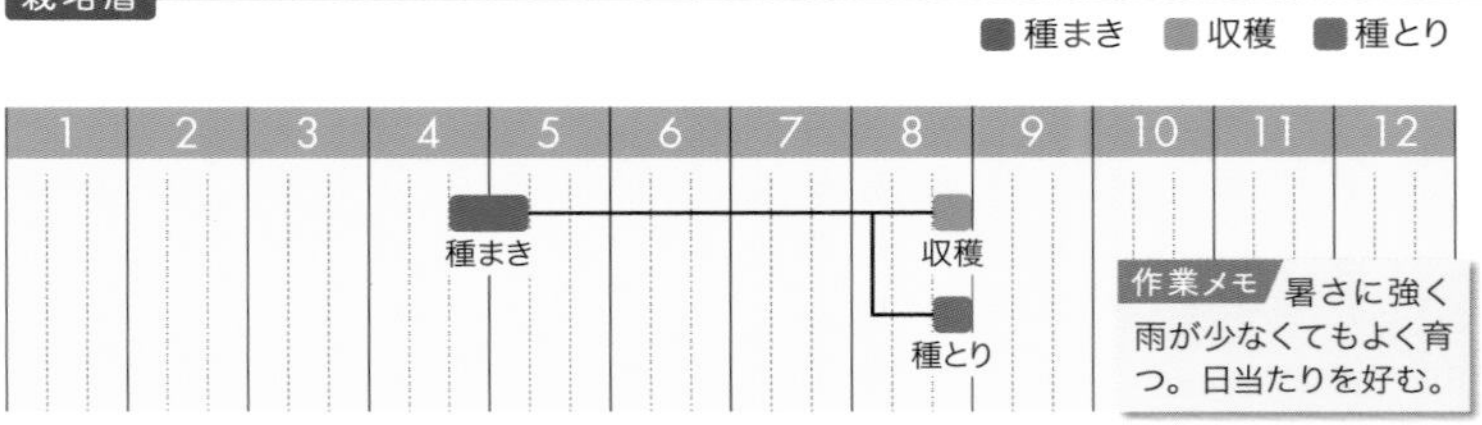

作業メモ 暑さに強く雨が少なくてもよく育つ。日当たりを好む。

1 種まき

4月下旬〜5月上旬頃に

1か所5〜6粒を畑に直まきする

1 金ゴマの種。

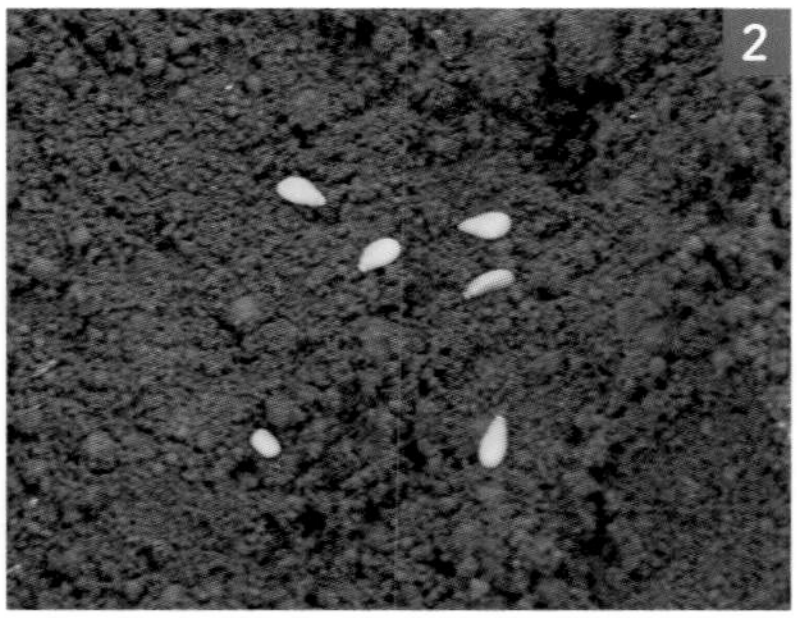

2 1か所に5〜6粒ずつ、直まき。

3 種の2〜3倍の厚さに土をかける。

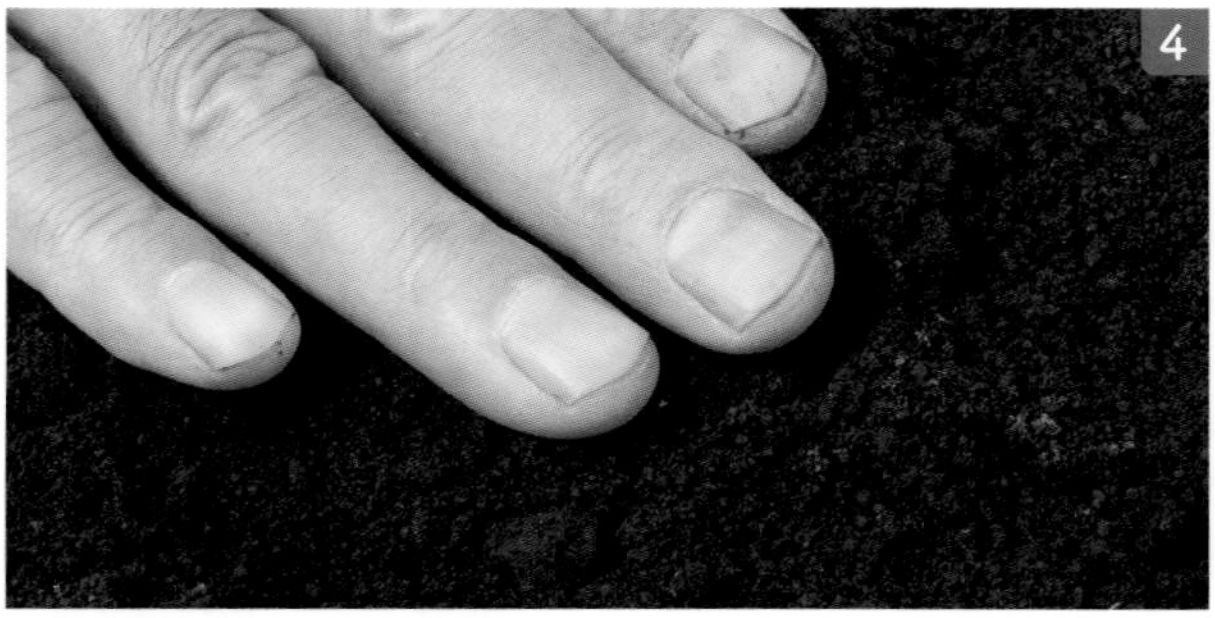

4 表面を手でならして落ち着かせる。発芽して双葉が開くまで、トンネルをかけておくと鳥害予防になる。

ポットまきの場合

ポットに5〜6粒ずつまき、生育がよい1株を残して間引きする。本葉4〜5枚の頃、畑に植える。

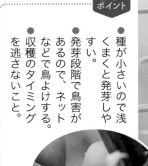

2 管理作業

背丈が伸びて成長する頃に

風や台風で倒れないように支柱とヒモで株を守る

本葉を出して生育中の苗。

本葉4～5枚の頃までに生育がよい株を1本残して、ほかの株は間引く。

日射しを浴びてすくすく成長中。

どんどん背丈が伸びるので、強風や台風で倒れないように、周囲に支柱を立て、ヒモでぐるりと囲んでおくとよい。

追肥する場合

開花がはじまり、株がぐんぐん生育して勢いづく頃、追肥（➡P29）してもよい。

ピンク色のつりがね型の花が咲く。人工受粉はとくに必要ない。ミツバチなどが次々に訪れる。

3 収穫

8月下旬頃、サヤが茶色になったら

下のサヤが熟したら株ごと収穫して追熟

開花後、サヤができる。

株の下のサヤから茶色く熟していく。

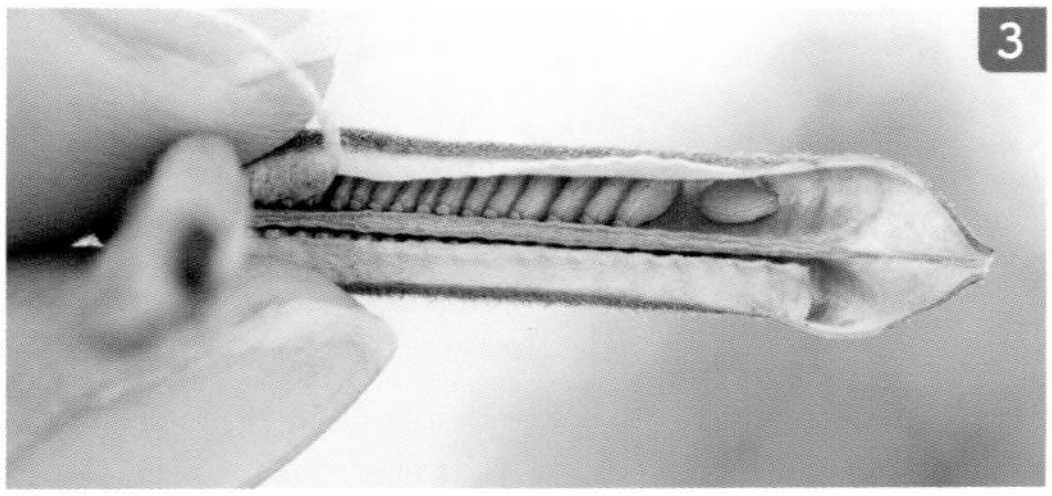

サヤの中にはゴマがぎっしり詰まっている。サヤがはじけるまで畑に置くと、ゴマが土に落ちてしまうので、その前に収穫しよう。

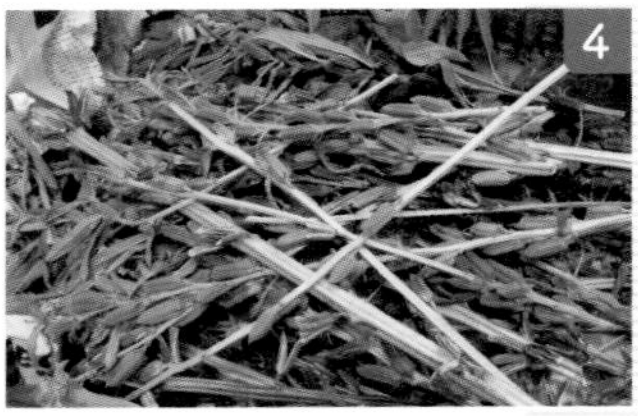

下のサヤが茶色くなったら、上部のサヤが緑色でも株ごとハサミで切って収穫。葉をすべてかきとり、風通しがよい場所でバケツやビニールシートの上で追熟させる。

全体が枯れたら、ゴマをサヤから出す。

茎同士をパンパンと当てると、下にゴマが落ちる。

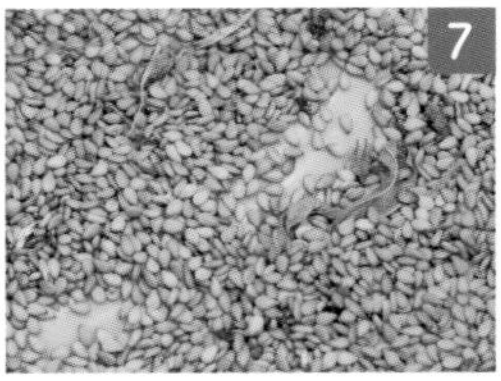

バケツの底にたまったゴマ。ゴミと分けるには、ゴマ用のふるいが便利。食用は水洗いして浮いたものは捨て、沈んだゴマを乾燥させて利用する。

種とり

収穫したゴマが、そのまま翌年の種になる。種用には、生育がよかった株を選んで刈りとり、分けておく。採種したら、洗わずに乾燥させて保存（➡P46）。

種類によるが乾燥ぎみに育てると辛さが増す

シシトウ・トウガラシ

◆ナス科トウガラシ属

栽培難易度 やさしい

栽培のポイント

- 乾燥ぎみに育てると辛さが増すものが多い。
- 支柱を1本立てて誘引して育てる。
- 辛い品種と辛くない品種があるが、栽培法は同じ。

おすすめの品種

辛くない品種では、万願寺トウガラシ、伏見甘長など。辛い品種では、鷹の爪、八房など。

肥料について

肥料がなくてもよく育つ。収穫期が長いので、収量アップを狙うなら元肥を施し、追肥（⬇P29）するとよい。

畑の準備

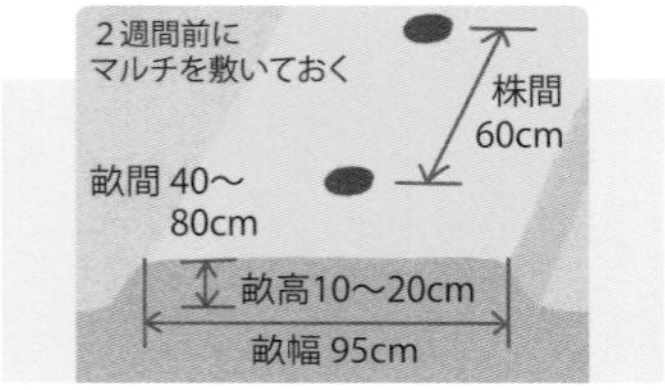

栽培暦

■種まき ■鉢上げ ■植えつけ ■収穫 ■種とり ⌒トンネル・ハウス

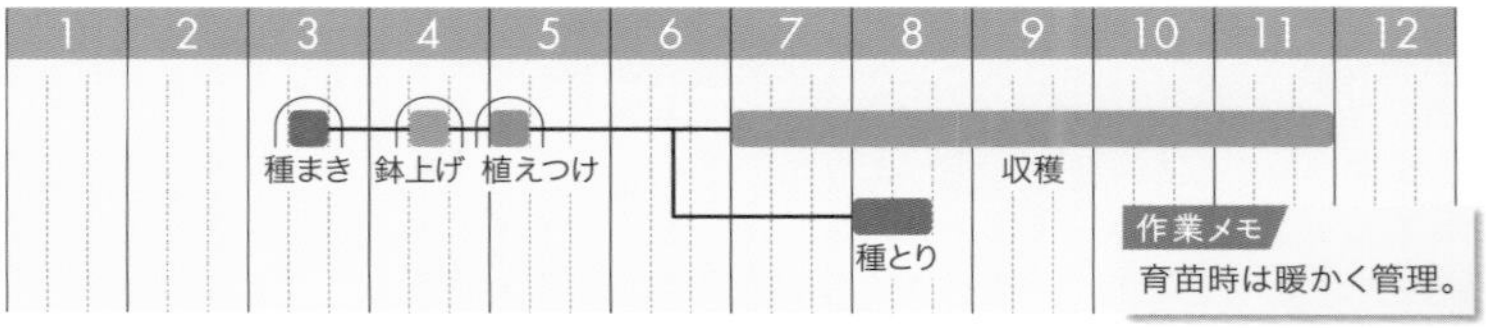

1 種まき

3月中旬頃に種まきする

寒い時期の種まきなので温度管理をしっかりと

トウガラシの種。

育苗箱に育苗土を入れ、まき穴をあける（➡P35）。

発芽後に葉が重ならないよう、互い違いの穴に種まきする。

覆土して、新聞紙をかけ、暖かい場所（➡P37）で発芽を待つ。水やりはP37を参照。発芽したら新聞紙をとり除く。

双葉が出そろった頃。

ポットまきの場合

ポットにまくときは、3粒まいて、成長がよい1株を残して間引きする。

2 鉢上げ

1枚目の本葉が出はじめたら

1株ずつポットに植えかえして育苗

本葉が１枚出た頃、ポットに鉢上げする。根を傷つけないようにやさしく掘り上げる。

育苗土を入れたポットの中央に植え穴を開け、１株ずつ植える。

スプーンなどで周囲に土を入れて落ち着かせる。

引き続き、暖かい場所に置いて育苗する。

3 植えつけ

本葉が5～6枚出た頃

マルチをかけた畑に株間60cmで定植

本葉５～６枚で植えつけ。時期は５月上旬が目安。植えつけの前日と当日の朝は、たっぷり水やりしておく。

マルチに穴を開け、植え穴を掘る。空き缶を使うと便利 (➡ P41)。

空き缶を入れて抜くと、植え穴ができる。

植える苗を用意。

苗を押さえながら逆さにして、やさしくポットをとる。

根が回りすぎず、根鉢が崩れないくらいが植えつけの適期。

植え穴に苗を入れる。

株間60cmで浅めに植える。表土が1/3ほど出るくらいが目安。

畝の中央に１列に植えた万願寺トウガラシの例。

トンネルをかける

植えつけ時期の５月上旬は、まだ気温が低いので、防寒と風よけをかねてトンネルをかけておく。家庭菜園では、寒冷紗か穴あきビニールがおすすめ。５月中旬以降、地温がしっかり上がる頃になったらトンネルをはずす。

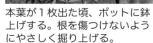

4 管理作業 5月中旬～下旬頃

支柱を立てて誘引する

トンネルをはずしたら、支柱を1本立てて誘引する。

ヒモやクリップなどを使い、茎と支柱を結ぶ。

株間60㎝、条間40㎝で互い違いに植えた鷹の爪の例。

Q 摘芯は必要？

A 自然栽培や有機栽培では、摘芯やわき芽つみをせず、放任栽培でも大丈夫です。しかし、畑が肥えていて、葉が混み合う場合は、すべての葉に日の光が当たるように葉やわき芽をつみましょう。

追肥する場合

開花がはじまった頃に1回目の追肥。トウガラシ類は一気に実がなるので、収穫後、また開花がはじまったら追肥するとよい。

シシトウの花。

病害虫対策

カメムシやタバコガの幼虫などが食害するので、見つけたらとり除く。

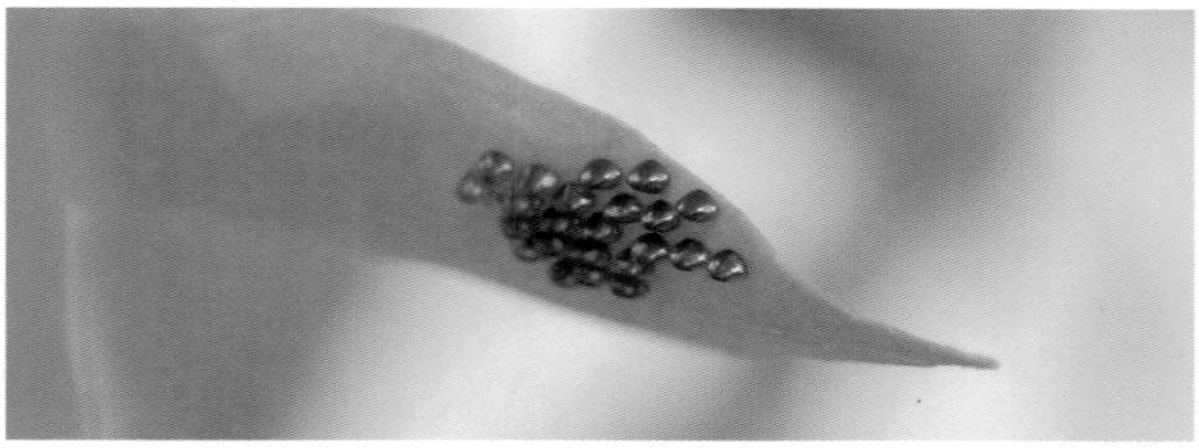
ホオズキカメムシの卵。

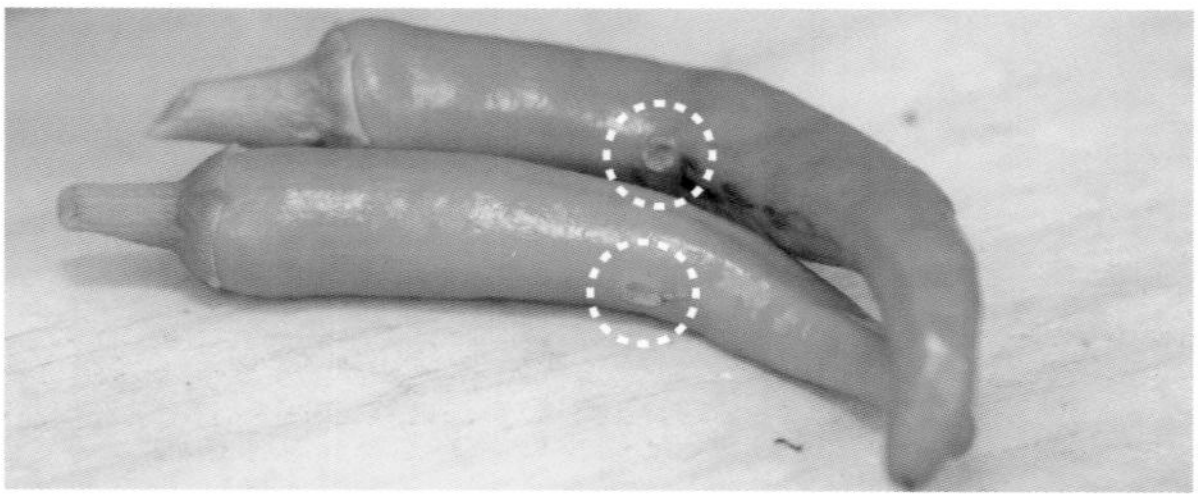
実に穴があるのは、タバコガの幼虫が中にいるサイン。

5 収穫

7月上旬から次々に実をつける

青い実も利用できるのでこまめに収穫しよう

開花後、次々に結実する。人工受粉はとくに必要ないが、種をとる場合は、交雑しやすいので注意。

シシトウは青いものをハサミで切って収穫。写真は万願寺トウガラシ。

トウガラシは青い実も利用できるので、適宜、収穫する。

細長く10～15㎝に成長する日光トウガラシ。辛みは控えめだが、赤い実はやや辛みが増す。

赤い実を利用する場合は、赤く熟したら収穫する。写真は鷹の爪。

鷹の爪は房ごと収穫して、乾燥させて保存するとよい。

種とり

シシトウ、トウガラシ、ピーマンは交雑しやすいので、自家採種する場合は、近くでいろいろな品種を栽培しないこと。生育がよく、病害虫に強く、形のよい実がなるものを母本に選ぶ。収穫がはじまる前に母本を決め、その株ではほかの実を大きくしないよう早めに収穫する。赤く熟して、柔らかくなったら収穫し、種とりする。

母本には印をつけておく。万願寺トウガラシ。

鷹の爪は収穫後、乾燥させたものから種とりするとよい。

早めの収穫で生食、大きめの収穫は漬け物や炒め物に

シロウリ

◆ウリ科キュウリ属

栽培のポイント

- 水はけがよい土を好むので、高畝で栽培するとよい。
- 乾燥に強い。長雨だと病気が出やすいので、可能なら畝の上に雨よけをするとよい。

おすすめの品種

東京シロウリは、育てやすくおいしい。ほかに、はぐらウリなど。いろいろ種類があるのでお気に入りを見つけよう。ただし交雑しやすいため、自家採種するなら1年1品種がよい。

肥料について

前作の肥料が残っている場合は、元肥なしでOK。残肥がない場合は、元肥（➡P29）を入れるとよい。肥料なしでも育てられる。

栽培難易度 やさしい

畑の準備

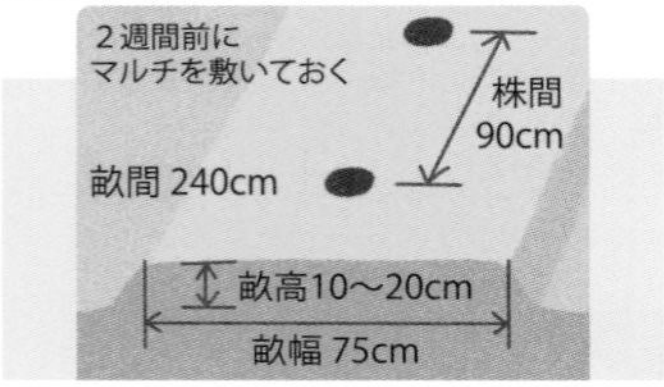

栽培暦

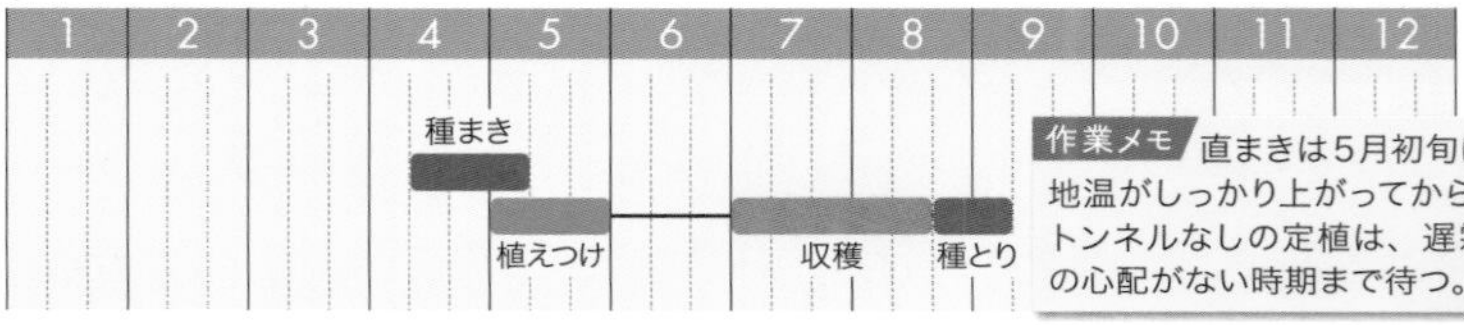

作業メモ 直まきは5月初旬に地温がしっかり上がってから。トンネルなしの定植は、遅霜の心配がない時期まで待つ。

1 種まき

4月中旬～5月上旬頃に

直まきは3粒ずつ点まきする

東京シロウリの種。

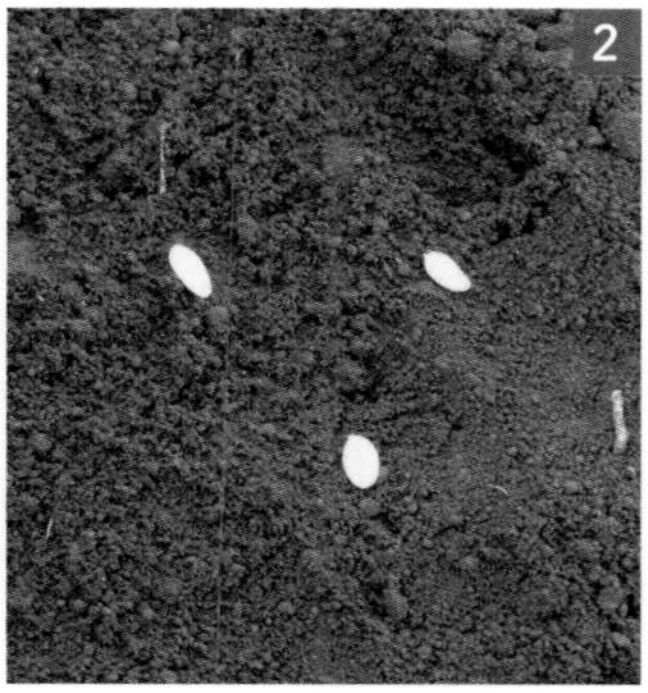

直まきは、3粒ずつ点まきする。

1cm深さに種を押し込む。

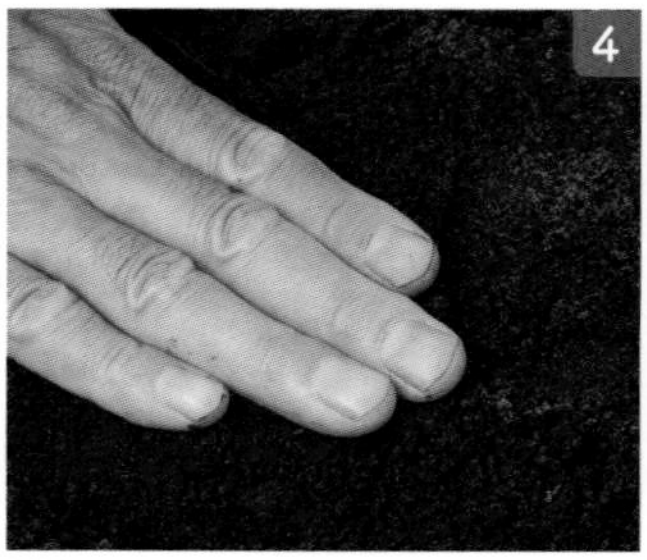

覆土して、土を落ち着かせる。

Q 間引きはどうする？

A 本葉2～4枚の頃、育ちがよい1株を残して、ほかの株を間引く。

ポットまきの場合

ビギナーはポットまきがおすすめ。2～3粒ずつまき、育ちがよい1株を残して育苗し、本葉2～3枚の頃、畑に定植する。定植の時期は、遅霜の心配がなくなってから。マルチやトンネルをかけると安心。

本葉2～3枚で植えつけ。

2 管理作業

つるが伸びてきた6月頃

地這いなので つるがからみやすい工夫を

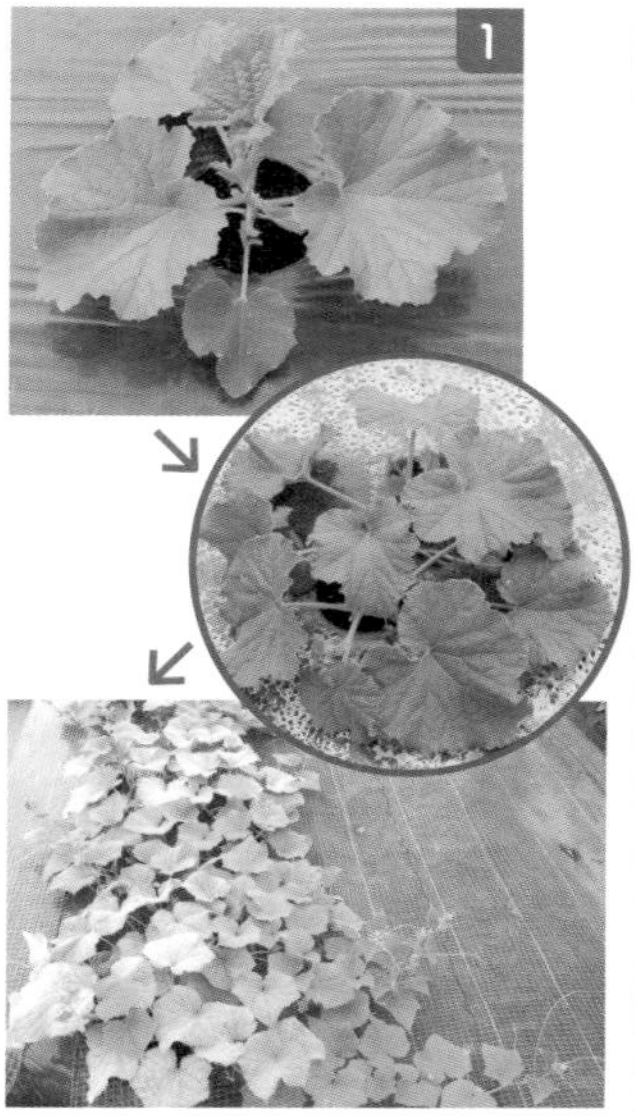

生育中の苗。本葉が増え、子づるが伸びて成長していく。つるがからみやすいように、畝間にネットやワラを敷くとよい。

雌花（右）には根元に実になる部分がある。左は雄花。

摘　芯

肥料を入れて育てる場合は、つるが暴れるので摘芯するとよい。子づるが３本以上出たら、親づるの先端を摘芯する。

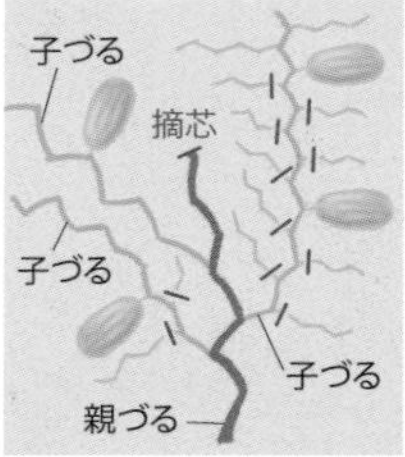

自然栽培では摘芯せずに放任で育てる。

追肥する場合

有機栽培では、実がつきはじめたら、２週間に１回ほど追肥する（➡ P29）とよい。

3 収穫

7月上旬～8月中旬頃

実が成長したら早めに収穫する

収穫のサイズは種類によって違うので、種袋を確認すること。東京シロウリの場合、長さ 30cm の早どりは生食に向く。

十分に成長したシロウリは漬け物や炒め物に向く。根元をハサミで切って収穫。

病害虫

ウリハムシ、アブラムシ、うどんこ病など。虫を見つけたら捕殺する。

4 種とり

8月下旬～9月上旬頃

畑でしっかり完熟させてから

畑で完熟させたシロウリ。

つるがついていた部分を切り、種を切らないようにぐるりと切れ目を入れる。

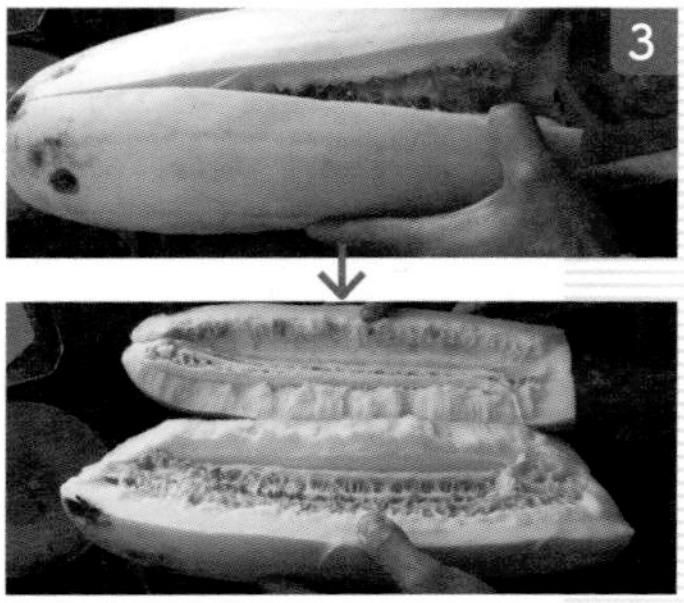

半分に割る。

スプーンなどで種をとる。

密閉容器などに入れて３日間、常温で発酵させる。

３日後に水洗いし、浮いた種は捨て、沈んだ種だけを干して乾燥させ、保存する（➡ P46）。

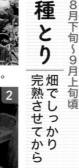

つるがからまる素材を敷いて地這いで育てる

スイカ

◆ウリ科スイカ属

栽培のポイント

- 地温が上がる5月まきが育てやすい。
- 発芽後の鳥害をトンネルなどで予防する。
- 自然栽培では摘芯せずに育てるが、有機栽培で葉やつるが茂りすぎる場合は摘芯する。

おすすめの品種

黒皮スイカ、旭大和など固定種が育てやすい。

肥料について

無施肥でも育つが、開花してぐんぐん成長する頃、追肥をしてもよい（➡P29）。

畑の準備

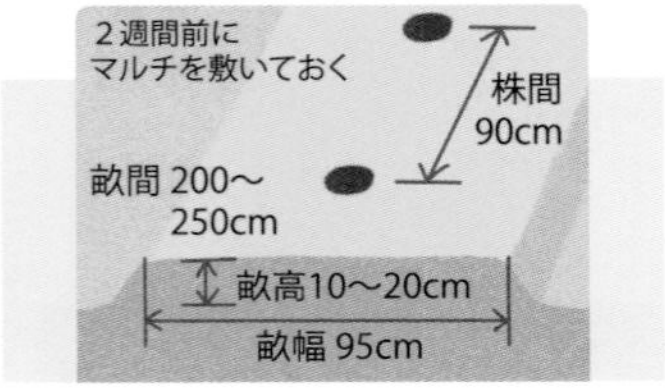

栽培暦

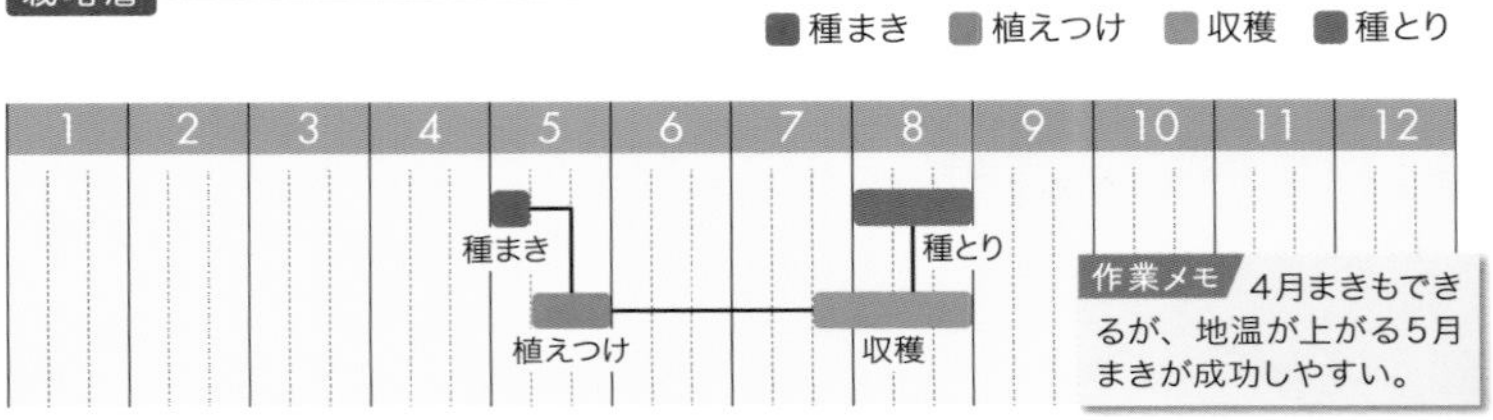

栽培難易度 ふつう

1 種まき

5月上旬頃にポットまき

気温が上がる5月の育苗がおすすめ

スイカの種。

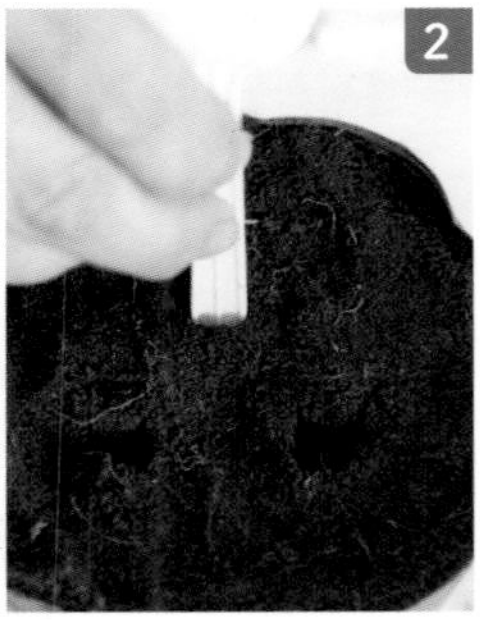

ポットに育苗土（➡P34）を入れ、まき穴を3か所、2㎝深さであける。プラスチック製スプーンの柄などを使うと便利。

ピンセットを使うと種をまきやすい。

土をかける。

表土を落ち着かせる。たっぷり水やりして育苗する。

双葉が出たところ。生育のよい2本を残して1本間引く。

本葉が出てきた頃の苗。

直まきの場合

直まきもできる。1か所に3つ穴をあけて1粒ずつ3粒まき、生育のよい株を残し、最終的に1株にする。

2 植えつけ

5月中旬～下旬頃

本葉2～3枚で定植

本葉２～３枚になったら植えつける。前日にたっぷり水やりしておく。

根を崩さないようにポットをとる。

根が回りすぎず、写真くらいの根回りの若い苗がよい。

植え穴に植えつける。

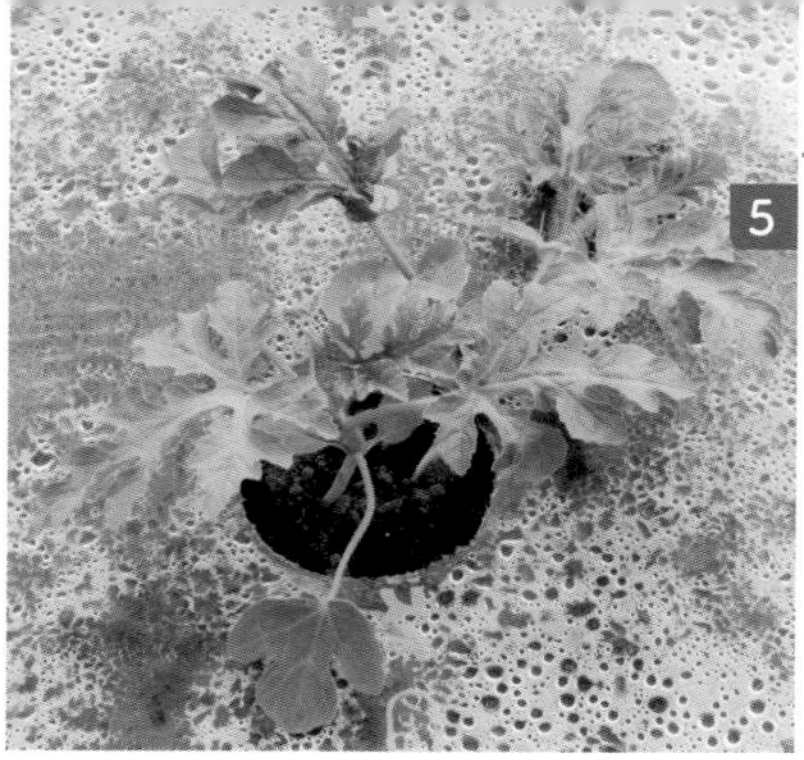

本葉４～５枚までに生育がよい１株を残して間引きする。

Q 追肥をするときは？

A 開花がはじまり、株の成長に勢いがついた頃、追肥してもよい（➡ P29）。

3 管理作業

ぐんぐん伸びる前に

からまりやすくする

つるがからまりやすいように、畝間にシートや敷きワラを置く。

雌花（左）と雄花（右）。人工受粉をしなくてもよい。

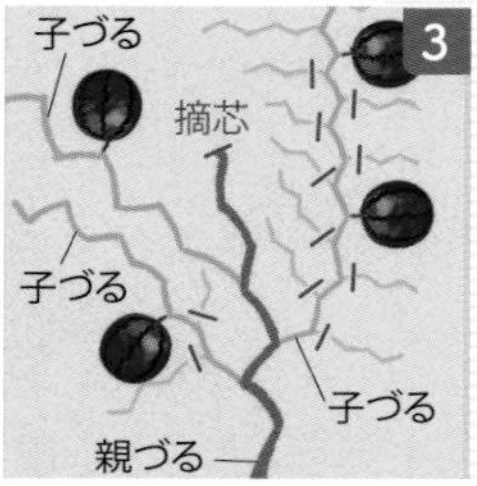

つるや葉が混み合うほど成長する場合は、子づるが３本出たら、親づるを摘芯する。

開花後、結実する。

4 収穫

7月下旬～8月下旬頃

完熟したものから収穫していく

実がついている近くのヒゲ根をチェック。ここが枯れたら収穫どき。受粉後 40 ～ 45 日が目安。

ヒゲ根が枯れ、つるを持つと自然に外れるタイミングが完熟。たたくと鈍い音がする。

種とり

生育がよい株で育ち、食べておいしかったスイカの種をとる。

家庭菜園では、実を大きく育てて収穫する楽しみ方もおすすめ

ズッキーニ

◆ウリ科カボチャ属

栽培難易度 ふつう

栽培のポイント

- 乾燥を好むので、水はけのよい畑に高畝にして植える。
- 梅雨の加湿が苦手なので、雨よけできるとベター。
- 人工受粉をすると着果率が上がる。

おすすめの品種

固定種のバンビーノやサルツァーナのほか、F1種では黒まんぼうが病気に強く育てやすい。

肥料について

肥料なしで育つが、有機栽培なら元肥を少し入れ、開花後に成長を見て追肥する（➡P29）。

畑の準備

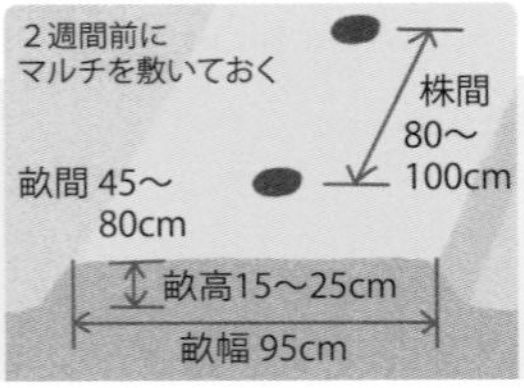

栽培暦

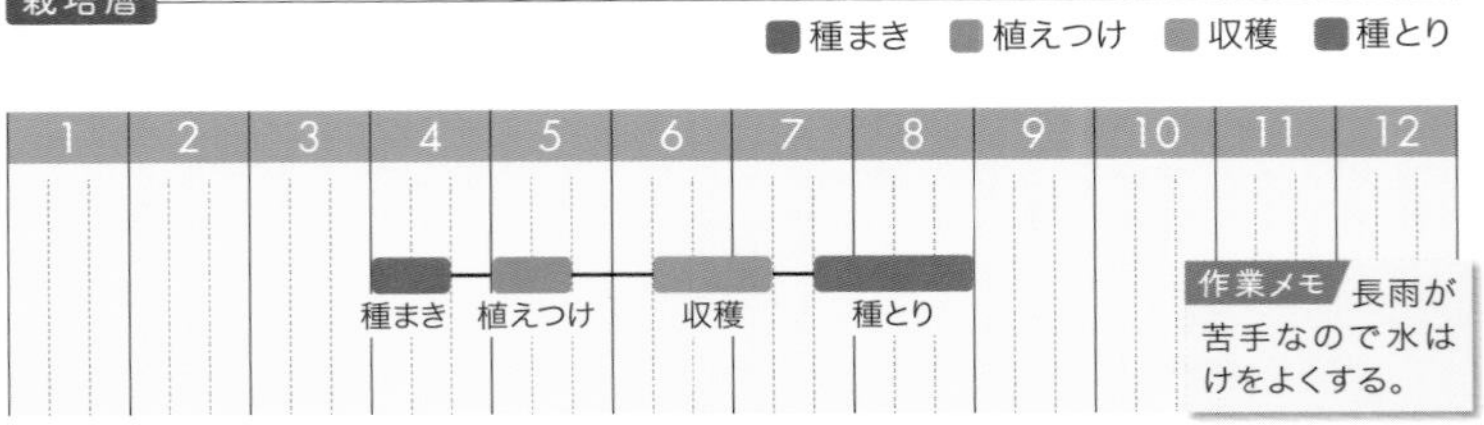

作業メモ 長雨が苦手なので水はけをよくする。

1 種まき

4月上中旬頃にポットにまく

植えつけまでは暖かい場所で育苗

1 ズッキーニの種。品種はバンビーノ。

2 ポットに育苗土（➡P34）を入れ、2㎝ほど押して植え穴をあける。

3 2粒ずつまく。

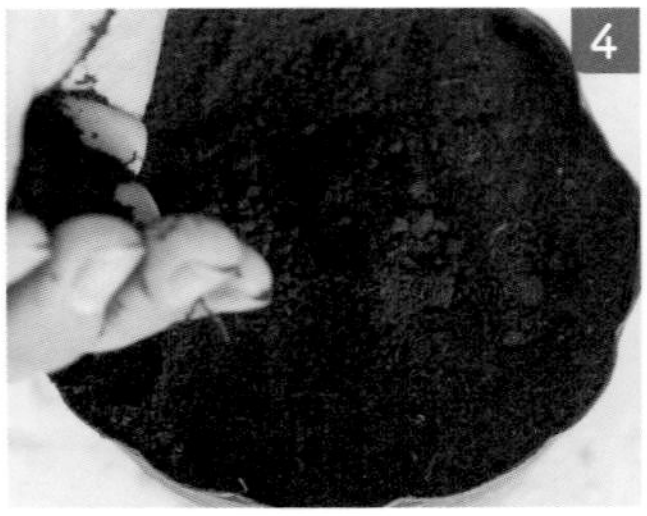

4 土をかける。

5 軽く押さえて種まき完了。水やりをして、暖かい場所で育苗する（➡P37）。

6 ズッキーニの双葉。植えつけまでに生育がよい1本を残して間引く。

直まきの場合

4月中旬以降に2〜3粒ずつまき、5月中旬までトンネルをかけて保温する。本葉3〜4枚の頃までに、成長がよい1株を残して間引く。

2 植えつけ・管理作業

本葉1〜2枚の頃

高畝に植えて支柱を立てる

本葉1〜2枚の頃、畑に植えつける。

本葉5枚の頃。

成長してきたら、支柱を立てるとよい。2本立てると、自分で上に伸びて成長していく。

梅雨前までに収穫できるとよい。摘芯や摘果は必要ないが、株を大きく育てる時期は摘果してもよい。

人工受粉をしなくてもよいが、すると収量が上がる。種をとる場合はP70を参照して早朝に人工受粉する。

追肥する場合

追肥は、開花結実がはじまった頃が目安。成長を見ながら2週間ごとに追肥するとよい。

病害虫対策

梅雨時期はうどんこ病に注意。高畝にして水はけをよくして予防。害虫はウリハムシを見つけたら捕殺する。

3 収穫

6月中旬以降

小さくても大きくても美味

根元を包丁やハサミで切って収穫。収穫後に雨に当たると病気が出やすいので、晴れた日に収穫する。バンビーノは10〜20㎝が目安。

黒まんぼうは、25㎝くらいのやや大きめのものがおいしい。

4 種とり

7月下旬〜8月下旬頃

畑で完熟させてから収穫して種をとる

種とり用に完熟させたズッキーニ。

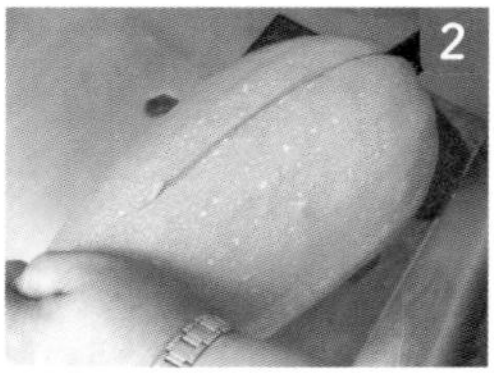

種を傷つけないように切れ目を入れる。

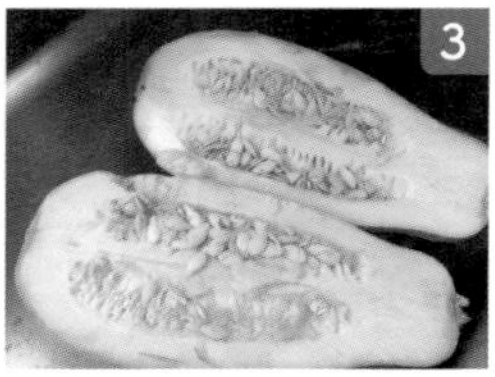

半分に割る。

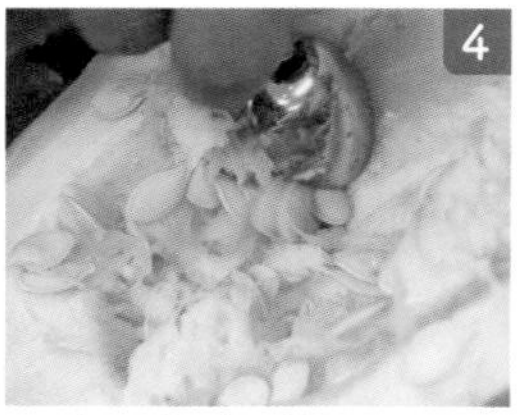

スプーンなどで種をかき出す。

よく水洗いして、ぷっくり充実した種を残す。ズッキーニは浮く種がよい。

乾燥させて、保存する（➡P46）。

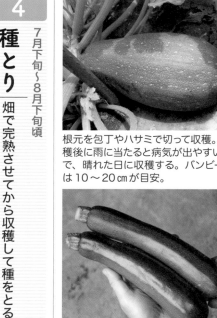

トウガン

栽培面積はとるが、初心者でも育てやすい野菜の代表種

◆ウリ科トウガン属

栽培難易度　やさしい

栽培のポイント

- 地這いで摘芯せず放任栽培でOK。つるがからまりやすいようにワラなどを敷く。
- 高畝で水はけよく育てるが、果実が成長する時期に雨が少ないと、可食部が少なくなるので水やりする。
- 粘土質の土壌でも育てやすい。

おすすめの品種

家庭菜園では小型種がおすすめ。姫トウガンなど。

肥料について

肥料がなくても栽培できる。有機栽培では、元肥を入れるとよい（➡P29）。

畑の準備

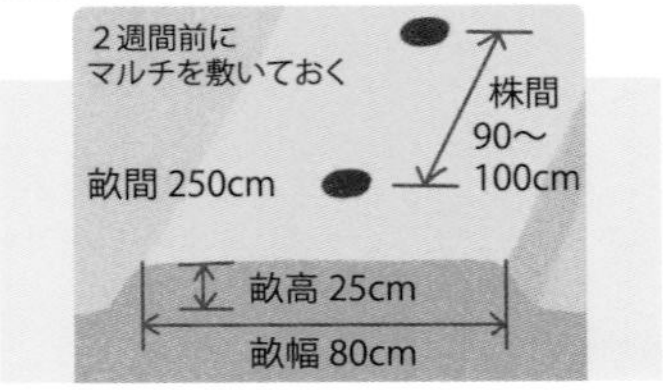

栽培暦

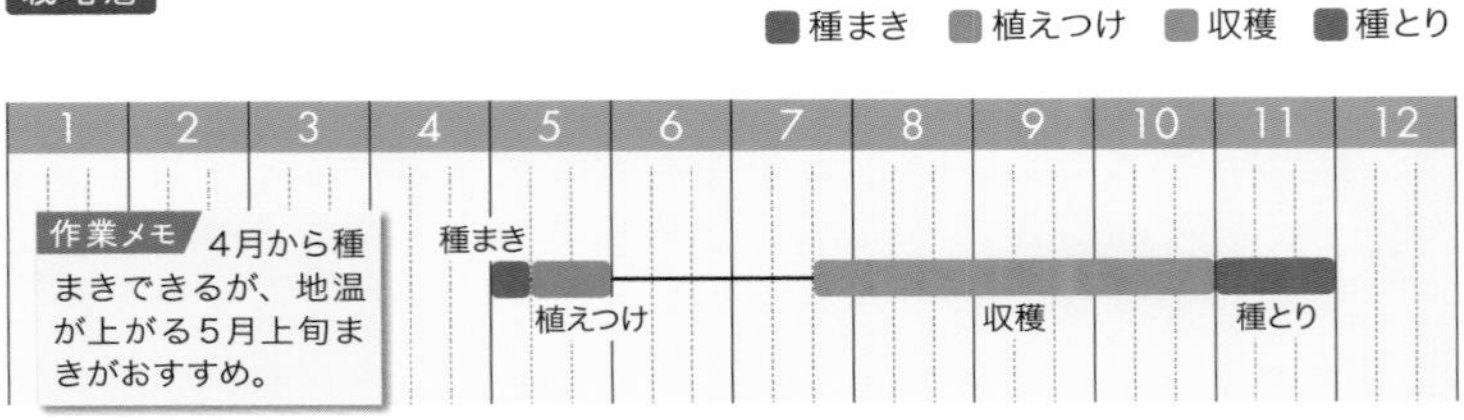

作業メモ　4月から種まきできるが、地温が上がる5月上旬まきがおすすめ。

1 種まき

5月上旬、地温が上がる頃

2粒ずつポットにまく

1 トウガンの種

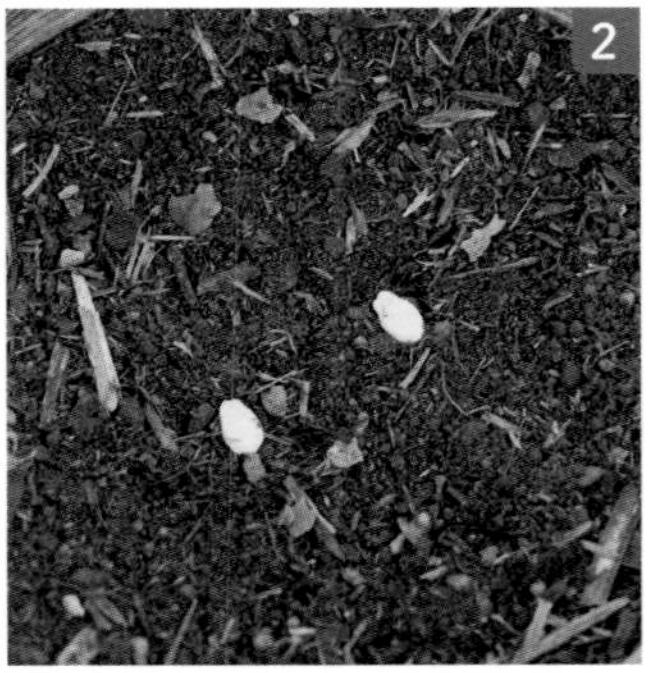

2 ポットに育苗土を入れ（➡P34）、種を2粒ずつまく。

3 ひとさし指の爪が隠れるくらい押し入れる。

4 2つ目の種も同様に押し込む。

5 まわりの土をかけて覆土して育苗。水やりはP37参照。暖かい場所に置く（➡P37）。

直まきの場合

2〜3粒ずつまき、本葉1枚目が出る頃までに成長がよい1株を残して間引く。

2 植えつけ・管理作業
5月中旬〜下旬頃
本葉2枚目が出たら定植

2枚目の本葉が出た頃に株間90〜100㎝で定植。施肥する場合は控えめに。写真は植えつけ数日後、本葉3枚の頃。

地這い栽培なので、畝間に稲ワラや防草シートを敷くとよい。実のふくらみが根元にあるのが雌花。人工受粉は必要ない。

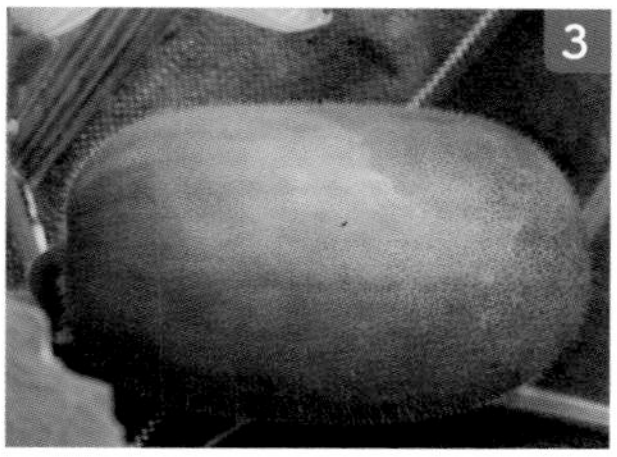

成長中の若い実。実が生育する時期はたっぷり水が必要。雨が少ない場合は水やりするとよく育つ。

3 収穫
7月下旬〜10月下旬頃まで
白く粉をふいたら

姫トウガンは、外皮が白く粉をふいたようになり、押してみて実が固くしまっていれば収穫どき。品種によって大きさはいろいろ。

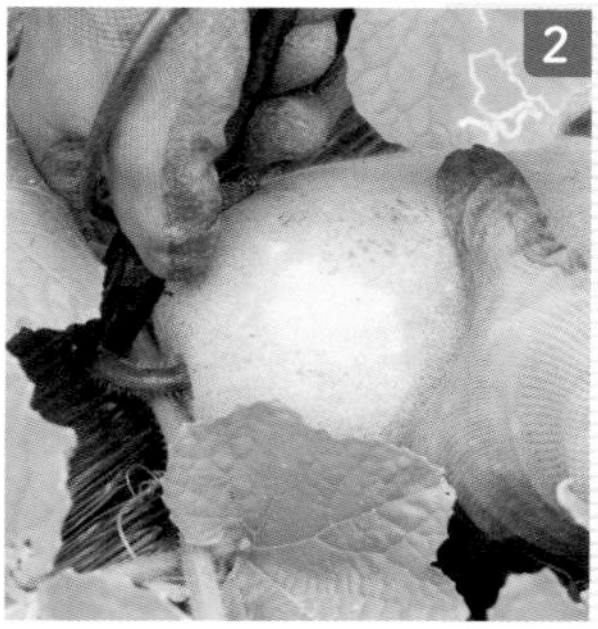

つるをハサミで切って収穫する。

病害虫対策

うどんこ病が出たら、病葉をとり除き、風通しよくする。アブラムシやウリハムシを見つけたらとり除く。

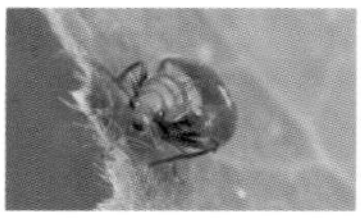

トウガンの葉についたウリハムシ。

4 種とり
秋に完熟した実を収穫
水に沈んだ充実した種を保存

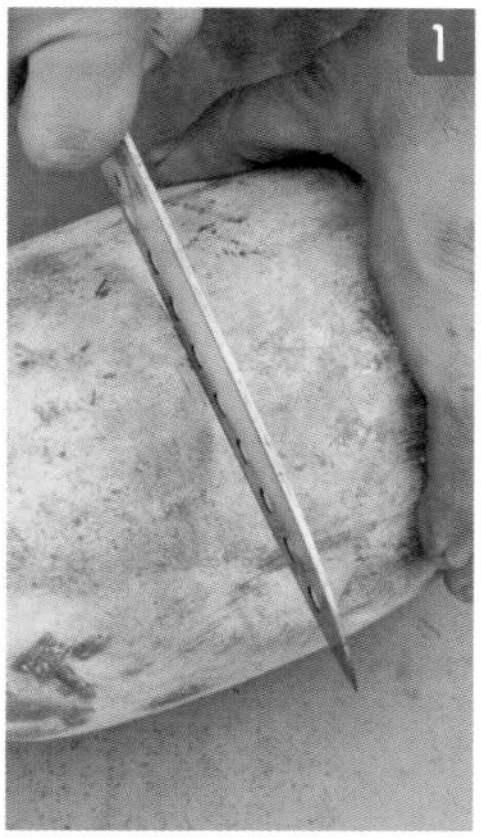

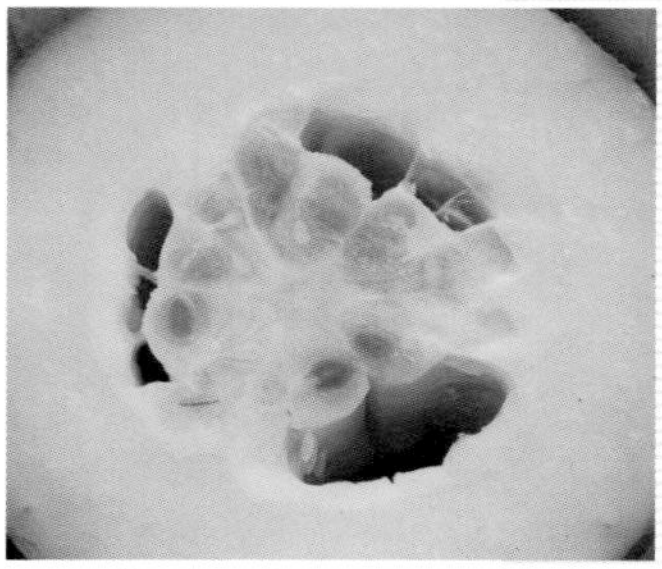

トウガンを半分に切る。

種をかき出す。

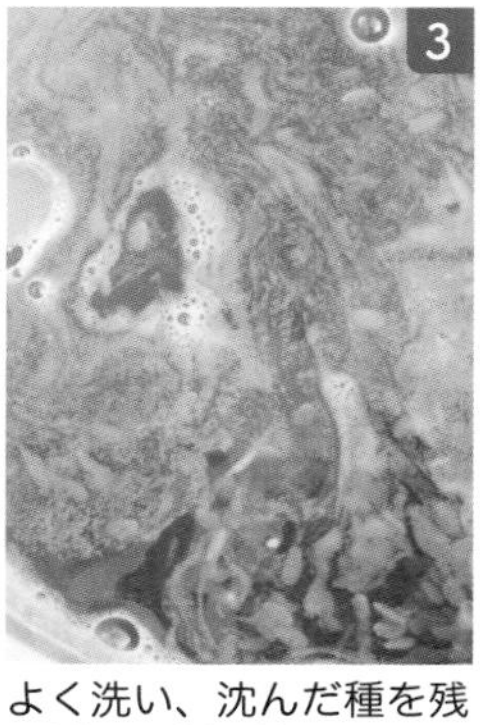

よく洗い、沈んだ種を残し浮いた種は捨てる。

ぷっくりと充実して、沈んだ種だけを残す。

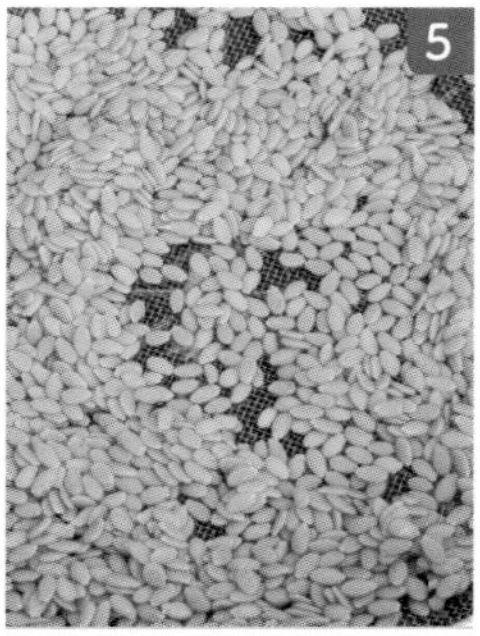

乾燥させてから、保存する（➡ P46）。

Q トウガンは交雑する？

A トウガンは、キュウリなどウリ科のほかの野菜とは交雑しないが、トウガン同士は交雑する。種とりする場合は、近くに別のトウガンを栽培しないこと。人工受粉（➡ P45）をすると確実。

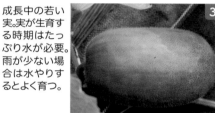

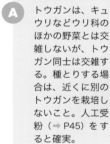

アワノメイガという害虫を予防するのが栽培成功のコツ

トウモロコシ

◆イネ科トウモロコシ属

栽培のポイント

- 2列以上にして育てると実入りがよくなる。
- 無農薬では栽培が難しい野菜のひとつ。品種の選定と害虫対策が欠かせない。

おすすめの品種

甲州、ポップコーン、ゴールデンバンタムなどの固定種は自然栽培で育てやすい。有機栽培はF1種のキャンベラ90やウッディーコーンなど。

肥料について

無肥料でも栽培できるが、有機栽培では穂が出たタイミングで追肥をするとよい（⬇P29）。

栽培難易度 むずかしい

畑の準備

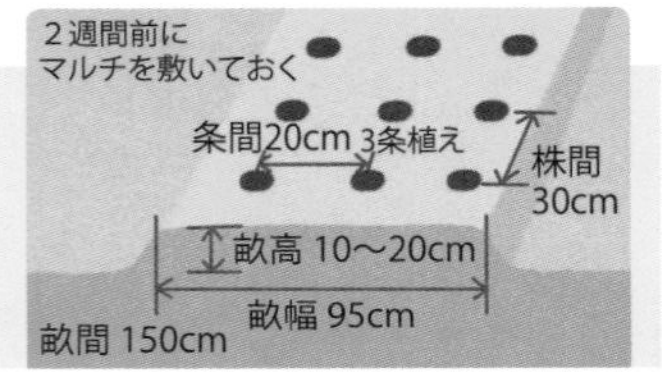

栽培暦

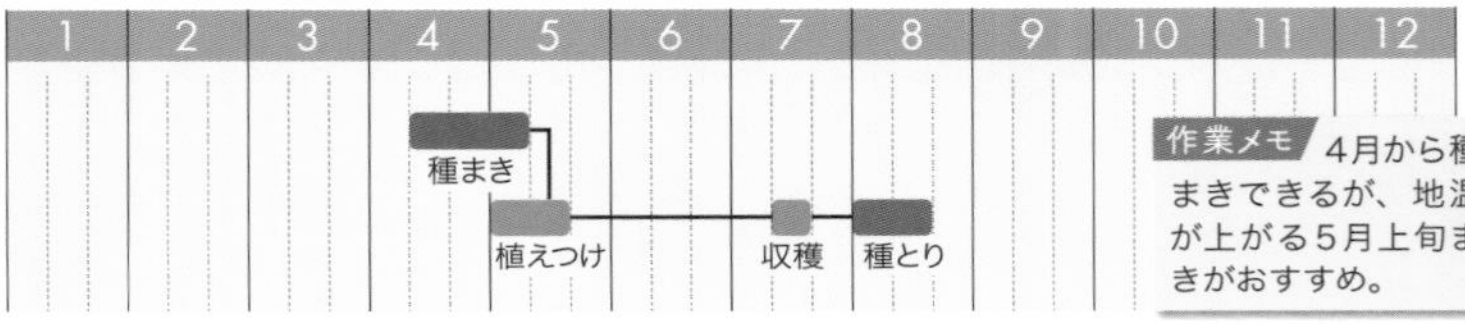

作業メモ　4月から種まきできるが、地温が上がる5月上旬まきがおすすめ。

1 種まき

4月中旬～5月上旬頃

育苗トレイかポットに2粒ずつまく

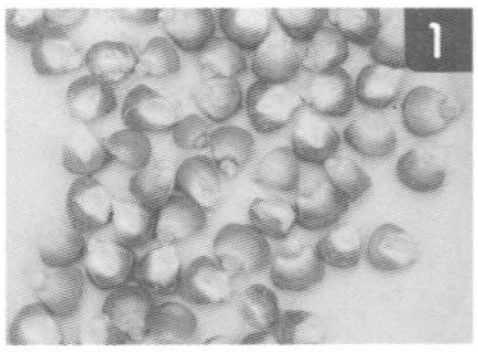

1 トウモロコシの種。写真はゴールデンバンタム。

2 育苗トレイに育苗土（➡P34）を入れ、種の向きをそろえて1穴2粒ずつまく。ポットまきなら2～3粒。

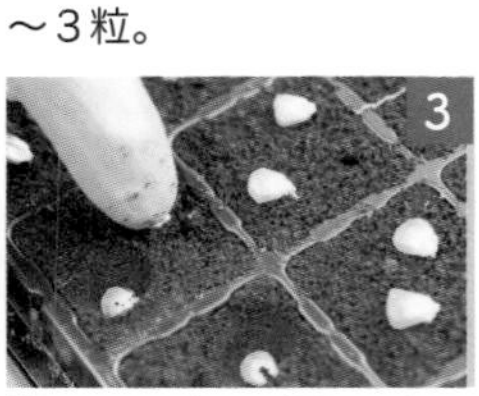

3 指で1cmくらい押しこむ。

4 さらに育苗土をかけて、平らにならす。

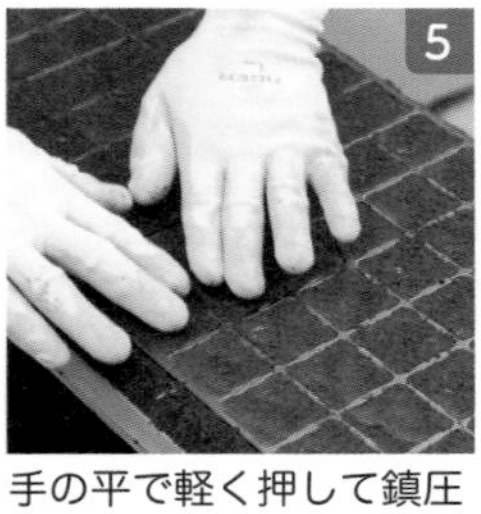

5 手の平で軽く押して鎮圧する。

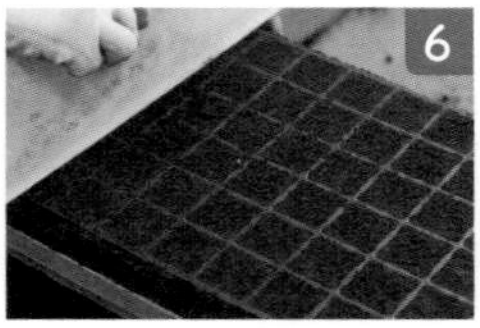

6 さらに土をのせて平らにならす。

7 土が乾いていたら水やりし、トレイを斜めにして水をきってから育苗。セルトレイは土が少なく乾燥しやすいので、乾きすぎに注意して育てる。

直まきの場合

直まきは、地温が上がる5月上旬まきがおすすめ。発芽後に鳥害の心配があるので、トンネルなどで予防するとよい。

1 1か所に3粒ずつまく。

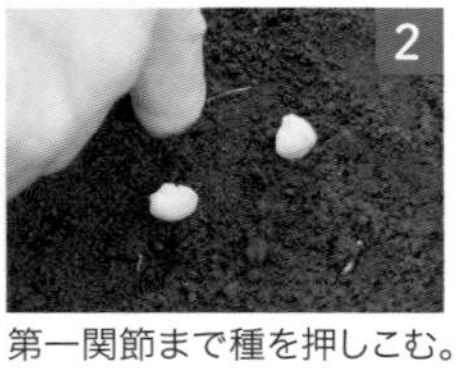

2 第一関節まで種を押しこむ。

3 土をかける。

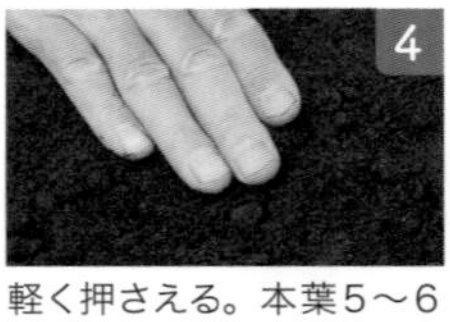

4 軽く押さえる。本葉5～6枚の頃までに生育がよいものを1株残して間引きする。

2 植えつけ・管理作業

定植は5月上旬〜中旬頃

本葉4枚が目安

1 生育中の苗。

2 本葉4枚の頃、株間30㎝、条間20㎝で3列に植える。本葉5〜6枚の頃までに、生育がよい1本を残して間引く。

3 トウモロコシは他家受粉で風媒花のため、2列以上植えると受粉しやすくなる。わき芽はかかず放任でよい。

4 雄穂は頂部に出る。

追肥する場合

雄穂が出た頃に追肥する（➡ P29）。

5 スイートコーン（F1種）の雌花（上）と雄穂（下）。

6 雌花のヒゲ1本が実ひとつになる。人工受粉をしなくてもよいが、すると実がよく入る。

7 生育中の雌花。

病害虫対策

トウモロコシの害虫で多発するのがアワノメイガ。雄穂が出た頃から飛来し、茎葉や実を食害する。予防策として、3列栽培であれば中央列の雄穂を残して、両サイドの雄穂を切ると有効。または、3月中旬に種まきして暖かく管理して育苗し、4月下旬に植えつけると被害が抑えられる。

アワノメイガの幼虫。

3 収穫・種とり

7月中旬・8月上中旬頃

実のヒゲが黒くなったら

1 ヒゲが黒くなって乾燥したら収穫どき。ポキッと折るかハサミで切って収穫する。写真はゴールデンバンタム。

2 スイートコーン種。ヒゲがすっかり黒くなっている。

3 ポップコーンも栽培法は同じ。実が乾燥して、茎葉が枯れてから収穫する。

4 種とり用は、実が完全に乾燥するまで畑において から収穫。実でとり、乾燥させた状態で保存する。

支柱を立てて誘引して育てるが、仕立て方はいろいろ

トマト

◆ナス科トマト属

栽培難易度 むずかしい

栽培のポイント

- 無農薬で育てるのが難しい野菜のひとつ。品種選びと丈夫な苗づくりが成功のコツ。
- 仕立て方はいろいろな方法がある。

おすすめの品種

固定種のアロイトマトは完熟タイプで、甘味と酸味のバランスがとれた味。ステラミニトマト、加工用のなつのこまのほか、F1種では瑞栄、メニーナ、ろじゆたか、妙紅など。ミニトマトはF1のネネ、サンチェリー250、ミニキャロルなど。

肥料について

元肥は入れない。追肥をする場合は一番果の生育以降に（⇒P29）。

畑の準備

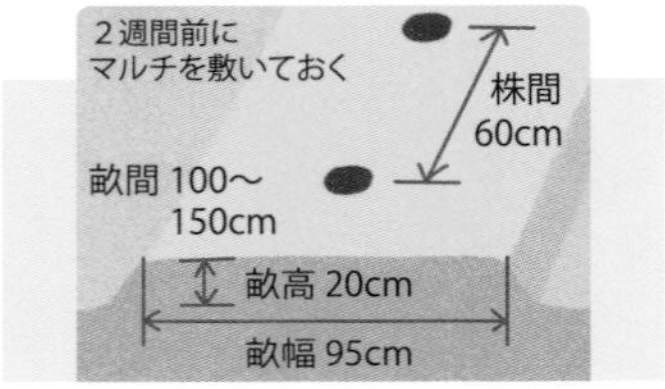

栽培暦

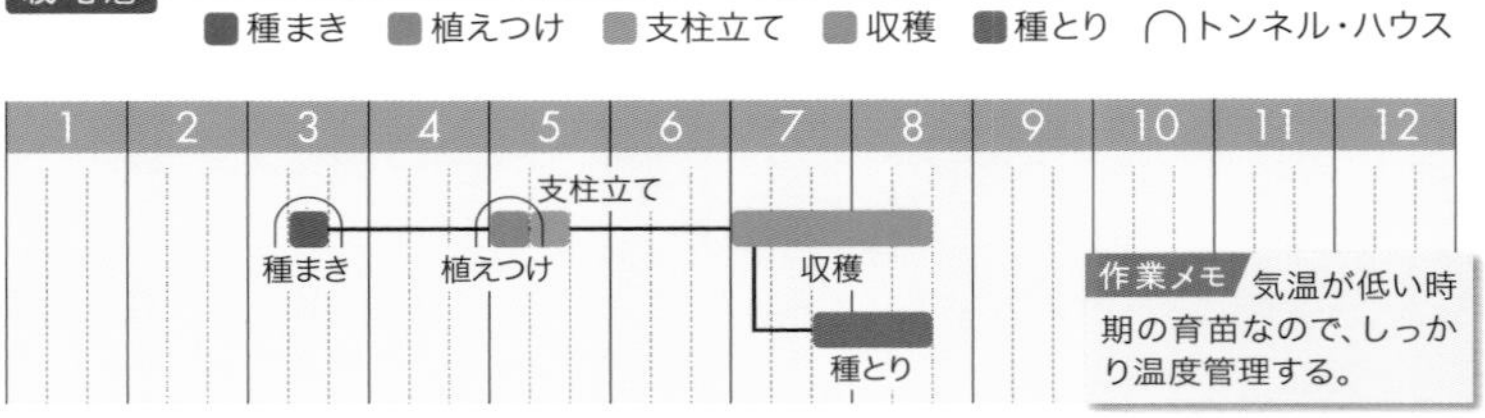

1 種まき 3月中旬頃

5月の植えつけから逆算して種まきする

アロイトマトの種。

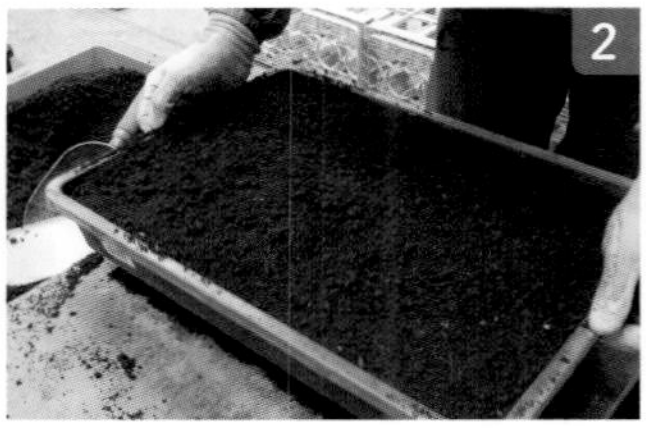

育苗箱に育苗土（⇒P34）を入れる。

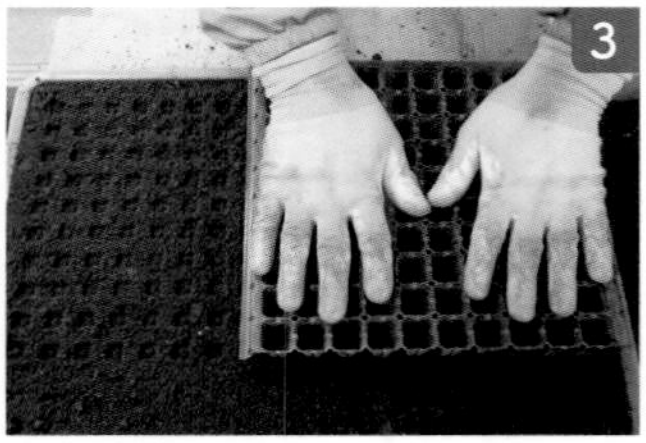

まき穴をつける。ここでは200穴セルトレイを利用。

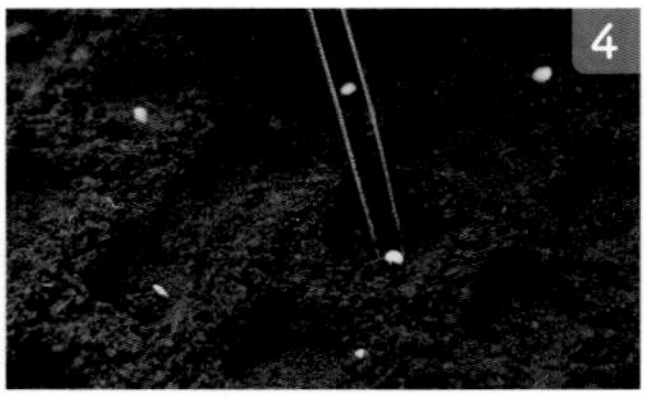

発芽後に葉がぶつからないよう、市松模様に種まき。ピンセットを使うとやりやすい。

上から育苗土をかけて覆土。

表面をならしてできあがり。新聞紙をかけて暖かい場所で育苗する（⇒P37）。水やりはP37参照。

発芽してきたら新聞紙をはずす。目安は種まきから3〜4日後。

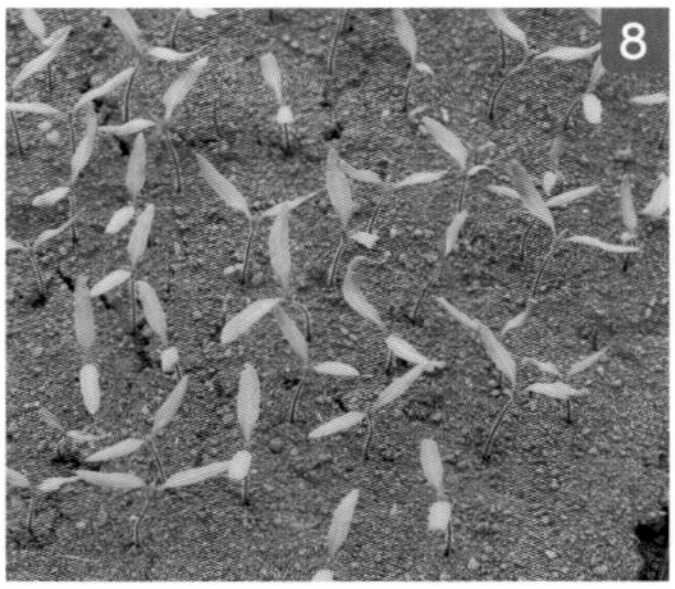

土が乾いているときはたっぷり水やりしておくと安心。

2 本葉が2枚出た頃

鉢上げ

1株ずつポットに植えかえる

2枚目の本葉が出た頃、ポットに植えかえる。4月上旬が目安。

スプーンなどを使い、1本ずつ傷つけないようにやさしく掘り上げる。

あらかじめポットに育苗土を入れておき、中央に植え穴をあけて、苗を入れる。

土をかけて鉢上げ完了。

それまでと同様に、暖かい場所で続けて育苗する。

農家ではハウス内で育苗するが、さらにトンネルを開閉して、微妙な温度管理に気を配る。

手間と愛情を受けてすくすく育つトマトの苗。

ポットまきの場合

育てる株の数が少ないときはポットに直接、種まきしてもよい。2〜3粒ずつ種まきし、成長がよい1株を残して間引きする。

3 植えつけ

5月上旬頃

遅霜の心配がなくなる頃に畑に定植してトンネルかけ

本葉5～6枚、草丈 20cm くらいで畑に定植する。時期は、気温 20 度以上になり、地温がしっかり上がるゴールデンウィーク明けの午前中が目安。苗には前日にたっぷり水やりしておく。

マルチを敷いた畑に、トンネルフレームを刺して準備し、植える苗を置いていく。

植え穴を開ける。ポットの大きさに合った空き缶などを使うと便利。

ポット苗を植え穴に入れて、深さを確認。

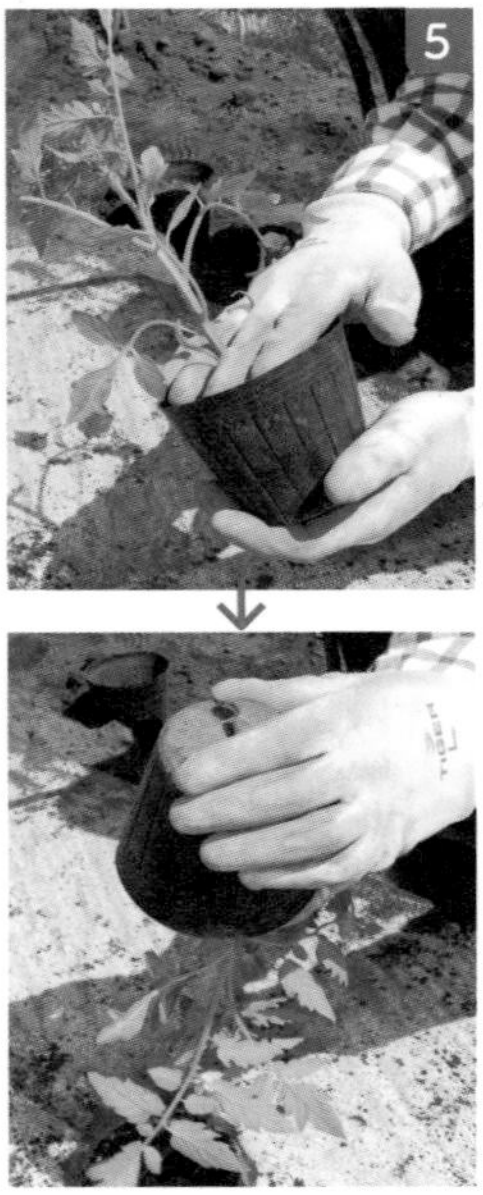

苗を逆さにして、根を傷めないようにポットから出す。

根鉢が崩れず、根が底に回りすぎていないくらいが定植にちょうどよい。

ポイント

まだ土が冷たい時期なので、深植えにすると根の生育が悪くなるため、浅植えが基本。ポットの表土 1/3 が地上に出るくらいがよい。

根鉢を崩さないようにやさしく植え穴に植えつける。

植えつけ完了。株間は 60cm。

植えつけ後のトマト苗。暖かい場所で育苗していたので、できるだけ早くトンネルをかけ、寒さや風から苗を守る。そのためにも、トンネルフレームは植えつけ前に刺しておくこと。

穴あきビニールか寒冷紗などでトンネルをかける（➡ P39）。ビニールは温度管理のために開閉が必要なため、家庭菜園では開閉の必要がない寒冷紗がおすすめ。

プロのコツ

自然栽培では、できるだけ若い苗を植えるのが成功のコツ。若い苗のほうが畑への適応力が高い。施肥する場合は、一番花が咲くくらいに成長した 30㎝ほどの苗を植えたほうがうまくいく。

4 5月中旬頃から 支柱立て・わき芽つみ

わき芽つみは収穫期以降もずっと継続する

トンネルの上に苗が頭をぶつけるくらい成長したら、トンネルをはずして支柱を立てる。目安は5月中旬から下旬頃。

トマトはある程度成長すると自分では立てず、倒れてしまうので、支柱に誘引して栽培する。ここでは2本仕立てを紹介。株の両脇に垂直に2本、支柱を立てる。

支柱を2本立てて、クリップなどで誘引する。

成長に合わせて、残す茎を決め、いらない茎をとるわき芽つみの作業を行なう。花芽のすぐ下の茎が太く成長するので残して誘引する。

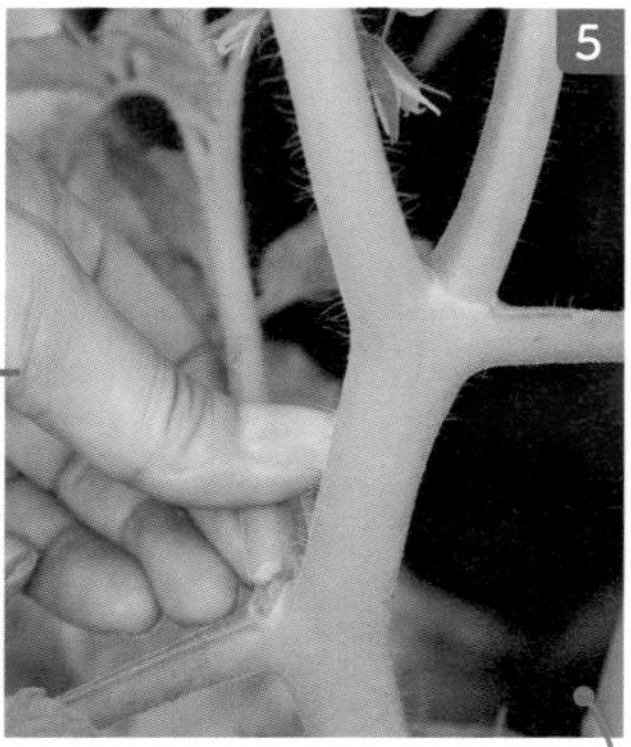

いらないわき芽はつむ。この誘引とわき芽つみの作業は成長に応じて続け、収穫が終わるまで行なうこと。

ポイント

つんだ後の傷口が早く乾くように、わき芽つみは晴れた日の午前中に行なう。また、まとめてたくさんわき芽をつむと根の成長を阻害するので、一度にとらず、日をずらして数本ずつとるとよい。逆に施肥していて株に勢いがありすぎるときは、強めにたくさんわき芽をつんでもOK。茎を見ながら根をイメージできるようになれたら、ビギナー卒業。

トマトは受粉の必要はない。ひとつの花に雄しべと雌しべがあり、自家受粉する。

追肥する場合

トマトは肥料が多いとわき芽がふえて株が成長しすぎるため、わき芽つみの作業が多くなる。追肥する場合は、一番果がピンポン玉大に肥大した頃に1回目。以降、生育を見ながら2週間ごとに追肥を検討する。

ビニールヒモで誘引する方法

麻ヒモを使ってもよいが、ずれやすいので、ずれにくいビニールヒモを使うダブル8の字縛りを紹介。

1 茎にくるりとヒモを回す。

2 2〜3回ねじって、支柱に回す。

3 支柱の前で交差させる。

4 支柱をぐるりと一周させる。

5 手前で結ぶ。

6 できあがり！

プロのコツ

トマトの形をよくする花がらつみテクニック

果実の下についている花がら。

気温が高いと自然にとれるが、残っているときはつまんでとる。

こうしておくと底の形がきれいになる。

トマトの仕立て方

トマトの仕立て方は、いろいろな方法がある。肥料を入れるか入れないかなどによっても、適した方法が異なる。施肥する場合は１本仕立てが一般的。ミニトマトは１本仕立てか２本仕立てが基本。自然栽培では２本や４本仕立てがおすすめ。品種や畑の土質などによっても違うので、いろいろ試してみて、自分の畑と栽培法、品種に合う方法を探ってみよう。

◆ 1本仕立て

主枝1本を残して誘引し、わき芽はすべてつむ方法。
もっとも一般的な仕立て方。支柱は1本を直立させてもよい。

◆ 2本仕立て

主枝と脇芽、またはわき芽2本をまっすぐに仕立てる方法。
この仕立て方だと実の表皮の破裂が少なくなる。

5 収穫

7月上旬～8月中旬頃

色づいたものから収穫していく

トマトの若い実。アロイトマト（上）とミニトマト（下）。

市販のトマトは青いうちに収穫されていることが多いので、完熟トマトを収穫できるのは家庭菜園ならでは。色づいたものからハサミで切って収穫する。

加工用トマトのなつのこま。

病害虫対策

トマトが茎ごと枯れてしまう萎ちょう病。かかった株は見つけしだい片づけて捨てる。連作障害で出やすいといわれている。ナス科はテントウムシダマシがつきやすいので見つけたら捕殺する。

萎ちょう病のトマト。

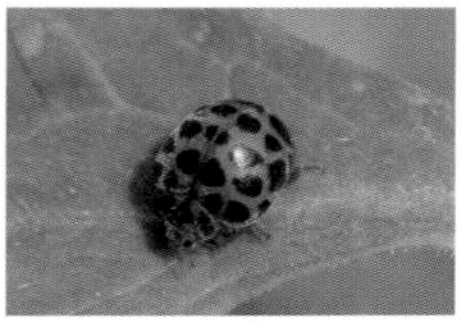

テントウムシダマシ。

6 種とり

畑で完熟させる

発酵させてから洗って乾燥

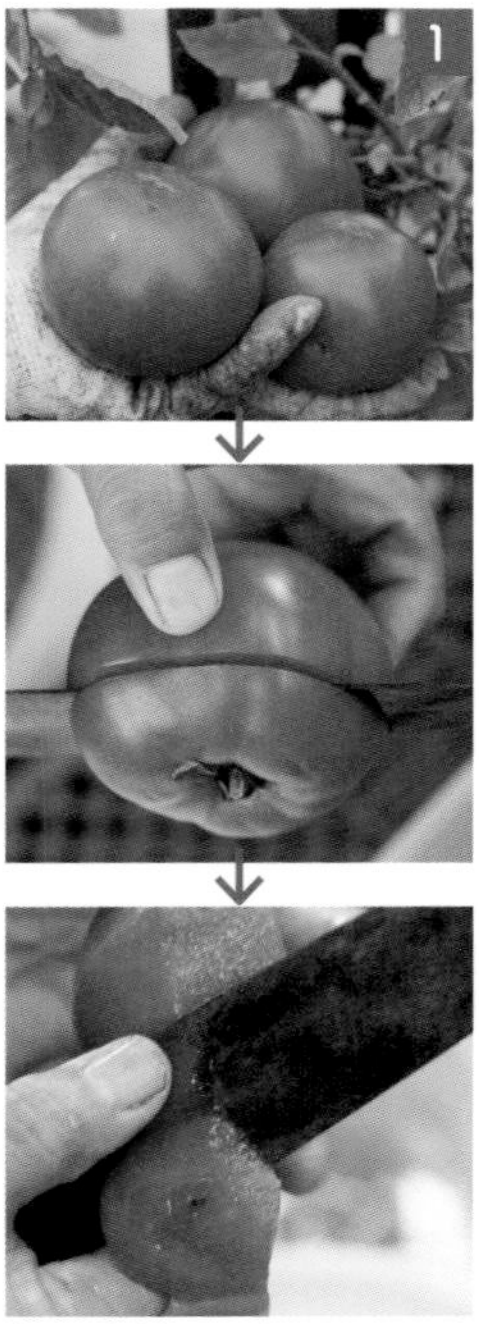

1 畑で完熟させたトマトから種をとる。ヘタの部分をカットして皮をむく。

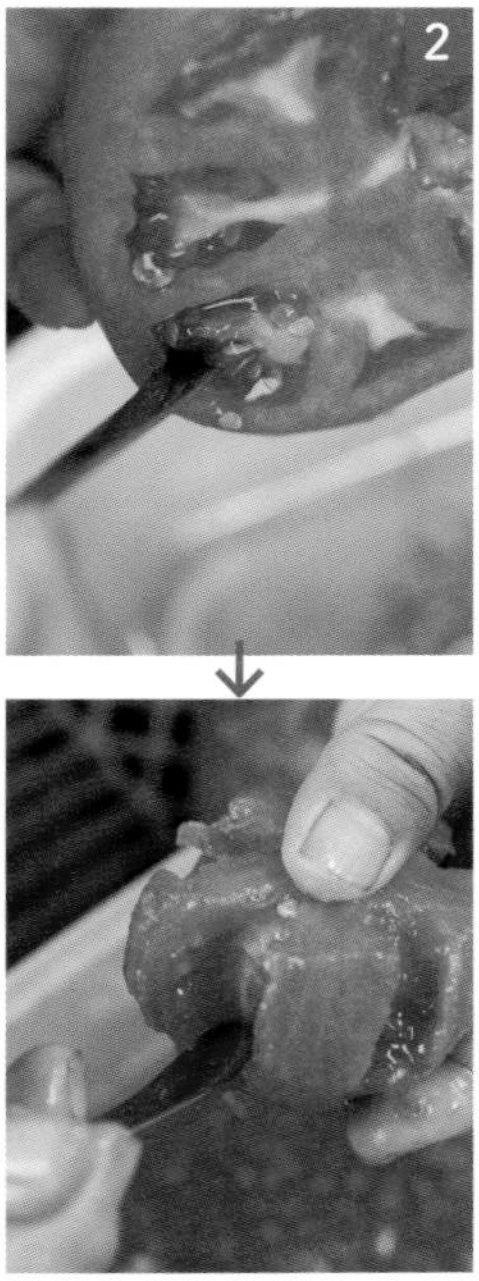

2 種をかき出す。トマトや種を水で濡らさないこと。濡れると発芽してしまうことがある。

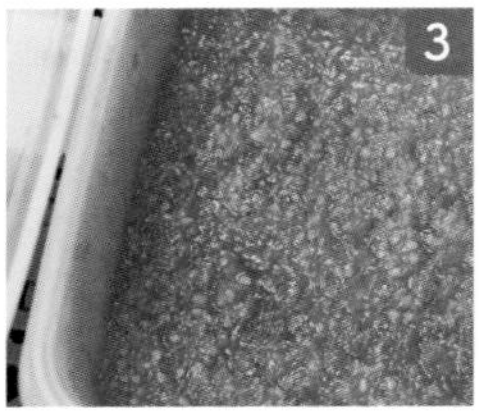

3 プラスチック容器などに入れてフタをして、常温で３日間、発酵させる。水は入れない。

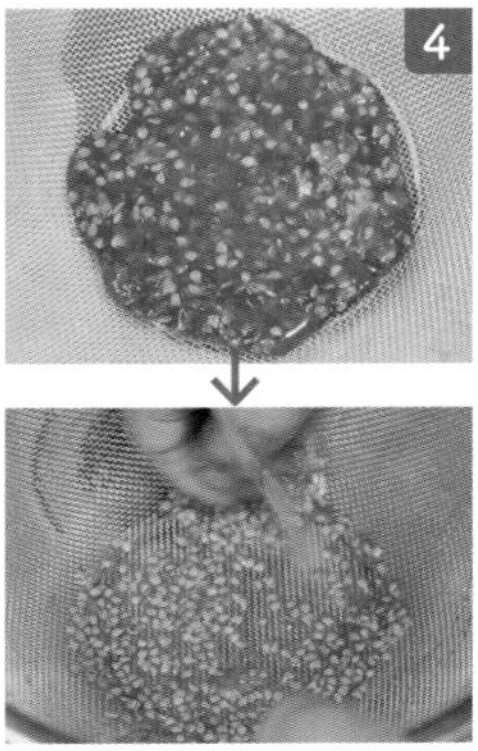

4 ３日後、ザルに種をあけ、水でよく洗う。

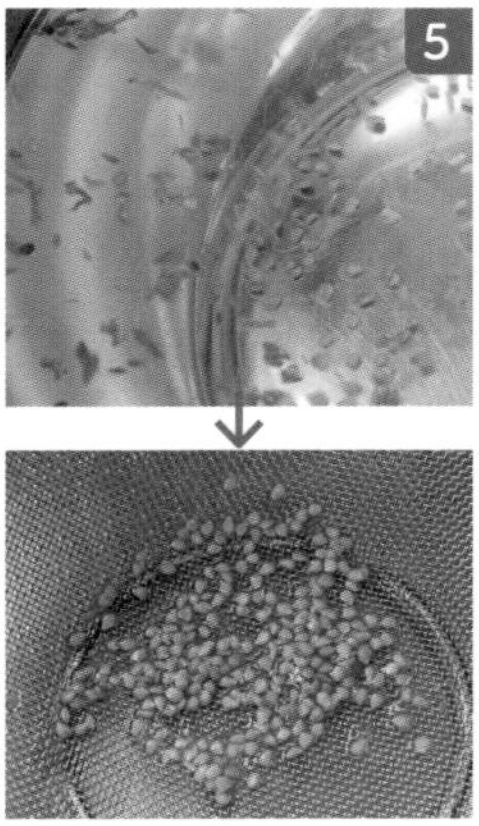

5 水に浮く種は捨て、充実して沈んだ種だけを残す。

6 ザルなどに広げて乾燥させて保存する（➡ P46）。

ナス

水が好きなので、雨が少なく乾燥がつづくときは水やりする

◆ナス科ナス属

栽培難易度 ふつう

栽培のポイント

● 支柱を1本立てて、主枝と2本の側枝を伸ばす3本仕立てにする。
● 一番花は摘花して、株の成長を促す。

おすすめの品種

固定種の真黒ナスは、皮が薄くおいしい。丸ナスや長ナスなど、各地に固定種がある。ほかにイタリアの固定種ヴィオレッタ・ディ・フィレンツェや、有機栽培ならF1種の千両二号が育てやすい。

肥料について

肥料好きといわれるが、意外になくても育つ。施肥する場合は元肥と追肥を行なう（➡P29）。

畑の準備

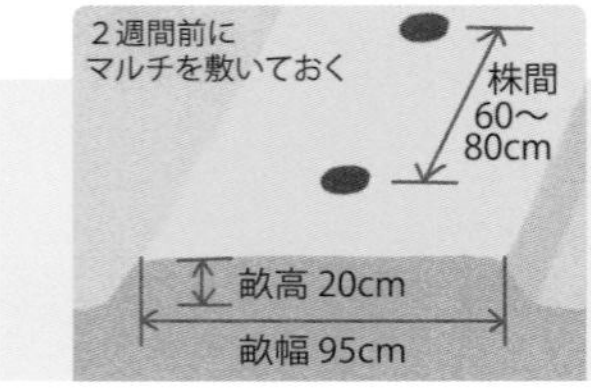

栽培暦

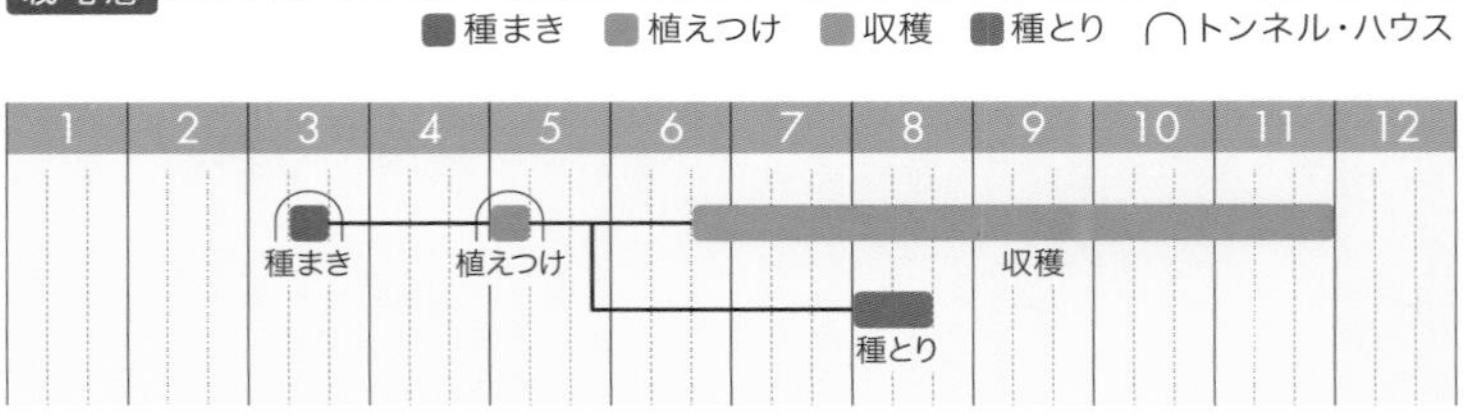

1 種まき 3月中旬頃

遅霜の心配がない時期の定植から逆算して種まき

1 ナスの種。右が真黒ナス、左がヴィオレッタ・ディ・フィレンツェ。

2 育苗箱に育苗土（➡P34）を入れる。

3 板などで表面を平らにならす。

4 植え穴を開ける。深さは種の3～3.5倍くらい。ここでは200穴のセルトレイを、使いやすい大きさにカットして利用。

5 ピンセットで種をまく。発芽後に葉が重ならないように市松模様にまく。

6 同じ土をふるいにかけて覆土する。覆土は細かい土がよい。

7 手で土を落ち着かせて完了。水やりはP 37参照。新聞紙をかけて、暖かい場所で育苗（➡P37）。温度の目安は、昼30度、夜20度。

8 発芽してきたら新聞紙をはずす。

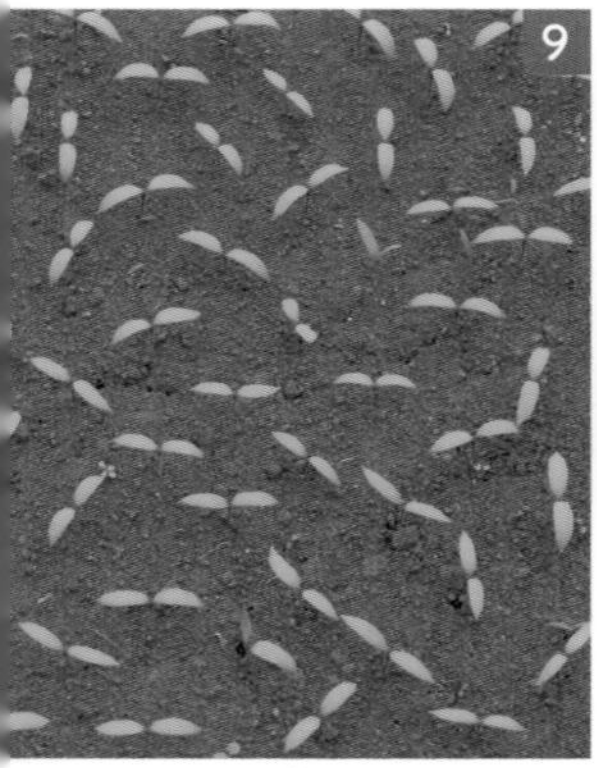

9 双葉を広げたナス。

2 鉢上げ
4月上旬頃

本葉1枚の頃にポットに植える

本葉が1枚出た頃、1株ずつポットに植えかえる。ポットには育苗土を入れておく。

苗を傷つけないようにやさしく作業する。

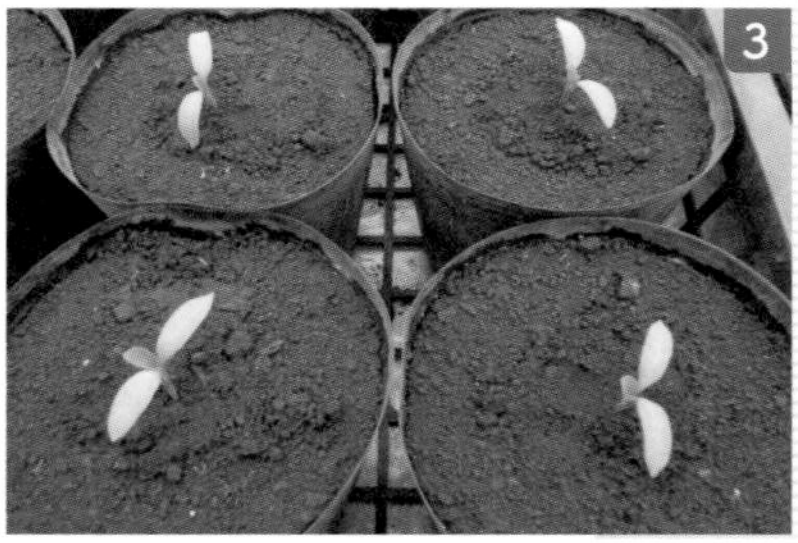

鉢上げが終わった苗たち。

植えつけまでは暖かい場所で育苗する。

Q ポットにまいてもよい？

A 家庭菜園では、ポットまきでもOK。3粒ずつまき、生育がよい1株を残して間引きする。

3 植えつけ
5月上旬頃

本葉4枚くらいで、畑に定植する

ポイント

施肥する場合は、本葉8枚くらいに成長した苗を植える。

遅霜の心配がなくなる頃に植えつけ。本葉3～4枚が目安。双葉が黄色くなっていないこと。前日にたっぷり水やりしておき、当日はしない。

植え穴を掘る。空き缶を使うと便利。

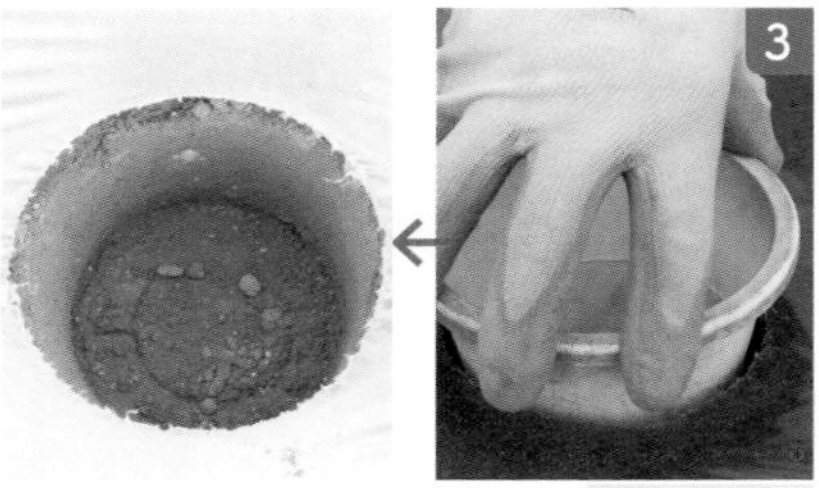

ポット苗と同じくらいの大きさのプラ鉢などで植え穴を整える。できるだけ根鉢を崩さず、苗に負担をかけないための工夫。

苗をポットから出す。根を傷つけないようにやさしく。

根が回りすぎず、根鉢が崩れないくらいがちょうどよい。

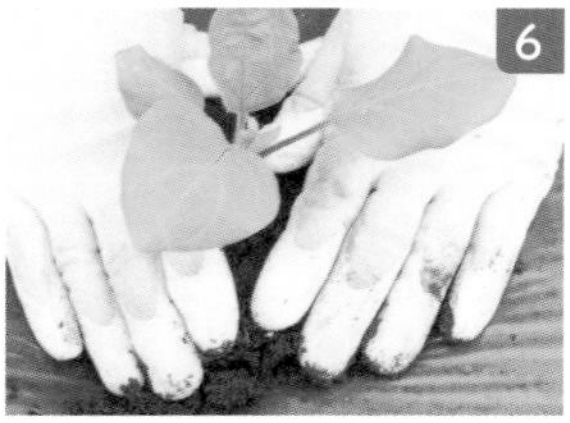

植え穴に植えつける。株間は80㎝。

上部1/3が出るくらいの浅植えにする。

ポイント

浅植えにするのは、これから伸びる根が、酸素が多く地温が高い場所にくるようにするためのひと工夫。

植えつけ後は、トンネルをかけて、低温と強風から守る。写真では穴あきビニールを使っているが、家庭菜園では寒冷紗がおすすめ。

ビニールトンネルの場合は、トンネルを開閉して温度調節や換気を行なう。寒冷紗の場合は必要ない。

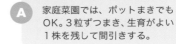

4 支柱立て・摘花

5月下旬頃

トンネルをはずしたら支柱を立てて誘引する

トンネルの上部に苗がつく頃、トンネルをはずして支柱を立てる。根を避けて１本立て、クリップなどで誘引する。

一番花のすぐ下の２本の側枝を残し、ほかの芽はつみとる。一度に全部とると根の生育を阻害するので、何回に分けて行なう。

伸ばす主枝をクリップなどで誘引する。

一番花は摘花する。実を結実させるのではなく、株の生育にエネルギーをまわす。

支柱を３本立てて誘引した関野農園の畑例。支柱の立て方と誘引の方法はいくつかあるので、やりやすい方法で行なうとよい。

追肥する場合

一番花が咲いた頃に１回目の追肥。以降、生育を見ながら、２週間に１回ほど追肥する（➡ P29）。

ナスの仕立て方

◆３本仕立て

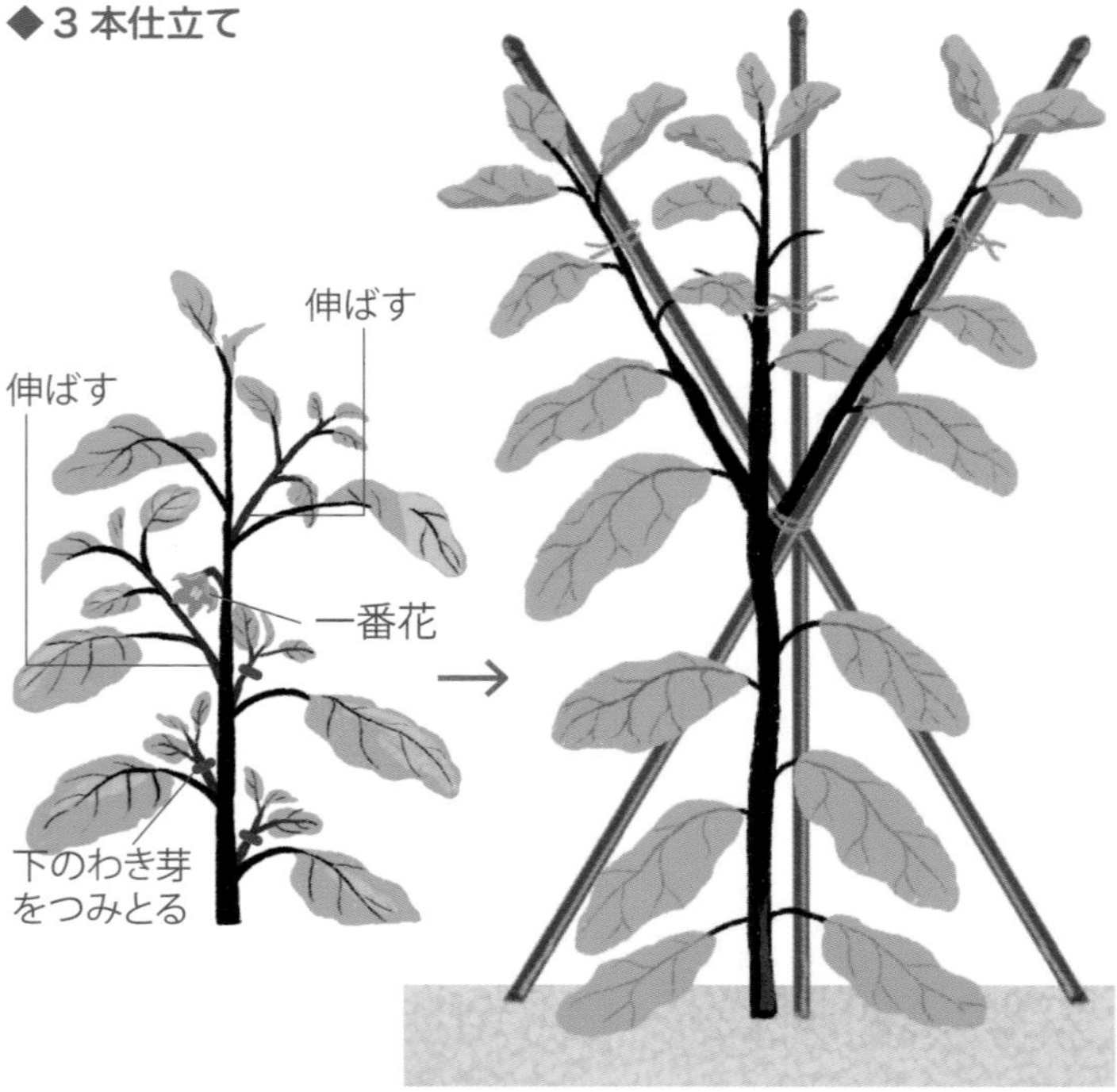

中央に1本支柱を立て、側枝を広げる方向にそれぞれ2本支柱を立てて誘引する。

プロのコツ

自家採種の場合、どの株を母本にするかによって、実のなり方や形が異なる。渋谷農園で育てる真黒ナスは、花が同じところから2つ3つと咲いて、実が房なりにつくため収量が多くなる。

5 収穫

6月下旬頃から秋まで

成長したものから早めに収穫する

大きさは品種によって異なる。真黒ナスは15cmが目安。大きくしすぎると味が落ちるので、早めにハサミで切って収穫する。

ヴィオレッタ・ディ・フィレンツェは手の平サイズが目安。

千両ナスは15〜18㎝くらいで収穫。

緑ナスは埼玉県の在来種で自然栽培でも育てやすい。12〜15㎝くらいで収穫。

病害虫対策

アブラムシやテントウムシダマシを見つけたら、早めにとり除く。

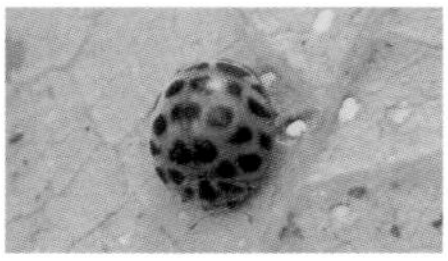

テントウムシダマシは実と葉を食害する。

6 種とり

8月上旬〜中旬頃

よいものを選んで畑で完熟させる

生育がよく病害虫の被害がない、好みの形の実を選んで印をつけ、畑で完熟させる。種とり用には二番花か三番花を選ぶ。

皮が黄色くなり、さわると実が落ちるくらいまで完熟させて収穫。上が真黒ナス、下はヴィオレッタ・ディ・フィレンツェ。

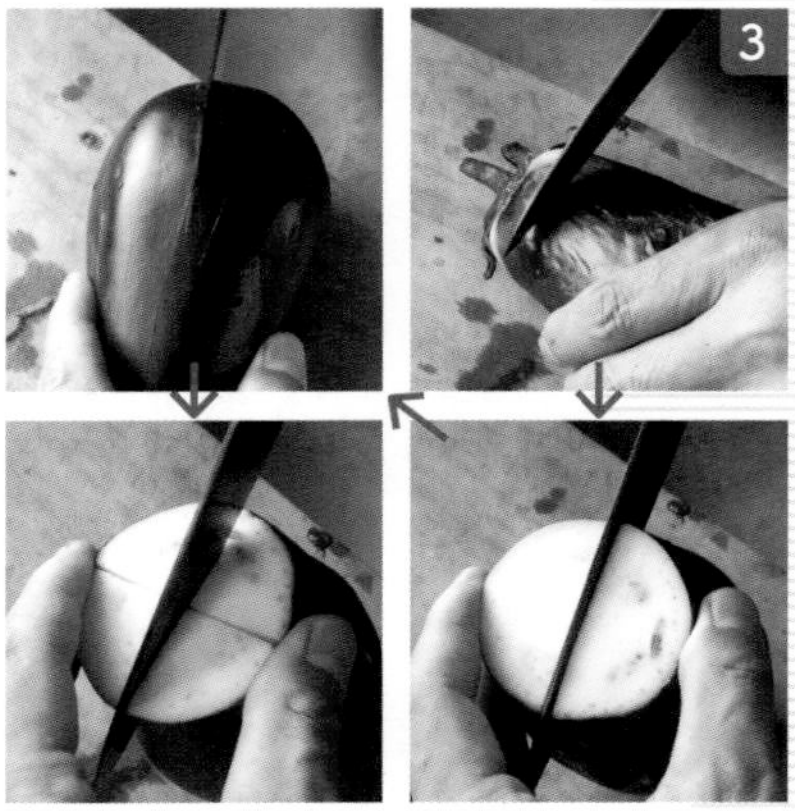

ヘタの部分を切り、種を切らないように周囲にぐるりと切れ込みを入れる。

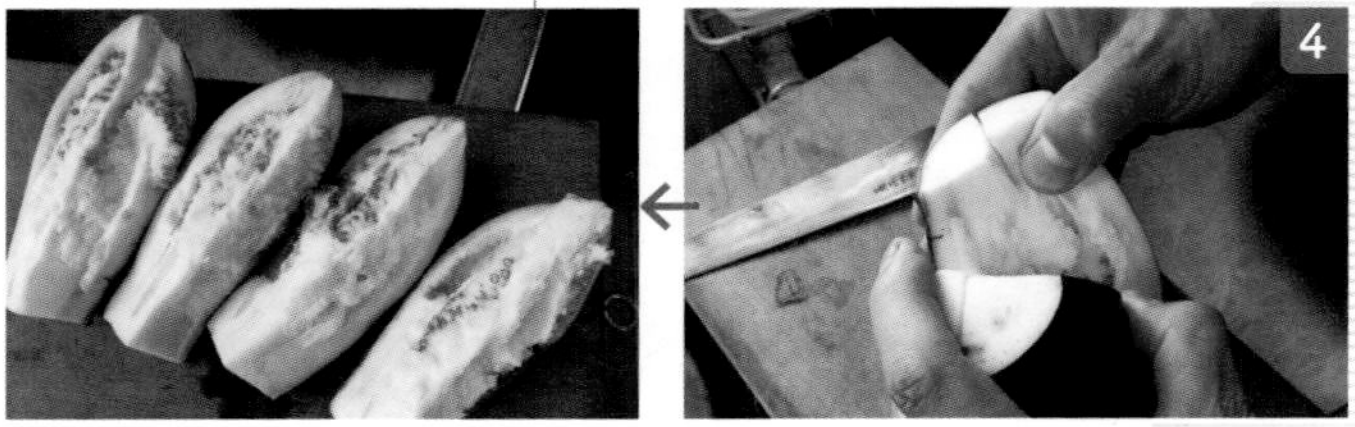

4つに割る。

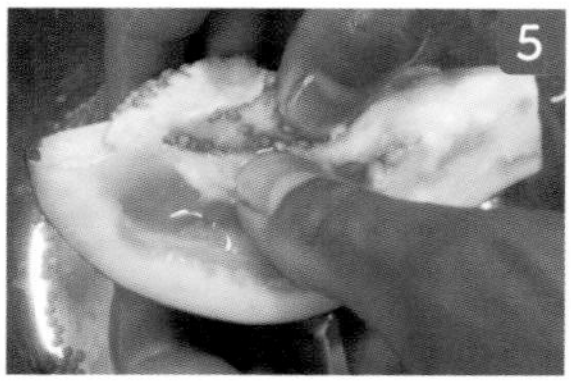

種を水の中に出す。

種を水洗いし、手でがしゃがしゃと混ぜる。すぐに沈まないものは捨て、充実していてすぐに沈む種だけを残す。

ザルなどに広げて干し、乾燥したら保存する（➡ P46）。

上手に育てると夏から秋まで長期間、収穫できる

ピーマン

◆ナス科トウガラシ属

栽培のポイント

- 支柱を1本立て、一番花より下のわき芽はすべてとり、最終的に4本の茎を育てる。
- 一番花は摘花し、4本の茎がしっかり成長するまで摘花して株を育てる。

おすすめの品種

固定種のさきがけピーマンや伊勢ピーマンなど。有機栽培では、F1種のあきのピーマンも育てやすい。

肥料について

肥料がなくても育つが、収量を上げたい場合は元肥と追肥を行なう（➡P29）。

栽培難易度　ふつう

栽培暦

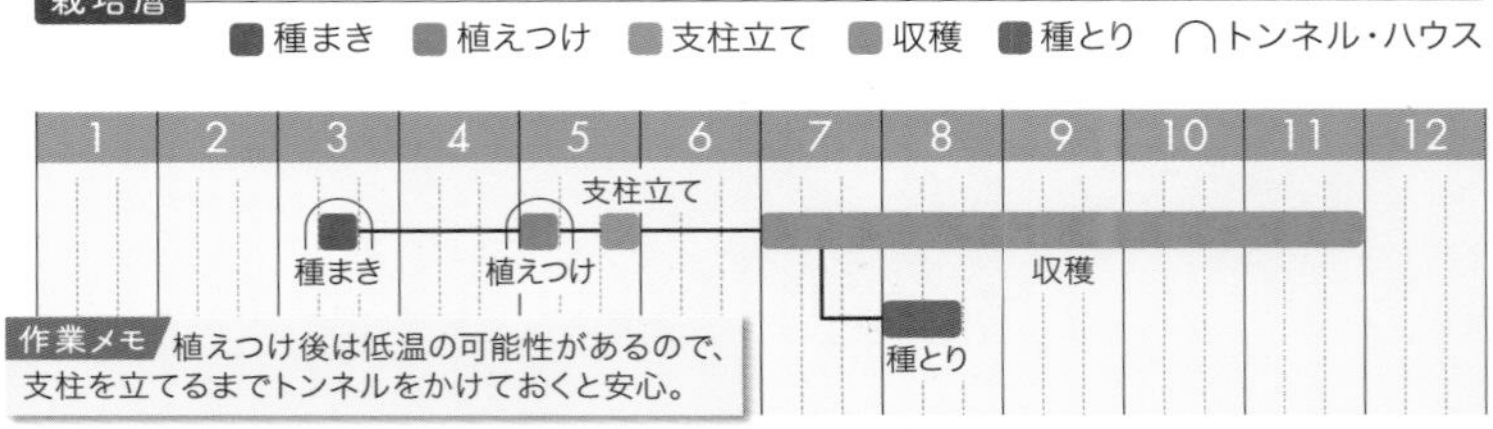

畑の準備

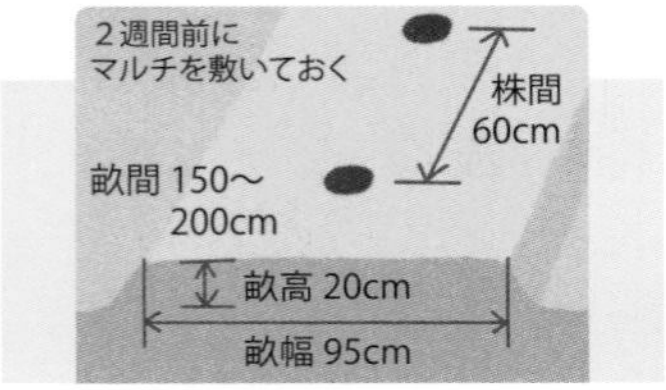

1 種まき　3月中旬

5月上旬に定植できるように3月に種まきして育苗する

さきがけピーマンの種。

育苗箱に育苗土（➡P34）を入れ、板などで表面を平らにならす。

種の3〜3.5倍の深さにまき穴をつける。ここでは200穴のセルトレイを利用。

1穴に1粒ずつまく。

育苗土をふるいにかけて覆土する。

表面を落ち着かせて種まき完了。

2 育苗

種まきから植えつけまで

暖かい場所で温度管理をして育てる

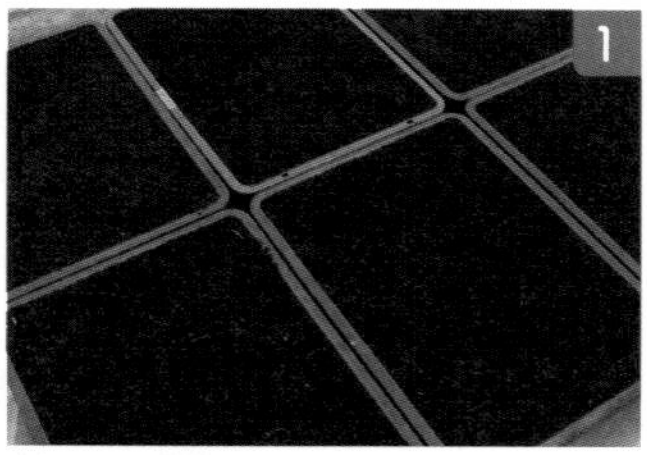

1 種まきが終わった育苗箱。水やりは P37 を参照。

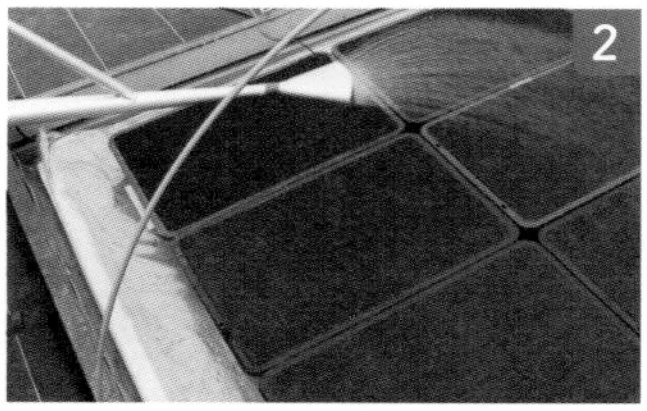

2 育苗土の湿り気が足りないときは、さっと水やりする。

3 発芽まで新聞紙で覆う。

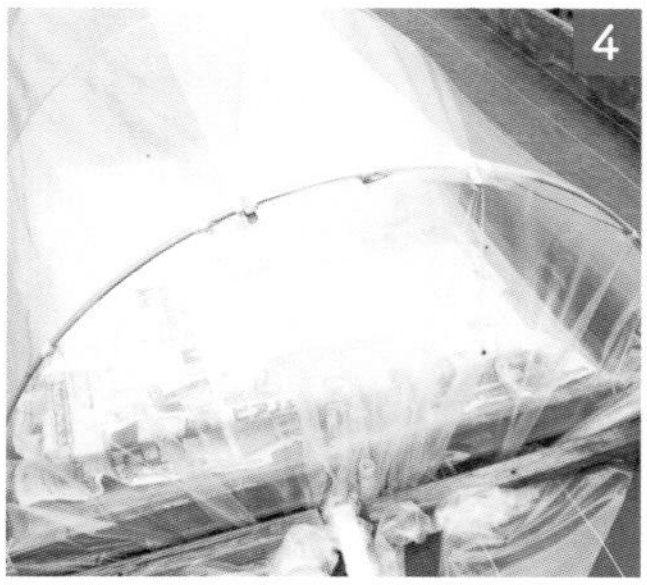

4 暖かい場所に置き、温度管理をしながら育苗。関野農園では育苗用の加温マットの上に育苗箱を置き、トンネルで保温。

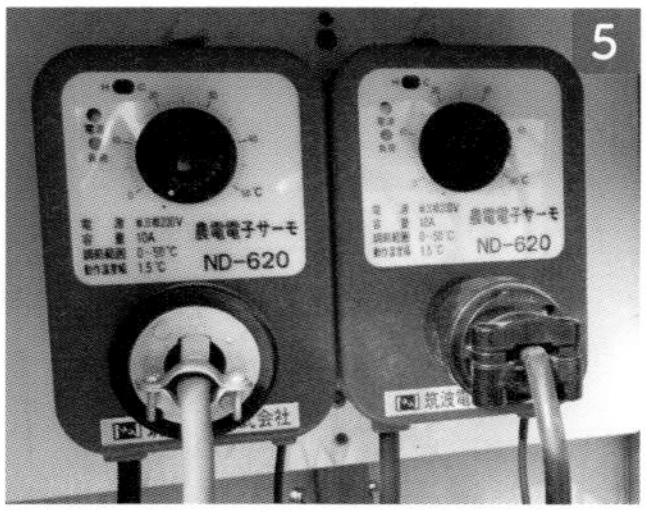

5 加温マットを使う場合は、サーモスタットで温度管理すると安心。ピーマンは 30 度が目安。

6 日没後から朝までは気温が下がるので、遮光シートやコモ、毛布、ブルーシートなどをかけて保温するとよい。発芽さえ乗り越えれば大丈夫。

7 発芽してきたら新聞紙をとる。5日後が目安。

3 鉢上げ

本葉1～2枚の頃

種まきから約3週間くらいで植えかえる

1 本葉1～2枚になったら1株ずつポットに植えかえる。ポットに育苗土を入れ、植え穴を掘る。

2 スプーンなどで苗を1本とる。根を傷つけないようにやさしく行なう。

3 植え穴に植えて、まわりに土を入れる。

4 鉢上げのできあがり。引き続き、温度管理をして育苗する。

ポットまきの場合

家庭菜園ではポットまきでもよい。ポットに育苗土を入れ、3粒ずつまき、最終的に生育がよい1株を残して間引きする。

4 植えつけ・管理作業

5月上旬頃

地温が上がってくる頃に畑に植えて、支柱を立てる

育苗中の苗。本葉4〜5枚になるまで育てる。

本葉が5枚になった頃、株間60㎝で畑に植えつける。植えつけの手順はP41を参照のこと。

植えつけ後は、防寒と防風、防虫をかねて、穴あきビニールか寒冷紗でトンネルをかける。穴あきビニールは温度管理の開閉作業が必要なので、家庭菜園では寒冷紗を使うとよい。

トンネルに苗の頭が届くくらいになったら、トンネルをはずし、支柱を立てる。

ヒモやガーデンテープなどで茎を支柱に誘引する。

一番花は摘花する。その後、下のイラストのように4本仕立てにするが、茎の生育が盛んになるまでは、着果させず、摘花して、株を成長させよう。

追肥する場合

一番花が咲いた頃に1回目の追肥（➡P29）。成長を見ながら、2週間に1回ほど追肥すると、収穫量が上がる。

ピーマンの仕立て方

◆4本仕立て

ピーマンは、一番花のところで2股に分かれるので、その下のわき芽はすべてつむ（葉は残す）。一度につむと根の生育に影響するので、何回かに分けてつむのがおすすめ。

肥料を与える場合など、茎葉が成長しすぎたり、混み合うときは、すべての葉に日射しが当たるくらいに摘芯やわき芽つみをして、風通しよく管理する。

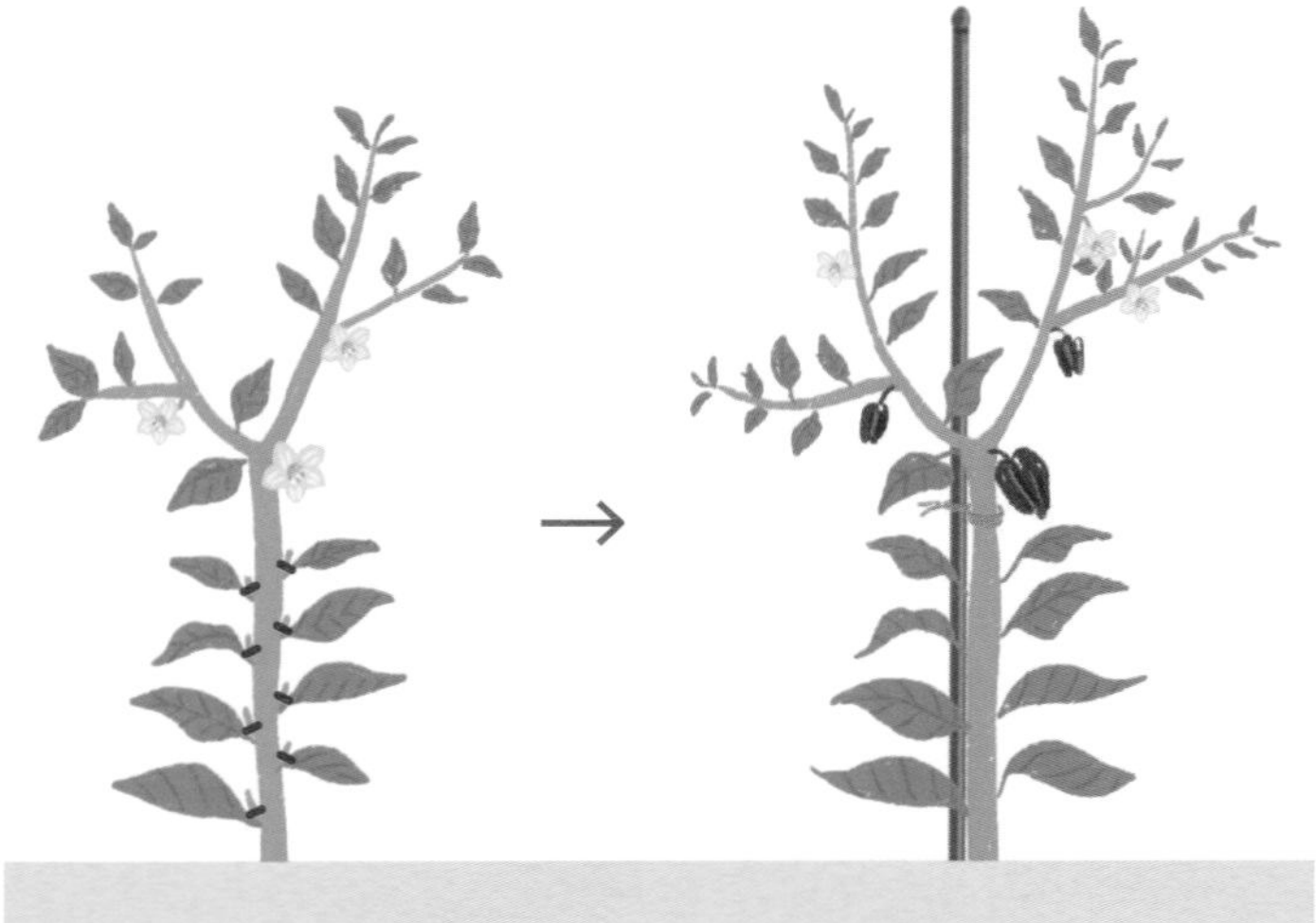

5 収穫

7月上旬頃から秋まで

夏から霜が下りるまで長く収穫できる

夏場は花がどんどん咲いて、着果する。人工受粉はとくに必要ない。

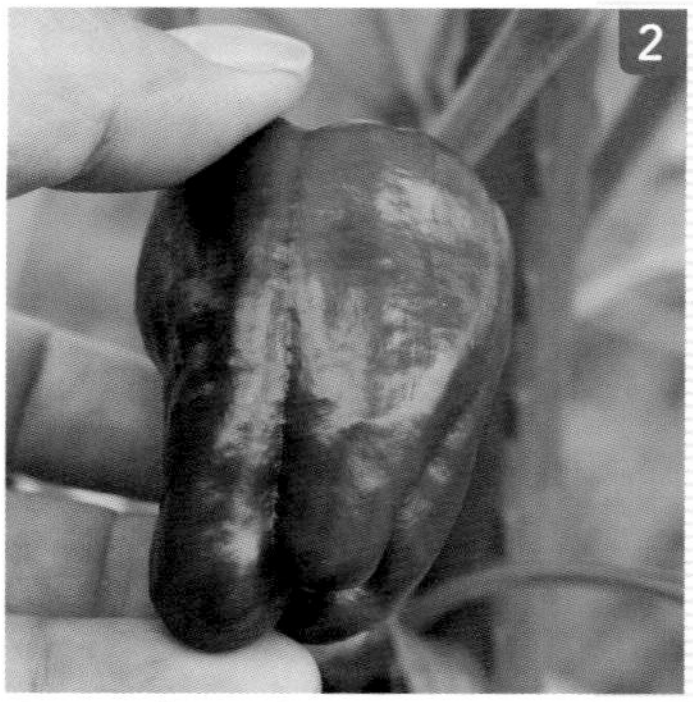

ちょうどよい大きさになったら、ハサミで切って収穫する。

プロのコツ

キレイな実を長くつけるコツ

８月上旬頃、なり疲れて形の悪い実が出てきたら、その時期は若い実をどんどん摘果する。すると８月下旬には、形のよい実が再びなってくる。

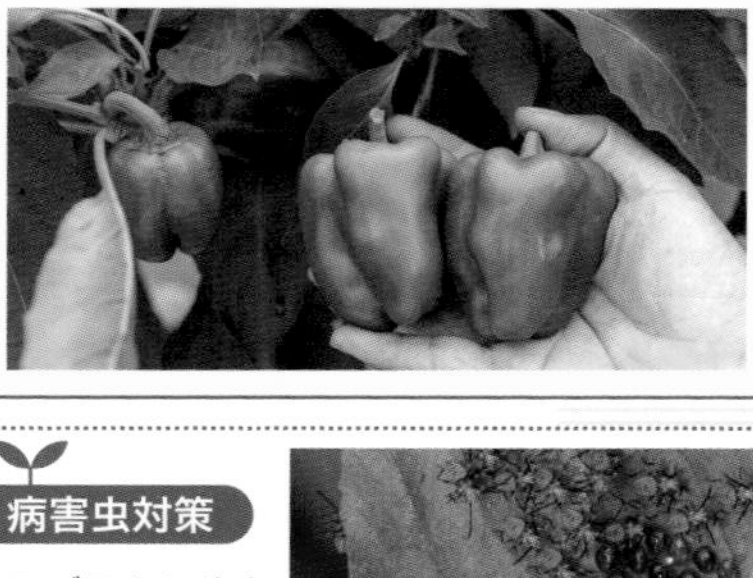

病害虫対策

アブラムシやカメムシを見つけたら、とり除く。

ホオズキカメムシの卵と幼虫。

6 種とり

収穫がはじまったら母本を選ぶ

形がよいものを選んで畑で完熟させる

ポイント

ピーマンの仲間は交雑しやすい。シシトウやトウガラシと交雑すると辛くなってしまう。種とりするなら、近くに植えないようにすること。念のためかじってみて、辛くないことを確認しておこう。

形がよく、育ちがよい株を母本に選ぶ。１株の母本から１つの実を選んで印をつけ、ほかの実は早めにとり、選んだ実を完熟させる。赤く柔らかくなってきたらハサミで切って収穫。

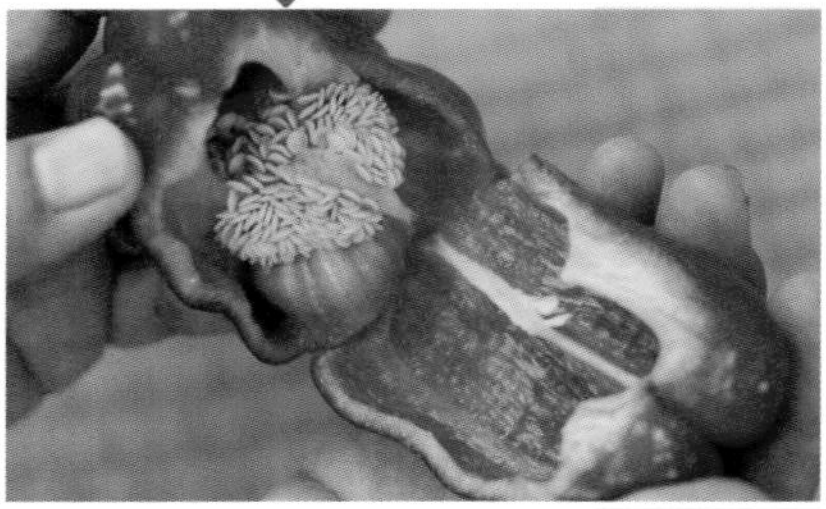

半分に割る。

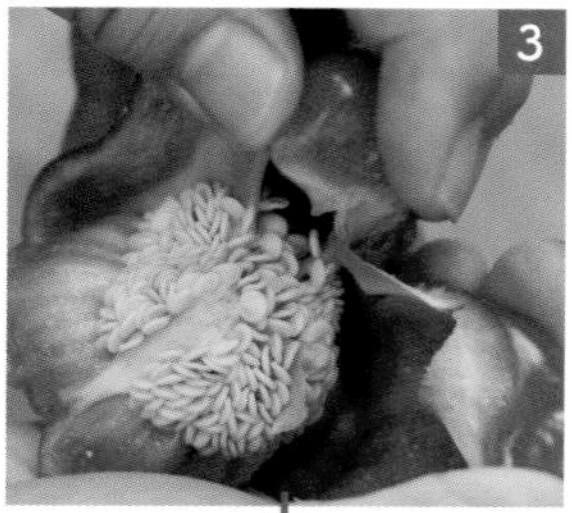

皮をぺろっとむいてとる。

皮がむけたところ。

このまま干して乾燥させて、種をとり、乾燥したら保存（➡P46）。ピーマンの仲間は種を水洗いすると発芽率が下がる。

ヘチマ

食用だけでなく、たわしや化粧水に加工できる多用途野菜

◆ウリ科ヘチマ属

栽培難易度　ふつう

栽培のポイント

- つるが長く伸びるため、高さのある支柱や棚などが必要。
- 生育旺盛で日当たりと水を好む。水切れしないように注意する。

おすすめの品種

太ヘチマ、沖縄食用ヘチマなど。

肥料について

無肥料でも栽培できる。有機栽培の場合は、元肥のほか、開花しはじめた頃に追肥（⇒P29）。

畑の準備

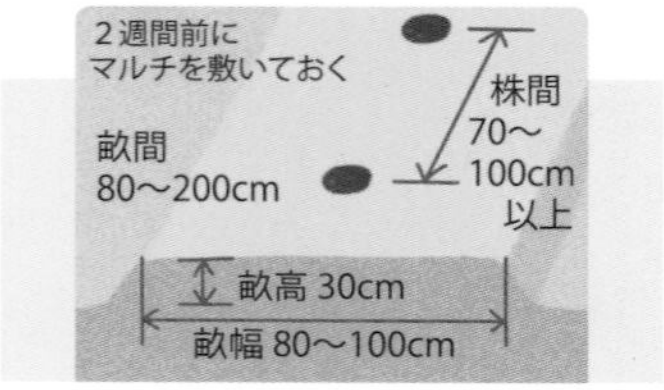

栽培暦

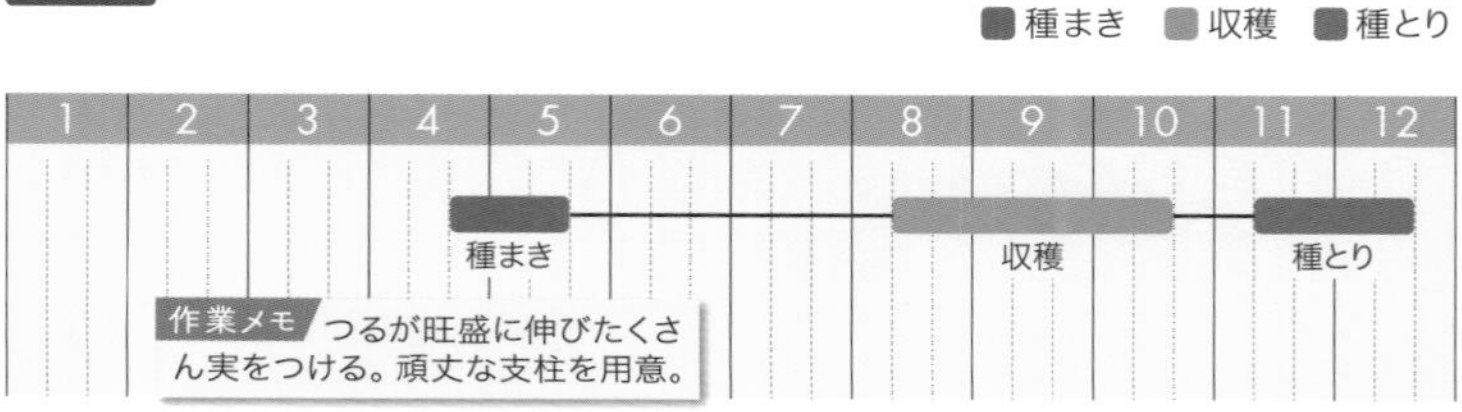

作業メモ　つるが旺盛に伸びたくさん実をつける。頑丈な支柱を用意。

1 種まき　4月下旬〜5月中旬頃

株間を大きく開け3粒ずつ点まきする

1 ヘチマの種。

2 棚や支柱が立てられる場所を選ぶ。1か所3粒ずつ点まきし、1cm深さに種を押し込む。

3 覆土して鎮圧し、土を落ち着かせる。

ポットまきの場合

ポットに2〜3粒ずつ種まきし、最終的に生育のよい株を1本残して間引きする。葉が4〜5枚の頃に畑に定植する。

2 管理作業

5月下旬～8月上旬頃

伸びてきたつるは支柱やネットにからませる

双葉が出たところ。2株以上育っているときは1株に間引く。

生育中の苗。

つるが伸びてきたら、ネットや支柱に誘引する（➡P43）。

旺盛に成長し、花が咲きはじめる。

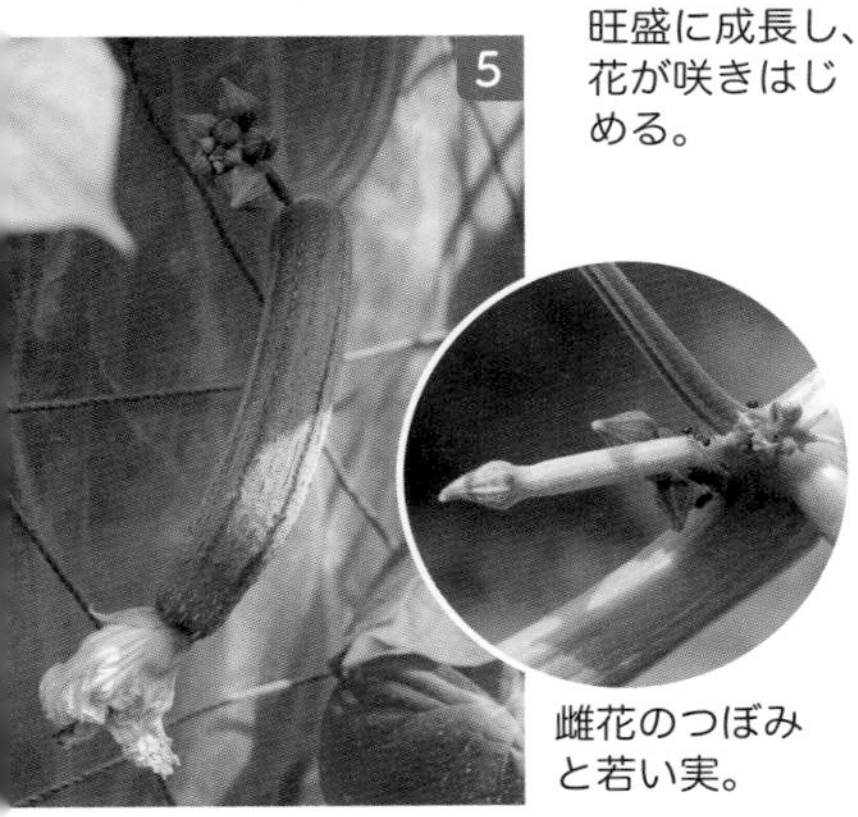

雌花のつぼみと若い実。

プロのコツ

ヘチマはつるを旺盛に伸ばし、実も大きく成長するため、頑丈な支柱が必要。写真では建物の壁にネットをかけているが、支柱を立ててネットを張る方法もある（➡P43）。

3 収穫・種とり

8月中旬～10月中旬頃・11月中旬～12月中旬頃

食用には若く柔らかい実を選ぶ

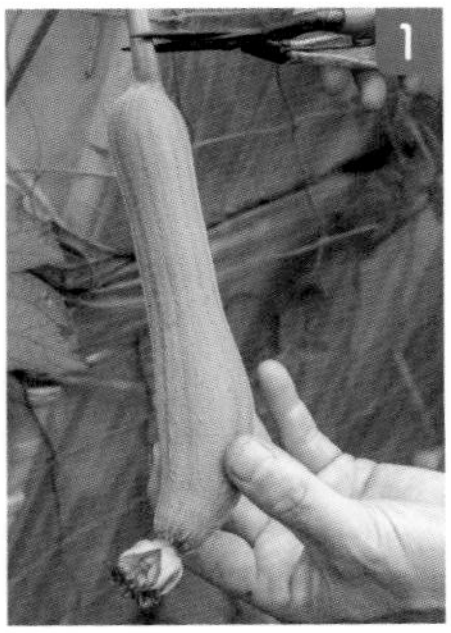

30㎝くらいになったら、ハサミで切って収穫。若い実は柔らかくおいしい。

40㎝程度の実まで食べられる。成熟が進むと繊維質が発達して硬くなり、食用にはならない。

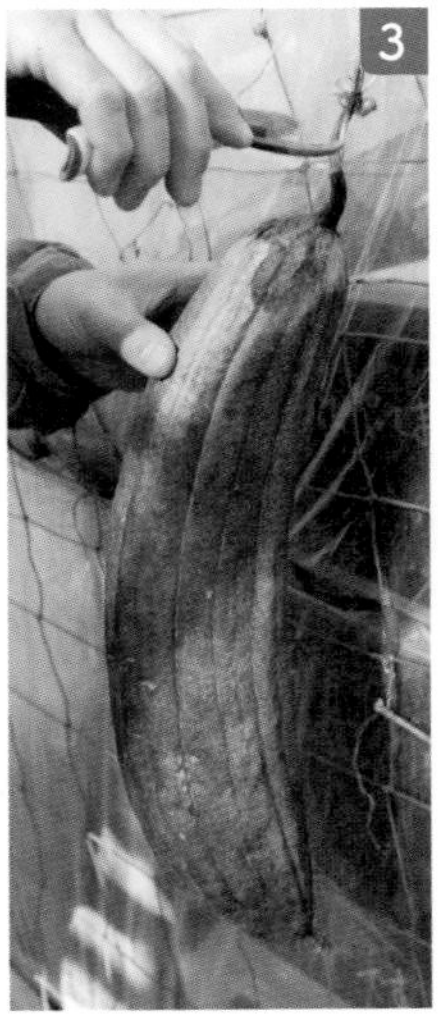

種とりする場合は、畑で実を完熟させ、乾燥させる。

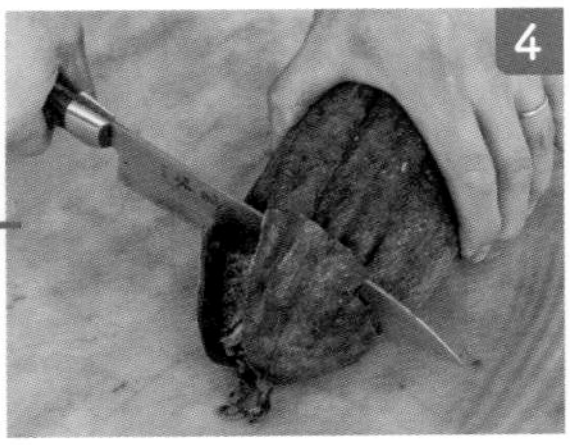

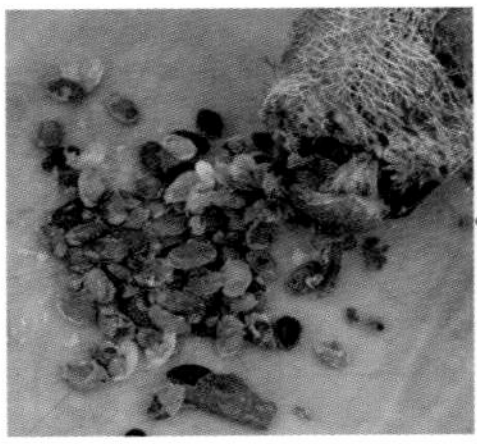
包丁で輪切りにし、中の種をとり、乾燥させて保存する。

ヘチマたわしのつくり方

完熟した実は繊維質になり、食用には向かないが、ヘチマたわしに加工することができる。収穫後、雨の当たらない屋外に置き、完全に乾燥させたら、皮をはがして種をとり除き、使いやすい大きさに切る。鍋で煮る方法もあり、実を使いやすい大きさに切り、たっぷりの湯を沸かした鍋に入れ20～30分煮る。冷めたら手で皮をむき、種をとり除く。

鍋に入る大きさにカット。

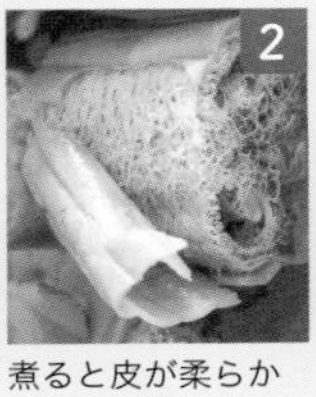

煮ると皮が柔らかくなり、簡単にはがせる。

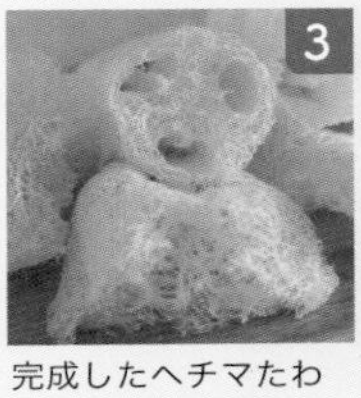

完成したヘチマたわし。写真は漂白をしたもの。

夏から秋に実る甘い実を収穫する

食用ホオズキ

◆ナス科ホオズキ属

栽培のポイント

- セルトレイやポットで育苗して、植えつける。
- 開花後、結実し、袋が褐色になって熟したら収穫する。

おすすめの品種

観賞用のホオズキとは別品種。キャンディランタン、太陽の子など。

肥料について

無肥料でも栽培できる。有機栽培の場合、元肥と追肥を行なう（➡P29）。

栽培難易度　むずかしい

畑の準備

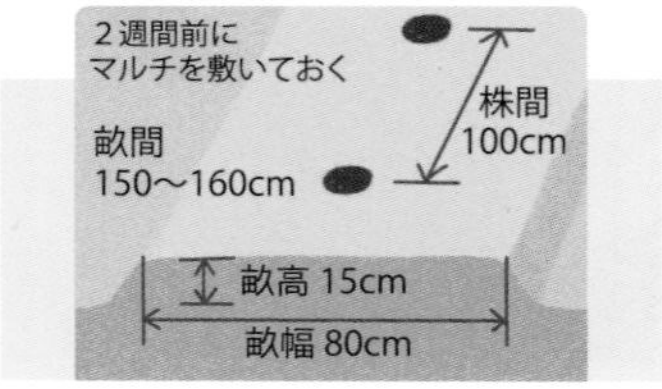

栽培暦

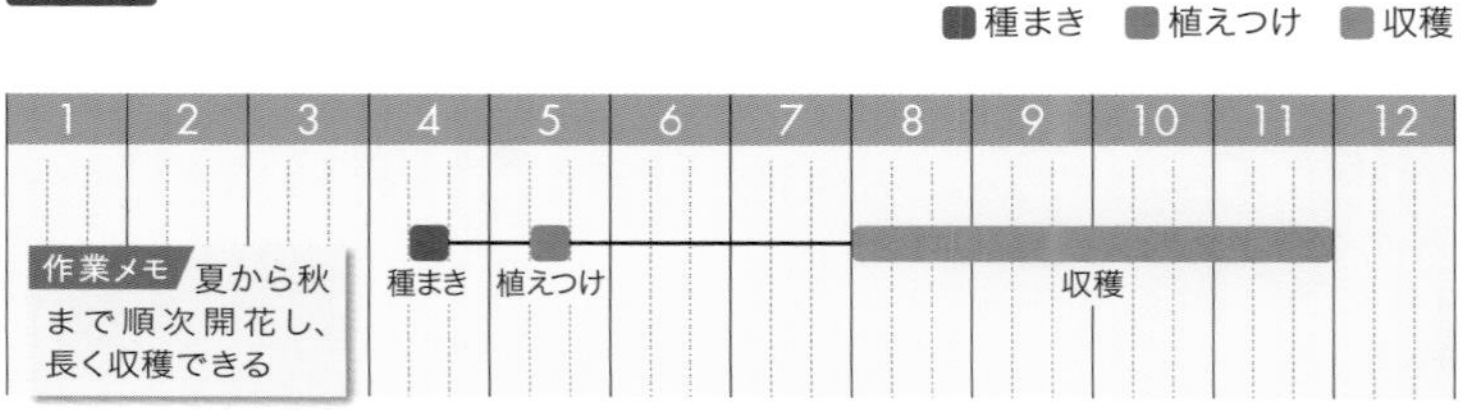

1 種まき・育苗

4月中旬頃

セルトレイなら1穴1粒ずつ ポットなら2〜3粒ずつ種をまく

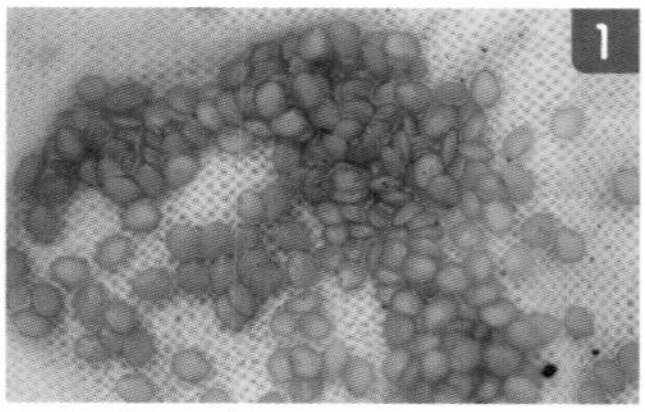

ホオズキの種。

セルトレイに育苗土（➡P34）を入れ、種をセル1穴につき1粒ずつまく。

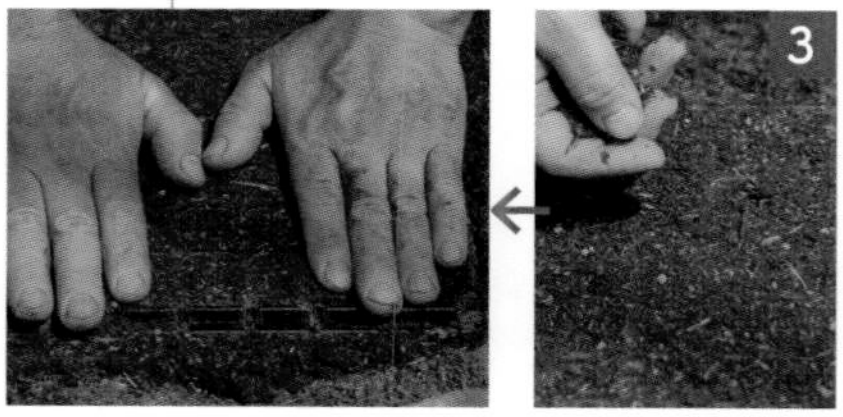

育苗土をかけて覆土し、鎮圧して土を落ち着かせる。

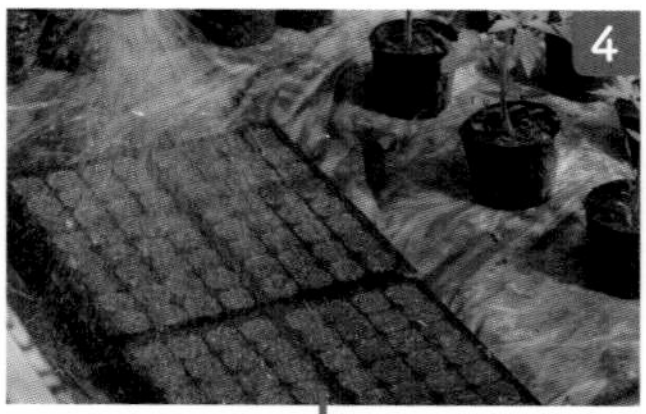

たっぷり水やりし、乾燥対策のため新聞紙とトレーをかぶせる。温床の上にのせ、発芽適温の25度を保つ。

3日後に新聞紙をめくって水やりする。

双葉が出そろったところ。本葉が2〜3枚になったら、育苗土を入れたポットに植えかえ、引き続き育苗する。

ポットまきの場合

家庭菜園の場合は、ポットに直接種まきをしてもよい。その場合は、2〜3粒ずつ種をまき、間引きして成長のよい1株を残す。

2 植えつけ・管理作業
5月中旬頃

支柱を立てて誘引し倒れないように育てる

発芽から2～3週間後、本葉が4～5枚出たら植えつける。

マルチに穴を開けて植え穴を掘り、支柱を立てる。

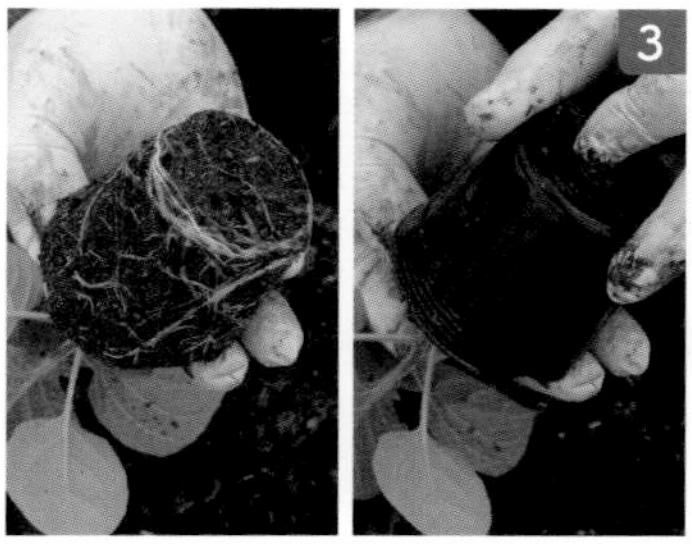

苗を押さえて逆さにし、やさしくポットを外す。根が回りきらず、根鉢が崩れないくらいが植えつけの適期。

植え穴に苗を浅めに入れる。苗の表土が1/3ほど出るくらいが目安。ヒモやクリップを使って茎と支柱を結び、覆土して鎮圧する。

すくすくと成長するホオズキ。

株が大きくなってきたら、倒れないように支柱を立ててヒモでしばる。

ポイント

生育が旺盛なときは摘芯するとよい。

3 収穫
8月上旬～11月下旬頃

青い袋が熟して褐色になった頃順次、収穫する

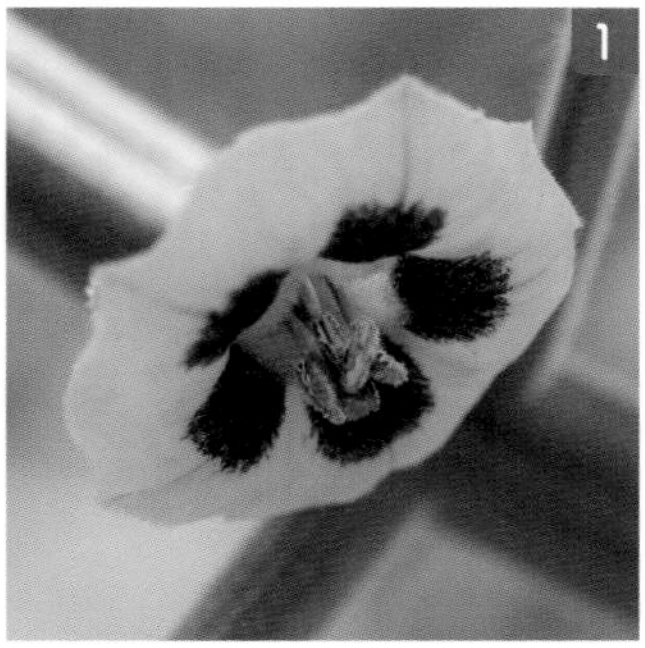

ホオズキの花。

追肥する場合

花が咲きはじめた頃に追肥（➡ P29）。

開花後、次々に結実する。

袋が薄い褐色になったら収穫のサイン。実は甘く、生のまま食べる。熟して自然落下した実も食べられる。

種とりについて

熟成した実から種がとれる。やり方については、トマトの種とり方法（➡ P93）を参照。

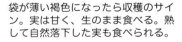

マクワウリ

畑で熟成させると昔ながらのなつかしい甘さ！

◆ウリ科キュウリ属

栽培難易度　ふつう

栽培のポイント

- 水はけのよい高畝で育て、畝間を広くとって地這いで育てる。つるがからめるようにワラやシートを敷く。
- 食べてみておいしいものから種をとるとよい。

おすすめの品種

固定種の甘露まくわうり、黄金まくわうりなど。甘くてなつかしい味。

肥料について

肥料はなくても育つが、有機栽培では、元肥と追肥を行なう（⇒P29）。

畑の準備

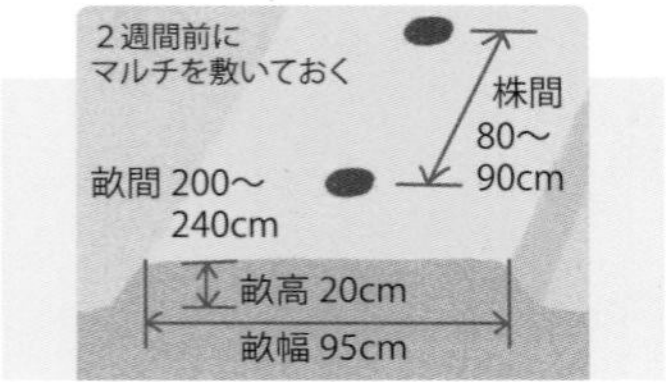

栽培暦

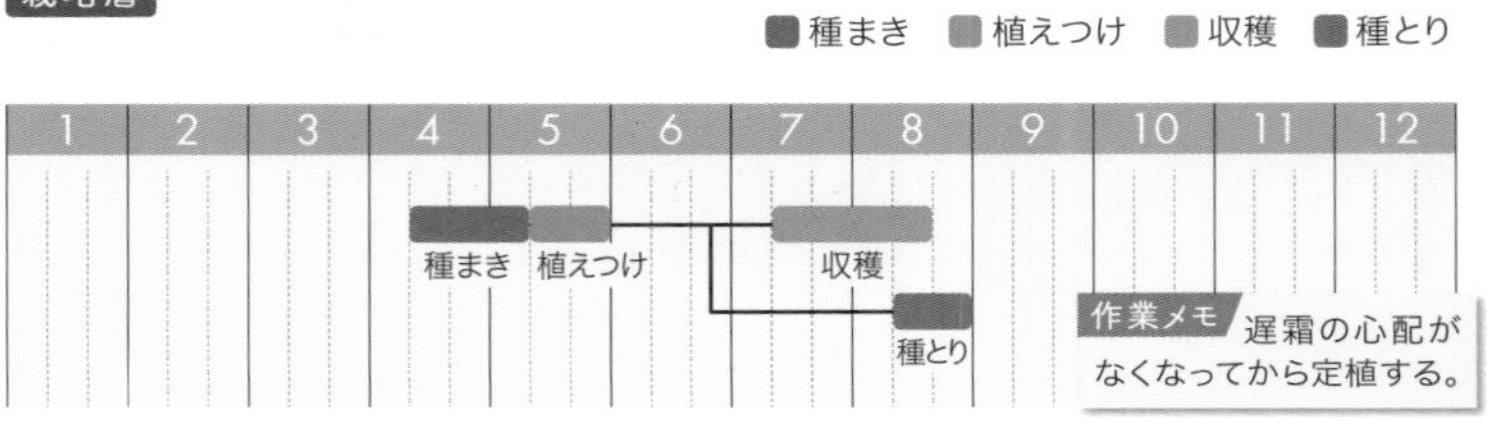

1 種まき

4月中旬～5月上旬頃

ポットに3粒ずつまいて育苗する

1 マクワウリの種。

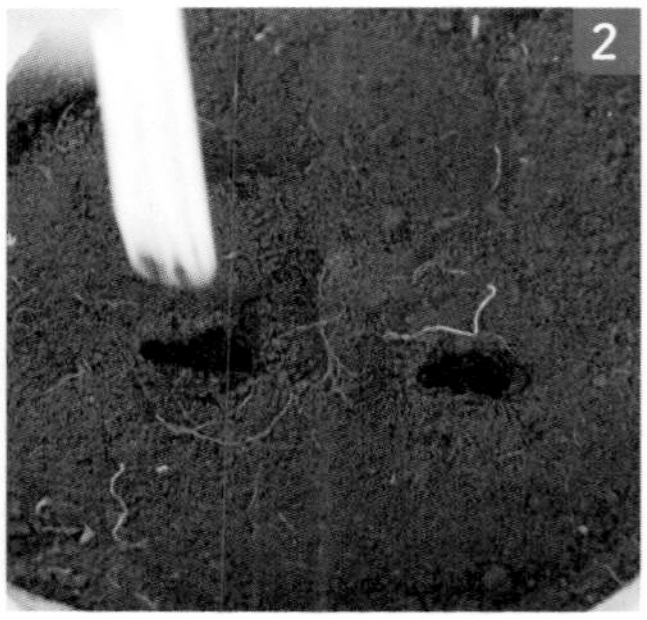

2 ポットに育苗土（⇒P34）を入れ、スプーンの柄などで2cm深さにまき穴をあける。

3 種を3粒まく。

4 土をかけ、表面を落ち着かせる。水やりはP37参照。暖かい場所で育苗する（⇒P37）。

5 双葉につづいて本葉が出てきた苗。

直まきの場合

5月中旬に地温が上がってから3粒ずつまき、最終的に、成長がよい1株を残して間引きする。

2 植えつけ 5月中旬〜下旬頃

遅霜の心配がなくなってから畑に植える

1

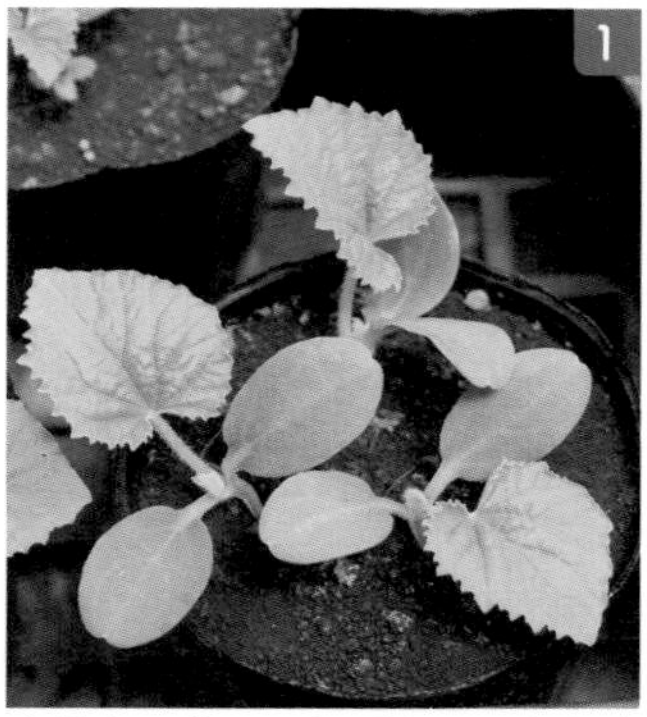

育苗中の苗。元気がよい１本を残して間引きする。

2

本葉２〜４枚で植えつけ。前日の午後にたっぷり水やりしておく。

3

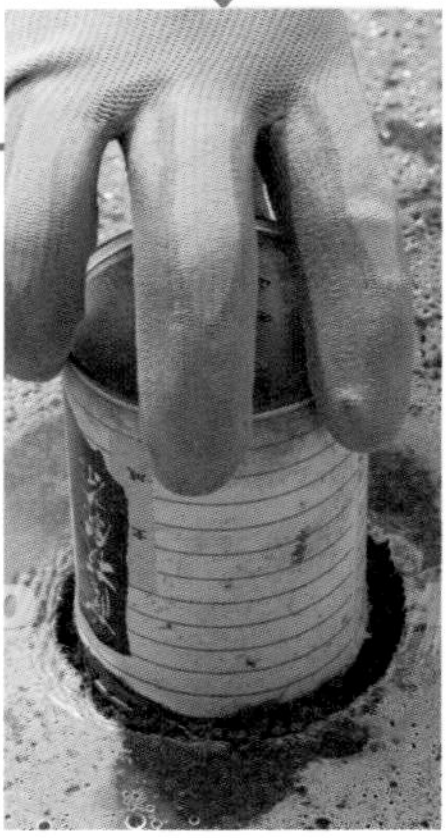

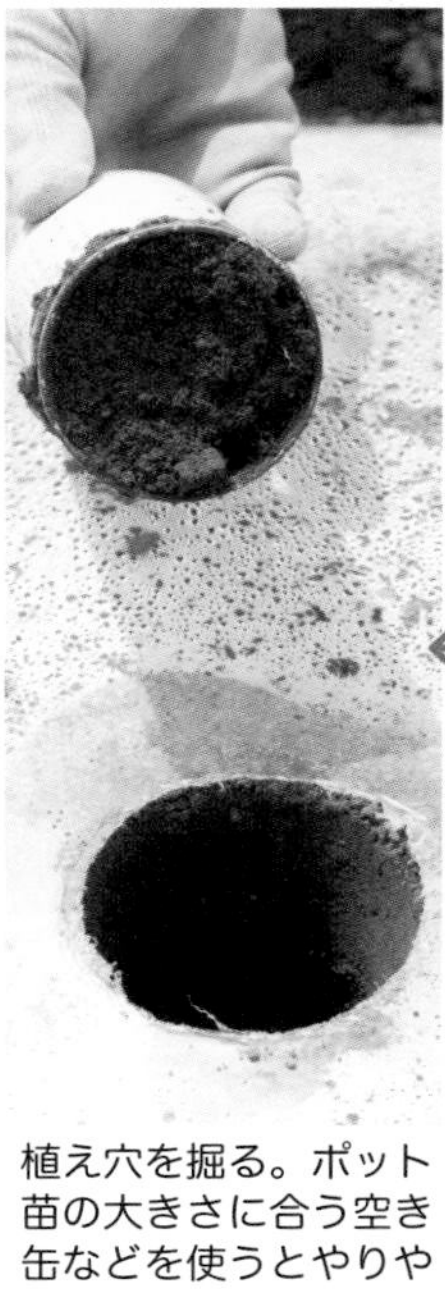

植え穴を掘る。ポット苗の大きさに合う空き缶などを使うとやりやすい。

4

苗をポットから出す。逆さにして根を傷つけないように出す。

5

根が回りすぎず、根鉢が崩れないくらいの若い苗が植えどき。

6

根を崩さないように株間 80cm でやさしく植える。

病害虫対策

うどんこ病が出たら、混み合う葉は除いて風通しよくし、病葉は早めにとる。ウリハムシを見つけたら捕殺する。

3 管理作業
つるが伸びてきたら

つるがからめるように畝間を管理

すくすく成長するマクワウリ。つるがどんどん伸びるので、畝間につるがからめるシートや、ワラなどを敷くとよい。

子づるが3本以上出たら、親づるの先端を摘芯。子づるを伸ばすと実つきがよくなる。子づるはそのまま放任するが、畑が狭いときは摘芯してもよい。

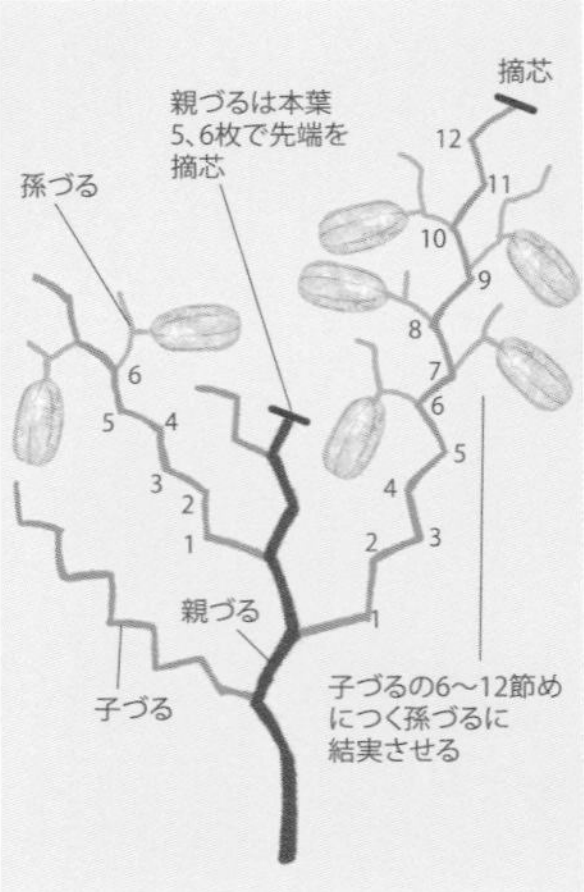

摘芯
親づるは本葉5、6枚で先端を摘芯
孫づる
親づる
子づる
子づるの6～12節めにつく孫づるに結実させる

マクワウリの雄花（上）と雌花（下）。人工受粉はとくに必要ない。

プロのコツ

明石農園ではマルチングをせずに、土の上にワラを敷いて生育させている。アリの食害などを避けるため、収穫間近の実の下に、不要になった育苗ポットを敷いて対処している。

Q マクワウリは交雑する？

A キュウリやスイカとは交雑しないが、メロンやヒョウタンとは交雑するので、種とりする場合は注意。万全を期す場合はP70のように人工受粉をするとよい。

4 収穫・種とり
7月中旬～8月中旬頃・8月中下旬頃

完熟したものから収穫する

若い実はきれいな緑色だが、熟すと徐々に色が薄くなる。手で実をさわってつるから自然にとれたら、完熟している印。

黄色っぽくなり、実の下部から甘い香りがしてきたら収穫適期。

食べておいしかった実から種をとるとよい。

よく水洗いし、しっかり乾燥させて保存する（➡ P46）。

Part 3

葉や茎を食べる野菜

収穫まで2〜3年かかるが、一度植えると10年ほど収穫が可能

アスパラガス

◆キジカクシ科クサスギカズラ属

栽培難易度 むずかしい

栽培のポイント

- 一度植えると10年くらい収穫できるが、有機や自然栽培では育てるのが難しい野菜のひとつ。
- 植えつけ翌年の2年目までは株を成長させ、3年目の春から収穫をはじめる。

おすすめの品種

スーパーウェルカム、シャワー、ウインデルなど。紫品種もある。

肥料について

無肥料だと栽培が難しい。有機栽培で育てるなら、元肥を入れて、春から秋まで月1回ほど追肥する。堆肥場の跡や横で育てると成功しやすい。

畑の準備

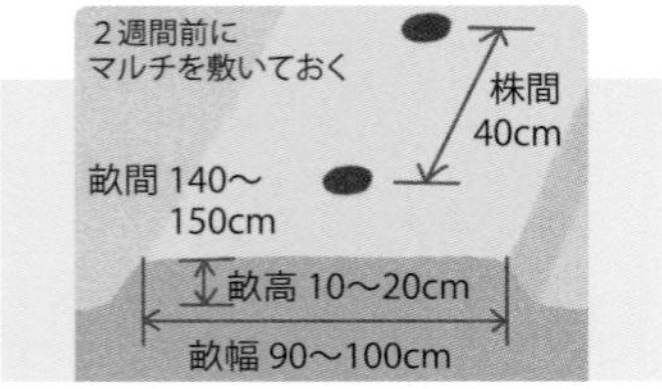

栽培暦

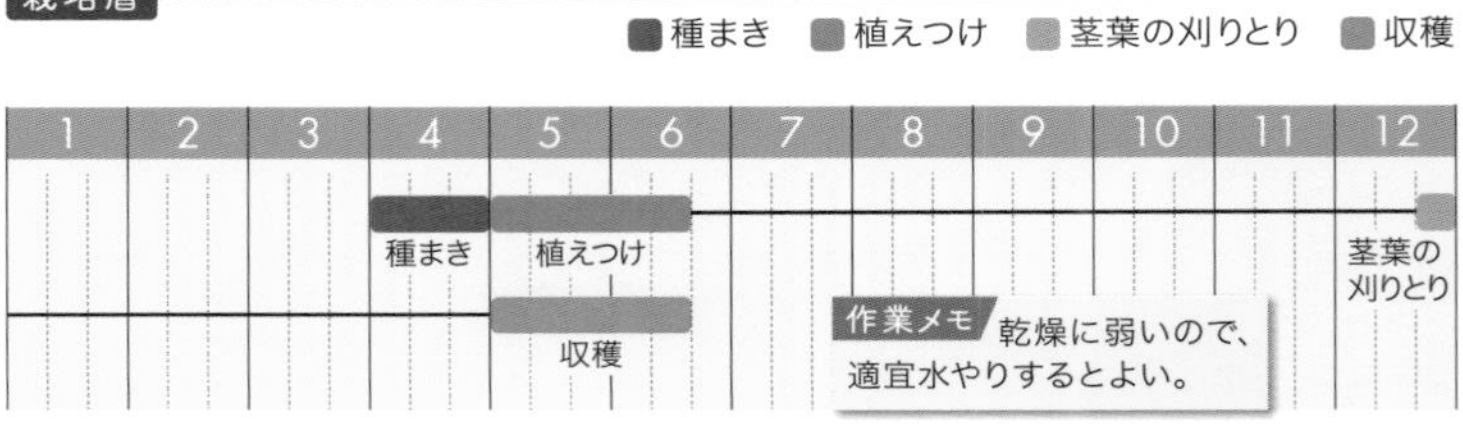

1 種まき

4月上旬〜下旬頃

ポットで育苗して畑に植えつける

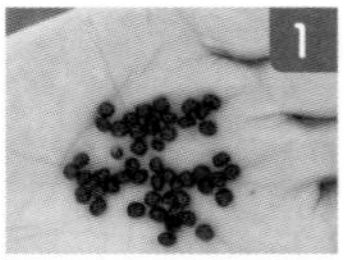

アスパラガスの種(上)。ポットに育苗土(➡P34)を入れ、3〜4粒ずつまき、暖かい場所で育苗する(➡P37)。

最終的に生育がよい1株を残して間引きする。元の茎が太いものがよい。

2 植えつけ・管理作業

茎葉が茂る前に支柱立て

支柱+ヒモで茎葉を支える

草丈10cmの頃、株間40cmで畑に植えつける。

成長してきたら支柱を立て、ヒモなどを張って、株が倒れないように守る。

3 収穫

3年目から収穫スタート

茎の根元を切って収穫する

2年目までは株を成長させるために収穫はせず、3年目から収穫開始。5〜6月が収穫期。

午前中に根元から切って収穫する。

病害虫対策

ジュウシホシクビナガハムシがつくので、見つけたら捕殺する。

追肥する場合

植えつけ後、秋まで月1回ほど追肥して株を成長させるとよい。2年目以降は、春から秋まで同様に追肥する。

Q 冬の管理や植えかえは必要?

A 寒くなると茎葉が枯れるので、刈りとって冬越しする。10年ほど収穫したら、掘り起こして2〜3つに株分けして植えかえると、また収穫できる。

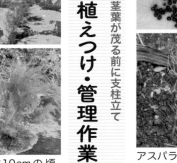

カツオナ

加熱するとだしのような旨味が出るのが名前の由来。コマツナと同様に育てられる

◆アブラナ科カラシナ属

栽培難易度 やさしい

栽培のポイント

- 10日から2週間ごとに数回まくと、長期間楽しめる。
- 春まきも可能だが、8月下旬～9月下旬まきの秋まきがつくりやすい。

おすすめの品種

かつお菜、広茎かつお菜、博多かつお菜など。

肥料について

肥料がなくてもよく育つ。有機栽培なら元肥を入れるほか、草丈5㎝の頃、追肥をするとよい（➡P29）。

畑の準備

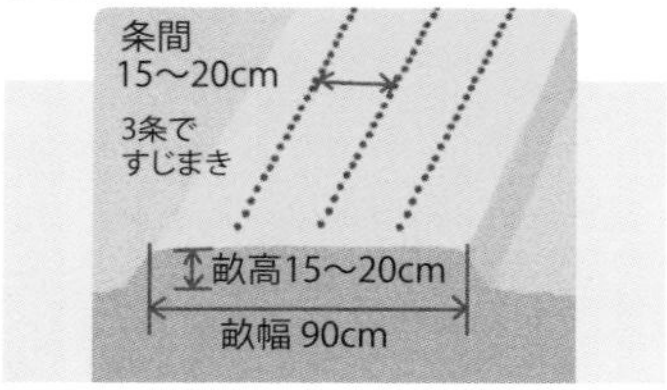

栽培暦

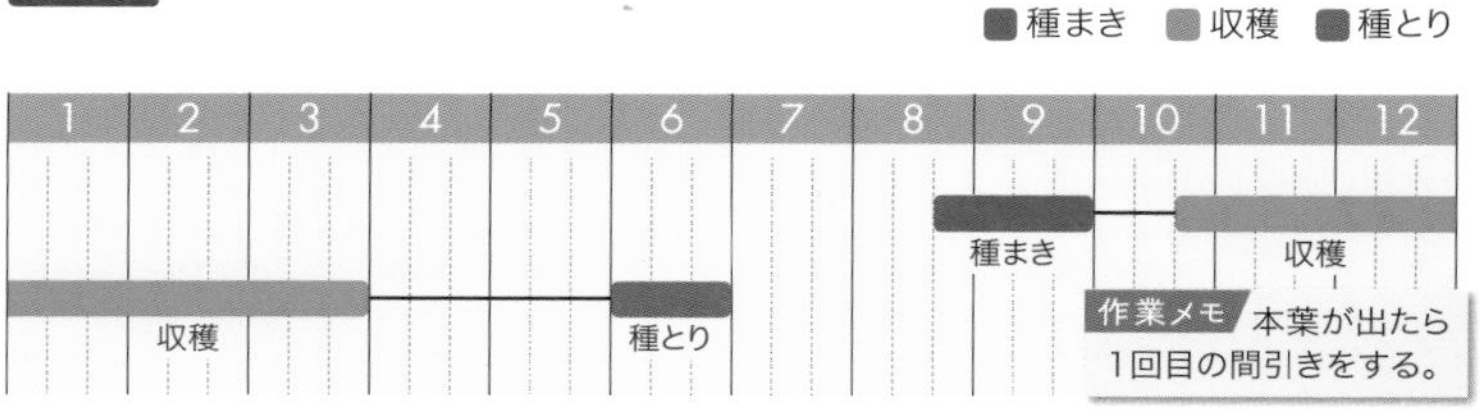

1 種まき・間引き

8月下旬～9月下旬頃

葉が重ならないように2～3回間引きする

カツオナの種。

まき溝を深さ1㎝ほどにつけ、1～2㎝間隔になるようにすじまきする。

親指と人差し指で土をつまむように覆土する。

手で土の表面を落ち着かせる。

発芽したカツオナの株。本葉が出たら間引きする。その後も葉が重ならないように間引く。最終的に株間30㎝を目安に、2～3回行なう。

2 収穫

10月下旬～3月下旬頃

下葉からかき取るか根を切って収穫

25㎝前後に成長したら、ハサミの先を土に入れて根を切って収穫。

ポイント

根を切らずに下葉からかきとるようにすると、春まで収穫できる。

種とりについて 4月以降にトウが立ち、黄色い花が咲いてサヤができる。サヤが枯れると、種とりが可能（チンゲンサイP135参照）。ただし、ほかのアブラナ科と交雑しやすいため、注意が必要（➡P46）。

すじまきし、密植して育てると柔かい葉を楽しめる

カラシナ

◆アブラナ科アブラナ属

栽培のポイント

- サラダ用に密植して柔らかく育て、間引きながら収穫するとよい。
- 大株に成長したものは硬いので漬け物などに向く。

おすすめの品種

赤からし菜、葉からし菜、ちりめんからし菜など。

肥料について

肥料はなくても育つ。有機栽培なら元肥を入れ（➡P29）、追肥なしでOK。

栽培難易度 ふつう

栽培暦

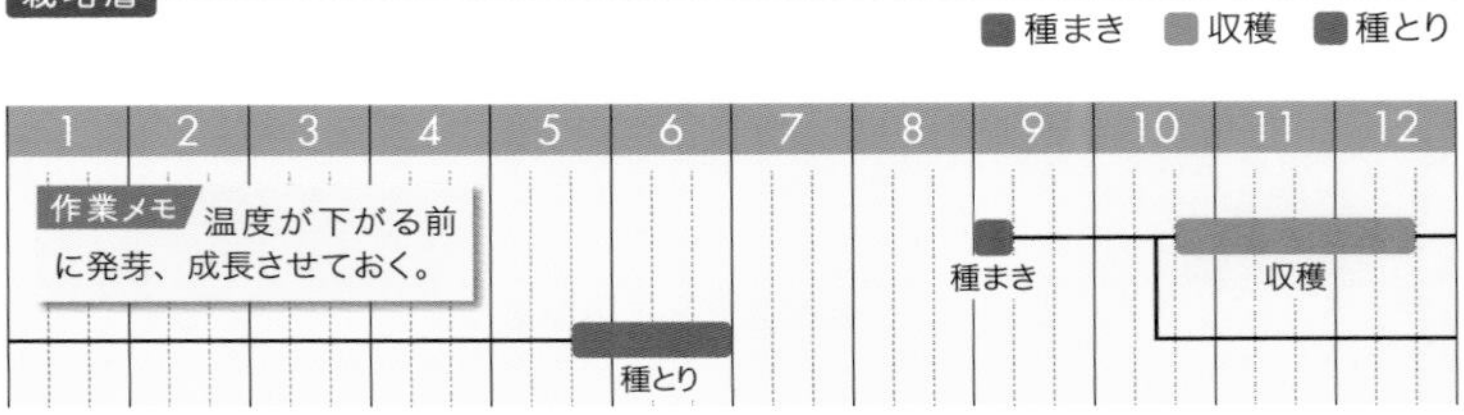

畑の準備

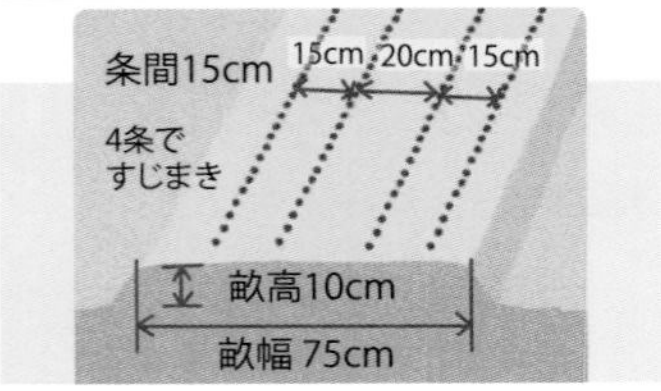

1 種まき
9月上旬頃

4条にすじまき

赤からし菜の種。

まき溝をつける。深さは種の３倍くらいが目安。

１～２cm の間隔ですじまきする。

薄く土をかけて、表面を落ち着かせる。

2 収穫
10月下旬頃から

間引きをかねてどんどん収穫

成長してきたら、間引きをかねて、混み合う場所から収穫する。若い葉は柔らかく、サラダなど生食用に向く。ぴりっとした辛みが特徴。

適宜収穫して利用する。株間15cmくらいにすると、大株に育つ。大きく育てたものは、茎が硬く生食には向かないので、鍋物や漬け物に利用するとよい。

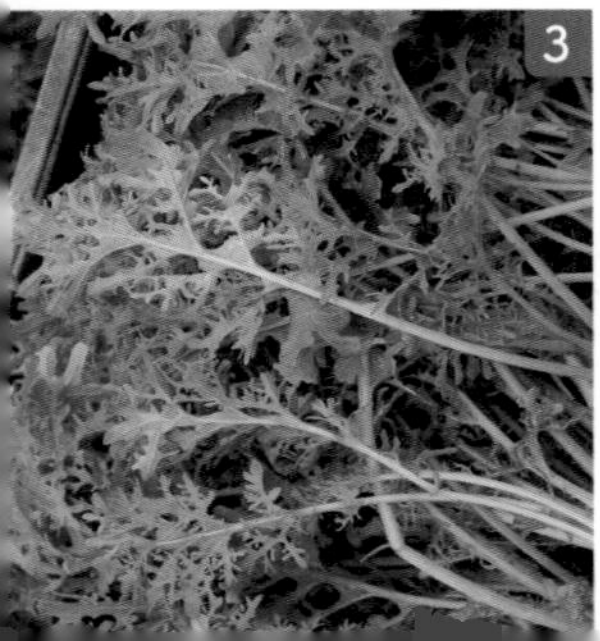

緑色の品種。カラシナは種類がいろいろある。

病害虫対策

病害虫に強いが、若い苗にアブラムシがつくことがある。見つけたらとり除く。トンネルをかけると予防になる。

Q カラシナの種とりは？

A カラシナはアブラナ科の野菜で、春に黄色い花が咲き、種子が実るのは６月頃。アブラナ科は交雑しやすいので対策が必要（➡P46）。サヤごと収穫して乾燥させてから種とりを。方法はチンゲンサイと同様（➡P135）。

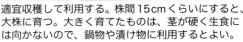

金時草や水前寺菜、ハンダマとも呼ばれる健康野菜

キンジソウ

◆キク科サンシチソウ属

栽培難易度 やさしい

栽培のポイント

- 種がない野菜といわれるため、市販の苗を購入するか、挿し木をして苗を育てる。
- 茎の先端の柔らかな部分を切るか、大きな葉をつんで収穫する。

おすすめの品種

1品種のみ。

肥料について

肥料はなくても育つ。有機栽培なら元肥を入れ、切り戻し時に追肥する（➡P29）。

畑の準備

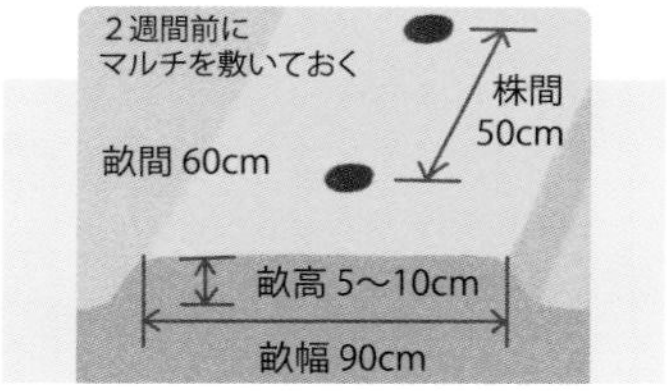

栽培暦

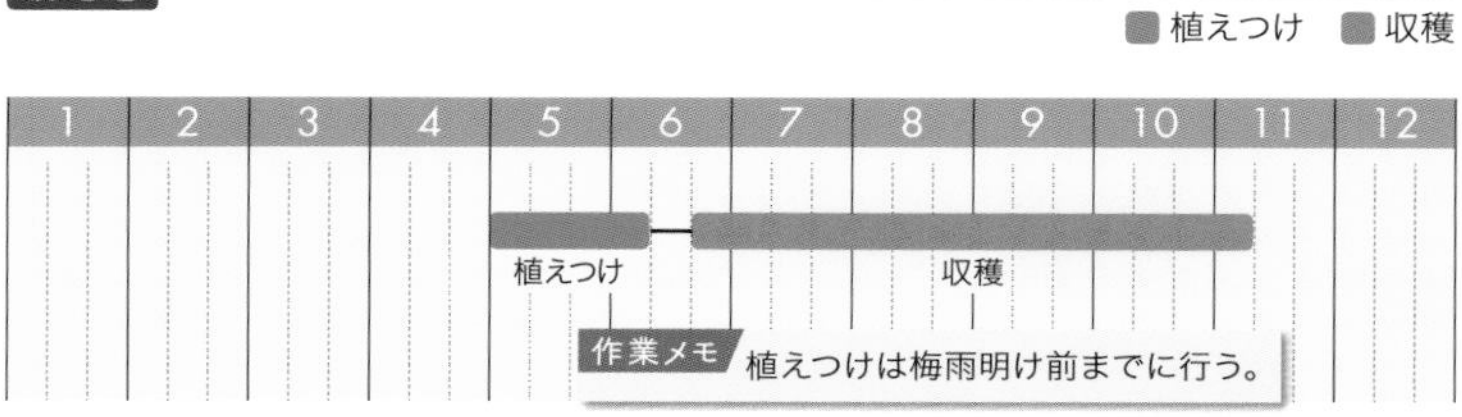

作業メモ　植えつけは梅雨明け前までに行う。

1 植えつけ　5月上旬～6月上旬頃

市販の苗か挿し木をして育てる

キンジソウの苗。5月上旬頃に植えつける。

成長するキンジソウ。

苗が入手できないとき

野菜として販売されているものを挿し木して、苗をつくることができる。先端から10～15㎝、葉が4～5枚のところで切り、水をはった容器に入れる。葉がシャキッとしたら、土を入れた育苗ポットに挿して水やりし、発根したら植えつける。

2 収穫　6月下旬～11月上旬頃

柔らかな茎先や葉を収穫する

マルチをしていないときは、乾燥を防ぐため、梅雨明け後に敷きワラをするとよい。

草丈40㎝ほどになったら、摘芯をかねて、柔らかい葉先10㎝くらいをハサミで切るか、手で折って収穫。

わき芽が成長してきたら地面を這う主茎は残し、株立ちしたわき芽を収穫する。収穫しつづけてわき芽が細くなってきたら、主茎を切り戻すとよい。

追肥する場合　切り戻したときに追肥を行なう。施肥により大きな葉がつくようになったら、葉だけをつんで収穫してもよい。キンジソウは表が緑、裏が紫の葉色が特徴だが、肥料が足りないと葉色が薄くなりやすい。

プロのコツ

ビニールハウス内で育苗した苗。

畑で冬越しさせて切り戻した、3月中旬のキンジソウ。

キンジソウは多年草のため、翌春も栽培可能。ただし寒さに弱いため、霜が降りる前に株を掘り上げてポットに植え、ビニールハウス内で育苗する。畑で冬越しする場合は、12月に不織布をベタがけし、ビニールトンネルをかける。3月頭にビニールトンネルと不織布を外して切り戻すとよい。

シソ科の野菜でシソと同じように栽培できる

エゴマ

◆シソ科シソ属

栽培難易度　やさしい

栽培のポイント

- 初心者でも育てやすいので、家庭菜園におすすめの野菜。
- 成長して草丈が高くなったときは、支柱を立てて誘引するか、周囲に支柱を立ててヒモで囲い倒伏を予防する。

おすすめの品種

白種と黒種がある。葉を食べるならどちらでもよい。油を搾るなら黒種を選ぶとよい。

肥料について

肥料はなくてもよく育つ。無肥料だと害虫もほとんど出ない。

畑の準備

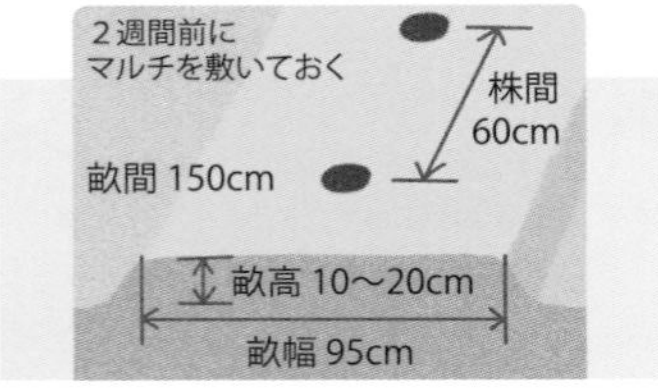

栽培暦

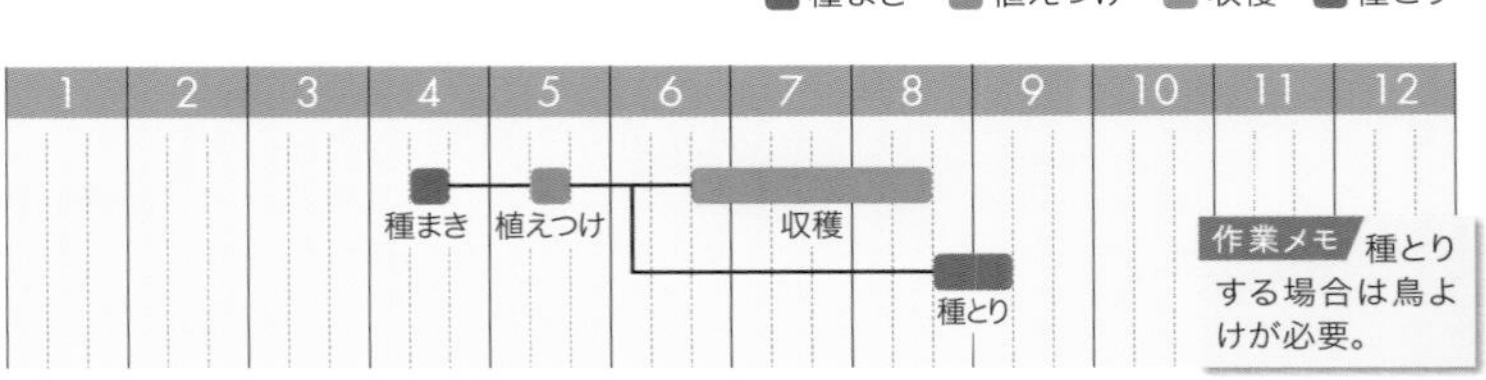

1 種まき　4月中旬頃

2粒ずつまいて育てる

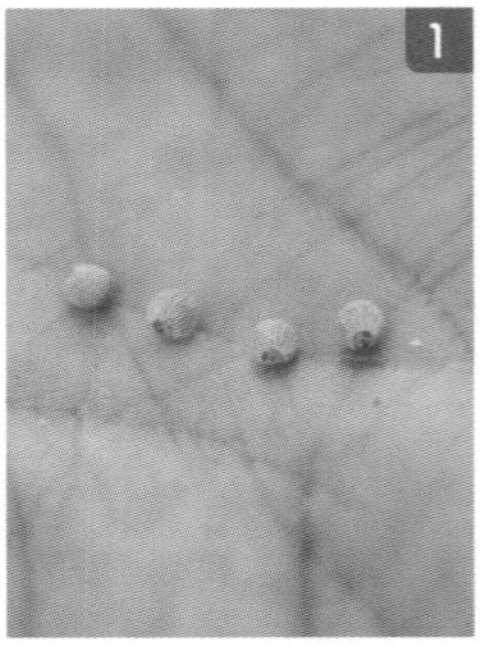

エゴマの種。
白種（上）と黒種（下）。

育苗箱に育苗土（➡P34）を入れ、種の3倍くらいの深さにまき穴を掘る。ここではセルトレイを切ったものを利用。

まき穴に2粒ずつまく。覆土して、暖かい場所で育苗する（➡P37）。水やりはP37を参照。

本葉が出てきた頃、ポットに鉢上げする（➡P40）。

ポットまきの場合

家庭菜園ではポットまきでもよい。ポットに育苗土を入れ、3粒ずつまいて育苗し、最終的に生育がよい1株を残す。

2 植えつけ・管理作業
5月中旬頃

本葉3～4枚で畑に植える

本葉3～4枚になったら株間 60cm で畑に植えつける（➡ P41）。

日射しを浴びてすくすく成長するエゴマ。草丈が高くなってきたら、支柱を立てて誘引するか、周囲に支柱を立ててヒモなどで囲うと、強風や台風でも倒れにくくなる。

直まきの場合

1か所に2～3粒ずつまく。生育のよい株を残し、最終的には1株に。発芽後は鳥害があるので、トンネルやホットキャップを（➡ P39）かけて予防するのがおすすめ。

2株あるが、1株に間引く。

3 収穫・種とり
6月下旬～8月中旬頃

草丈60㎝ほどで収穫スタート

柔かそうな葉を選んで、使うときに収穫する。若いうちに収穫すると株が弱るので、草丈 60㎝くらいから収穫をはじめるとよい。

8月になると開花する。シソと交雑するので、近くにシソがあるときは移植する。

病害虫対策

真夏の高温期に乾燥がつづくと害虫が出やすい。ベニフキノメイガの幼虫はシソ科でよく見られる害虫。見つけたらとり除く。

種の色がかわってきたら、種が地面に落ちる前に穂ごと刈り、新聞紙の上などで追熟、乾燥させて、種とりして保存する（➡ P46）。種はスズメなど鳥の好物なので、寒冷紗などをかけて鳥害を予防する。

おなじみの野菜だが、無農薬だと虫対策が重要

キャベツ

◆アブラナ科アブラナ属

栽培難易度　むずかしい

栽培のポイント

- 無農薬で育てるのが難しい野菜のひとつ。よい苗を育てるのが成功のコツ。
- 害虫対策が欠かせない。こまめにチェックする。

おすすめの品種

冬キャベツは彩音、夢ごろもなど。春キャベツは春波、春ひかり7号。固定種では中生《なかて》成功《せいこう》甘《かん》藍《らん》など。

肥料について

肥料を入れると生育はよくなるが、害虫も増える。有機栽培では元肥と追肥を行なう（➡P29）。

畑の準備

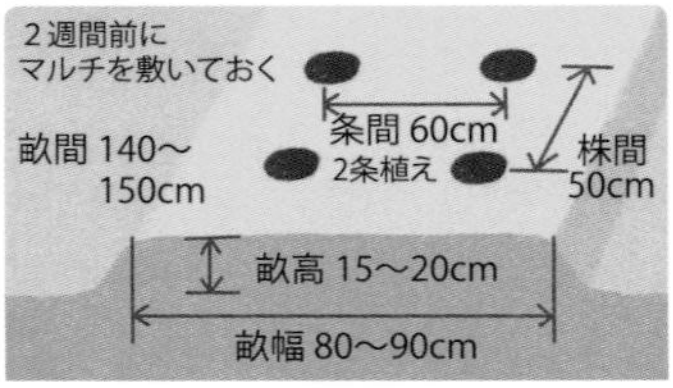

栽培暦

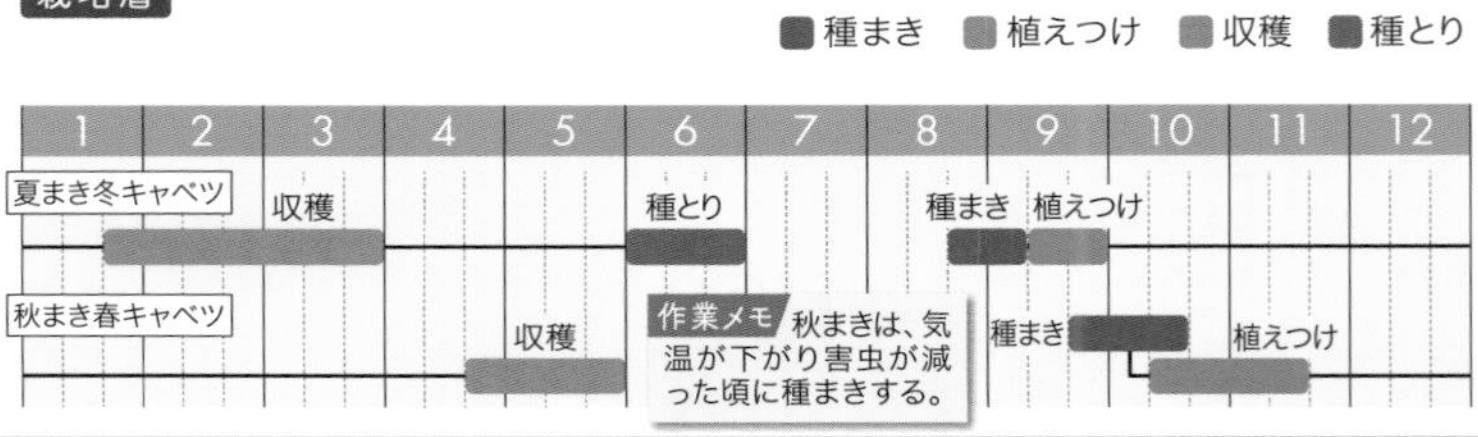

1 種まき　8月下旬～10月中旬

収穫したい時期から逆算して種まき

1 キャベツの種。

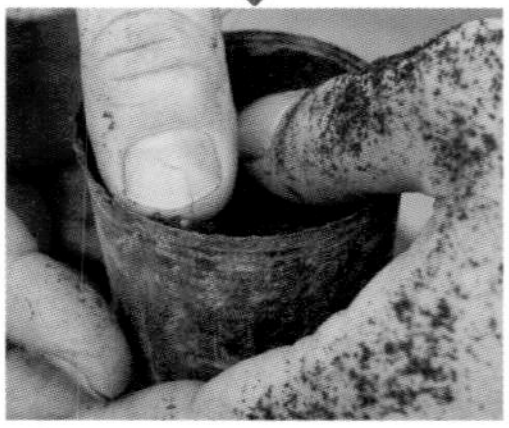
2 ポットに育苗土を入れ（➡P34）、表面を軽く鎮圧して落ち着かせる。

3 1～2粒ずつまく。

4 薄く覆土して、表面を落ち着かせる。水やり（➡P37）して育苗する。まだ害虫が多い時期なので育苗中は防虫ネットをかけておく。

5 発芽してきたキャベツ。種まきから約3日後。

病害虫対策

ヨトウムシ、シンクイムシ、タマナギンウワバ、アオムシなどが食害する。肥料が多いととくに出やすい。若い苗のうちに被害を受けると生育が阻害され、ひどいと収穫できなくなる。ある程度大きくなりしっかり巻いているなら、外葉を食害されても収穫できる。

ヨトウムシ

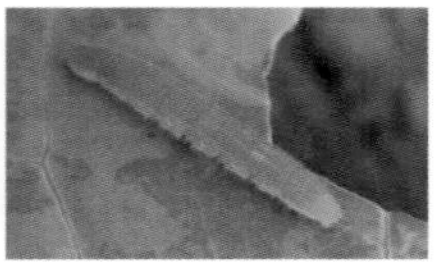
アオムシ

種とり

キャベツはほかのアブラナ科（ブロッコリー、カリフラワー、ケールなど）と交雑するので種をとるなら交雑に注意（➡P46）。収穫せず畑に置いておくと中央が割れてトウ立ちし、黄色い花が咲く。6月頃に種ができるので種とりする（➡P135 チンゲンサイを参照）。

2 植えつけ

9月中旬～11月中旬

本葉2～3枚で畑に植える

1

本葉２枚から、３枚目が少し見えてきたくらいが定植の適期。前日と当日にたっぷり水やりしておく。

2

植え穴を掘る。

3

ポット苗を仮置きして深さを確認。ポットの表土が畑の土と同じくらいになる程度の浅植えに。かならず双葉が土の上に出るように植える。

4

根を傷つけないようにポットをやさしくはずす。根が回りすぎず、崩れないくらいがちょうどよい。

5

土を崩さないように手を添えて、やさしく植える。株間は50cmが目安。

3 管理作業

こまめに虫をチェック

気温が下がって虫がいなくなるまで

植えつけ直後から、定期的に害虫をチェックする。見つけしだい、とり除く。最低週１回は１株ずつ確認すること。

プロのコツ

中耕の目的は？

植えつけから１～２週間後に除草をかねて中耕するとよい（➡ P45）。中耕は除草をかねて行なうことが多い。除草のほかに、次の３つの効果があり、いずれも株を守り、生育を促す効果がある。

❶土をかき混ぜると空気が入る。
❷根元に土寄せするので通路が低くなり、畝上の排水性がよくなる。
❸根元に土寄せすることで、台風など強風対策になる。

追肥

植えつけから２週間後、追肥するとよい（➡ P29）。その後も生育が悪いときは様子を見て追肥する。

4 収穫

1月下旬～5月下旬

しっかり巻いたものから順次、収穫する

1

真ん中から少しずつ巻いていく。

2

葉がしっかり巻き、手でさわってみて充実しているものを収穫。

3

根元を包丁で切って収穫する。

鳥害対策

冬に食べるものが少なくなると、鳥が葉を食べにくる。トンネルをベタがけして予防する。

暑さが厳しい夏に旺盛に生育する中国野菜

クウシンサイ

◆ヒルガオ科サツマイモ属

栽培難易度　やさしい

栽培のポイント

- 比較的水気を好み、水はけの悪い土でも育てられる。
- 生育は旺盛で病害虫にも比較的強い。栽培が容易なので、家庭菜園向き。

おすすめの品種

品種は1種のみ。エンサイ、アサガオナのほか、ヨウサイなどと呼ばれる。

肥料について

無肥料でもよく育つ。有機栽培は元肥のほか、草丈15㎝頃に1回目、摘芯の頃に2回目、以降、収穫期は月2回ほど追肥するとよい（➡P29）。

畑の準備

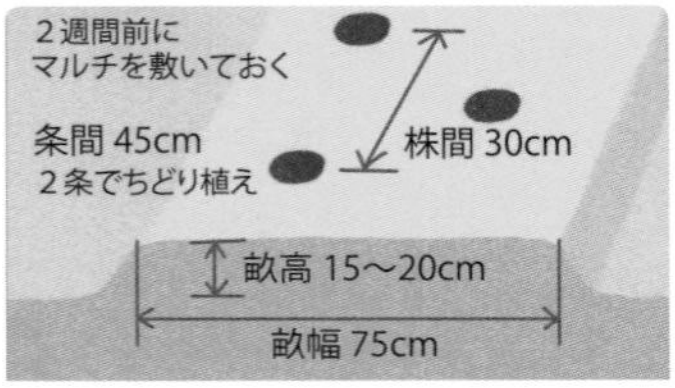

栽培暦

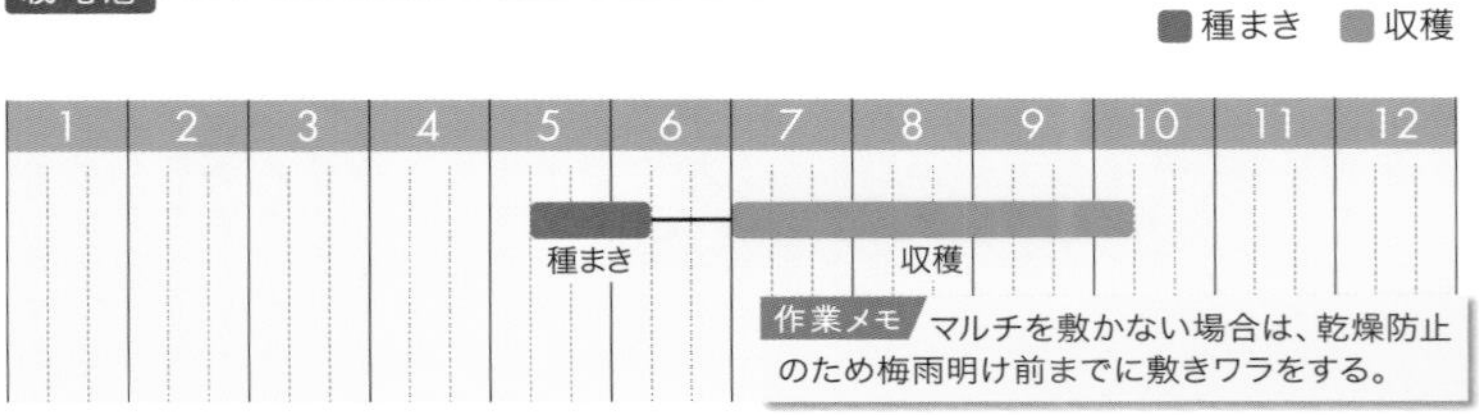

作業メモ　マルチを敷かない場合は、乾燥防止のため梅雨明け前までに敷きワラをする。

1 種まき　5月中旬～6月上旬

マルチ穴に3～4粒ずつちどり植えする（➡P251）

クウシンサイの種。

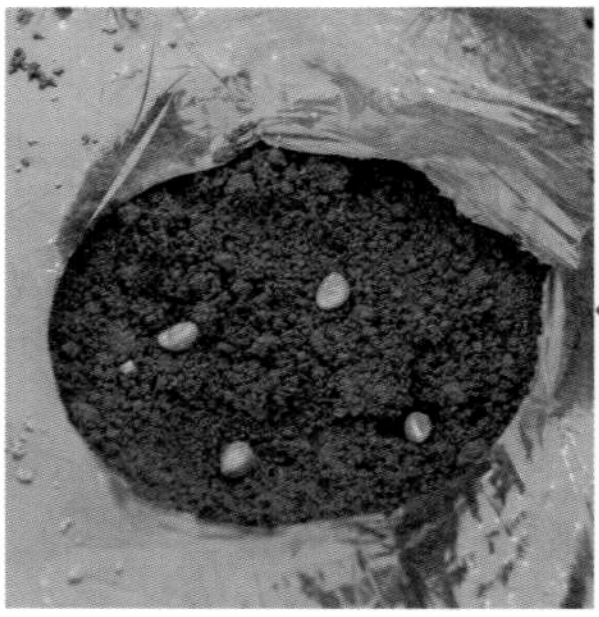

1か所に4粒ずつまく。

種を指で1㎝くらい、土の中に押しこむ。

周囲から土を寄せて覆土する。

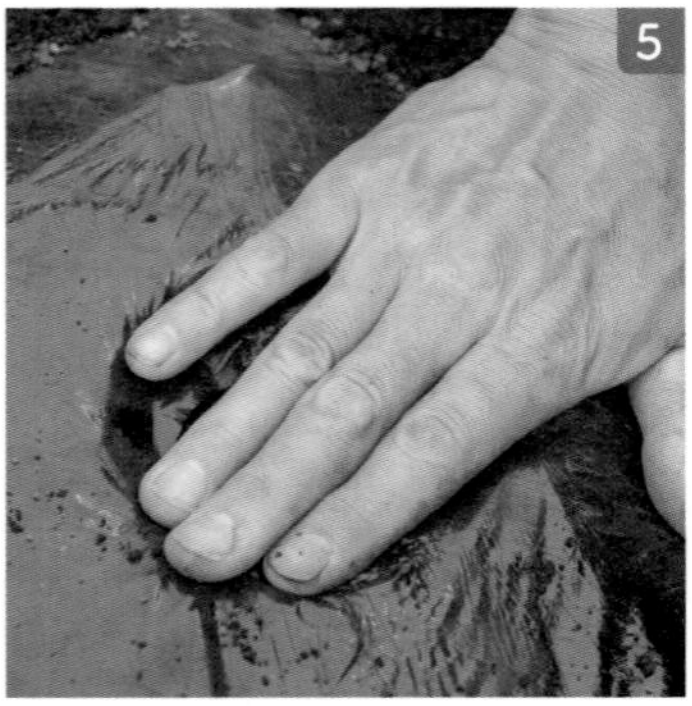

手で押さえて鎮圧する。

2 間引き・収穫

6月上旬～10月上旬頃

わき芽を育てて長期間収穫する

発芽し、双葉が出たクウシンサイ。6月上旬頃は、雑草が繁茂しやすいので適宜、除草する。

本葉が2～3枚になったら、生育がよいものを残して間引きし、最終的に1～2本残す。

旺盛に成長し、株立ちしてきたクウシンサイ。

草丈40㎝ほどになったら、摘芯をかねて葉先の柔らかいところ15㎝をハサミや手で折って収穫。手で折れるくらいの柔らかな茎は、食べやすくおいしい。

わき芽をたくさん出して成長し、長期間収穫できる。

プロのコツ

発芽率が悪い場合は追いまきをしてもよいが、明石農園では、欠株したところに間引いた株を移植。間引きや移植をする場合は除草も行ない、苗が育つ環境を保つ。

病害虫対策

クウシンサイはサツマイモと同じヒルガオ科の植物。エビガラスズメやイモキバガなど、サツマイモと同じ害虫がつきやすい。葉を食害するため、見つけしだいとり除く。

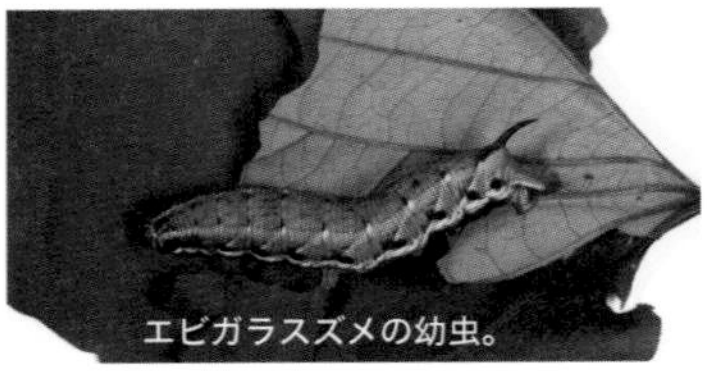

エビガラスズメの幼虫。

ポイント

熱帯アジアを原産とするクウシンサイは、暑さには強いが耐寒性は低め。日本の気候では花が咲きにくいため、種とりも難しい。販売されている種を購入するか、挿し穂して育てる。

2週間ずつずらして2～3回まくと長期間収穫可能

コマツナ

◆アブラナ科アブラナ属

栽培のポイント

- 時期をずらして何回かまくと、長く楽しめるので家庭菜園向き。
- すじまきし、間引きしながら収穫していくとよい。

おすすめの品種

固定種の丸葉小松菜、ごせき（後関）晩生小松菜など。丸葉小松菜はコマツナの元祖のような品種で、煮る、炒める、漬ける、いずれもおいしい。

肥料について

肥料がなくてもよく育つ。有機栽培なら元肥と追肥を行なう（➡P29）。

栽培難易度 やさしい

畑の準備

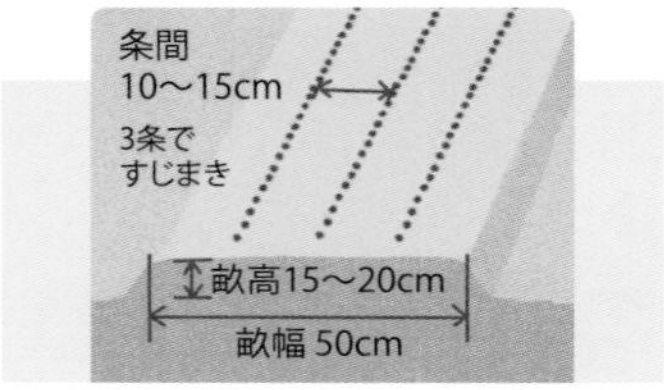

栽培暦

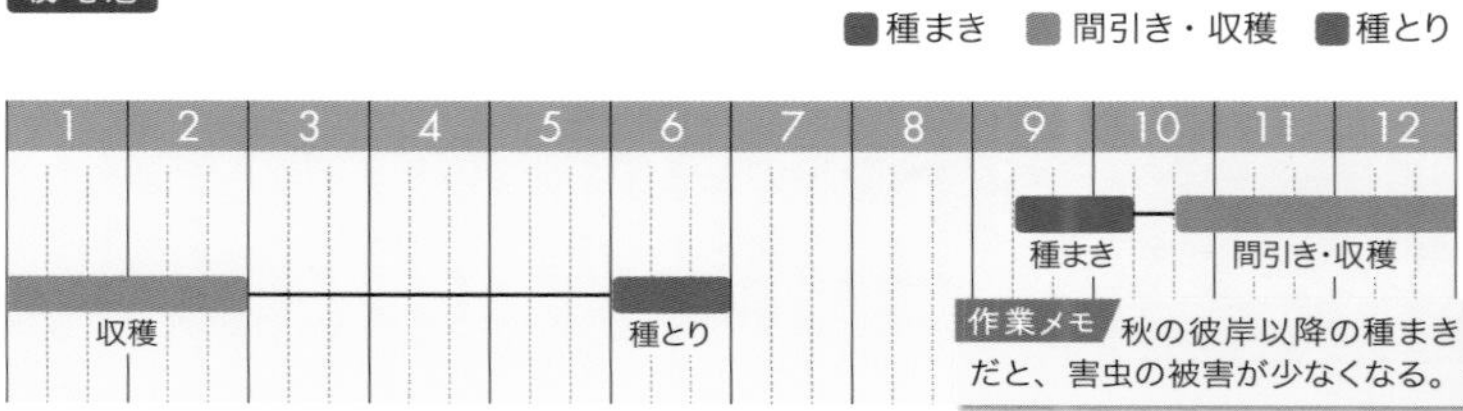

作業メモ 秋の彼岸以降の種まきだと、害虫の被害が少なくなる。

1 種まき

9月中旬～10月上旬頃

適期に2～3回、時期をずらしてまくと長く収穫できる

丸葉小松菜の種。

まき溝を掘る。1㎝深さが目安。表土に固まりがある場合はあらかじめ細かくしておく。

種をすじまきする。親指と人差し指を動かしながらまくと均等にまきやすい。5㎝に2～3粒が目安。

親指と人差し指で土をつまむように軽く覆土する。

土が乾いている場合は、表面を軽く鎮圧して落ち着かせる。湿っている場合は鎮圧しなくてよい。

ポイント

コマツナは太い根が1本伸びる直根なので、植えかえは適さないので直まきする。

Q トンネルは必要？

A アオムシなどの害虫が出る時期は、トンネルをかけて防虫すると安心。彼岸を過ぎると害虫が減る。

2 間引き

10月下旬頃から段階的に

混み合っている部分を間引く。間引き菜も食べられる

コマツナの双葉。種まき後、約５～６日。

混んでいるところは、間引きをかねて収穫していく。若い葉は柔らかくておいしい。追肥をするなら草丈５cmの頃に。

指２本間隔くらいに間引く。最終的に株間５cmになるくらいが目安。

3 収穫

11月上旬～2月下旬頃

必要なときに随時、収穫する

15cm 前後で収穫する。冬に気温が下がって寒さにあたると甘みが増す。

甘く柔らかな味が特徴の、ごせき晩生小松菜。

ハサミの先を土に入れて、根を切るようにするとよい。

4 種とり

6月頃サヤが枯れたら

4～5月に開花してサヤができる

４月頃にトウ立ちして黄色い花が咲く。

花の後、サヤができ、種はサヤの中に詰まっている。

サヤが枯れたら、茎ごと収穫して、トロ舟やビニールシートの上で追熟させて、種をとる（➡ P46）。

交雑に注意

カブやハクサイ、チンゲンサイなど、ほかのアブラナ科と交雑しやすいので、種とりする場合は交雑しないように工夫する（➡ P46）。よく生育しているものを母本とし、植木鉢や採種用の畑に移植して、交雑しないように隔離するとよい。

ザーサイ

◆アブラナ科アブラナ属

栽培のポイント

- アブラムシなどの害虫がつきやすいので、気温が高い時期はとくに注意。
- 葉を収穫する場合は外葉から適宜かきとり、茎の収穫は株ごと掘り上げる。

おすすめの品種

四川搾菜（筍タカナ）、ちからこぶザーサイなど。

肥料について

無肥料でも育つが、有機栽培の場合は元肥のほか、植え付け約1か月後に追肥する（➡P29）。

栽培難易度 ふつう

畑の準備

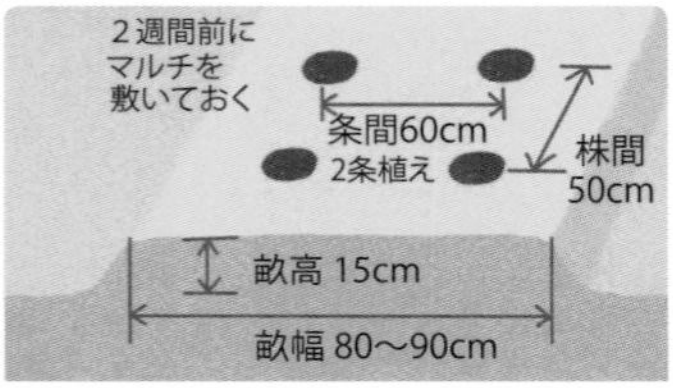

栽培暦

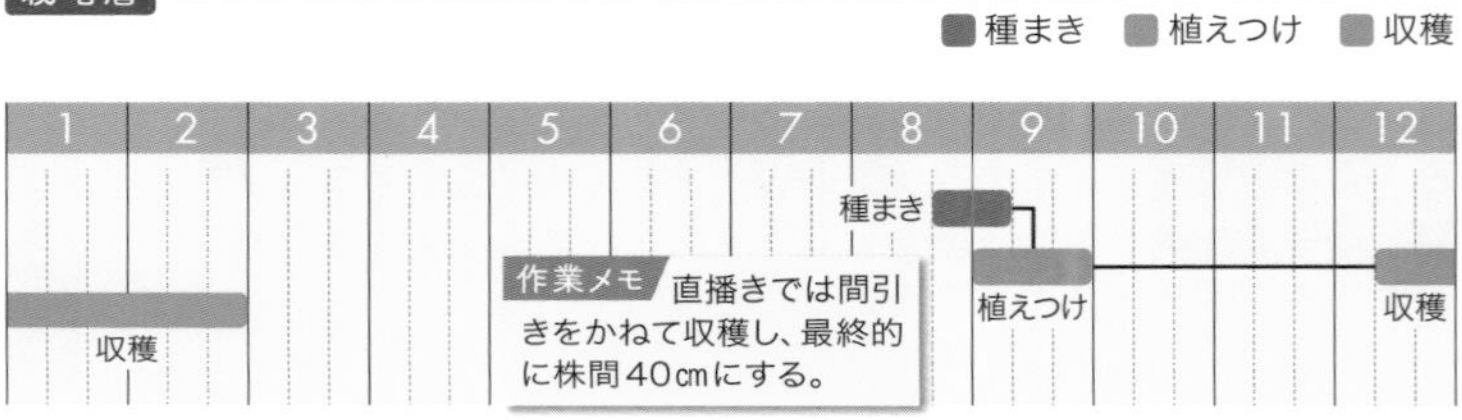

作業メモ　直播きでは間引きをかねて収穫し、最終的に株間40㎝にする。

1 種まき

8月下旬～9月上旬頃

セルトレイで育苗 直まきならすじまきに

ザーサイの種。

育苗土（➡P34）に水をかけて混ぜ、湿らせておく。

直まきする場合　深さ1㎝ほどのまき溝をつくり、1～2㎝間隔で1粒ずつすじまきする。発芽後2～3回に分けて間引きし、最終的に株間50㎝になるくらいを目安にするとよい。

セルトレイに育苗土を入れる。指で押して土の入り具合をたしかめながら、5㎜くらいへこませる。均等に土が入っていると、苗が均等に育つ。

種をセル1穴につき1粒ずつまく。家庭菜園ではポットまきでもよい。

育苗土で覆土し、手で鎮圧して土を落ち着かせる。

2 植えつけ

9月上旬～9月下旬頃

根が回りはじめた頃が植えつけの適期

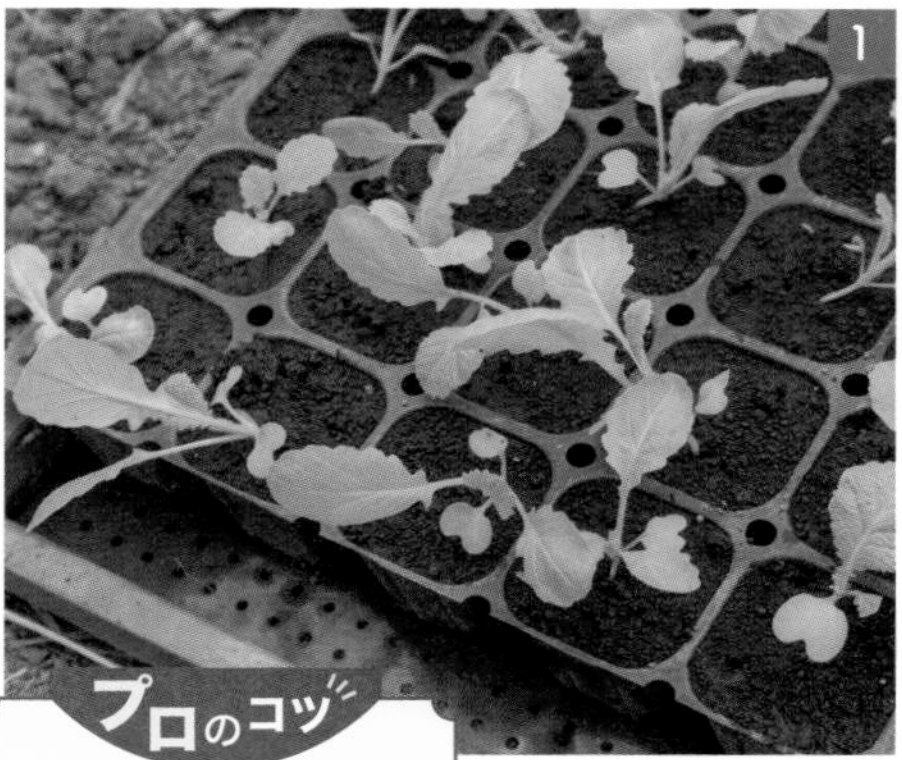

発芽から２週間後の苗。根が回りはじめ、セルトレイから出したときに、土が崩れるか崩れないかくらいが植えつけの適期。

プロのコツ

植えつける際、セルトレイの土に水をかけ土を湿らせておくと、根鉢が崩れにくくなり、根の傷みが避けられる。

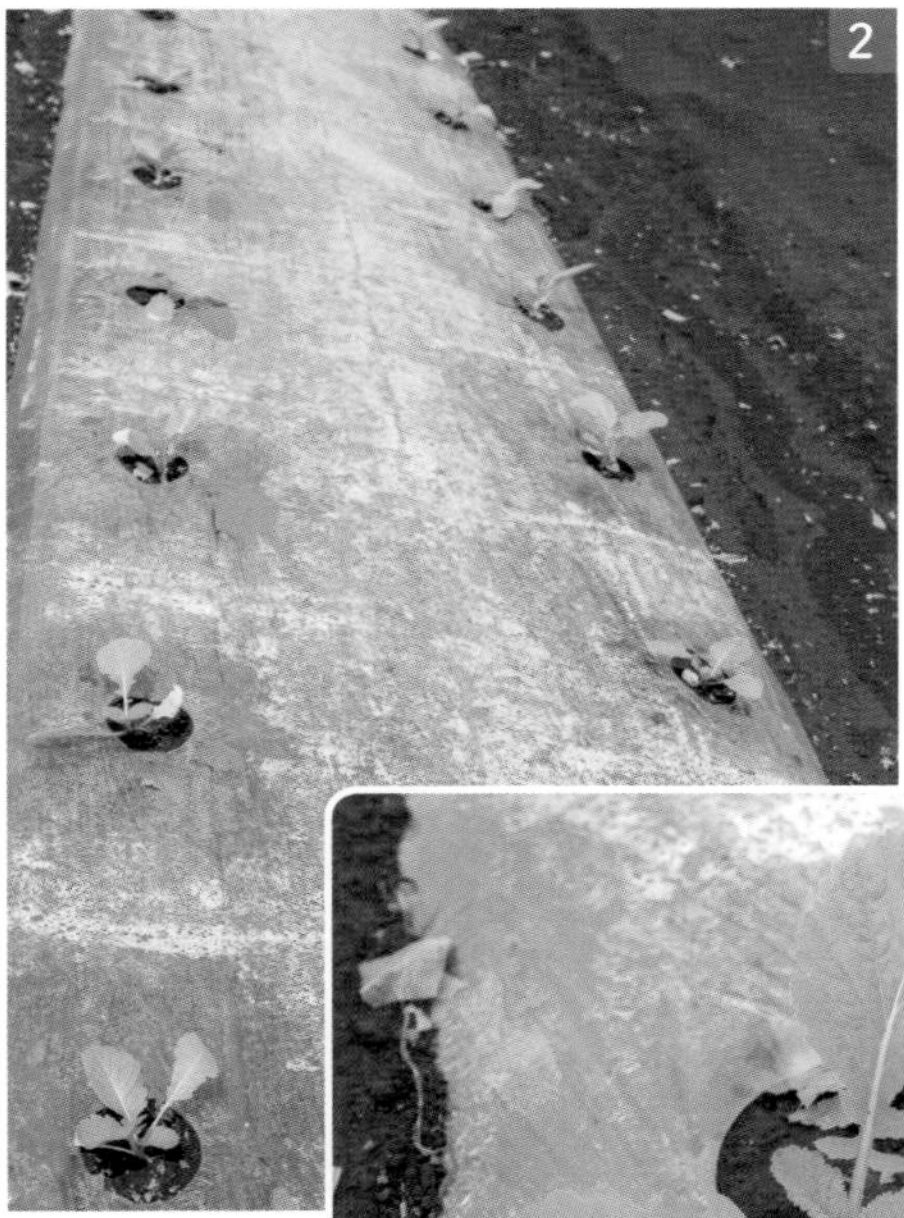

定植後２～３日の苗。

追肥する場合

茎を肥大させるため、植えつけから１か月後に追肥をする。直まきした場合は最後の間引き後に行なう。

病害虫対策

アブラムシ、ヨトウ類、モンシロチョウなどが発生し食害する。こまめにチェックしてとり除く。

3 収穫

12月中旬～2月下旬頃

葉の収穫は外葉をかきとり、茎の収穫はスコップで

↓

葉を収穫する場合は、外葉からかきとるようにして収穫する。肥大した茎を収穫する場合は、株ごと掘り上げる。

ザーサイの食べ方

本格的な搾菜漬けは、天日干しや仮漬け、本漬けが必要だが、もっと簡単にザーサイを楽しむ方法もある。肥大した茎部分はぬか漬けや塩漬けにするのがおすすめ。また葉は生のものを炒め物などにしてもおいしい。

種とりについて

収穫せずに畑に置いておくとトウが立ち、４月頃に黄色い花が咲いてサヤができる。６月頃サヤが枯れると、種とりが可能（チンゲンサイ P135 参照）。ただし、ほかのアブラナ科と交雑しやすいので注意する（➡ P46）。

秋まきと春まきがあり、家庭菜園向きの育てやすい野菜

シュンギク

◆キク科シュンギク属

栽培のポイント

●種を浸水し、1日1回水を換え、2日浸水すると発芽率が上がる。

●無肥料では収量は少なめだが、エグみがなく生食でもおいしい。

おすすめの品種

葉の切れ込みによって大葉、中葉、小葉があるが、栽培が多いのは中葉。

肥料について

肥料がなくてもできる。有機栽培では元肥と追肥を行なう（➡P29）。施肥すると葉が大きくなり、葉をつむようにするとわき芽が出て次々に収穫できる。

栽培難易度 やさしい

畑の準備

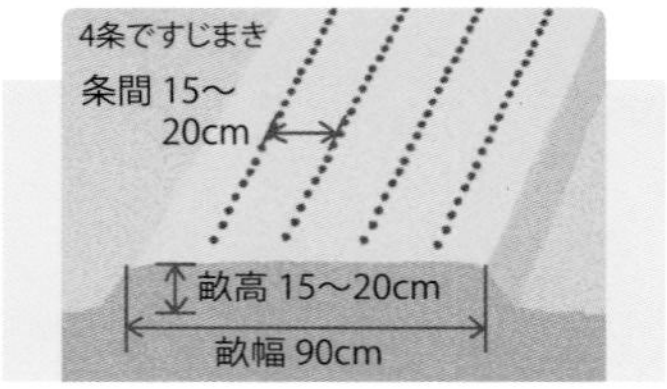

栽培暦

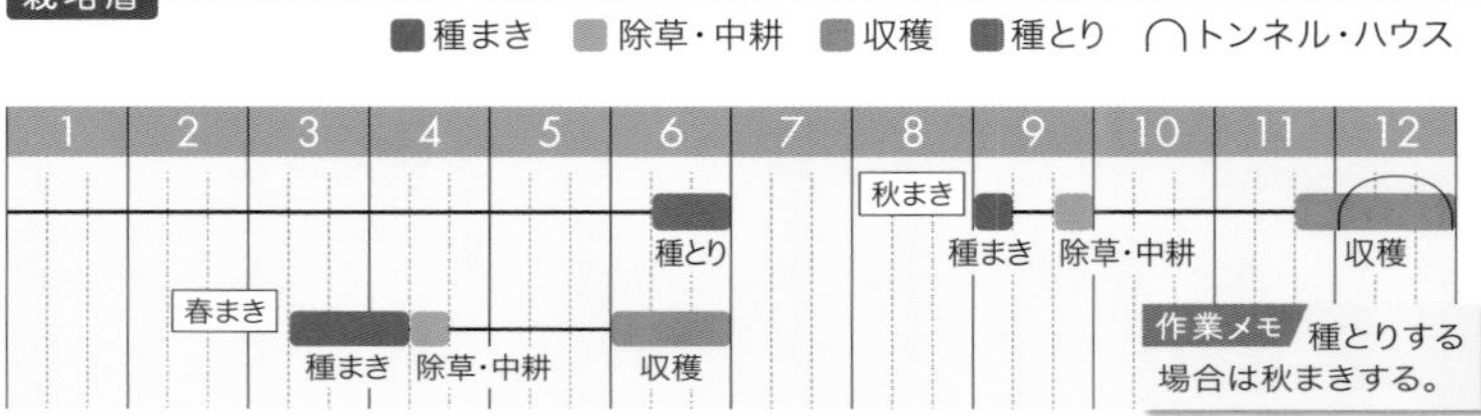

1 種まき

9月上旬頃・3月中旬〜4月上旬頃

発芽率が低いので厚めにすじまき

シュンギクの種。

5㎜深さを目安にまき溝を掘る。スプーンの柄などを使うと便利。

種をすじまきする。発芽率が70%程度なので厚めにまく。重なるくらいまいても大丈夫。

土を薄くかけて覆土し、スプーンの背などで軽く押して表面を落ち着かせる。

シュンギクの双葉。種まきから約1週間後。

ポットまきの場合

ポットやセルトレイで育苗して、定植してもよい。1穴に3〜4粒ずつまき、本葉が2〜3枚の頃に畑に植える。

2 生育してきたら 除草・中耕・収穫

雑草対策が大切 中耕をかねて除草

生育するシュンギク。

若い苗は雑草に負けやすいので、早め早めに除草する。中耕をかねて除草することで、生育を促す。

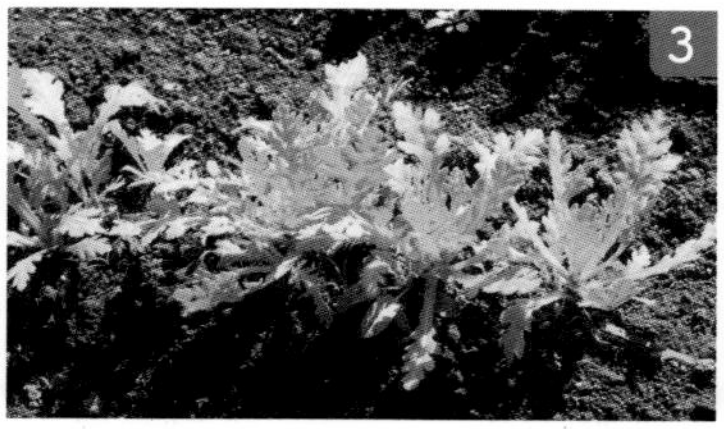

育ってきたら、間引きをかねて収穫してOK。若い苗はサラダやおひたしに。

ある程度、成長したら収穫。10～15㎝が目安。本葉4～5枚を残してハサミで茎を切るようにすると、わき芽がどんどん伸びて長く収穫できる。

新しい茎が伸びてきたら、ハサミで切って収穫すると、長く楽しめる。

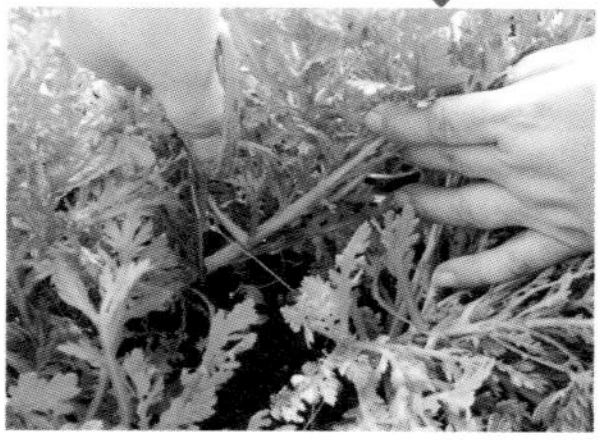

追肥する場合

収穫後、お礼肥として追肥するとよい。

冬対策

シュンギクは霜や低温に弱いので、霜が下りる時期になったら、トンネルをかけて防寒する。

3 6月の梅雨の晴れた日 種とり

4月頃に黄色い花が咲く 種が乾燥したら種をとる

4月くらいになるとキク科らしい美しい花が咲く。

そのままおくと、種ができていく。

乾燥したら茎ごと収穫して追熟。完全に乾燥したら手でもんで種をとる。

風を利用して選別。上から下に落とすと、ゴミは風で飛んでいき、充実した種だけ残る。

選別後の種。乾燥剤とともに保存する（➡ P46）。

タカナ

漬け菜や炒め物に美味。
子株を収穫できる品種もある

◆アブラナ科アブラナ属

栽培難易度　ふつう

栽培のポイント

- 9月上旬にまいて年内に株を大きく育てる。
- 寒さに弱いのでトンネルをかけて冬を越し、3月頃にはずす。

おすすめの品種

子株を主に食べる子持ち高菜は、別名つぼみ菜、四川児菜（アーサイ）といい、葉もおいしく食べられる。ほかに、こぶ高菜、ちりめん高菜など。

肥料について

無肥料でも栽培できるが、有機栽培なら、元肥だけでも十分に大きくなるが、生育を見て追肥する（➡P29）。

畑の準備

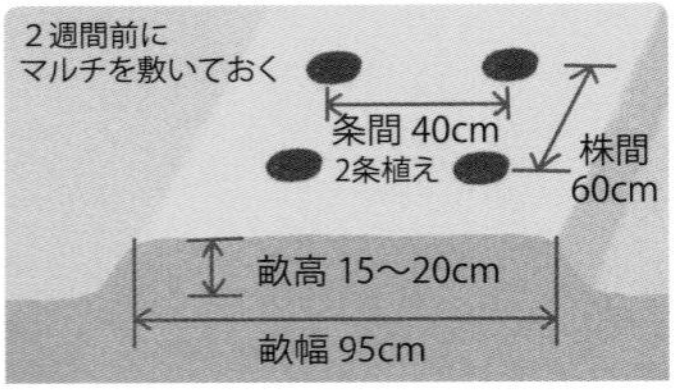

栽培暦

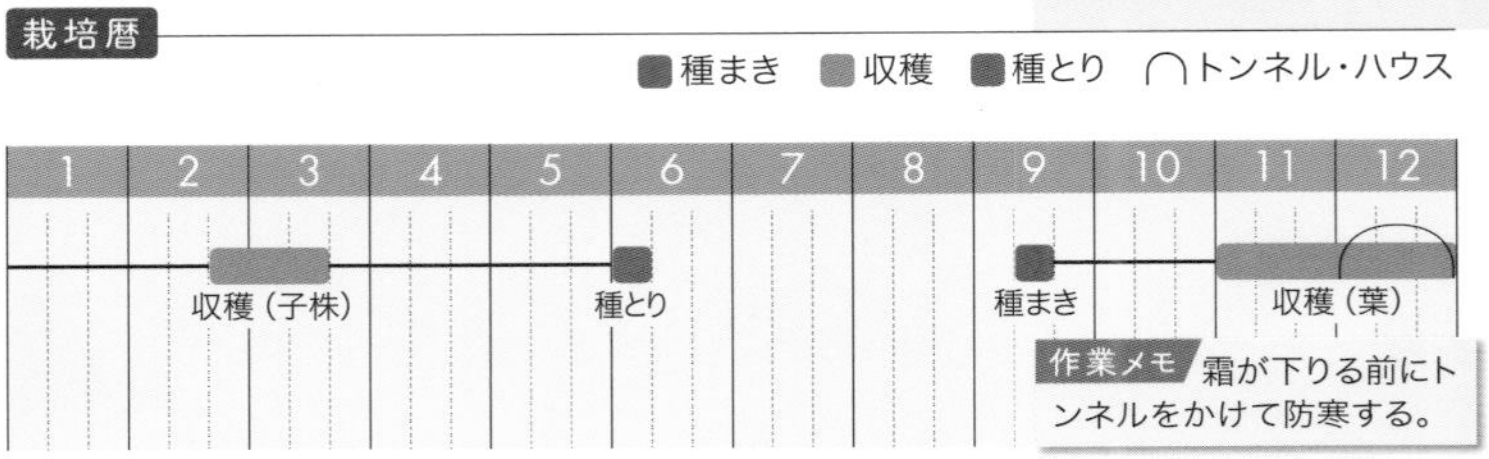

1 種まき　9月中旬頃

1か所に4粒ずつ種まきして育てる

子持ち高菜の種。

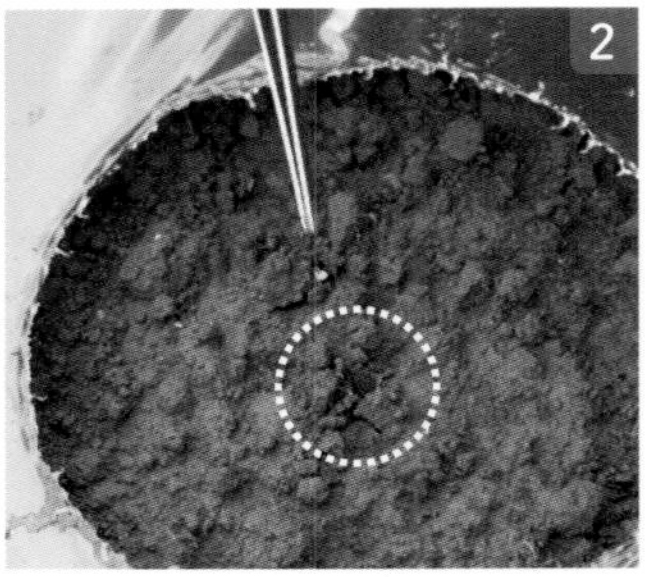

ピンセットで5㎜くらい穴を開ける。

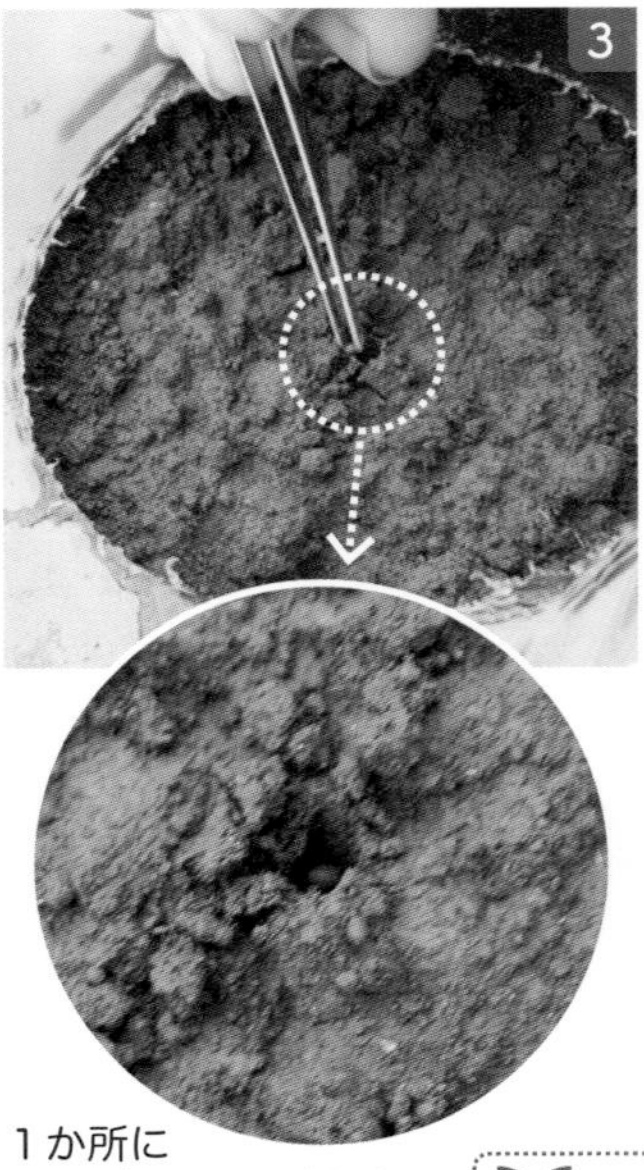

1か所に4粒ずつまく。種が小さいのでピンセットを使うと作業しやすい。

指で軽く土をかけて軽く押して落ち着かせる。雨の後、土が湿っているときにまくと発芽がスムーズ。

タカナの双葉。左の株は本葉が出てきている。もう少し大きく成長してから間引く。

ポットまきの場合

ポットまきで育苗する場合は、3～4粒ずつまいて、本葉2～3枚の頃、畑に植えつける。最終的に生育がよい1株を残して間引きする。

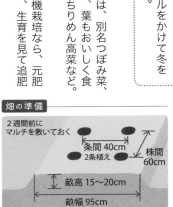

2 間引き・収穫

葉は11月から、トウ立ちや子株は2月下旬〜3月中旬頃

間引きをかねて収穫スタート

本葉2〜3枚の頃、生育がよい2株を残して間引きする。

すくすく成長するタカナ。本格的な冬が訪れる前に、できるだけ大きく育てておきたい。

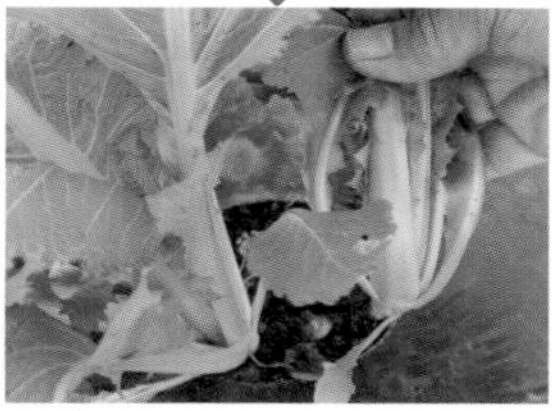

本葉7〜8枚の頃、生育がよい1株を残し、間引きをかねて1株を収穫。若い葉はサラダや漬け菜、炒め物などに。

すじまきした場合は、春まで株間60cmになるように、どんどん間引きをかねて収穫する。

葉を漬け物や炒め物に利用する場合は、草丈20〜25cmくらいで収穫する。

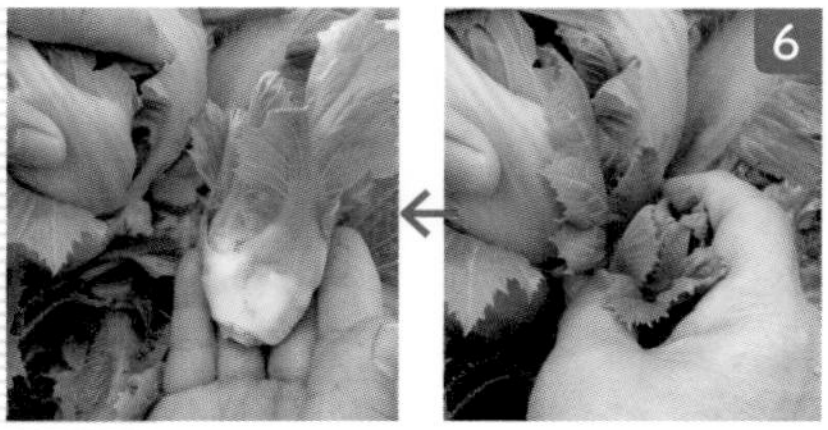

春になると子持ち高菜は子株が出る。ほかのタカナもトウ立ちするので、トウも食べられる。

3 種とり

6月上旬頃

開花後にサヤができ、種ができる

4月頃に黄色い花が咲き、開花後、サヤができる。枯れてきたら、はじける前に茎ごと収穫して、さらに乾燥させる。

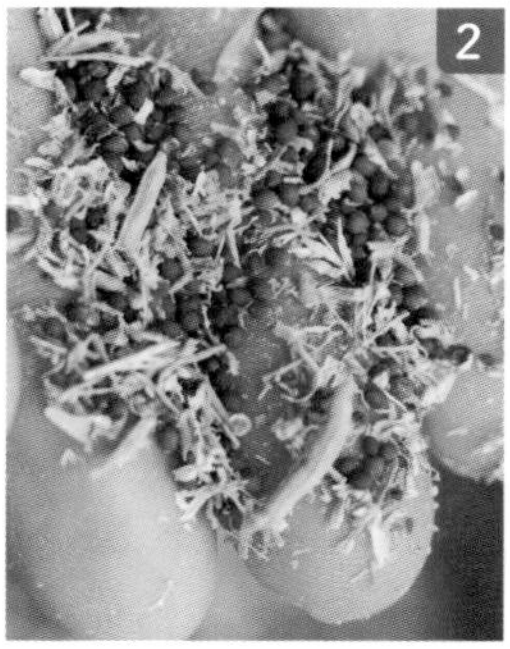

手でもんで種をとり、風などでゴミを分けてから保存する（➡ P46）。

追肥する場合

草丈 10cm前後の頃と、春にトウ立ちしてきた頃に追肥するとよい（➡ P29）。

防寒対策

タカナは低温に弱いので、霜が下りる前にトンネルをかけて防寒する。春にはトウを収穫できる。

ノザワナ

タカナとともに、日本の三大漬け菜に数えられるノザワナ。タカナと同じアブラナ科アブラナ属で、草丈は60〜100cmほどに成長。春まき、秋まきが可能で、春まきは3月下旬〜5月上旬に種まきし、6月上旬〜下旬に収穫。秋まきは9月上旬〜10月上旬に種まきし、11月上旬〜12月上旬に収穫を行なう。

京都の天王寺かぶがルーツといわれるノザワナ。根元についたカブも食べられる。

Q タカナは交雑する？

A カラシナやほかのタカナと交雑するので注意しよう。

冬の寒さに強い中国野菜

タアサイ

◆アブラナ科アブラナ属

栽培難易度　ふつう

栽培のポイント

- 密植して栽培し、コマツナのように立たせて栽培すると収穫しやすい。
- 冬の寒さに当たると葉を地面につくように広げる。

おすすめの品種

固定種のタアサイなど。

肥料について

肥料はなくてもよく育つ。肥料を使うなら元肥を少量入れる（⬇P29）。前作で肥料を使った場合は、入れなくてＯＫ。

畑の準備

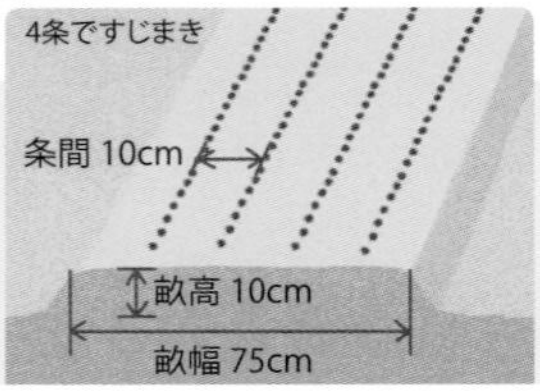

栽培暦

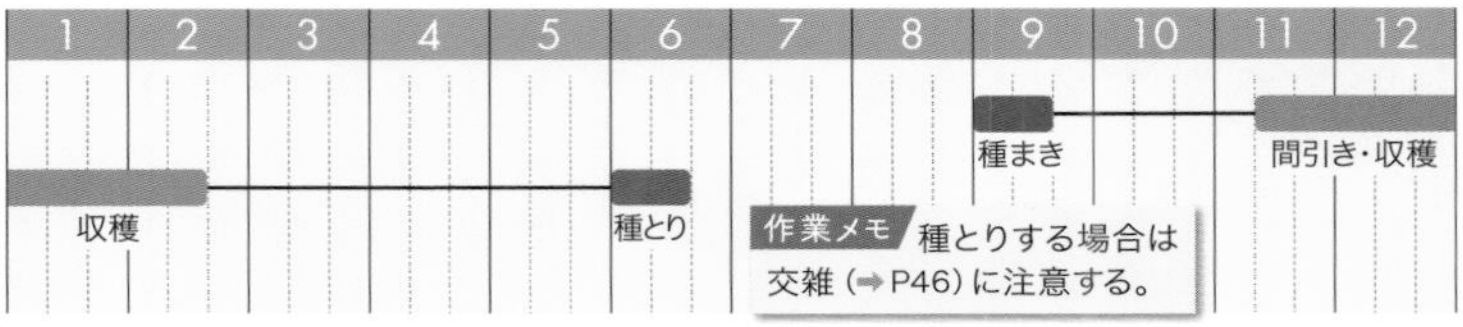

作業メモ　種とりする場合は交雑（➡P46）に注意する。

1 種まき

9月上旬～20日頃

畑にまき溝をつくって、すじまきする

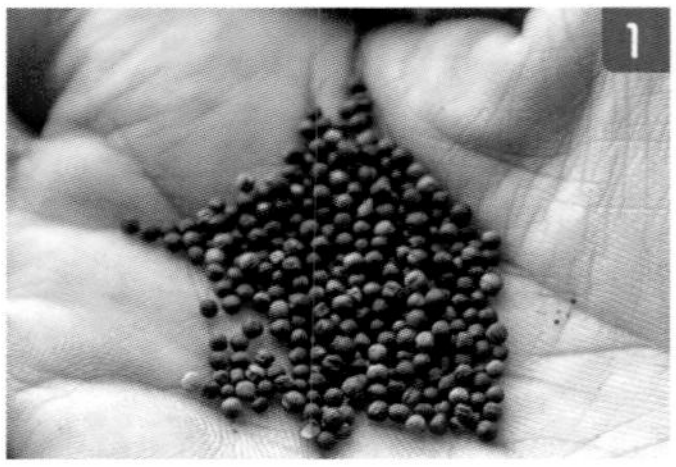

1 タアサイの種。

2 深さ１㎝ほどでまき溝をつくり、１～２㎝間隔ですじまきする。

3 親指と人差し指で土をつまむように軽く覆土する。

4 表面を軽く鎮圧して、土を落ち着かせる。

冬越し対策

寒さに強いので、そのままでも越冬できるが、寒冷紗をベタがけしておくと防寒になる。

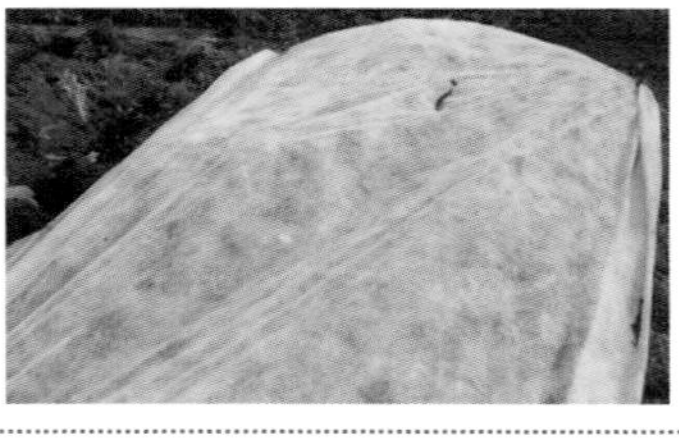

2 間引き・収穫 11月中旬～2月中旬頃

間引きをかねて収穫していく

すくすくと成長するタアサイ。

草丈5cmの頃から、間引きをかねて収穫する。若い葉はサラダにも向く。

すじまきで密植すると、コマツナのように立って育つので収穫しやすい。

株元を切って収穫。

成熟した株は炒めたり、スープに入れるとおいしい。

成長し、寒くなってくると葉を広げ、地面にはりつくようになる。

気温が下がり、霜に当たると甘さが増す。

よい苗を育てるのが成功のコツ！

タマネギ

◆ヒガンバナ科ネギ属

栽培のポイント

- よい苗を植えることが大切なので、自分で苗を育てよう。
- 育苗時はしっかり除草し、徒長しないように管理する。

おすすめの品種

ノンクーラー、浜育、ジェットボール、湘南レッドなどは固定種で種とりできる。

肥料について

肥料がなくても育つが、初心者は施肥するのがおすすめ。元肥（➡P29）を入れるとよい。追肥をする場合は1月末までに済ませる。

栽培難易度　むずかしい

畑の準備

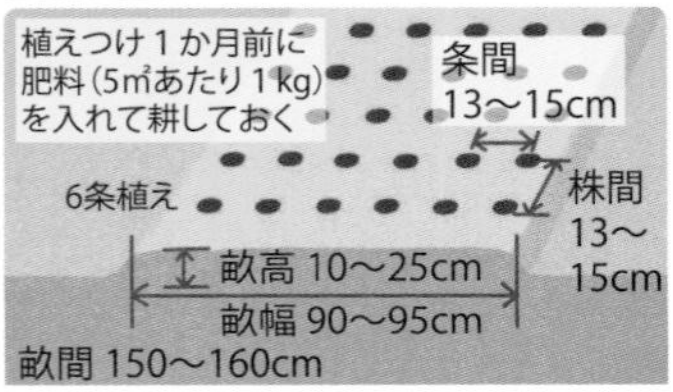

栽培暦

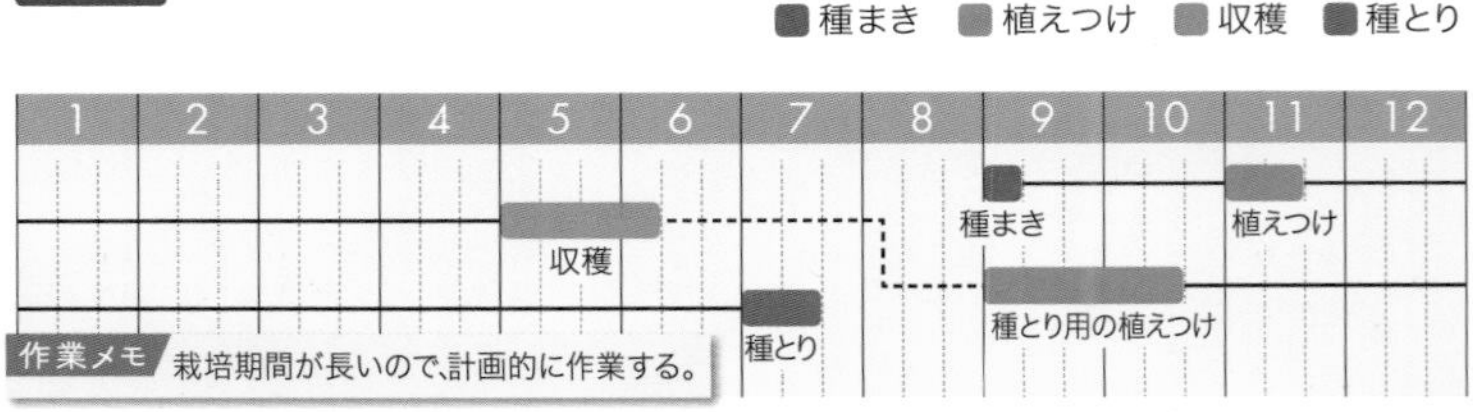

1 種まき・育苗

9月上旬頃

育苗用の畝に種まきし50～60日育苗する

タマネギの種。

育苗用の畝を畝幅60～70㎝、畝高5～15㎝でつくる。畝の上に腐葉土を、下の土が見えなくなるぎりぎりの量を薄くまく。

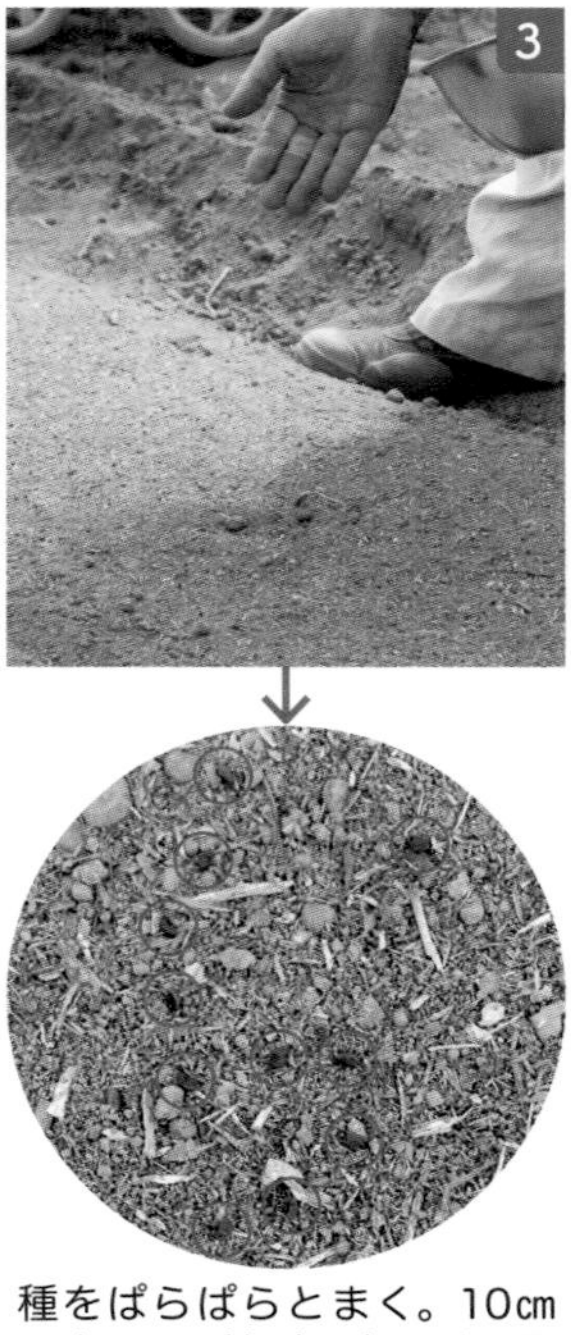

種をぱらぱらとまく。10㎝四方に10粒が目安。手の平を上にして指の間から種を落とすとよい。

畝の周囲の畑の土を薄くまいて覆土。両手で土を持ち、畝の上で左右に動かしながら薄く均一にかける。たっぷり水やりする。

プロのコツ

発芽まで遮光ネットかワラをかけて乾燥を防ぐ。約1週間後、発芽がそろったらとり除く。

ポットまきの場合

家庭菜園ではポットで育苗してもよい。ポットに数粒ずつまいて、植えつけまで育てる。

2 苗とり・植えつけ

11月上旬～中旬頃

苗を掘りとり、定植する。鉛筆よりやや細めが目安

生育中の苗。徒長しないようにときどき除草して、よい苗を育てる。

苗を掘りとる。草丈20～25㎝、太さは直径7～8㎜、鉛筆以下くらいが目安。11月上旬なら20㎝、中旬なら25㎝くらいがよい。根を傷めないないように移植ゴテで掘る。

ポイント

小さすぎると冬に枯れやすく、大きすぎると春にトウ立ちしやすい。ちょうどよい苗を選ぶ。

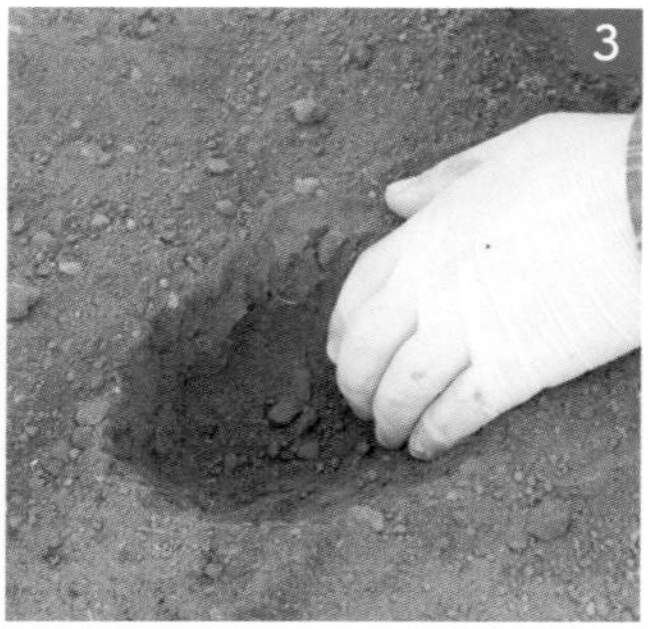

畑に植え穴を掘る。

白い玉の部分がしっかり埋まる深さで、かつ分けつ部が地上に出る深さに植える。

株間条間ともに13～15㎝。植えつけ後は、しっかり水やりする。

生育中の苗。冬場に霜が下りると苗が盛り上がってしまうので、霜柱が立ったら足で苗のまわりの土を踏んでおくとよい。

タマネギの品種

赤タマネギ

湘南レッド。神奈川県で生まれた生食用のタマネギで赤い鮮やかな色。黄タマネギより辛味や刺激が少なくサラダなどにも向く。種まきは9月20日頃で、育て方は普通のタマネギと同様。

3 収穫・貯蔵

5月上旬〜6月上旬

茎が倒れるのが収穫のサイン！

春になるとどんどん玉が大きくなる。

茎が倒れて1週間後くらいが収穫どき。長雨に当たると傷みやすいので、梅雨入り前までに収穫。

玉の部分を持って引き抜く。

4〜5個ずつまとめて、麻ヒモなどで束ねる。

軒下などの雨がかからず、風通しがよい場所につるして貯蔵する。つるせないときは茎を切ってコンテナなどに入れて保管。

4 種とり

9月上旬〜10月中旬頃に母本を植えつけ

生育がよいものを母本に選んで植える

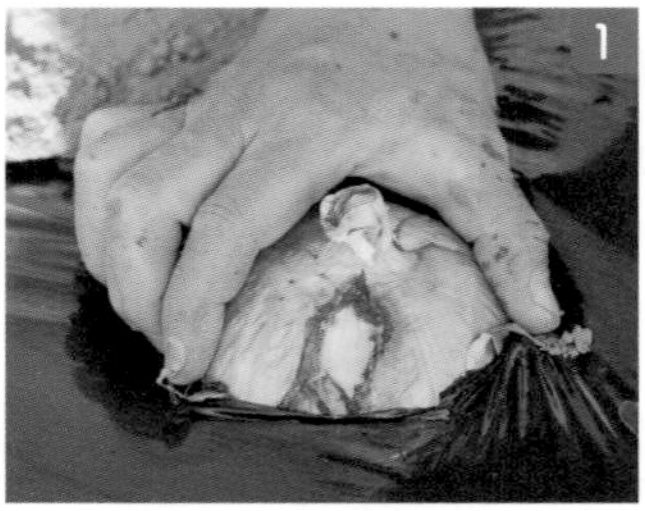

生育がよく、トウ立ちしなかったもの、左右対称で病気がないものを母本に選んで保管しておく。9〜10月に種とり用の畝にマルチをして、株間50㎝で植える。玉が3分の1ほど埋まるくらいが深さの目安。

葉茎を伸ばして成長していく。

Q 人工受粉は必要？

A 受粉は昆虫にしてもらってもよいが、人工受粉をすると確実。ほかの品種のタマネギと交雑しないように注意。

1 手の平で花を包むようにさわる。

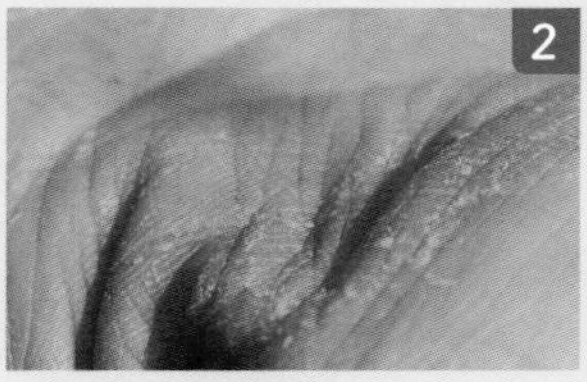
2 手についた花粉。

3 他の花をやさしくつけて受粉させる。

4 受粉すると結実してくる。

5

乾燥して種がこぼれそうになってきたら、ネギ坊主の下30㎝くらいで刈りとる。さらに1～2週間追熟させる。

6

ネギ坊主をトントンして種とりし、保管する（➡ P46）。

3 4月頃、花茎が伸びる。150㎝ほど伸びるので、周囲に支柱を立て、ヒモを渡して倒伏を予防するとよい。

4 タマネギの花。

種まき後はトンネルをかけて害虫を予防しよう

チンゲンサイ

◆アブラナ科アブラナ属

栽培難易度　やさしい

栽培のポイント

- 水はけよい土を好むので高畝で育てる。
- 密植すると病害虫が出やすいので株間を12～15㎝ほどあける。

おすすめの品種

固定種の中生チンゲンサイは肥料が少なくてもよくできて、おいしい。

肥料について

肥料がなくてもできるが、水はけが悪い土壌では元肥（⬇P29）を入れたほうがよい。

畑の準備

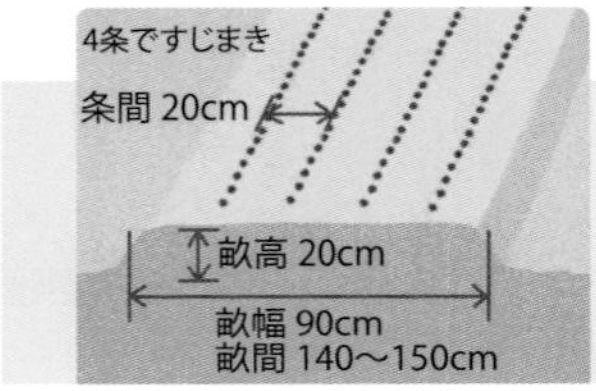

栽培暦

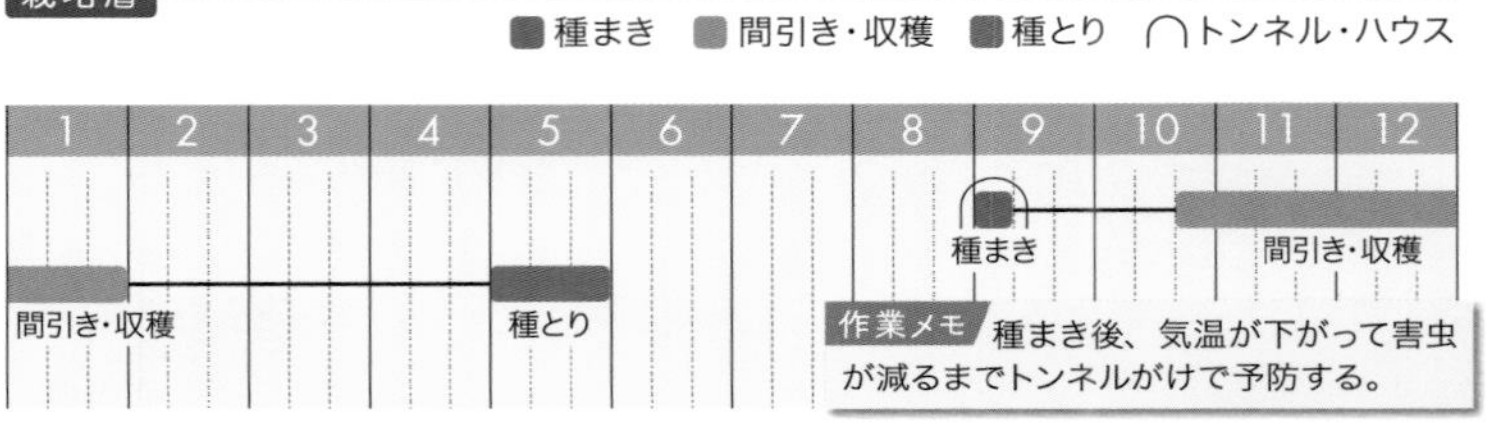

1 種まき　9月上旬頃

株間をとって直まきする

チンゲンサイの種。

まき溝を深さ1㎝ほどにつけ、12～15㎝間隔で1粒ずつまく。

土をかけて薄く覆土し、表面を落ち着かせる。土が乾燥している場合は水やりする。

Q　すじまきでもOK？

A　家庭菜園では10㎝に5～6粒ほどすじまきして、間引きをかねて収穫しつつ、最終的に株間15㎝くらいにするように育ててもよい。

2 間引き・収穫　10月下旬～1月下旬頃

根元を切って収穫する

チンゲンサイの双葉。種まきから約5日後。

株が混み合っている場合は、間引きして株間15㎝くらいにする。

株が十分に大きくなったら、株元を切って収穫する。

プロのコツ

トンネルで防虫

種まきの時期はまだ気温が高く、シンクイムシなどの害虫が多いので、トンネルをかけて防虫するとよい。風通しが悪いとアブラムシや白さび病が出るので、隣の株と重なり合うようになったらトンネルをはずす。

3 種とり

5月上旬～下旬頃

サヤがはじける前にとり込んで追熟させる

1 よく育っているものを母本に選び、根を傷つけないように掘りとり、種とり用の畝に株間30㎝で植えつける。

2 春になると黄色い花が咲き、開花後、サヤができる。

3 草丈が大きくなるので、支柱とヒモで倒伏を防ぐ。

4 サヤが緑から黄色になったら、はじける前に株元から切ってとり込み、雨がかからない場所で１週間追熟させる。

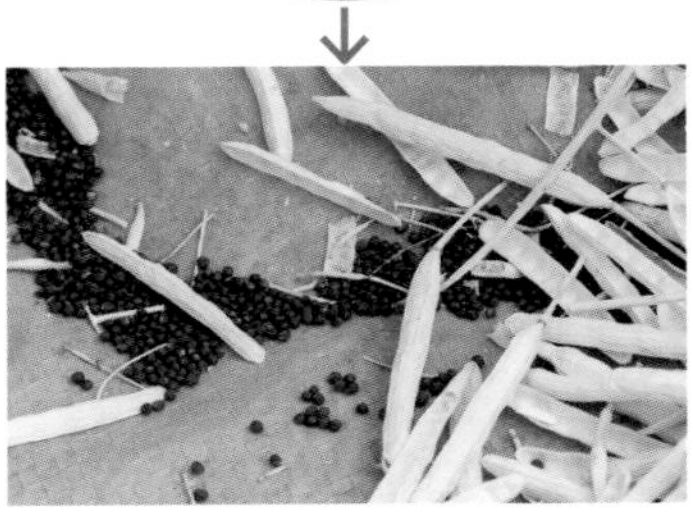

5 すっかり乾燥していれば、たたくだけで種が落ちる。

6 目の粗いふるいなどを使って、種とサヤなどのゴミを分ける。

7 扇風機や風を使い、軽いゴミを吹き飛ばして種を選別する。

8 種だけになったら、密閉容器などに乾燥剤と一緒に入れて、冷蔵庫で保管する。名前と採種日を書いておく。

交雑に注意

アブラナ科は交雑しやすいので、種をとる場合は、隔離できる場所に移植して、交雑を防ごう。

ツルムラサキ

栄養価の高い夏野菜。
食味のよい緑茎系種が人気

◆ツルムラサキ科ツルムラサキ属

栽培のポイント

- 病害虫が少なく、丈夫で育てやすい。
- 摘芯をしてわき芽を育て、わき芽の柔らかい先端部分を収穫する。

おすすめの品種

紫茎系種と緑茎系種がある。

肥料について

無肥料でもよく育つ。有機栽培では元肥を入れるとよい（➡P29）。

栽培難易度 やさしい

畑の準備

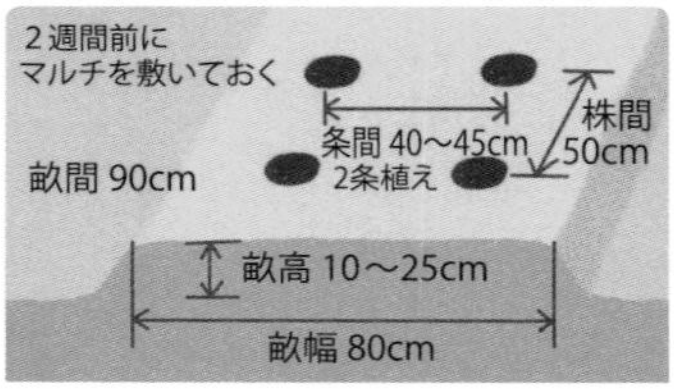

栽培暦

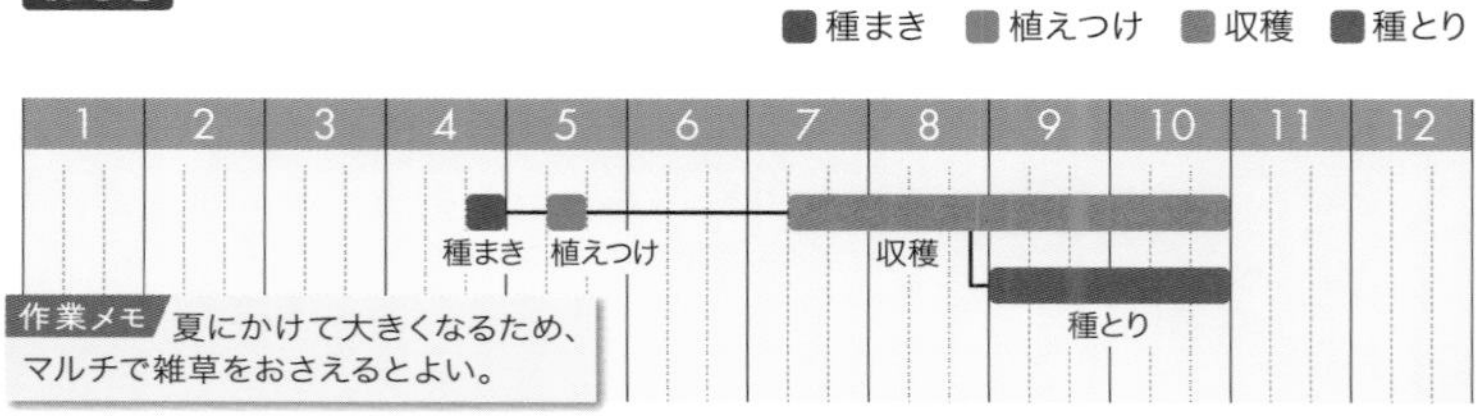

作業メモ 夏にかけて大きくなるため、マルチで雑草をおさえるとよい。

1 種まき・植えつけ 4月下旬頃

十分暖かくなってから種をまく

1 ツルムラサキの種。緑茎種。

2 ポットに育苗土を入れ（➡P34）、3粒ずつまく。

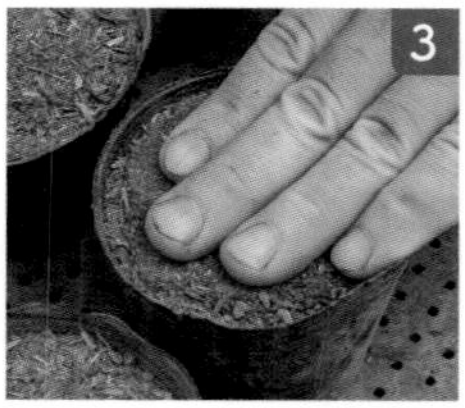
3 薄く土をかけて軽く押し、たっぷりと水やりして育苗する。本葉が2、3枚になったら間引きし、生育のよい苗1本を残す。

4 植え穴を掘り、根を傷めないようポットをやさしく抜く。

5 根鉢を崩さないようにていねいに植え、土を入れて植えつけ完了。

6 旺盛に成長するツルムラサキ。

直まきの場合

直まきする場合は、すじまきして間引きをしながら育てる。

2 収穫 7月中旬〜10月下旬頃

茎の先端を摘みとって収穫する

1 草丈が60㎝ほどになったら、摘芯をかねて収穫スタート。

2 つる先の柔らかい部分をハサミで切るか、手で折って収穫。手で折れる茎は、柔らかく食べやすい。わき芽をたくさん出して成長するため、長期間収穫できる。

ツルムラサキの原種

紫茎系種はツルムラサキの原種で、緑茎系種より葉が小さく茎も細い。わき芽をかいて主茎を残すと大きな葉がつき、葉だけをつんで収穫する。または主茎を摘芯してわき芽を株立ちさせ、わき芽が柔らかいうちに収穫する。花も食用になり、葉とともにおひたしに。

種とりについて 花後につく実が黒く色づいたら収穫し、果肉を洗い流すと、ひとつの実につきひとつの種がとれる。保存方法はP46を参照。

江戸を中心に栽培されてきたハクサイの一種

東京ベカナ

◆アブラナ科アブラナ属

栽培難易度　やさしい

栽培のポイント

- 10日から2週間ごとに数回まくと、長期間楽しめる。
- 春まきも可能だが、9〜10月まきの秋まきがつくりやすい。

おすすめの品種

1品種のみ。東京べか菜、べか菜、山東べか菜などと呼ばれる。

肥料について

肥料がなくてもよく育つ。有機栽培の場合、元肥と追肥（草丈5㎝の頃）を行なう（⬇P29）。

畑の準備

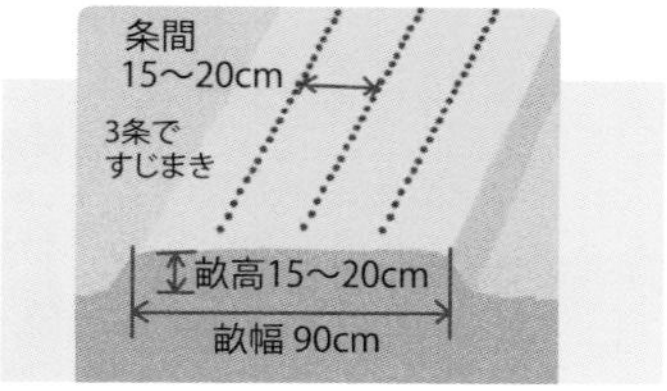

栽培暦

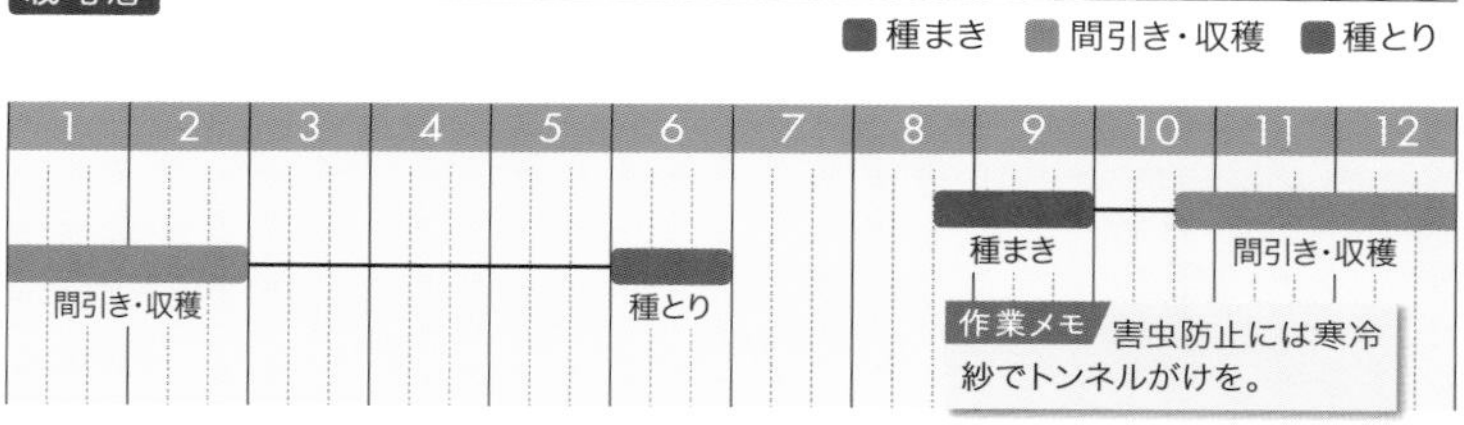

作業メモ　害虫防止には寒冷紗でトンネルがけを。

1 種まき　8月下旬〜9月下旬頃

直まきならすじまき
ポットまきなら2〜3粒まきに

東京べか菜の種。

まき溝を深さ1㎝ほどにつけ、5㎝間隔で2〜3粒ずつすじまきする。

親指と人差し指で土をつまむように覆土し、手で土の表面を落ち着かせる。

ポットまきの場合

ポットに2〜3粒ずつ種まきし、最終的に生育のよい株を1本残して間引き。本葉4〜5枚の頃、畑に定植する。

2 間引き　10月下旬頃から段階的に

混み合うところは
間引きをかねて収穫

発芽してきた東京べか菜の苗。

苗が混んできたら、間引きをかねて収穫する。指2本間隔くらいに間引くとよい。

最終的に株間30㎝になるくらいを目安に、2〜3回間引きをする。

3 収穫　10月下旬〜2月下旬頃

葉が25㎝程度になったら収穫

葉が25㎝前後に成長したら収穫する。

ハサミの先を土に入れ、根を切るようにする。

種とりについて

収穫せずに畑に置いておくとトウが立ち、4月頃に黄色い花が咲いてサヤができる。6月頃サヤが枯れると、種とりが可能（チンゲンサイ P135 を参照）。ただし、ほかのアブラナ科と交雑しやすいため、注意が必要（➡ P46）。

ニラ

長期間、収穫できる家庭菜園のホープ

◆ヒガンバナ科ネギ属

栽培のポイント

- 種と苗が売っているので、初心者は苗からだと育てやすい。
- 一度植えると3～4年収穫できる。

おすすめの品種

大きく育つ固定種のたいりょうほか、ワンダーグリーンベルト、花ニラなど。

肥料について

肥料があるほうがよく育つ。有機栽培では、元肥と追肥を行なう（➡P29）。

栽培難易度　やさしい

畑の準備

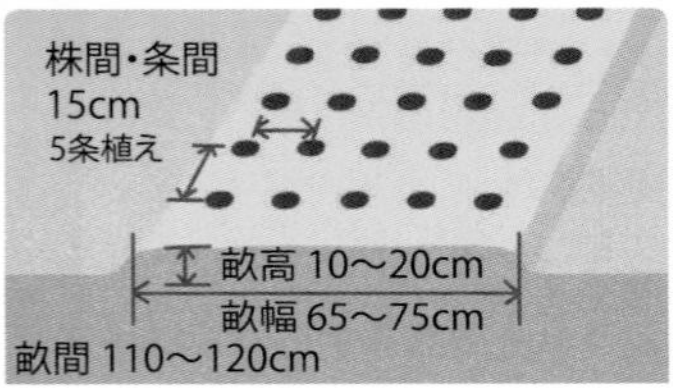

栽培暦

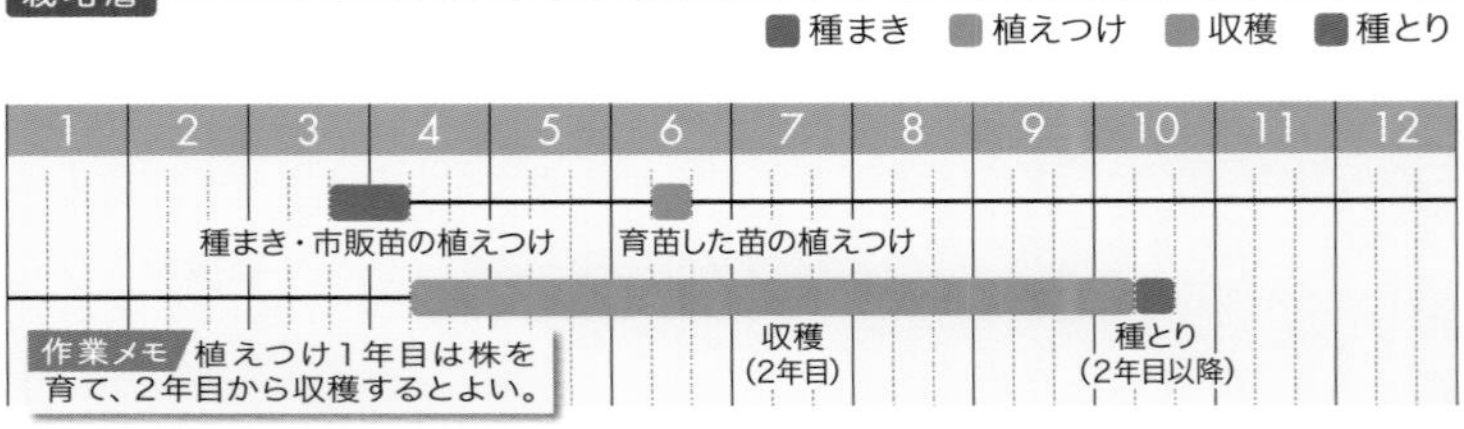

1 苗の植えつけ

3月下旬～4月上旬頃

長く育てるので、場所を考えて植える

植え穴を掘り、苗を植えつける。長期間、栽培するので、畑のフチなどに植えるほか、堆肥枠のすぐ横だとよく育つ。

見えなくなるくらい、完全に覆土し、たっぷり水やりする。

直まきする場合

雑草に負けやすいので、マルチを敷き、1穴に3～4粒ずつまいて育てる。まき時期は、3月下旬～4月上旬頃が目安。

Q 種から育てるときは？

A 種から育てる場合は、植えつけた翌年も株を育て、収穫は3年目から行なうとよい。

ニラの種。

ポットやプランターにすじまきし、暖かい場所で育てる。

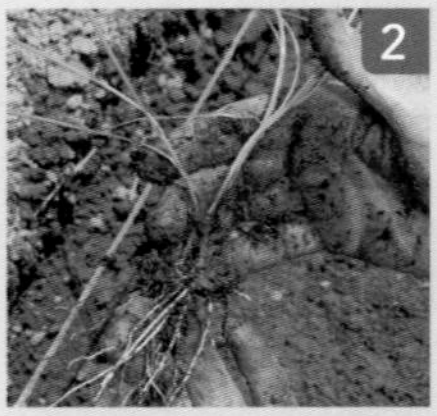

苗の草丈20㎝くらいで植えつけ。茎が分かれている部分が地上に出るように覆土する。

畑に1本ずつ、株間15～20㎝で植える。マルチをしておくと、除草の手間が少なく、よく育つ。

2 株を育てる

1〜2年目

苗なら1年、種からなら2年

はじめの1〜2年は、株を大きく育てる。

葉がたくさん出てきたら、収穫してもOK。

プロのコツ ニラの株分け

ニラは同じ場所で育てていると、だんだん収量が落ちるので、数年たって、葉数が減ってきたら、株分けして植えかえる。

11月頃、葉が枯れたら株分けの適期。

掘り起こす。

株分けして、2〜3株ずつ植えつける。

3 収穫

4月中旬〜10月上旬頃

苗の植えつけから、2年目以降に

株が大きくなり、葉が育ってきたら収穫。

株元をカマやハサミで切って収穫する。

根元を残しておくと、春から秋まで、次々に収穫できる。

追肥

収穫後、お礼肥として追肥するとよい。

4 開花と種とり

7月〜10月頃

夏に開花し、秋に結実

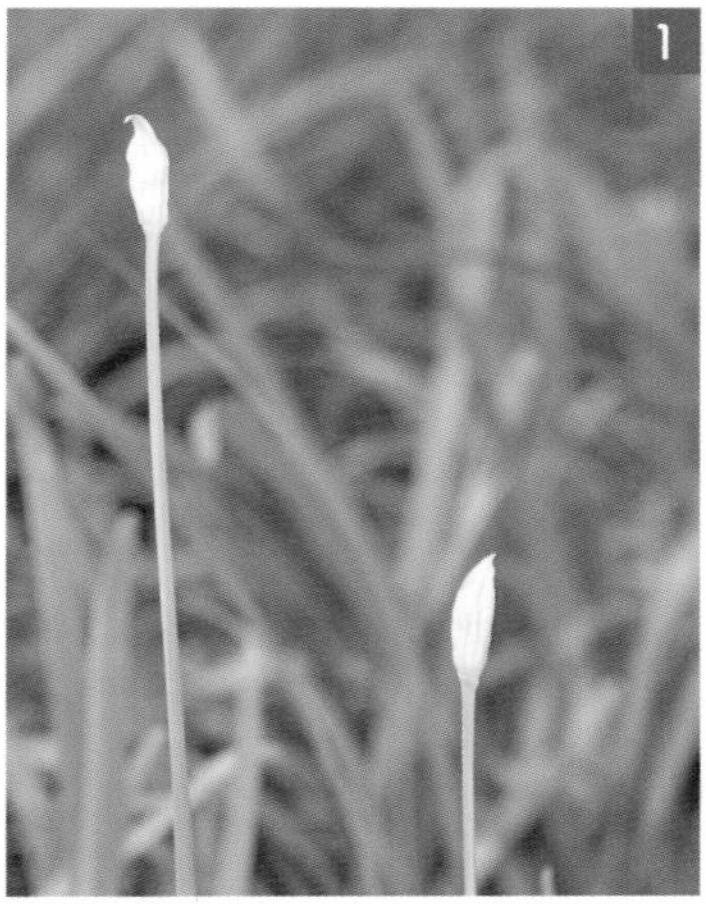

7〜8月になるとつぼみが伸びてくる。つぼみはつんで、花ニラとして食用できる。

白い花が夏に咲くと、シジミチョウやハチなどたくさんの昆虫が訪れる。

秋に結実するので、畑に落ちる前にとり込んで種とりして、保存する(➡ P46)。

秋に種球を植えつけて、翌5月頃に収穫する

ニンニク

◆ヒガンバナ科ネギ属

栽培難易度 ふつう

栽培のポイント

- 水はけがよい土を好むので、排水性が悪い畑では高畝にする。
- 4月以降収穫までの肥大する時期は、水がたくさん必要なので、土が乾燥している場合は水やりする。

おすすめの品種と肥料

暖地栽培向け品種（平戸にんにく、上海早生、博多八片）は肥料がなくても育つが、寒冷地栽培向け品種（ホワイト六片）は肥料があったほうが育ちやすい傾向がある。有機栽培では、元肥と追肥をする（⬇P29）。

畑の準備

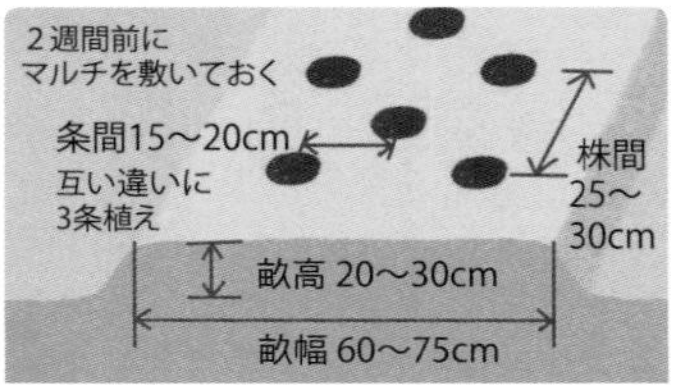

栽培暦

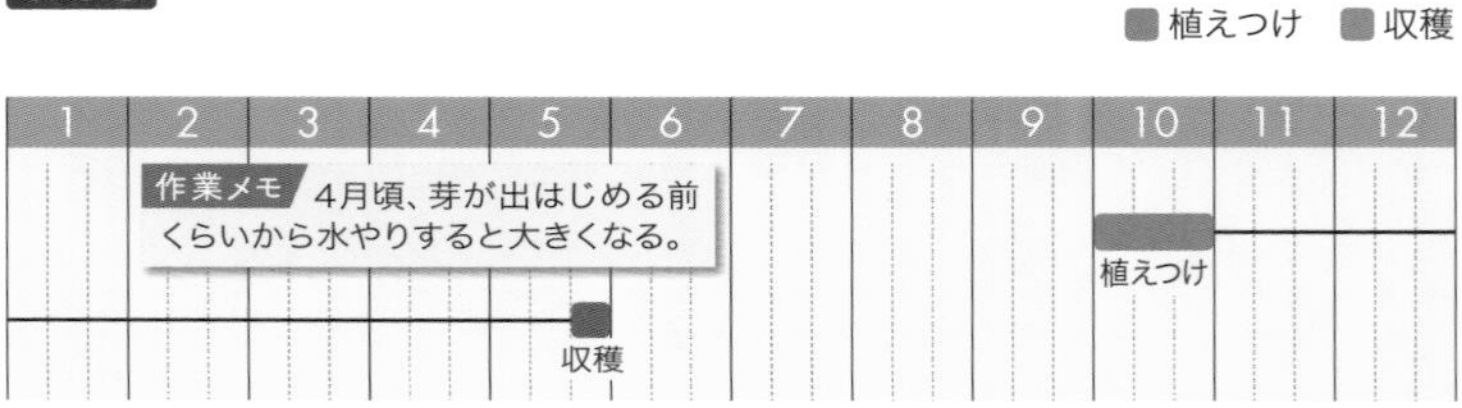

1 植えつけ

10月上旬～下旬頃

雑草予防と地温&湿度対策にマルチを敷くとよい

1 平戸ニンニクの種球。

2 種球を1片ずつに分ける。皮はむかなくてよい。

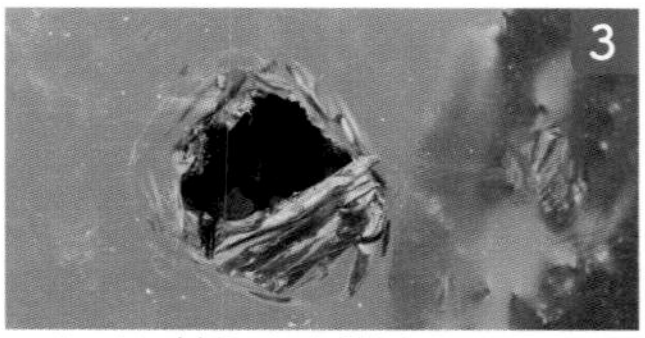

3 マルチに植え穴を開ける。

4 マルチ穴に押しこむように植える。

5 カラスなど鳥にいたずらされないように、軽く覆土する。

6 芽が出てきたところ。植えつけから約1か月後の様子。

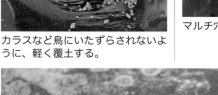

2 管理作業 4月～5月頃、芽が伸びてきたら

芽を収穫して、株を育てる

12月頃のニンニク。

4月頃のニンニク。葉の生育にともなって、主球も大きくなっていく。

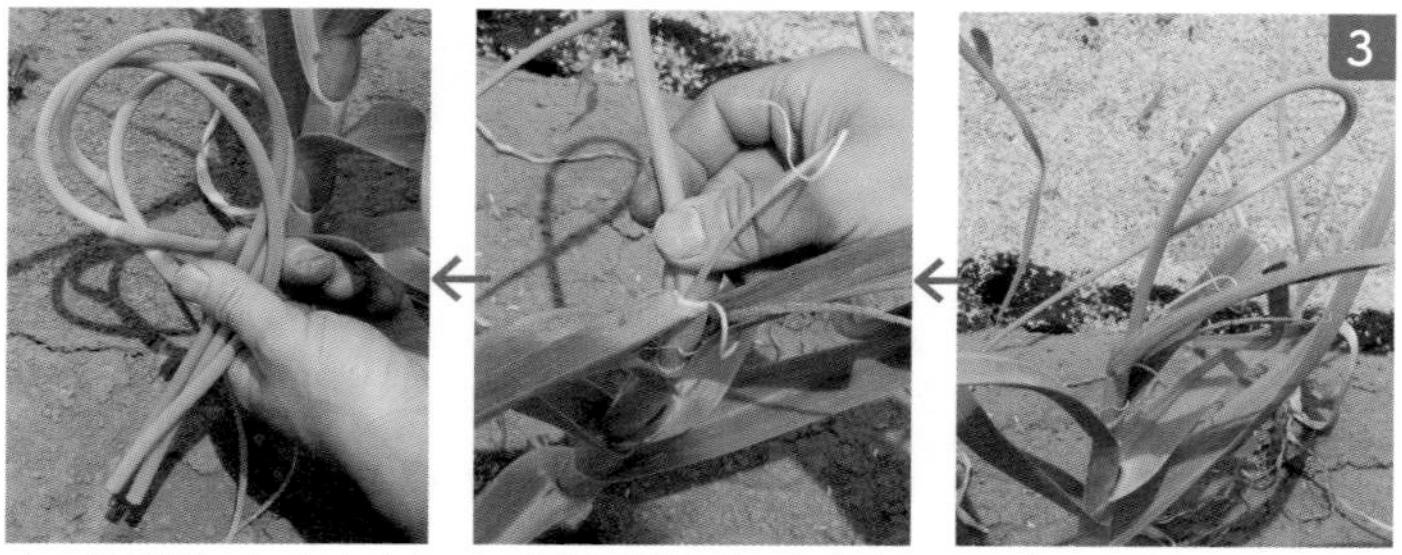

4～5月頃、トウ立ちしてつぼみが伸びてきたら、つみとる。長さは40㎝くらいが目安。ニンニクの芽として炒め物などに利用できるが、芽が出ない品種もある。

Q 芽かきは必要？

A 草丈15cm前後のとき、1株から2つ以上の芽が出ているときは、細いほうをつみとる芽かきを行なうと株の生育がよくなるが、芽かきはしなくてもOK。

株に手をそえて、細いほうを抜きとる。

追肥する場合

年内に1回行なうとよい。

3 収穫 5月下旬頃

茎葉が枯れてきた頃、収穫する

葉や茎が半分くらい枯れてきた頃が、収穫の目安。

根元を持ってゆっくり引き抜く。

収穫後は、1週間ほど畑において乾燥させる。雨が降りそうなときは、雨のかからない風通しがよい場所にとり込む。

保管は、数個ずつ縛って軒下などにつるすか、茎を切ってコンテナなどに入れて冷暗所に保管。翌年の種球にする親ニンニクは、冷蔵すると分球が多くなる傾向があるので、風通しがよい冷暗所に保管。

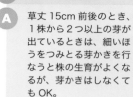

ネギ

種まきから収穫まで1年以上かかるので じっくり栽培しよう

◆ヒガンバナ科ネギ属

栽培のポイント

- ●苗づくりでは、初期の除草をしっかりやる。
- ●軟白部分を長くするために、土寄せを2〜3回行なう。

おすすめの品種

石倉根深一本ネギの柔らかさと味は絶品。ほかに、余り目一本ネギ、下仁田ネギ、九条ネギなど。以上は固定種。F1種はまっすぐで硬いが、春まきして年内に収穫できるものもある。

肥料について

肥料がなくてもできるが、植えつけ時に元肥を入れる（➡P29）と育てやすい。追肥はしなくてOK。

栽培難易度　ふつう

畑の準備

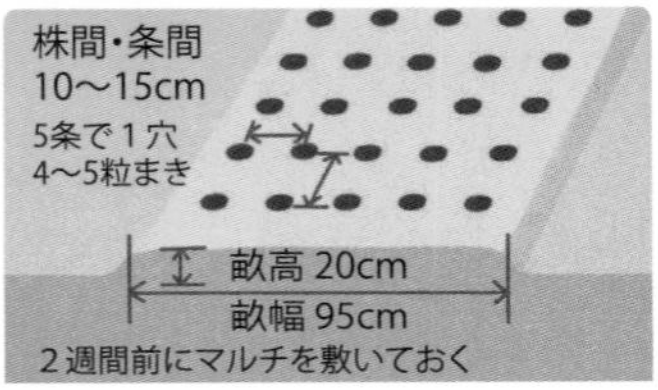

栽培暦

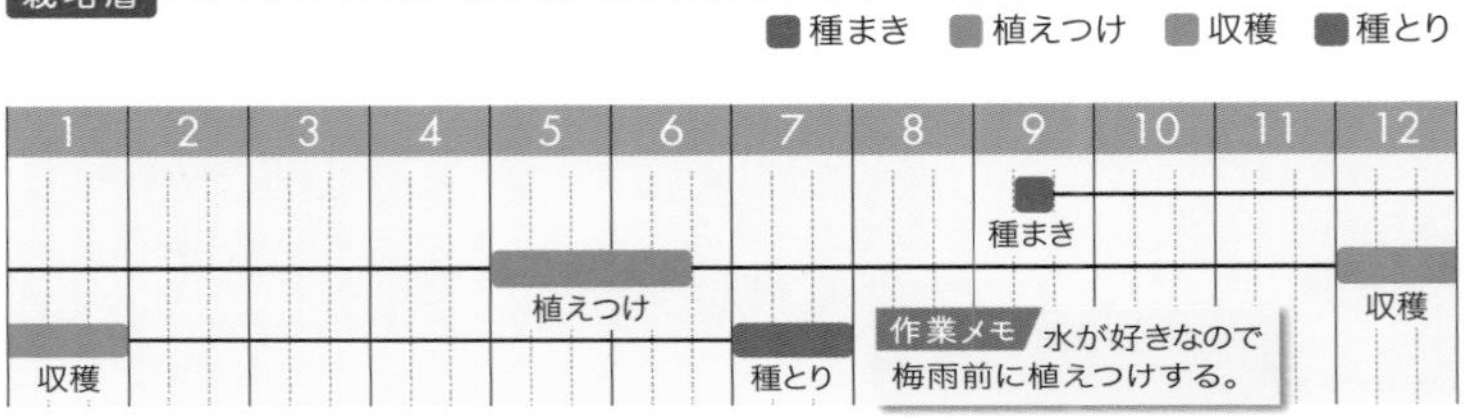

1 種まき

9月中旬頃

マルチ穴に数粒ずつまく

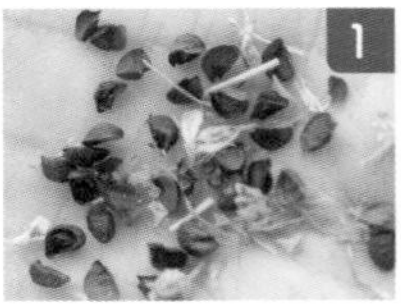

石倉根深一本ネギの種。マルチ穴1か所につき、4〜5粒ずつばらまきし、ふるいをかけた細かい土を軽くかけて押さえる。

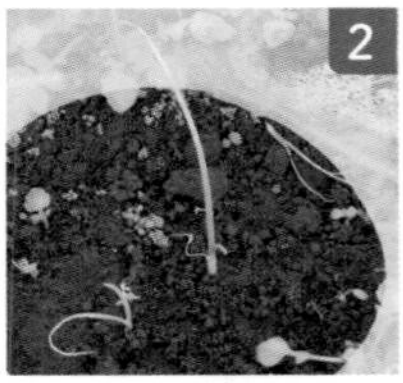

発芽してきたネギの苗。

気温が下がってきたら、霜対策としてトンネルがけ（➡P39）をすると安心。4月くらいまでかけておく。

雑草を抜く

育苗ではとくに世話はないが、草に負けないように除草しよう。

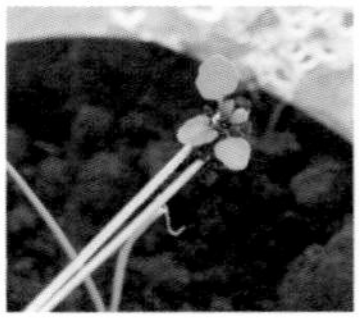

小さい草は、ピンセットを使うと抜きやすい。

2 植えつけ

有機栽培は5月・自然栽培は6月中旬頃

梅雨の前に植えつけておく

苗の太さが1〜2㎝になった頃、植えつける。根を傷めないようにやさしく掘り起こす。

植え穴を掘る。20㎝深さが目安。元肥を入れる場合は、植え穴に肥料を入れて少し土を戻しておく。

株間5㎝で苗をおく。

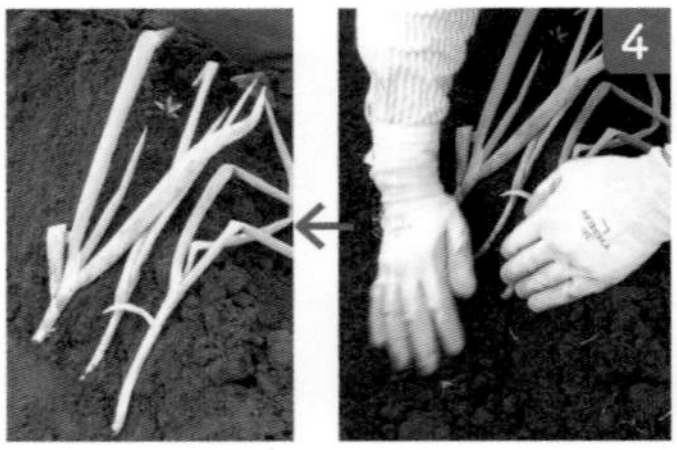

根の部分が隠れるように土をかける。落ち葉や腐葉土などを根元において乾燥対策をするとよい。

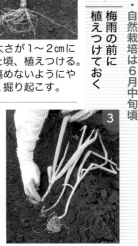

3 土寄せ

ネギの生育に合わせて
白い部分に土を寄せる

白い部分が伸びてきたら、土寄せする。茎が分かれている部分は成長点なので、その上には土をかけないこと。

反対側も同様に土寄せする。

ポイント

土寄せすることで白い部分が長くなる。生育に合わせて２～３回行なう。土寄せは強風による倒伏予防にもなる。

市販苗の場合

家庭菜園で種から育てるのが大変なときは、市販の苗を植えてもよい。その場合は元肥をしっかり入れること。

4 収穫

12月上旬～1月下旬頃
土を掘ってから
やさしく引き抜く

ネギが太くなってきたら、使うたびに収穫していく。いきなり抜くと折れることがあるので、クワなどで土を掘る。

反対側も同様に掘る。

土の中まで手を入れて持ち、やさしく引き抜いて収穫。

群馬県下仁田町で栽培されてきた下仁田ネギは、軟白部分が太く短いのが特徴。栽培法は同じ。

5 種とり

7月上旬～下旬頃
ネギ坊主ができて
熟したらとり込む

収穫時期に生育がよいものを母本に選び、種とりする場所に移植しておく。５～６月頃、ネギ坊主が出てくる。

病害虫対策

ネギアブラムシなどを見つけたら、とり除く。

結実してきたら、花に雨を当てないように管理。雨が当たると発芽してしまうことがある。

全体に種が充実し、さわると落ちるくらいになったら、ネギ坊主を刈りとる。乾燥させて、種とりして保存する（➡ P46）。栽培に１年以上かかるので、とった種から苗づくりができるのは２年目から。

葉っぱもトウもおいしい！
種とりしやすい家庭菜園向きの菜花

ノラボウナ

◆アブラナ科アブラナ属

栽培難易度　やさしい

栽培のポイント

- 収量が多く、甘くておいしい菜花で、初心者でも育てやすい家庭菜園向きの野菜。
- 水はけよく高畝で育てるとよい。

おすすめの品種

固定種ののらぼう菜1種。江戸時代は「ジャバ菜」の名で栽培された。

肥料について

肥料がなくてもよく育つが、有機栽培では元肥と追肥を行なう（➡P29）。

畑の準備

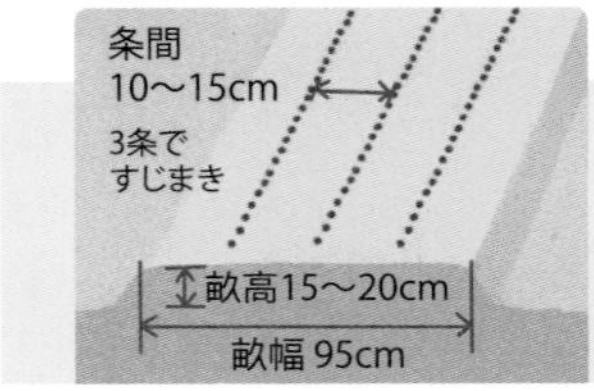

栽培暦

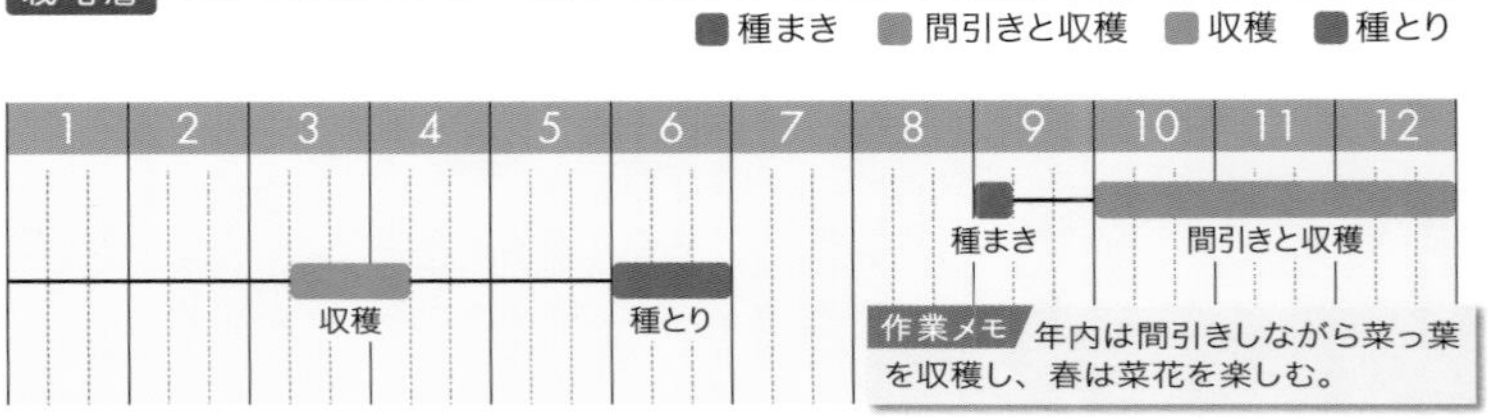

1 種まき　9月上旬頃

マルチなしの高畝にすじまき

ノラボウナの種。

畑に直まきする。深さ1㎝、直径5㎝ほどのまき穴をつくり、2～3粒ずつまく。

軽く覆土して落ち着かせる。

すじまきする場合　点まきのほか、すじまきしてもOK。

まき溝をつくる。条間は10～15㎝が目安。

5㎝に2～3粒ずつになるようにすじまきする。

親指と人差し指で土をつまむように覆土。

表面を落ち着かせる。

2 間引き

10月上旬～12月下旬頃

混み合う部分は、間引いていく

1 発芽してきたノラボウナの苗。

2 雑草に負けないように、こまめに除草しながら育てる。

3 混んでいるところは間引く。3本を1本残しに。

追肥する場合

追肥する場合は、草丈10～15㎝の頃に行なう。春に成長の勢いがついてきた頃、2回目の追肥。

3 収穫

11月上旬～12月下旬・3月中旬～4月上旬頃

年内は葉を春は菜花を収穫

1 すじまきした場合、混み合ってくるので、間引きをかねてどんどん収穫する。

2 根元からハサミで切って収穫。

3 低温に強いので、そのまま冬越しできる。

4 春にトウ立ちして菜花がつくので、つぼみを手で折って収穫する。

病害虫対策

苗が小さいうちは、ヨトウムシやアオムシがつくので、見つけたらとり除く。トンネルをかけて予防してもよい。

4 種とり

6月上旬～下旬頃

黄色い花が咲いた後にサヤができる

1 5月頃にアブラナ科らしい黄色い花が咲く。

2 種が入ったサヤができるので、茶色く枯れるまで畑におく。

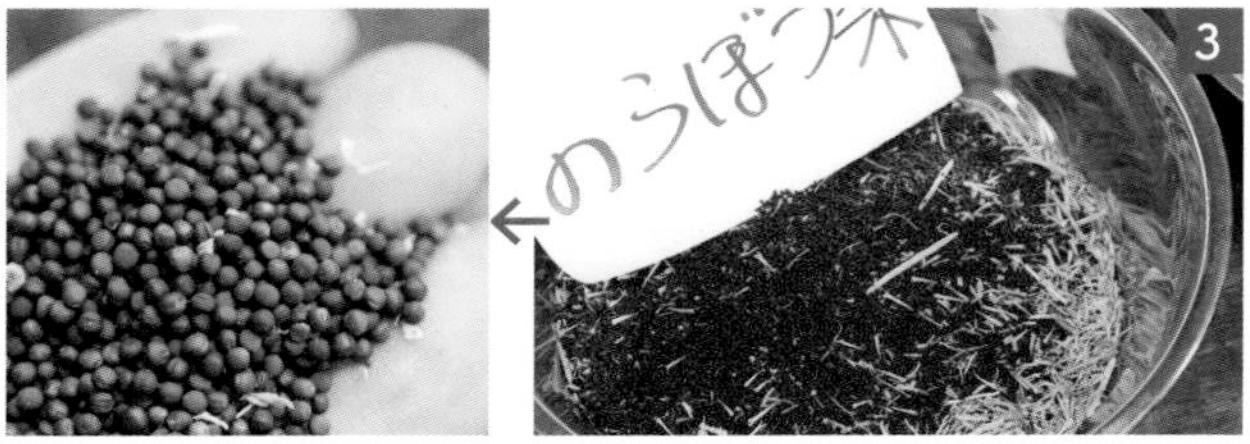

3 サヤがはじける前に収穫し、完全に乾燥させてから種とりし、保存する（➡ P46）。ノラボウナは交雑しにくい。

青ジソと赤ジソがあり、葉も穂も利用できる！

ハーブ❶……シソ

◆シソ科シソ属

栽培難易度 ふつう

栽培のポイント

- 乾燥しすぎると葉が硬くなるので、畑の中で低い場所を選ぶ。
- 発芽に光が必要なので、種まきの覆土は薄くするのがコツ。

おすすめの品種

青シソ、赤シソ、ちりめんシソなど。

肥料について

肥料はなくても育つが、有機栽培では元肥と追肥（草丈15〜20cmの頃）を行なう（⬇P29）。

畑の準備

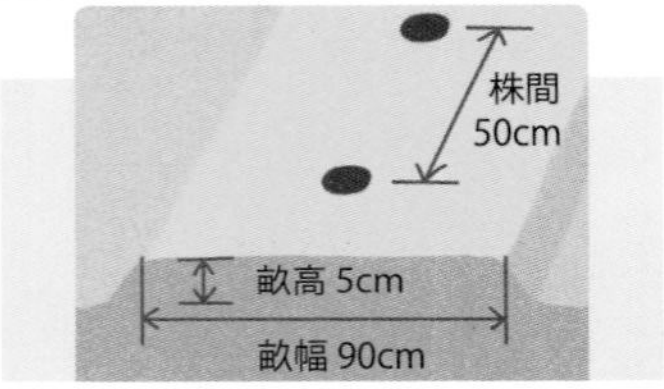

栽培暦

■種まき ■植えつけ ■収穫 ■種とり

1	2	3	4	5	6	7	8	9	10	11	12
			種まき	植えつけ	植えつけ	収穫	収穫		種とり		

作業メモ 湿り気がある場所を好むので、半日陰でも栽培可能。

1 種まき・植えつけ

4月上旬〜下旬頃・5月下旬〜6月上旬

種が隠れる程度に土は薄くかける

青シソの種。育苗箱に育苗土（➡P34）を入れ、すじまきか、ばらまきし、薄く覆土して水やりし、育苗する（➡P37）。

シソの双葉。種まきから約10日後。

本葉が出た頃にポットに鉢上げし（➡P40）、本葉3〜4枚で畑に定植する。

ポットまきの場合 家庭菜園ではポットまきでもOK。ポットに3〜4粒ずつ種まきし、最終的に生育がよい株を1本残して間引きし、定植する。

2 摘芯・収穫

7月上旬〜8月下旬頃

成長してきたら必要に応じて収穫

茎が30〜40cmになったら、主軸を摘芯するように収穫すると、わき芽が出てたくさん葉が出る。

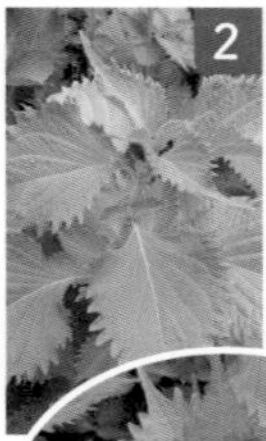

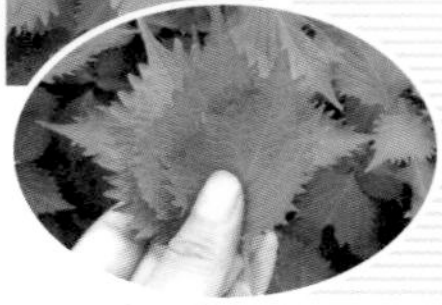

わき芽が伸びたら、必要に応じて葉を収穫する。

8月頃に開花するので、花穂も利用できる。

花後の穂ジソも収穫し、刺身のツマに使うほか、シソの実の塩漬けやしょうゆ漬けなどに。

Q シソの種とりは？

A シソ科は交雑しやすいので、近くにシソ科を植えないなどの工夫が必要。穂が枯れてきたら種が落ちる前に収穫。風通しがよい場所で追熟し、乾燥したら種とりして保存（➡P46）。

シソ科の野菜でトマトとよく合うイタリアンハーブ

ハーブ❷……バジル

◆シソ科メボウキ属

栽培のポイント

- 収穫をかねて摘芯すると、わき芽が次々に育つ。
- 家庭菜園では、ポットまきで育苗して定植するとよい。

おすすめの品種

スイートバジルやホーリーバジルなど。

肥料について

肥料がなくてもよく育つが、前作に施肥している場所なら元肥、追肥ともになしでOK。

栽培難易度 やさしい

畑の準備

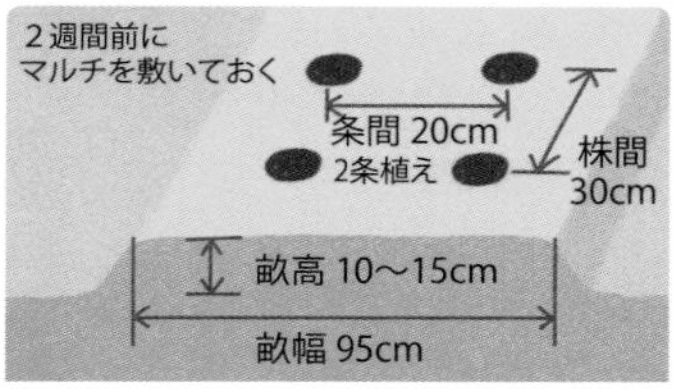

栽培暦

■種まき ■植えつけ ■収穫 ■種とり

1	2	3	4	5	6	7	8	9	10	11	12
			種まき	植えつけ		収穫	収穫		種とり	種とり	

作業メモ 日本の夏の高温多湿の気候によく合い、育てやすい。

1 種まき・植えつけ

4月中旬頃・5月上旬頃

育苗してから畑に植える

1 バジルの種。育苗箱に育苗土を入れ、まき穴をつくり、1穴に2粒ずつまく（➡ P36）。

2 本葉が出はじめたら、1本ずつ鉢上げする（➡ P40）。

3 本葉5〜6枚の頃、畑に植えつける（➡ P42）。

ポットまきの場合 ポットに3〜4粒ずつまいて、元気な株を1株残して間引く。

2 収穫・種とり

7月上旬〜8月下旬・10〜11月上旬頃

必要に応じて収穫するとわき芽がどんどん出る

1 追肥する場合は、草丈15㎝の頃に施す。

2 株の生育が盛んになり、草丈30㎝以上になったら収穫適期。

3 使う分をその都度、収穫。収穫後はわき芽が出て育つ。

4 花穂が出てきたら、摘みとっておくと、長く収穫できる。

5 花を咲かせておくと、実ができる。

6 穂が枯れてきたら、穂ごと切って収穫し、乾燥させて種をとる。

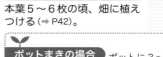

別名ロケット。ゴマに似た香りがする人気のハーブ

ハーブ❸……ルッコラ

◆アブラナ科キバナスズシロ属

栽培難易度　やさしい

栽培のポイント

- 初心者でも育てやすく、種とりもしやすいので家庭菜園向き。
- 春まきはトンネルをかけて害虫対策をするとよい。

おすすめの品種

ルッコラ、ロケットサラダなどの名前で市販されているが、改良品種はなく1品種。

肥料について

肥料はなくても育つが、前作で肥料を使っているなら、元肥、追肥ともになくてよい。有機栽培では元肥を入れるとよい（➡P29）。

畑の準備

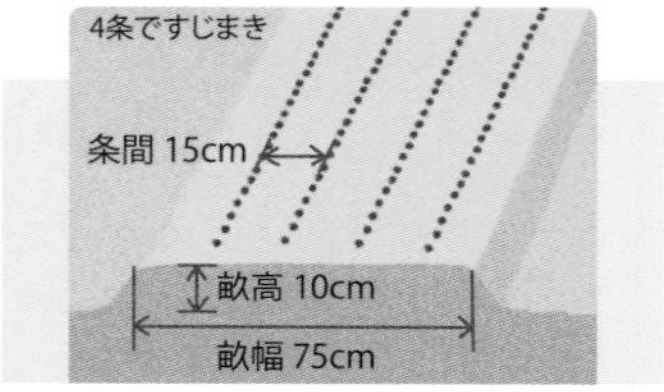

栽培暦

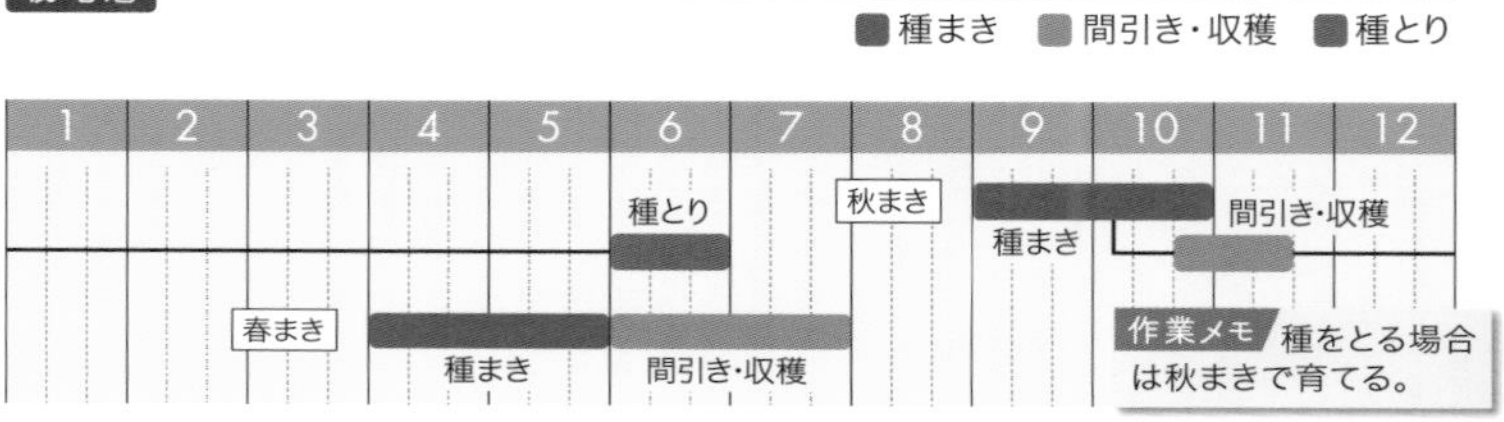

1 種まき

9月上旬～10月下旬頃・4月上旬～5月下旬頃

すじまきして、間引いて育てる

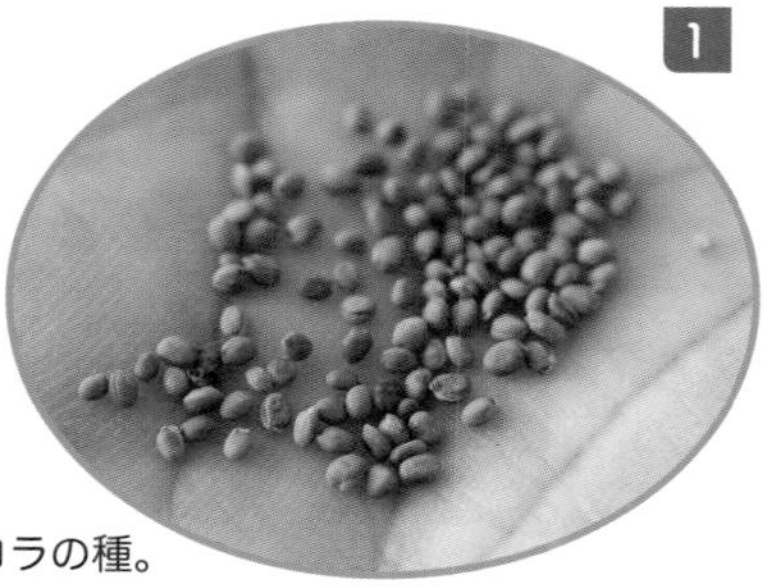

ルッコラの種。

畑に深さ１㎝ほどのまき溝をつける。

種をすじまきする。10㎝に５～６粒が目安。

薄く覆土して、表土を押さえる。

2 間引き・収穫

10月下旬～11月中旬頃・6月上旬～7月下旬頃

密植させて柔らかく育て、間引きしつつ収穫する

成長してきたら、混み合う部分から間引きをかねて収穫。密植させると葉が柔らかくておいしい。

草丈15㎝以上になったら、株ごと収穫。

株ごと引き抜くか、ハサミで切って収穫する。

プロのコツ

風や日射し、冷気に当たると茎が赤くなり、固くなるので、そうなる前に収穫する。

ポイント

ルッコラは花も食べることができる。葉と同様ゴマのような香りがあり、サラダのトッピングなどで楽しむとよい。

5月頃開花し、6月に結実するので、種とりする。ルッコラはほかのアブラナ科とは交雑しないので、自家採種しやすい。

病害虫対策

9月の高温期、シンクイムシやカブラヤガなどの害虫を見つけたらとり除く。白さび病が出たら、病葉はとる。

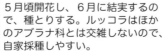

種まき時期の見極めと、害虫対策が成功のコツ！

ハクサイ

◆アブラナ科アブラナ属

栽培のポイント

- 結球させるのが難しいが、半結球でも柔らかくておいしい。
- 霜が下りる前に上部をしばって冬越しさせる。

おすすめの品種

固定種の松島新二号白菜、タケノコ白菜、ちりめん白菜、山東菜など。

肥料について

無肥料自然栽培だと結球させるのが難しい。元肥と追肥（⇒P29）を施すと育てやすい。

栽培難易度 むずかしい

畑の準備

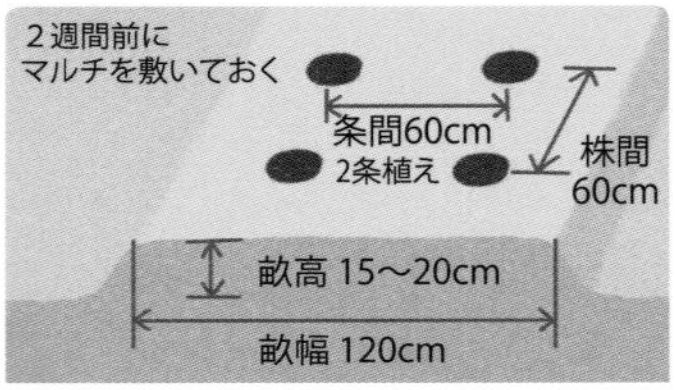

栽培暦

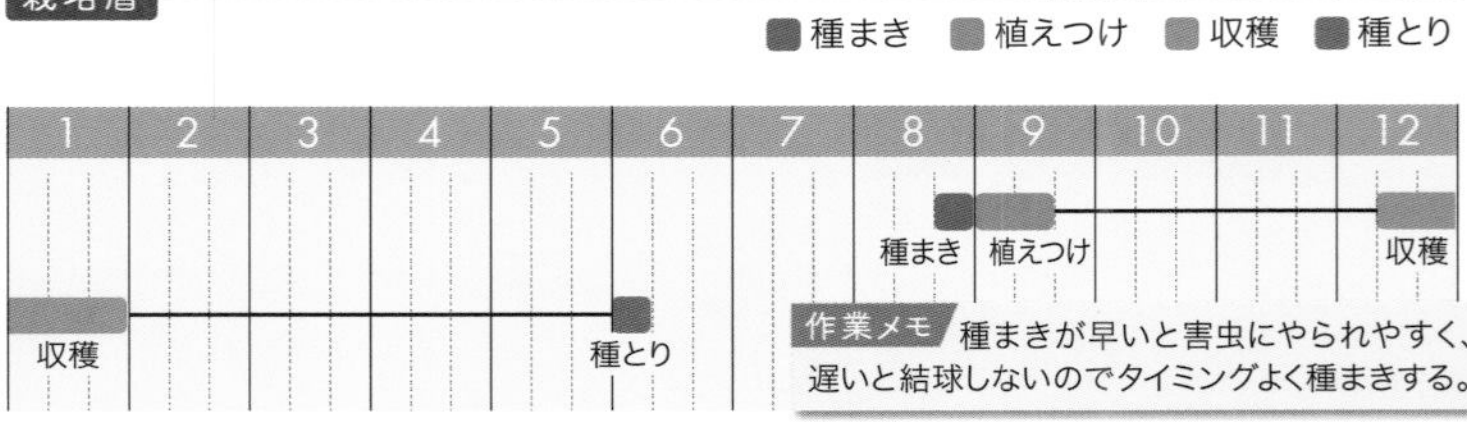

作業メモ 種まきが早いと害虫にやられやすく、遅いと結球しないのでタイミングよく種まきする。

1 種まき 8月下旬頃

ポットまきか、直まきで育てる

1 ハクサイの種。

2 ポットに育苗土を入れ（⇒P34）、まき穴を５㎜深さでつくる。

3 ３粒ずつまく。

4 土をかけ、表土を軽くおさえて育苗する。

直まきの場合

９月上旬に種まきする。

1 １か所に３〜５粒まき、種が隠れるくらい覆土。

2 葉が重なる頃、間引く。最終的に１株にする。

2 植えつけ 9月上旬～中旬頃

本葉が3～4枚になった頃に定植

葉が重なってきたら、１株間引いて２株にする。

本葉３～４枚で植えつける。

植え穴を掘り（➡ P42）、根を傷つけないようにやさしく植えつける。

追肥する場合

追肥する場合は、植えつけ後、間引いて１本にしたあとに施す。

プロのコツ

自家採種だと交雑しているものがあり、本葉が出てくるとわかる。生育がやけに早い、緑色がほかより濃い、葉がギザギザしているなど、交雑が疑われるものは間引く。

10月中旬頃までに、生育のよい１株を残して間引く。

3 収穫 12月中旬～1月下旬頃

巻いてきたら順次、収穫する

生育中のハクサイ。秋の長雨対策には、高畝にするか、畝間を中耕して溝を掘るとよい。

ハクサイの頭部をさわり、硬くしまっていればOK。包丁で根元を切って収穫する。

霜が下りる前に頭部をヒモなどで縛り、冬越し対策をする。

病害虫対策

シンクイムシ（ハイマダラノメイガの幼虫）やダイコンサルハムシ、ヒトリガの幼虫などが食害。最低でも週１回は１株ずつチェックしてとり除く。トンネルで予防してもよい。

ヒトリガの仲間の幼虫。

ハクサイの品種

松島新二号

1943年、宮城県で誕生した品種。育てやすくて味がよく、漬物や煮物、鍋物など、どんな料理にしてもおいしい。

タケノコ白菜

栽培は容易だが風に弱いので、株間は20〜30㎝と､やや密植気味にする。夜間の気温が15度以下になると結球を開始。味は甘味が強く肉質は柔らか。歯切れが良く、炒め物や鍋物に向く。紹菜とも。

ちりめん白菜

半結球タイプの白菜で、ちりめん状に波打つ葉が特徴。太い花茎は「ちりめん花菜」と呼ばれ、味がよい。観賞用、切り花用としても人気がある。

冬には25〜30㎝の大株に成長する。

山東菜

切れ葉、丸葉、べか山東、半結球の大型山東など、さまざまな品種がある。手軽に栽培でき、種まきから50日程度で収穫。葉は肉厚で柔らかく、埼玉県では乳酸発酵させた漬物が有名。おひたしや鍋、サラダなどに。

25〜30㎝ほどで収穫する。

4 種とり 6月上旬頃

交雑に注意して隔離する

1

ポイント

1株だと受粉しないので、最低2株、移植する。

よく結球しそうな株を11月に選び、地温が下がる前の12月上旬に採種する場所へ移植。12月下旬には結球する。

2

3月くらいにトウ立ちして開花する。

3

サヤが茶色くなってきた頃に種とりする。
チンゲンサイを参照 (➡ P135)。

交雑対策

ハクサイはほかのアブラナ科と交雑しやすい。関野農園では、小さいビニールハウスで隔離しているが、家庭では植木鉢に植えて管理してもOK。

早めの害虫対策が成功のコツ！

ブロッコリー

◆アブラナ科アブラナ属

栽培のポイント

- 丈夫な苗をつくることが成功への第一歩。
- 植えつけ後は、こまめに虫がいないかチェックをし、見つけしだいとる。

おすすめの品種

幸よしがおいしく育てやすい。晩生種のメガドームもおすすめ。ほかに、緑炎、ハートランド、やま緑、緑嶺、磯緑など。ドシコは花蕾も茎もおいしい。

肥料について

肥料はなくても育つが、施肥したほうがよく育つ。側花蕾がある品種は、無施肥だと側花蕾は出にくいので元肥と追肥を施す（➡P29）。

栽培難易度　ふつう

畑の準備

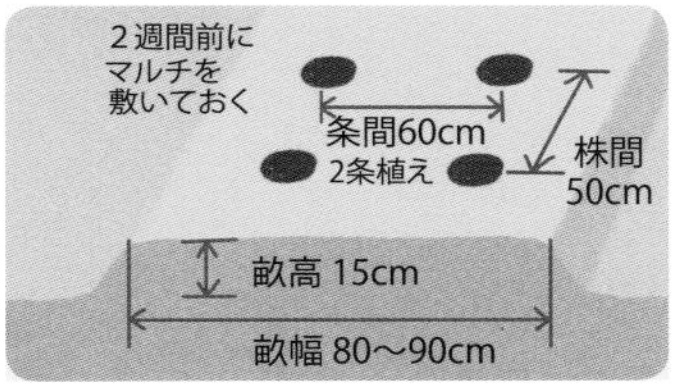

栽培暦

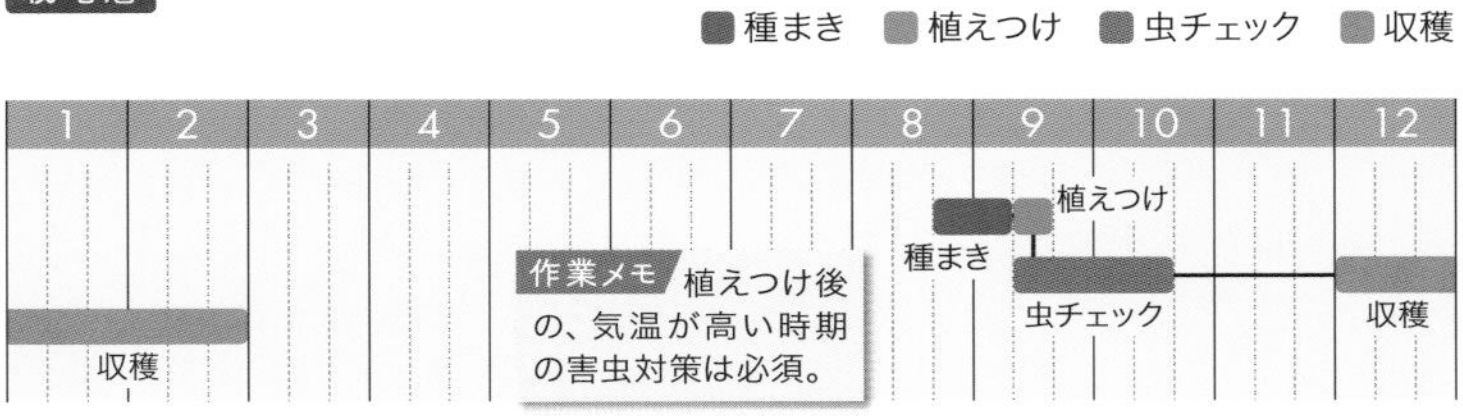

1 種まき

8月下旬〜9月上旬頃

ポットに1〜2粒まく

1 ブロッコリーの種。

2 ポットに育苗土（➡P34）を入れ、1〜2粒ずつまく。

3 薄く土をかける。ここでは温床（➡P34）の粗い土を使用。

4 軽く押す。ウォータースペースは5㎜くらい。水やりして育苗する。

5 ブロッコリーの双葉。種まきから約6日後。複数発芽した場合は、生育がよい1株を残して間引きする。

2 植えつけ

9月中旬頃

本葉2～3枚で畑に定植

3枚目の本葉が出てきた頃が植えつけ適期。

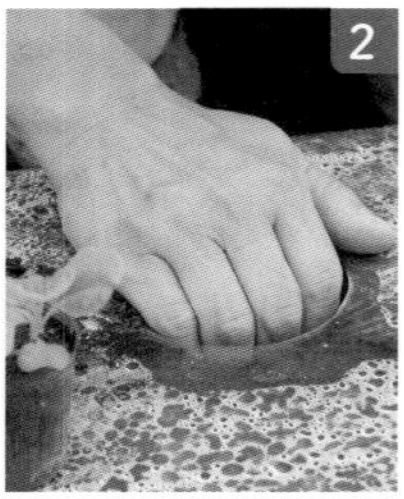

植え穴を掘る。

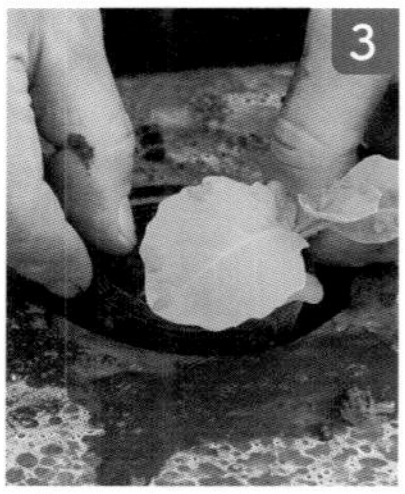

ポットを仮置きして、深さをみる。ポットの表土と同じくらいになるのが目安。

根を傷めないように、ポットからやさしく抜く。

根鉢を崩さないように、ていねいに植える。

ポットと植え穴の間に土をやさしく入れ、植えつけ完了。

3 管理作業

植えつけ後以降

害虫チェックが欠かせない!

本葉5～6枚の頃の苗。植えつけ後は、まだまだ気温が高く、害虫がたくさんいる。この時期は、最低週1回は1株ずつ虫チェックを行ない、虫がいたらすぐにとること。

気温が下がる頃から、ぐんぐん成長する。

追肥する場合 草丈30～40㎝の頃に施すとよい。ただし、肥料が多いとヨトウムシなどの害虫が出やすいので、与えすぎに注意。

病害虫対策 アブラナ科の野菜は、虫チェックが欠かせない。とくに若い苗は、中央の成長点を食害されると致命的。最低週1回は畑を見回り、1株ずつ葉の表と裏、中央の成長点をしっかりチェックする。

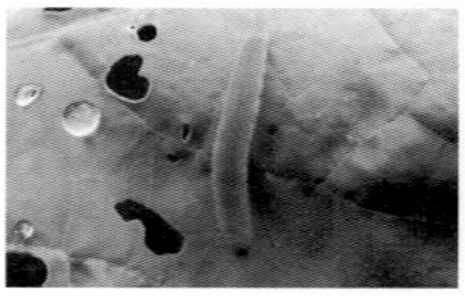

アオムシ（モンシロチョウの幼虫）。

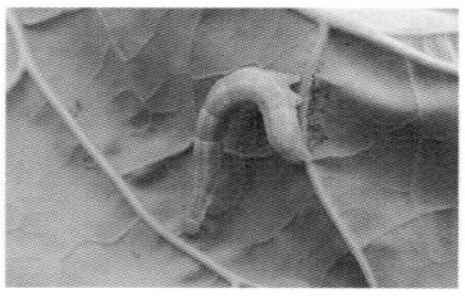

タマナギンウワバの幼虫。

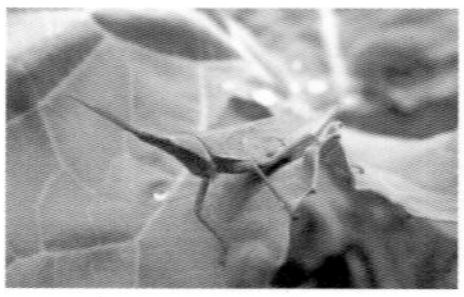

オンブバッタも食害するが、被害は少ない。

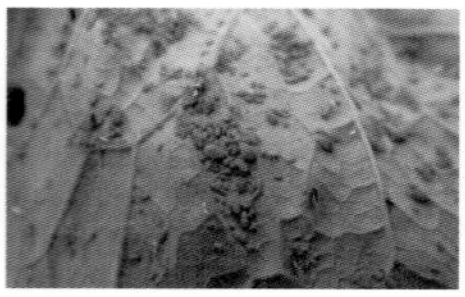

アブラムシ。

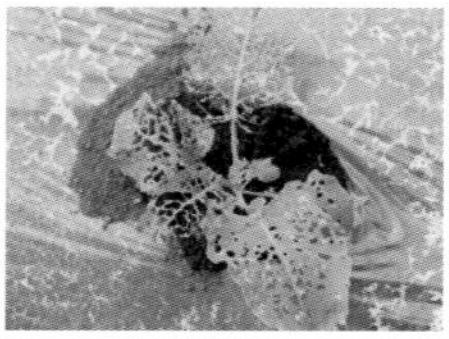

食害された葉。

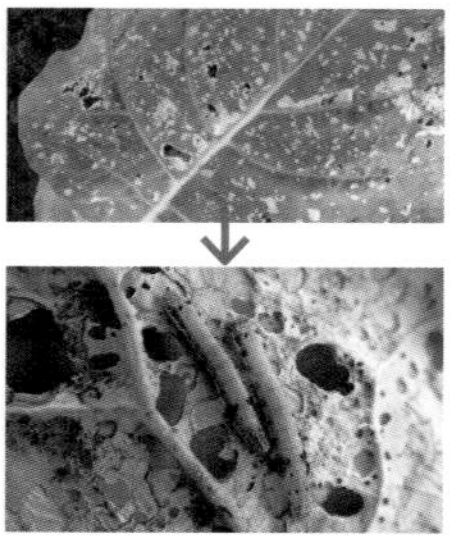

こういう葉は、裏に害虫がいるしるし。ヨトウムシ。

プロのコツ ポットの持ち方

ポットを持つときは、ふちを持つのが原則。苗の根を傷つけないための配慮だ。

よい持ち方
フチを持つ。

悪い持ち方
根がある部分を持つと、根が切れて苗を傷める可能性がある。若い苗の根はとてもデリケート。

4 収穫 12月上旬〜2月下旬頃

適度な大きさになったら収穫する

頂花蕾がついてきた頃。

手の平くらいの大きさになったら収穫する。

ブロッコリーは蕾の集合体で、初春に黄色い花が咲く。

側花蕾が出たら収穫。

カリフラワー

栽培のポイント

- 霜や日射しに弱いので、最低気温が1〜2度になったら、強い霜が降りる前に葉を縛って花蕾を寒さから守る。
- 苗の植えつけ後は、シンクイムシなどの害虫が多いので、虫チェックを怠らず、見つけしだい、とり除く。

栽培法はブロッコリーと同様だが、ブロッコリーより栽培は難しい。ブロッコリーと違い、側花蕾は出ない。

カリフラワーは日射しや寒さに弱いので、葉を結ぶなどして守るとよい。

日本ホウレンソウは葉がギザギザ、西洋は切れ込みが少ない

ホウレンソウ

◆ヒユ科ホウレンソウ属

栽培難易度　むずかしい

栽培のポイント

- 有機や自然栽培で育てにくい野菜の代表。酸性土壌を嫌うので、有機栽培では腐葉土や堆肥、牡蠣殻粉末をすきこむとよい。
- 水はけがよい土を好むので、高畝にすると育てやすい。
- 秋まき冬どりは味がよく、栄養価も高い。

おすすめの品種

在来種の日本ホウレンソウのほか、西洋ホウレンソウでは、イタリアの在来種アスティやメルロ・ネロなどが育てやすい。

肥料について

無肥料だと難易度が高いので、元肥・追肥（⬇P29）をするとよい。

畑の準備

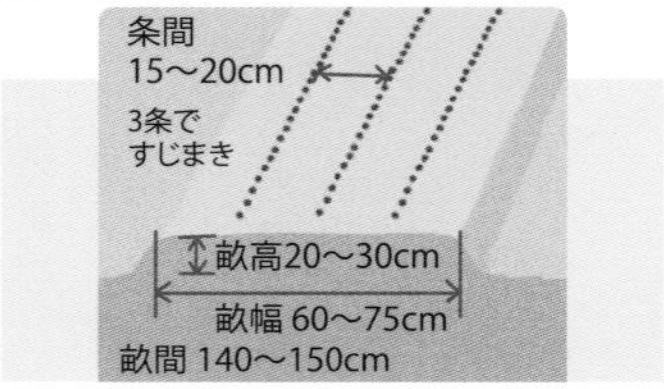

栽培暦

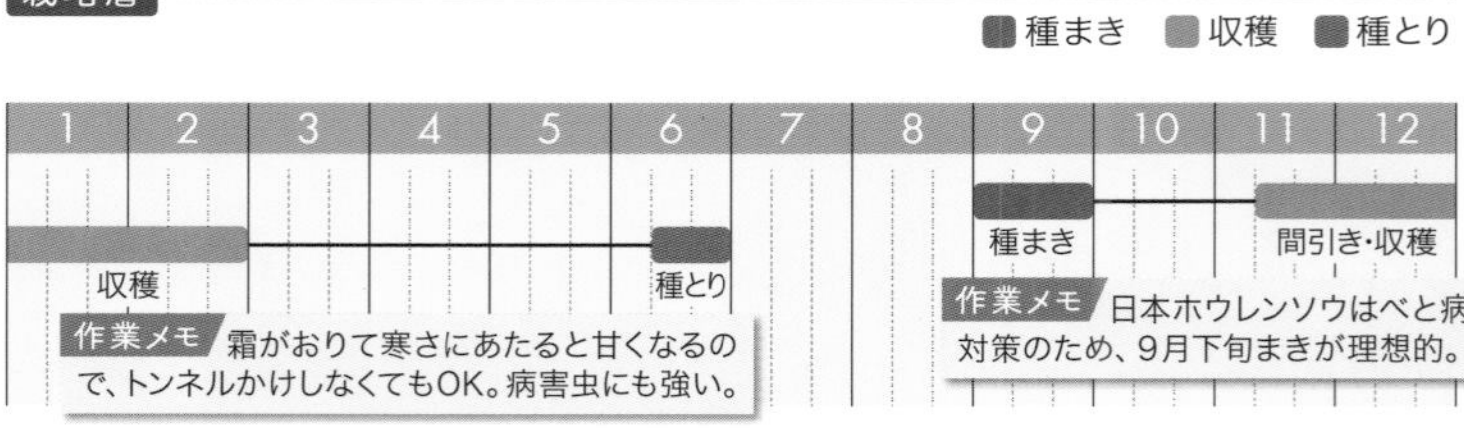

作業メモ　霜がおりて寒さにあたると甘くなるので、トンネルかけしなくてもOK。病害虫にも強い。

作業メモ　日本ホウレンソウはべと病対策のため、9月下旬まきが理想的。

1 種まき

地温が下がる9月に直まき

まき溝を掘り、2〜3㎝間隔で

日本ホウレンソウの種。

メルロ・ネロの種。

２〜３㎝間隔ですじまき。

西洋ホウレンソウも２〜３㎝間隔でまく。

覆土する。土が乾燥しているときは水やりを。

追肥する場合

草丈5〜8㎝の頃、条間に追肥してもよい。

2 間引きと収穫

11月中旬頃から収穫スタート

間引きをかねて収穫

混み合う場所から間引きをかねて収穫。

土の中にハサミを入れ、根を切って収穫。

20㎝ほどが収穫の目安。カマで根を切って収穫してもOK。

種とり

ホウレンソウは雌株と雄株がある。成長がよい区画を残し、交雑しないように囲う（➡P46）。種子ができたら日陰に取り込み、乾燥させて採種。日本ホウレンソウの種はトゲがあるので注意。

3〜4月にトウ立ちして開花。

寒さに当たっておいしさが増す！冬を代表する野菜

ミズナ

◆アブラナ科アブラナ属

栽培難易度 やさしい

栽培のポイント

●寒さに強いので、初心者でも育てやすい。そのままでも冬越しできるが、霜が下りた後は、寒冷紗をトンネルかけ（⬇P39）したり、不織布をベタがけ（⬇P39）すると、さらに安心。

おすすめの品種

在来種の晩生千筋京水菜が育てやすい。初期は細い茎をサラダや鍋などに、年を越して成長してからは、鍋や漬物などに向く。

肥料について

肥料はなくても育つが、元肥（⬇P29）を施してもよい。前作の残肥がある場合は、入れなくてもOK。

畑の準備

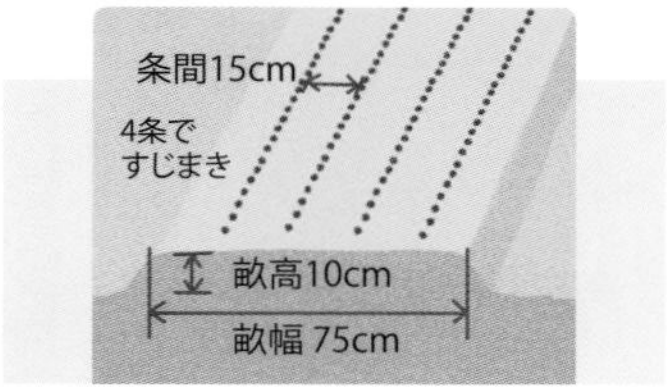

栽培暦

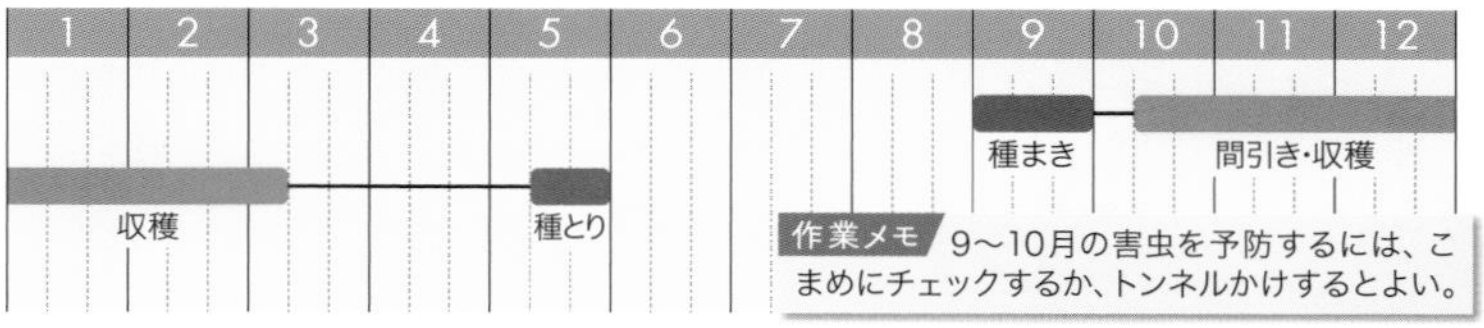

作業メモ 9～10月の害虫を予防するには、こまめにチェックするか、トンネルかけするとよい。

1 種まき

9月中にすじまきする

2～3㎝間隔ですじまきする

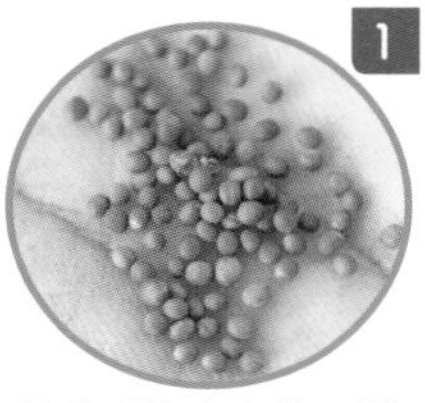

1 晩生千筋京水菜の種。

2 まき溝を深さ1㎝程度で掘る。

3 2～3㎝間隔でまき溝にすじまきする。

4 覆土して、土を落ち着かせる。土が乾燥しているときは水やりする。

ポットまきの場合

ポットに2～3粒ずつまき、育苗してから定植してもよい。本葉3～4枚で畑に植えよう。

2 間引きと収穫

10月中旬以降に収穫

外葉から少しずつ収穫してもよい

1 葉が重なったり、混み合ったりしたときは、間引きをかねて30㎝間隔になるように収穫する。

2 草丈25㎝ほどになったら収穫。株ごと引き抜くか、根をハサミで切るとよい。

3 株が大きくなってきたら、外葉から収穫すると長く楽しめる。

種とり

4月頃にトウ立ちし、黄色い花をつける。ほかのアブラナ科と交雑しやすいので、トンネルなどで囲うこと。種子が入ったサヤが枯れてきたらとり込んで追熟させ、採種する（➡P46）。

種類が豊富なので
自分の畑に合う好みの種類を見つけよう！

レタス

◆キク科アキノノゲシ属

栽培難易度 ふつう

栽培のポイント

●秋まきでは種を浸水後、冷蔵庫に入れる休眠打破をしてから種まきすると発芽率が上がる。
●施肥すると、病害虫が出やすいが生育はよい。

おすすめの品種

インカム、みかどグレイト3204、シグマ、しずか、サリナス系、カルマー系など、種類が豊富でそれぞれに特徴がある。自分の畑に合う育てやすい品種を見つけよう。

肥料について

無肥料でも栽培できるが、元肥を入れる有機栽培が育てやすい（➡P29）。

畑の準備

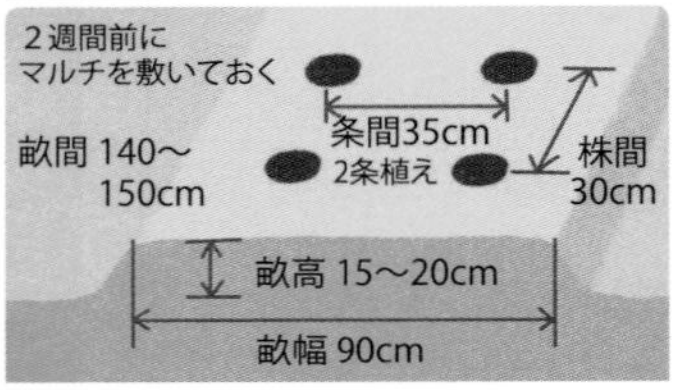

栽培暦

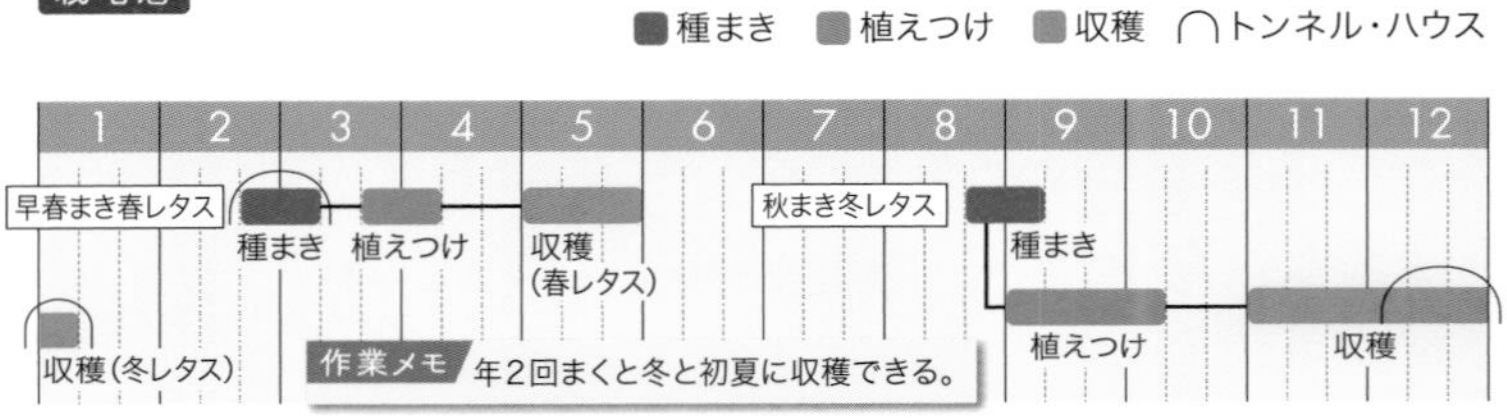

1 種まき

2月下旬～3月上旬頃・8月下旬～9月上旬頃

秋まきでは浸水後冷蔵庫に入れて休眠打破

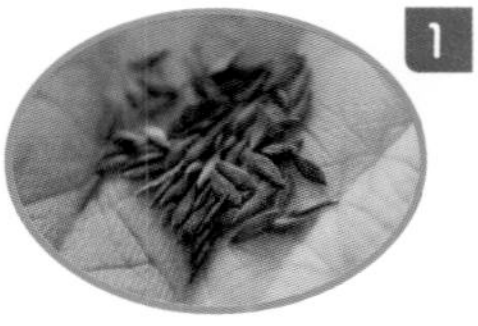

1 レタスの種。

2 セルトレイなどに育苗土（➡P34）を入れる。ここでは128穴のプラグトレイを半分に切ったものを使用。家庭ではポットを利用するとよい。

3 表土を指で押して、土を落ち着かせる。

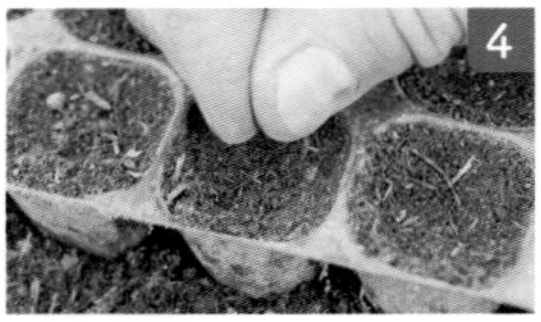

4 深さ5㎜を目安に種をまく。

5 ごく浅く覆土。レタスは発芽に光が必要なので、薄く覆土すること。

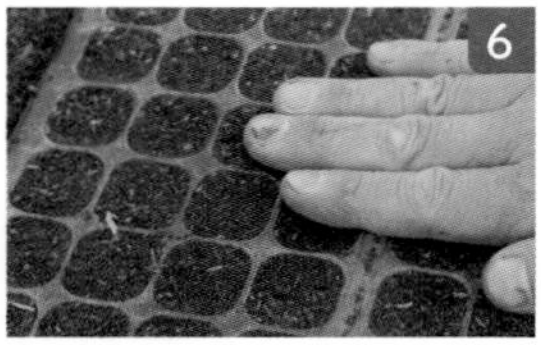

6 表面を軽くならしておく。水やりして（➡P37）、発芽まで半日陰に置き、発芽してきたら日当たりがよい場所に移動して育苗する。

プロのコツ

レタスの種の休眠打破

レタスの種は21度以上になると休眠して発芽しにくくなる性質がある。8月中旬～9月末までに種まきする場合は、休眠打破で発芽率を高めよう。

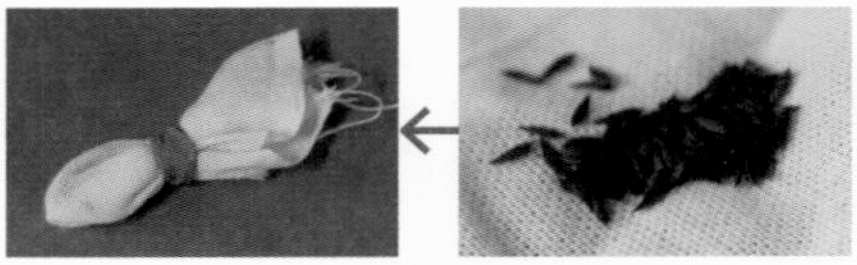

さらしになどに種を包み、輪ゴムでとめる。

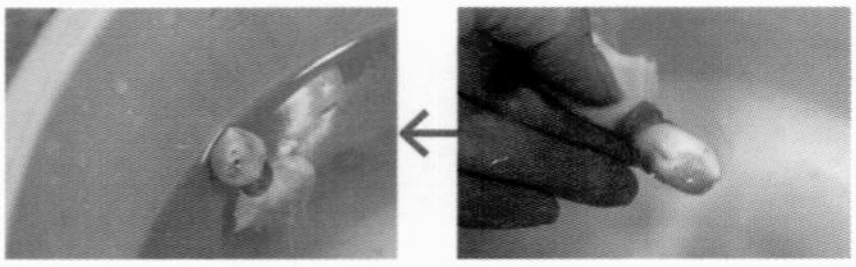

水に7～8時間つける。

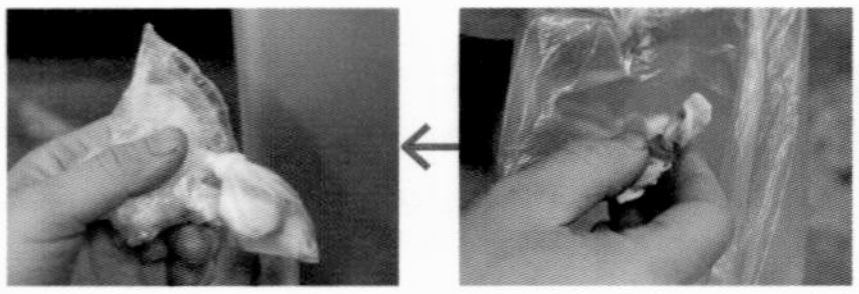

水から引き上げてビニール袋に入れ、冷蔵庫に24～35時間入れる。これで種が眠りからさめたので、冷蔵庫から出して種まきする。

2 植えつけ

3月下旬～4月上旬頃・9月上旬～10月上旬頃

育苗ポットの底から、根が出てきた頃に

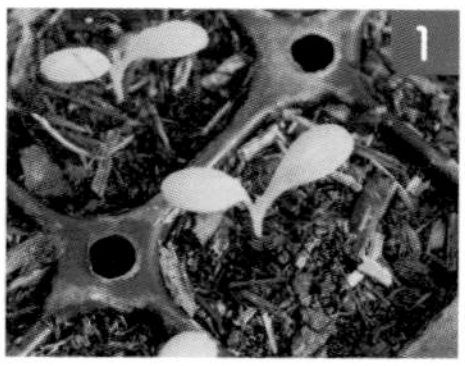
レタスの双葉。

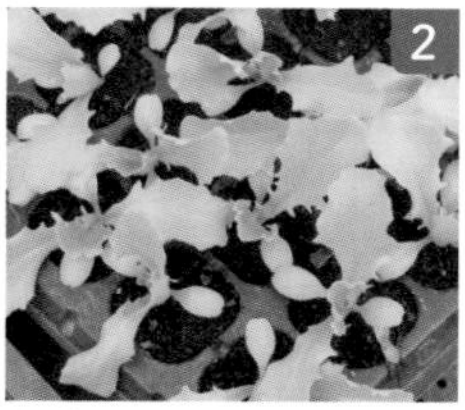
本葉2～3枚の苗。定植の目安は本葉の数も大切だが、ポットの大きさによっても変化する。底穴を見て、根がちょろっと出てきた頃がベスト。

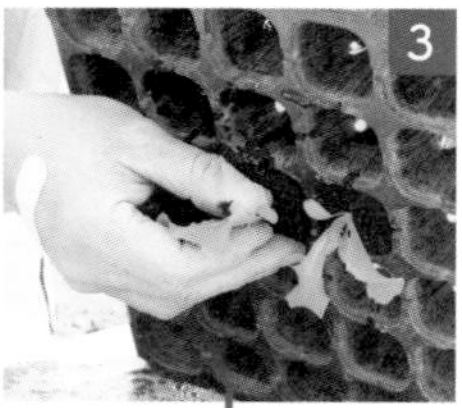

植えつけ前にたっぷり水やりしておき、根を傷つけないようにポットを押しながらやさしく抜く。

植え穴を掘る。

根鉢を崩さないように、手を添えてやさしく植えつける。浅植えならないようにしっかり植える。

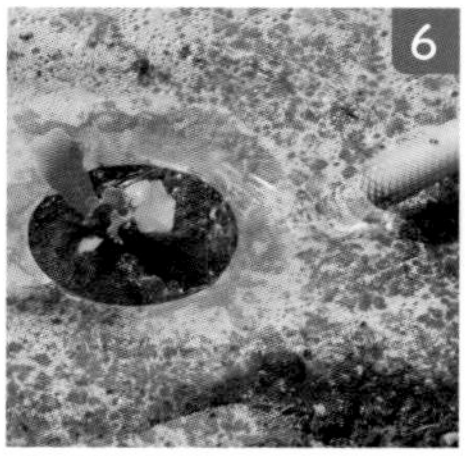
土が乾燥していて雨の予報がないときは水やりするとよい。

追肥する場合

植えつけから約2週間後、株が成長してきた頃に追肥する。

3 収穫

5月上旬～下旬頃・11月上旬～1月上旬頃

葉が巻いてきたら、収穫する

中央から少しずつ巻いてくる。春レタスは4月下旬、病気予防のためにマルチをはがす。

ちょうどよい大きさになったら、包丁で根元を切って収穫する。

寒さ対策

レタスは霜や低温に弱いので、霜が下りる時期になったら、寒冷紗や穴あきビニールをトンネルがけする。もしくはベタがけして（➡ P39）防寒し、1月上旬までに収穫。

しずか。シャキシャキした食感の大玉レタス。少ない肥料でも育つ。栽培法は普通のレタスと同様。

病害虫対策

アブラナ科に比べると少ないが、肥料が多いと立ち枯れ病が出やすい。また乾燥や高温ではアブラムシ、ハスモンヨトウ、高温多湿と雑草が多いとナメクジが出やすい。ほかにネキリムシやタマナギンウワバなど。害虫を見つけたらとり除く。

種とり

レタスは自家受粉するので交雑しにくい。種をとるなら固定種を選ぼう。春先にトウが立ち、開花後、種ができたら種とりして（➡ P161）保存する（➡ P46）。

レタスのつぼみ。

玉レタスより育てやすく家庭菜園向き。種類も多いので好みのレタスを育てよう

リーフレタス

◆キク科アキノノゲシ属

栽培難易度 やさしい

栽培のポイント

- 秋まきでは種を浸水後、冷蔵庫に入れる休眠打破をしてから種まきすると発芽率が上がる。
- 葉が巻かないリーフレタスは玉レタスより育てやすいのでビギナー向き。
- 寒い時期のトンネルは穴あきビニールをかけ、気温15度以上のアブラムシが出る時期に不織布などにするとよい。

おすすめの品種

サンチュ、白チシャ、赤チシャ、美味タスなど、種類が豊富でそれぞれに特徴がある。自分の畑に合う育てやすい品種を見つけよう。

肥料について

無肥料でも栽培できる。有機栽培の場合、元肥を入れるとよく育つ（⬇P29）。

畑の準備

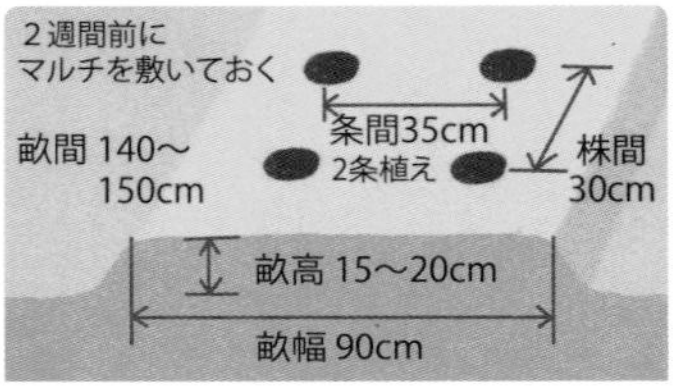

栽培暦

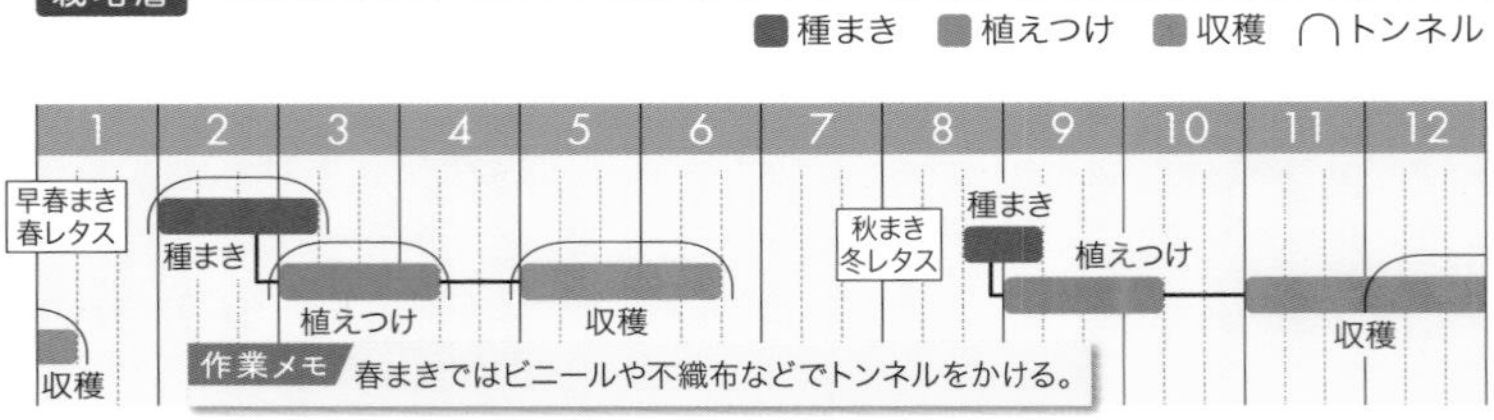

1 種まき・鉢上げ

2月上旬～3月上旬頃・8月下旬～9月上旬頃

秋まきは浸水後冷蔵庫で休眠打破を

1 レタスの種。秋まきの場合、種の休眠打破が必要（P158を参照）。

2 育苗箱に育苗土（➡ P34）を入れて水やりし、土を落ち着かせる。

3 種をバラまきする。

4 レタスは好光性種子なので、発芽に光が必要。種が見えなくなる程度に薄めに覆土する。2～3日後、表土が乾いてきたら水やりする。

5 本葉1枚が出たところ。

6 本葉2枚目が少し出たこのタイミングで、1株ずつポットに鉢上げする（➡ P140）。

2 植えつけ

3月上旬〜4月上旬・9月上旬〜10月上旬頃

育苗ポットの底から根が出てきた頃に

本葉の先がポットの端にかかる程度になり、根がポット内で2〜3周していたら定植。

畑に定植したところ。明石農園では、トンネルは内側に不織布、外側にビニールの2重がけにしている。４月中旬頃、外気温が15度を超えたら、暑さ対策とアブラムシ除けのため、ビニールのみを外す。

プロのコツ

定植のタイミングは、本葉の数ではなく根を見るのがポイント。7.5号ポットの場合、ポットの底から根が少し出ていたら定植のサイン。そっとポットを外して根ばりを確認し、土が崩れず、根が底を２〜３周回っていたら定植しよう。苗が若いほうが、定植後の活着がよい。

3 収穫・種とり

5月上旬〜6月中旬・11月上旬〜1月上旬頃

株ごと収穫するほか外葉をかきとって収穫してもよい

すくすくと成長するサンチュ。

収穫適期のサンチュ。

葉の先端が赤みを帯びる赤チシャ。

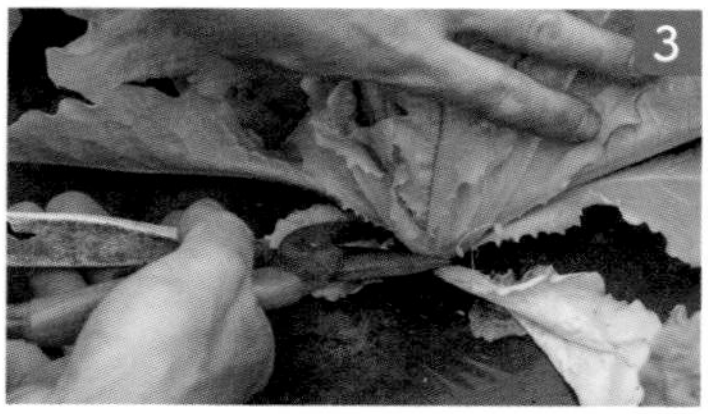

包丁もしくはハサミで根元を切って収穫する。

春先にトウが立ち、開花する。

花が終わり、綿毛ができてきた状態。

綿毛が開いたら熟したサインなので、指でつまんでとる。

ポイント

種とり

レタス類の種は一度に完熟しないので、こまめにチェックして少しずつ行なうのがコツ。種に綿毛などが混ざった状態で種まきをするとカビが出やすくなる。後から綿毛をきれいにとり去るのは難しいので、種を採取したときに綿毛をひねりとるのがおすすめ。採種後の保存方法はP46を参照。

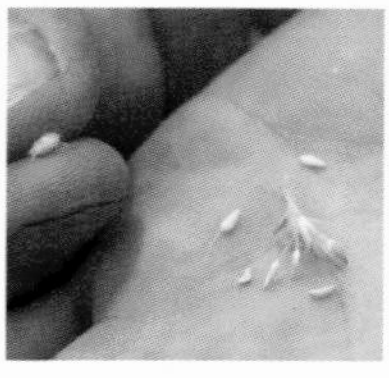

エジプトからきた健康野菜。
暑さに負けず育てやすい

モロヘイヤ

◆アオイ科ツナソ属

栽培のポイント

- 高温多湿を好むので、日本の夏の気候に合い、育てやすい。
- 摘芯をかねて収穫するとわき芽がよく出て、長く収穫できる。

おすすめの品種

改良品種はなく、1品種だけ。

肥料について

肥料があったほうがよく育つ。元肥と追肥を行なうとよい（⬇P29）。

栽培難易度 ふつう

畑の準備

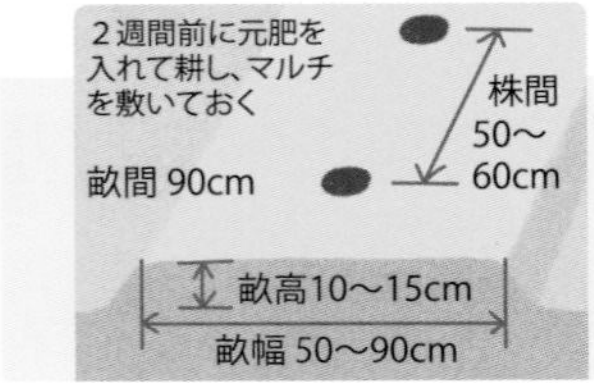

栽培暦

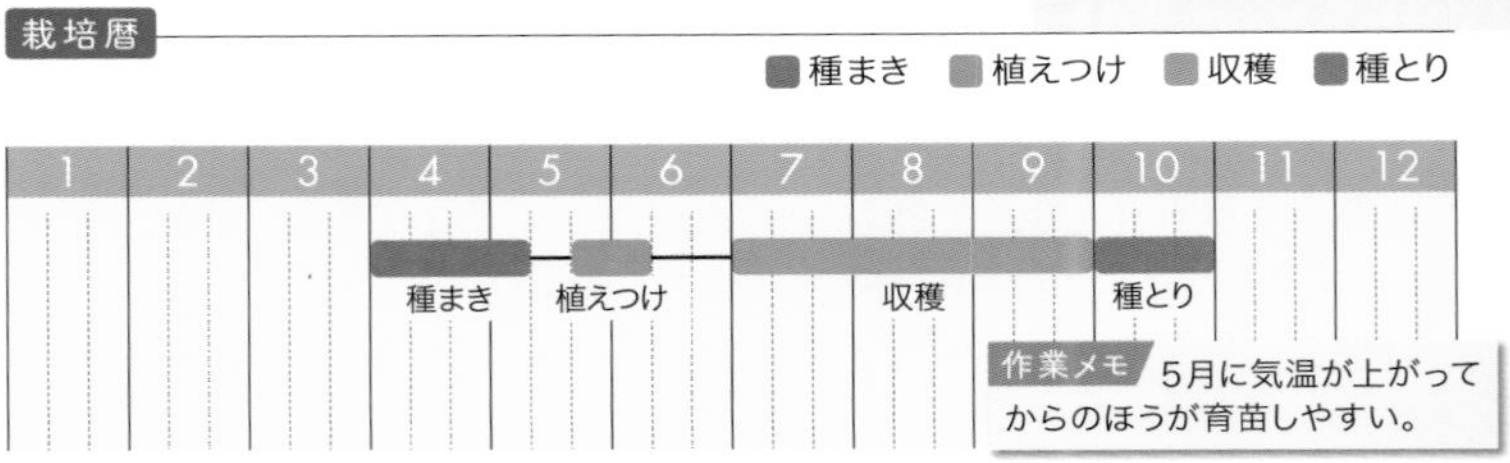

作業メモ 5月に気温が上がってからのほうが育苗しやすい。

1 種まき・植えつけ

4月上旬～5月上旬頃・5月下旬～6月上旬頃

ポットで育苗して定植する

モロヘイヤの種。ポットに育苗土（➡P34）を入れ、種を2粒ずつまく。

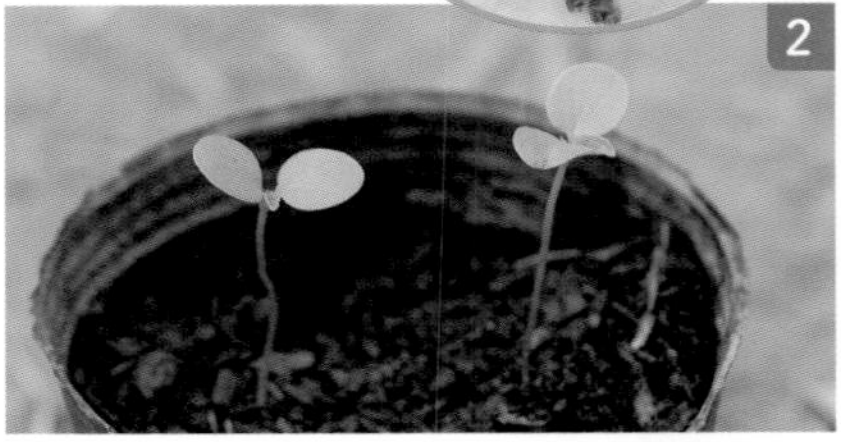

モロヘイヤの双葉。

本葉4～5枚で定植する（➡P42）。

マルチをしておくと雑草対策によい。

2 収穫・種とり

7月上旬～9月末・10月上旬～下旬

茎が固くなる前に収穫していく

草丈が40～50㎝になったら収穫開始。手で折れるくらいの茎葉をつみとる。ハサミでないと切れない茎は食べると硬い。

黄色い小花が咲く。

緑色のサヤができる。

サヤが枯れたらサヤごと収穫し追熟。乾燥させ、種をとる。花と種は有毒なので食べないこと。

Part 4

マメを食べる野菜

アズキ

◆マメ科ササゲ属

ササゲの一種で、あんこや汁粉などに使われる

栽培難易度　ふつう

栽培のポイント

- 地温がしっかり上がる7月下旬に直まきする。
- サヤが枯れたら収穫。乾燥するとサヤがはじけるため、その前に収穫する。

おすすめの品種
丹羽大納言など。

肥料について
無肥料でも育てやすい。やせた畑でなければ、元肥も追肥も必要ない。

畑の準備

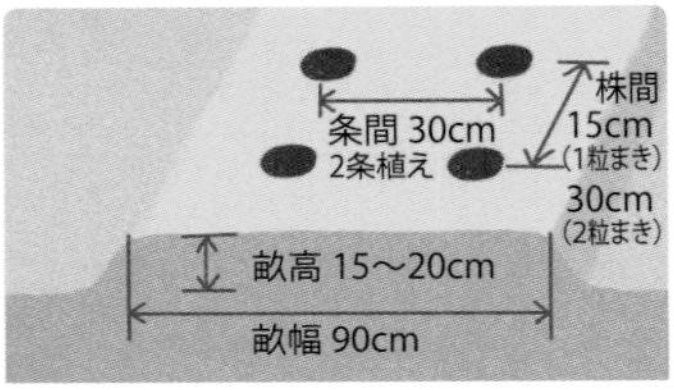

栽培暦

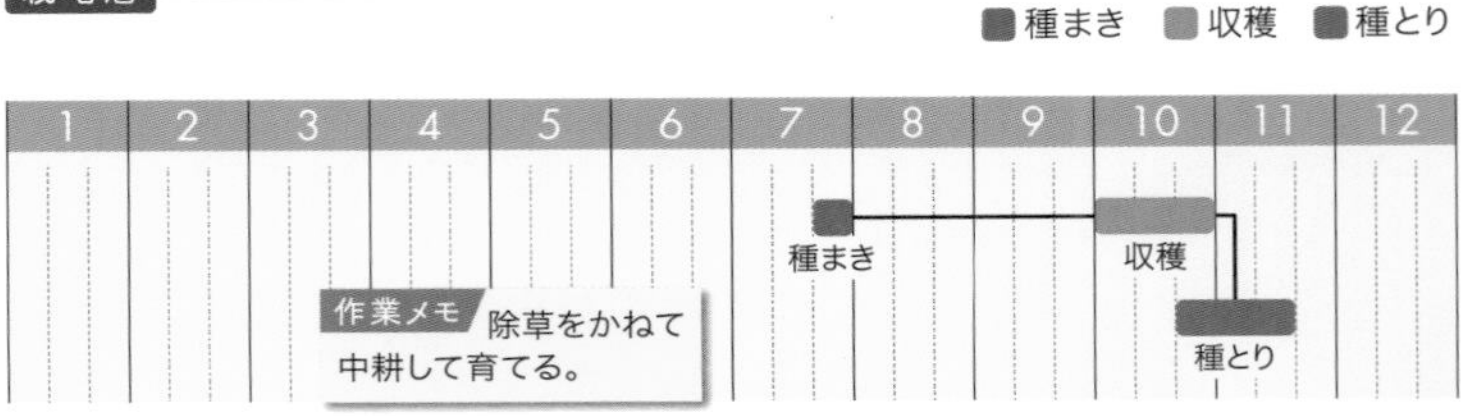

1 種まき　7月下旬頃

土用の頃に直まきまたはポットまきする

アズキの種。

深さ5～10㎝ほどのまき溝を掘る。

15㎝間隔でひと粒ずつ、もしくは30㎝間隔で２粒ずつ直まきする。

土をかけ、表面を軽く押して鎮圧する。

ポットまきの場合

ポットで育苗する場合は２～３粒ずつ点まきして育苗し、本葉４～５枚の頃に畑に定植する。

2 管理作業

8月上旬〜9月下旬頃

生育中に2回中耕と土寄せをする

生育中のアズキ。本葉が出たら中耕して土寄せする。

プロのコツ

種まきの約2週間後に、除草をかねて畝間を中耕し、土寄せするとよい。

病害虫対策

アブラムシやカメムシがつきやすいので、見つけたらとり除く。

アズキの花。

花後、サヤができる。ひとつの花につき2つのサヤが出る。

3 収穫・種とり

収穫は10月上旬〜下旬頃・種とりは10月下旬〜11月中旬頃

サヤがはじける前に収穫する

サヤが熟し、茶色く色づいてきたら収穫の適期。乾燥するとはじけやすいため、しんなりしているうちに収穫する。

ハサミでサヤの根元を切って収穫する。

サヤを開いた状態。収穫後は雨当たりがなく風通しのよい場所で、1週間以上乾燥させる。

種とりする場合

十分乾燥させたサヤからマメを出す。虫食いのマメやゴミをとり除き、形やツヤがよく、シワがないものを選び、ビンなどに入れて保存する。

多収をねらえるつるあり、管理がラクなつるなし

インゲン

◆マメ科インゲンマメ属

栽培のポイント

- 強風に弱いので、台風シーズンを避けて栽培するか、風よけする。
- 本葉が出るまでは鳥よけすると安心。

おすすめの品種

つるありとつるなしがあり、つるありの穂高インゲン、いちずインゲン、成平いんげん、ドジョウインゲンなどが育てやすい。つるなしは収量は少なめだが、支柱を立てる必要がないので家庭菜園向き。

肥料について

肥料はなくてもよく育つが、使う場合は元肥（➡P29）を少量でよい。

栽培難易度　やさしい

畑の準備

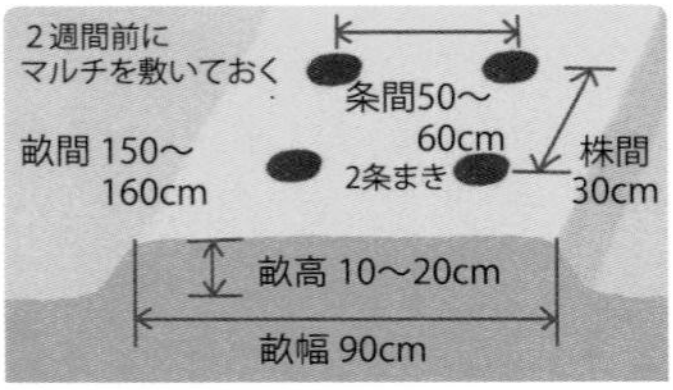

栽培暦

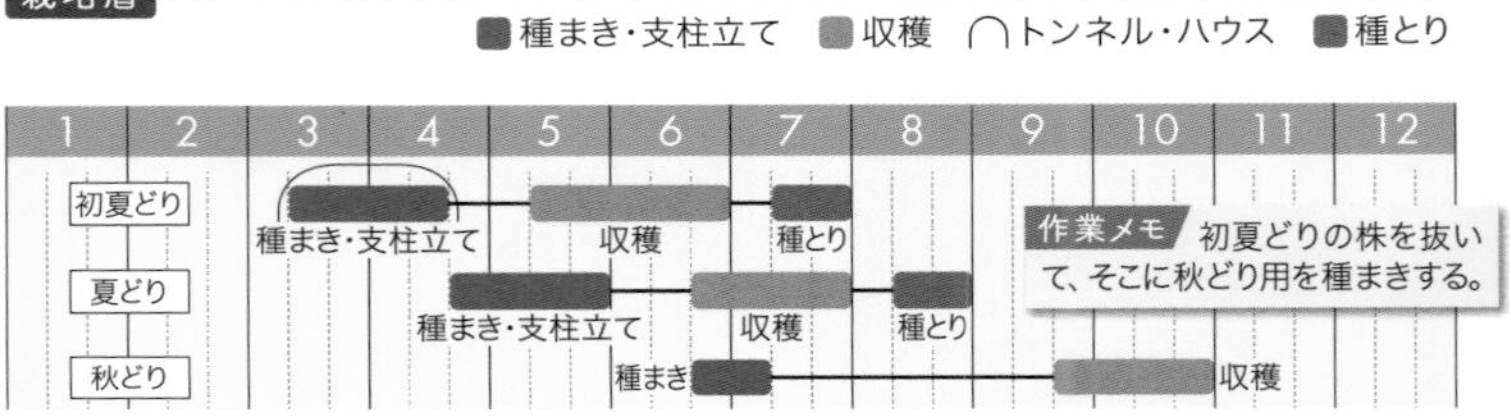

1 種まき

露地栽培は4月下旬に

3粒ずつまいて鳥よけする

穂高インゲンの種。

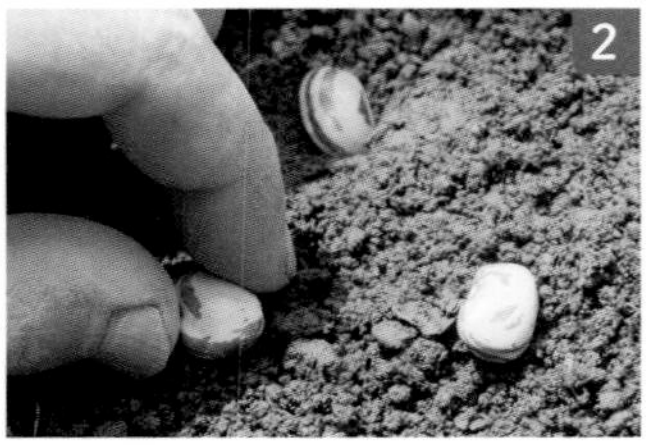

1か所に3粒ずつまく。マルチはしてもしなくてもよい。

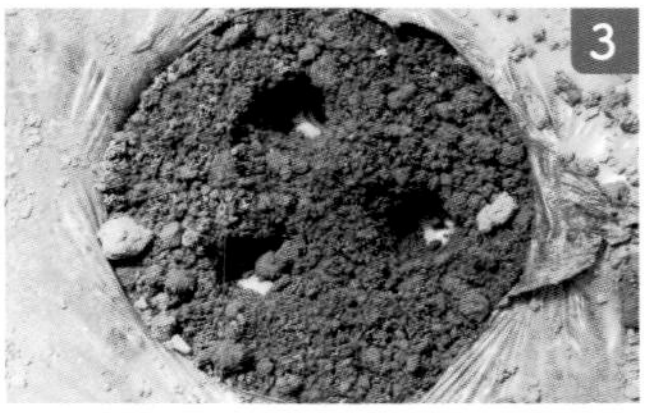

指で種を人差し指の爪と第一関節の間くらいまで押し込む。

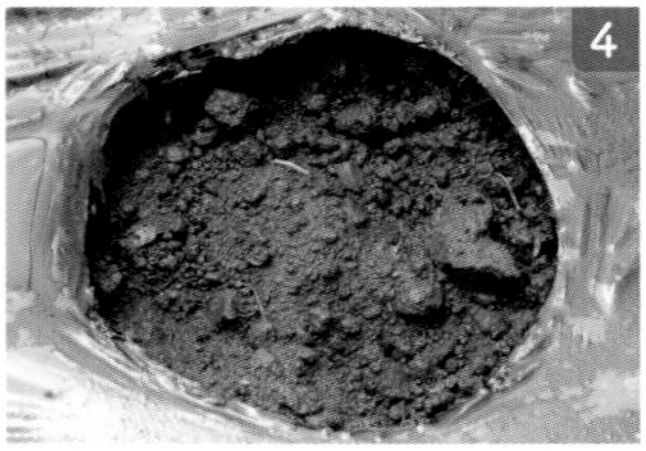

土をかけて落ち着かせる。

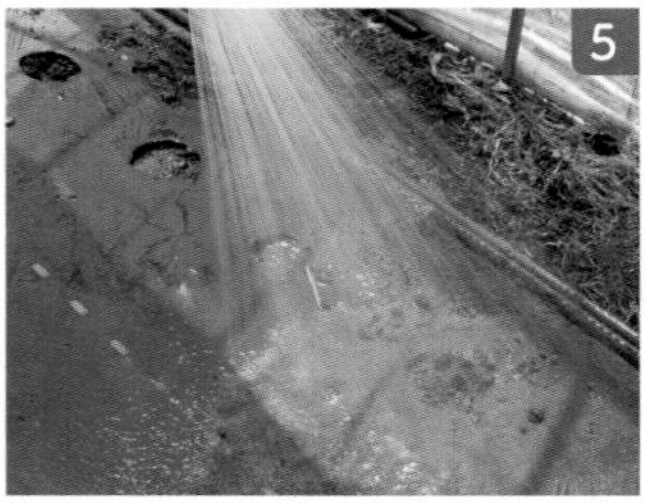

水やりはしなくてもよいが、したほうが発芽しやすい。

ポットまきの場合

直まきできるが、ポットで育苗してもよい。ポットまきの場合は、本葉が2枚の頃に植えつけする。

遮光ネットや寒冷紗などをベタがけすると、鳥よけになり、発芽率も高まる。本葉が出てきたタイミングではずす。

本葉が2～3枚出たところ。

2 管理作業

3〜4月の発芽後すぐ

つるあり種は支柱を立てる

1 つるあり種はつるがどんどん伸びるので、支柱を立てる。写真では合掌型（➡ P43）だが、アーチ型（➡ P43）でもよい。

2 自分でつるを巻いて、どんどん上へ伸びていく。

プロのコツ

花が咲いてきたら中耕して土寄せする

開花がはじまった頃、畝間を中耕（➡ P45）するとよい。マルチをしていないときは土寄せする。写真は穂高インゲンの花。

3 収穫

5月中旬〜6月下旬頃の午前中

実がふくらむ前に収穫する

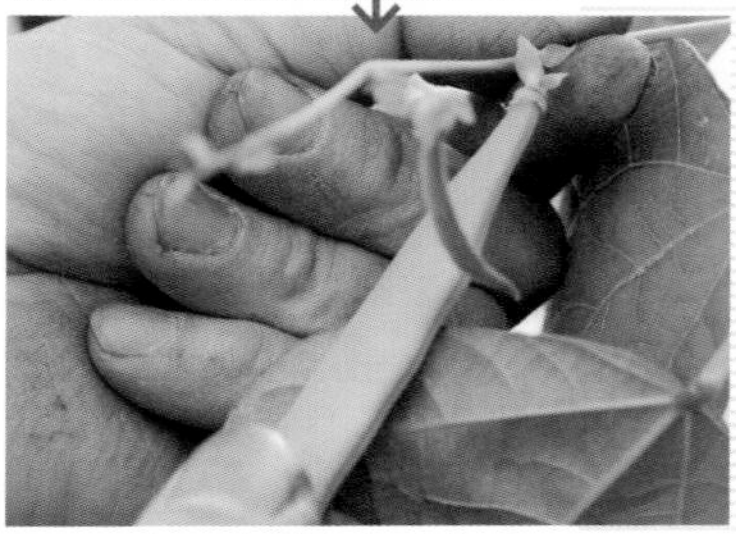

1 サヤの中の実が大きくなると固くなるので、サヤが育ったら早めに収穫。枝の元をおさえて引っぱるとよい。穂高インゲンはサヤが平べったいタイプ。

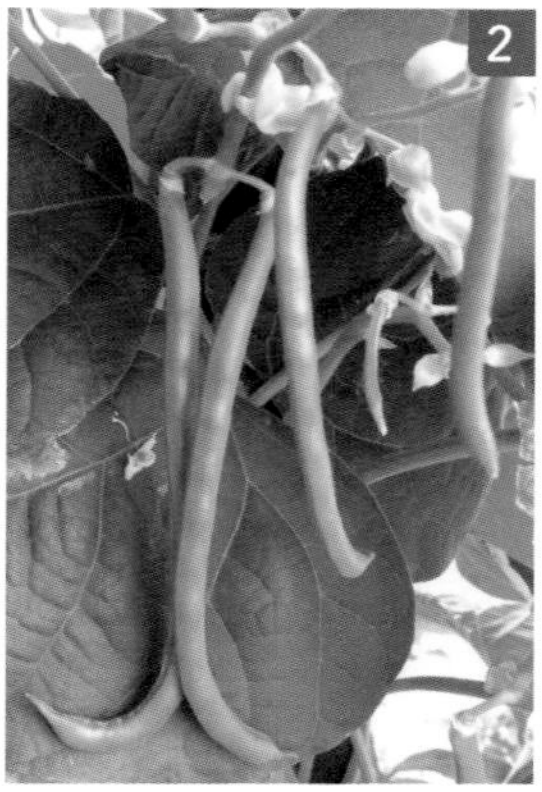

2 ドジョウインゲンは実が12〜15cmくらいでとるとよい。

3 つるなしインゲンは12〜15cmで収穫。

病害虫対策

肥料が多いとアブラムシが出やすいので注意。風通しをよくすると病害虫の予防になるので、混み合う葉はとり除くとよい。害虫を見つけたら手でとる。

写真はコガネムシ。サヤについて食害する。

4 種とり

7月下旬頃と8月中旬頃の晴れた日

サヤが枯れたらサヤごと収穫

サヤが枯れて乾燥してきたらとりこみ、雨のかからない場所で乾燥させてから、種をとり出す。乾燥剤を入れて密閉して冷蔵保存。

ササゲ

赤飯に使われるマメ。煮ても皮が破れにくいのが特徴

◆マメ科ササゲ属

栽培のポイント

- 地温が上がってから直まきする。
- 摘芯し、草丈を短くして管理すると収穫しやすい。

おすすめの品種

金時ささげ、十六ささげなど。

肥料について

無肥料でも育てやすい。

畑の準備

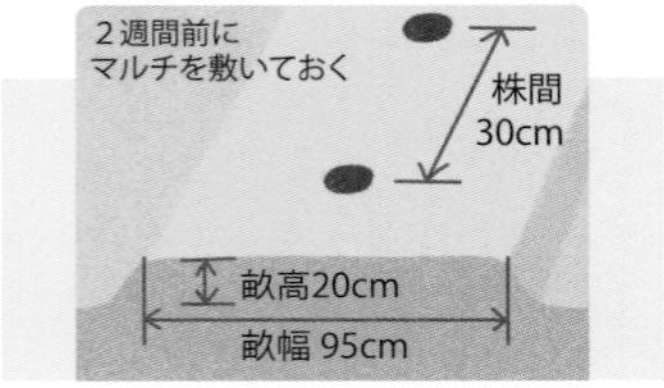

栽培暦

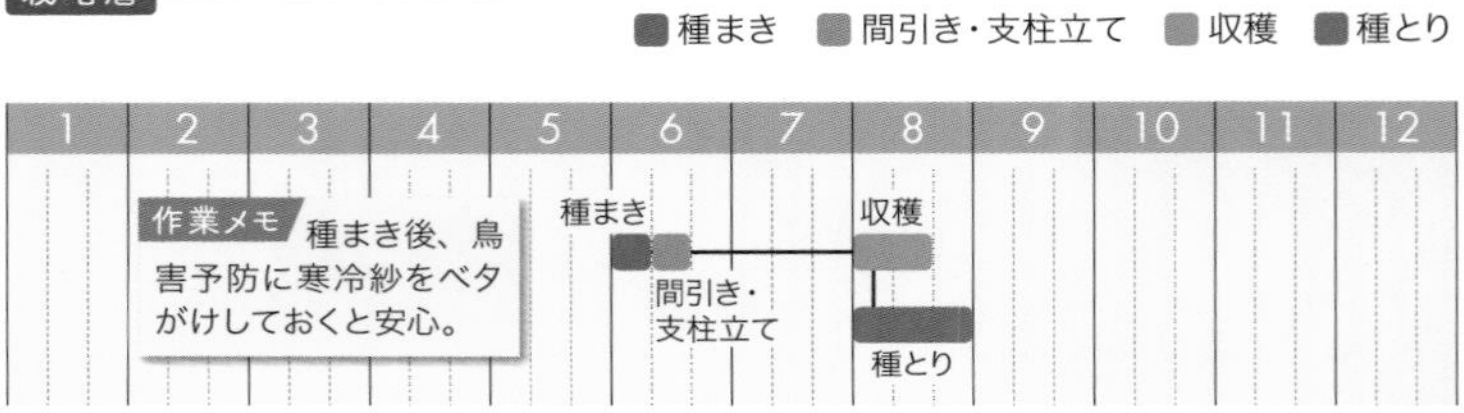

栽培難易度 ふつう

1 種まき 6月上旬頃

地温がしっかり上がってから、直まきする

1 ササゲの種。

2 3粒ずつ直まき。

プロのコツ

マルチを敷かなくてもよいが、敷いておくと雑草予防になり育てやすい。

3 2cm深さまで指で押し込む。

4 土をかける。

5 表面を軽く押して鎮圧する。

ポットまきの場合

ポットで育苗する場合は、2粒ずつまいて育て、本葉2枚の頃、畑に定植する。

2 摘芯《てきしん》

6月中旬～下旬頃

摘芯すると作業しやすいがしなくてもOK

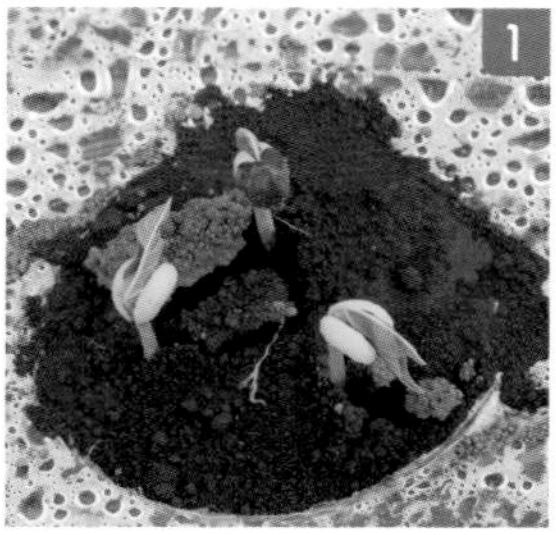

種まき後、３～５日前後で発芽する。

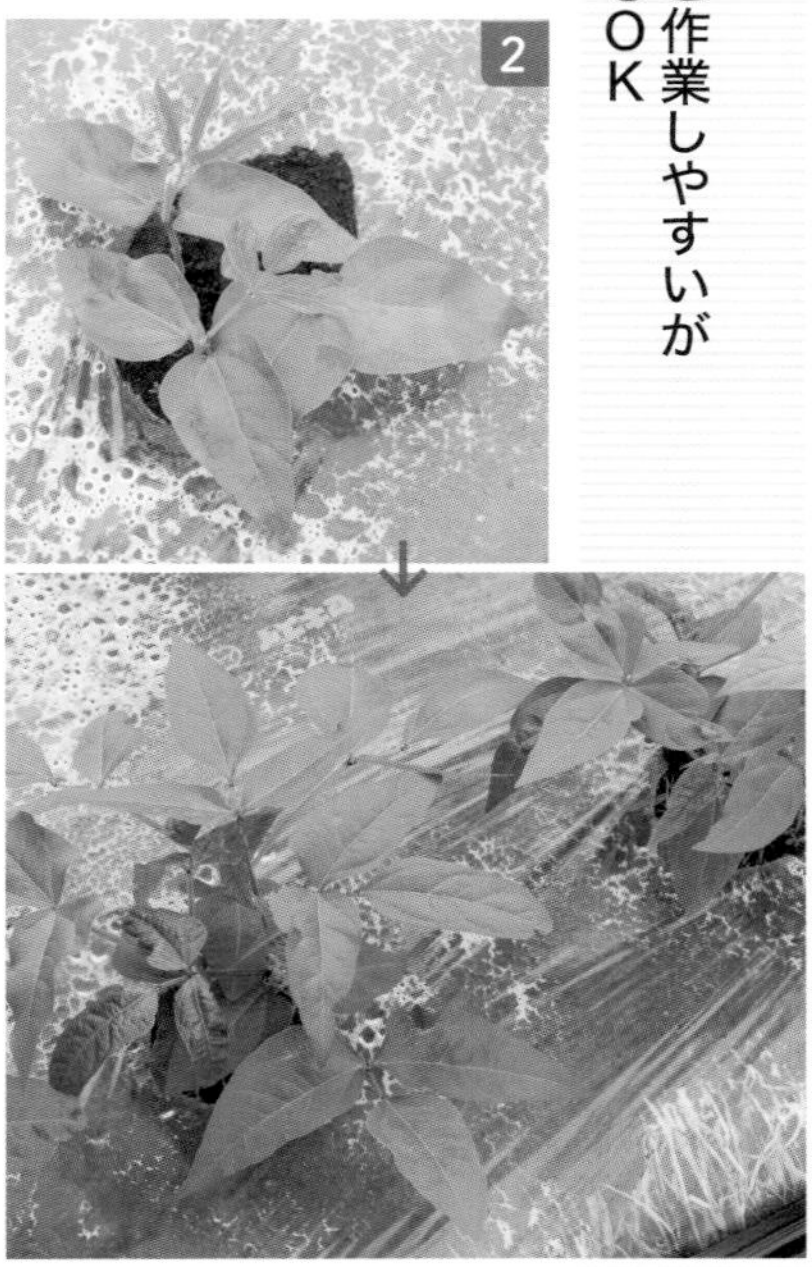

本葉２～３枚の頃、３株育っている場合は、生育がよい２株を残して間引きする。

Q 摘芯しない場合は？

A 摘芯せずにつるを伸ばして育ててもOK。その場合は、支柱を立てて（➡ P43）誘引する。

腰の高さくらいまで成長したら、つるを摘芯する。摘芯したところから花芽が出てくるので、収穫がしやすい。

ササゲの花。花が咲きはじめた頃、畝間を中耕して土寄せするとよい（➡ P45）。

ひとつの花から２つのサヤが出る。

3 収穫・種とり

8月上旬～下旬頃

サヤが枯れたら収穫し、形がよいものを種にする

サヤが熟して茶色くなってきたら収穫。はじけやすいので、サヤがしんなりしているうちに収穫するとよい。

雨が当たらない風通しがよい場所で１週間以上、乾燥させる。

サヤからマメを出す。種用には形やつやがよく、シワがないものを選び保存する（➡ P46）。

病害虫対策

アブラムシやカメムシを見つけたら、とり除く。

約30cmにもなる長いサヤが特徴の十六ささげ。青サヤも美味。

ダイズの若いマメがエダマメ。
いろいろな品種がある

エダマメ・ダイズ

◆マメ科ダイズ属

栽培難易度　むずかしい

栽培のポイント

- 種まき後は鳥害予防のため寒冷紗をベタがけ（↓P39）しておくとよい。
- 草丈10cm頃に除草する。

おすすめの品種

小糸在来や早生大豊緑枝豆のほか、湯あがり娘など。各地に在来種があるので探してみよう。

肥料について

無肥料で栽培できる。有機栽培では、前年に施肥して残肥がある場所は元肥を入れず、追肥をして育てるとよい（↓P29）。

畑の準備

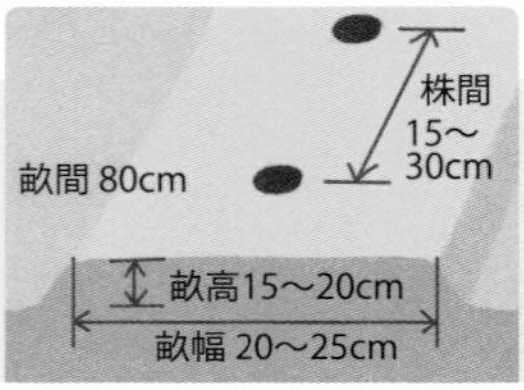

栽培暦

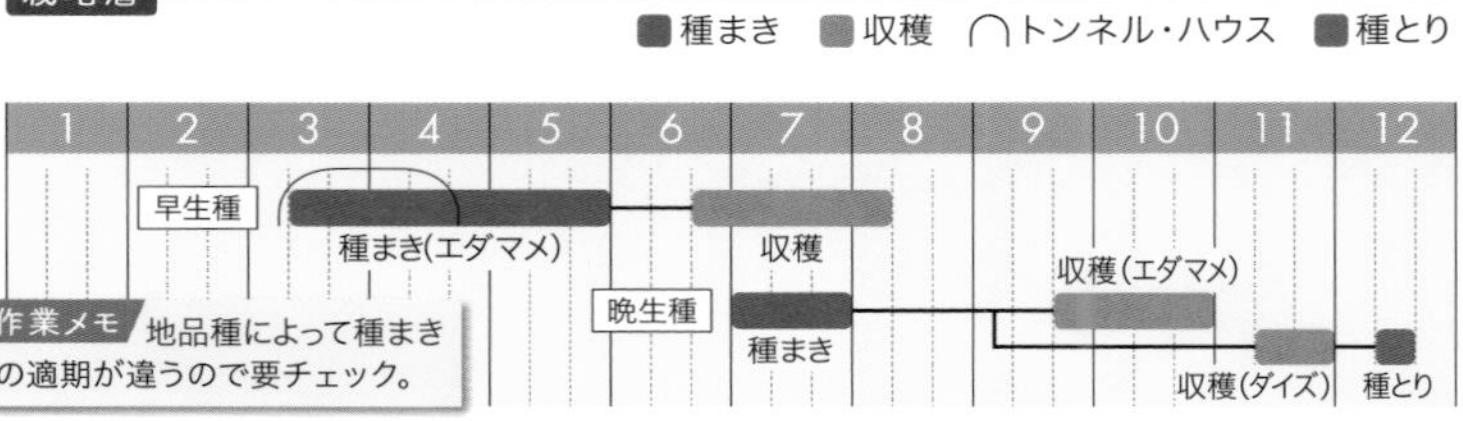

作業メモ　地品種によって種まきの適期が違うので要チェック。

1 種まき

3月中旬〜5月下旬頃・7月上旬〜下旬頃

早生種はマルチとトンネルをする

エダマメの種。

株間15〜20cmでまく。

第一関節まで種を押し込む。

軽く覆土する。

ポットまきの場合

ポットに２粒ずつまいて育苗し、本葉２枚の頃、２株ずつ株間15cmで畑に植えつける。

ポイント

早生種はマルチとトンネルをして防虫、防寒するとよい。晩生種は種まき後、鳥害予防のため寒冷紗をベタがけし（➡P39）、発芽後約１週間ではずすとよい。

数日で発芽する。

2 中耕・除草

草丈10～15㎝の頃

若い苗は草に負けやすいので除草が大切

1

草丈 10～15㎝の頃、除草をかねて畝間を中耕し、株元に土寄せする。

2

ダイズの花。品種によって白花とピンク花がある。

追肥する場合

開花の2週間ほど前、草丈 20～25㎝の頃、追肥する（➡ P29）。

病害虫対策

カメムシなどを見つけたら、とり除く。サヤに穴があるものは、シロイチモンジマダラメイガが食害している可能性が大。

エダマメについたカメムシ。

3 エダマメの収穫

6月下旬～8月上旬頃・9月下旬～10月下旬頃

エダマメはぷっくりしてきたら早めに収穫

1

開花後、サヤがつく。

2

マメがぷっくりふくらんだら収穫。一般的に、早めに収穫したほうが味がよい。

3

根元から茎ごと切って収穫。家庭菜園では、ふくらんだマメからこまめに収穫してもよい。

4 ダイズの収穫

11月中旬〜下旬頃

葉とサヤが枯れたらはじける前に収穫

ダイズの収穫。葉がすっかり枯れて、サヤが茶色になったら収穫する。

株ごと引き抜いて収穫する。

雨が当たらず風通しがよい場所において、1か月ほど乾燥・追熟させる。

サヤがくるんとはじけた頃が脱穀の適期。

ブルーシートの上などで、棒や空きビンなどでたたいて脱穀する。

Q ダイズの種とりは？

A 脱穀と選別をしたのち、形やつやがよいものを翌年の種用にするとよい。3月まきした早生種は7月下旬に大豆を収穫できるが、翌年の発芽率が低いので、種とりするなら晩生種がおすすめ。

マメとゴミを分けるため、ふるいなどにかける。ここでは簡単な方法を紹介。板などを斜めに設置し、脱穀したものを置くと、よいマメだけが下に落ちる。

最後に目で見て、きれいなマメだけを選別して保存する。

小粒ながら栄養価が高い黒千石大豆。育て方は晩生種と同じ。

秋に種まきして冬越しさせると
春からぐんぐん成長！

サヤエンドウ・スナップエンドウ

◆マメ科エンドウ属

栽培のポイント

●種まき後と、冬から初春にかけて、鳥害対策のために寒冷紗をベタがけ（➡P39）しておくとよい。
●風に弱いので、数株で支え合うように育て、しっかり支柱を立てる。

おすすめの品種
仏国大莢エンドウ、スナップエンドウなど。

肥料について
肥料がなくても育つが、肥料を使ったほうが育てやすい。有機栽培では元肥と追肥を行なう（➡P29）。

栽培難易度 むずかしい

畑の準備

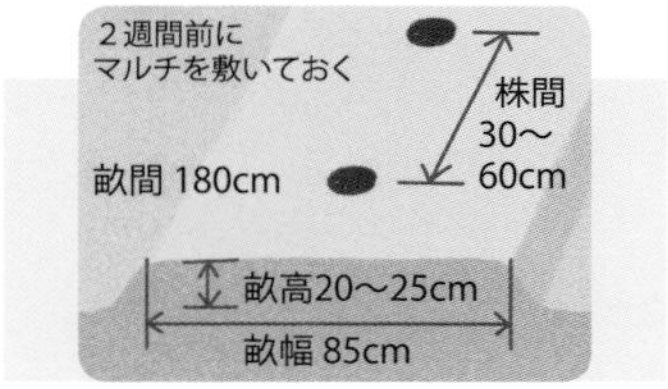

栽培暦

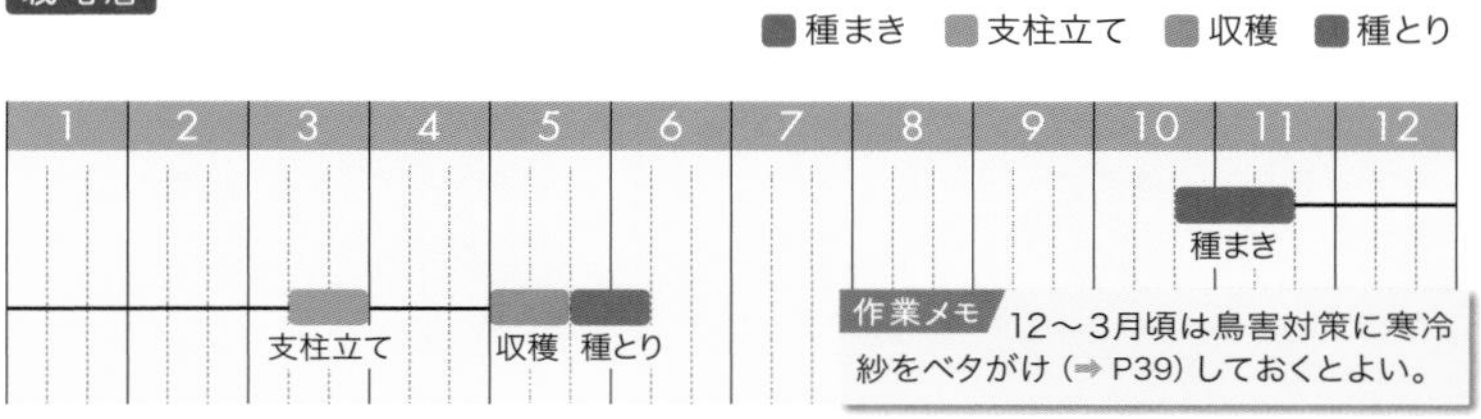

作業メモ　12～3月頃は鳥害対策に寒冷紗をベタがけ（➡P39）しておくとよい。

1 種まき

10月下旬～11月中旬頃

早すぎても遅すぎても発芽しないので適期に！

上がスナップエンドウの種。下が仏国大莢エンドウの種。

表土を１cmほど押して、まき穴をつくる。

スナップエンドウは１穴６粒、サヤエンドウは１穴５粒まく。４～６粒が目安。

種の厚さくらいの土をかける。

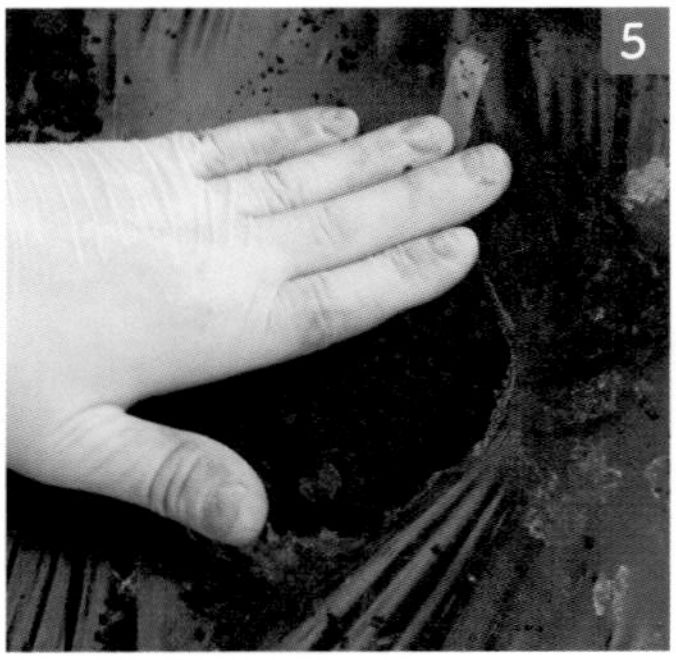

軽く押さえて鎮圧する。

2 鳥害対策

12月～3月頃

冬は寒冷紗をかけて若い苗を守る

種まき後、数日で発芽する。

草丈5～10㎝で冬越し。

葉を鳥に食べられると生育に影響するので、12～3月頃は、寒冷紗をかけておく。低温や強風対策にもなる。

プロのコツ

種を浸水させる

種まきの前に種を浸水させておくと発芽率が高まる。11月上旬まきでは浸水させなくてもよいが、まく時期が遅くなり、気温が下がってくると発芽率が悪くなるので、浸水させるのがおすすめだ。

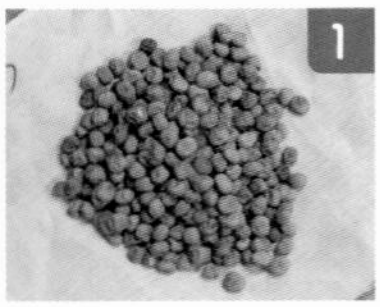

種をさらしなどで包む。吸水するとふくらむので、ゆとりをもって結ぶ。

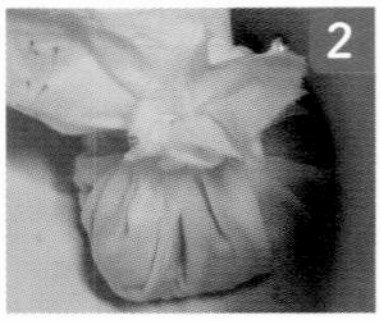

たっぷりの水に2～3時間つける。

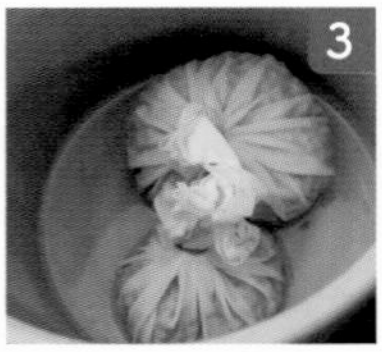

水を捨て、1㎝深さの水に種を入れ、1～2日つける。

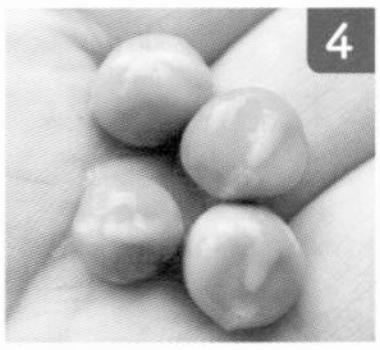

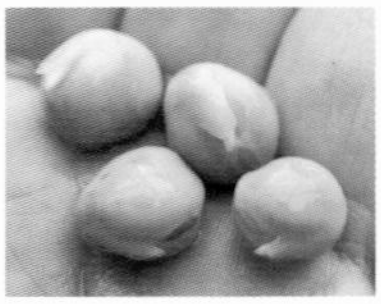

種がぷっくりしたらまく。上がスナップエンドウ、下がサヤエンドウ。それぞれ浸水2日後。まき方は浸水させない場合と同様。

3 支柱立て

3月中旬～下旬頃

春に生育がはじまる頃

追肥する場合

冬を越し、株が成長をはじめる頃、追肥を施すとよい（➡ P29）。

春になり、生育してきたら、寒冷紗をはずして支柱を立てる。強風で振り回されるとひと晩で枯れるので注意。

支柱を立てて（➡ P43）誘引する。

エンドウの花。花色は品種によって紫や白がある。

グリーンピース

熟す前の種子を食べる、実えんどうの仲間。育て方はエンドウと同様。実が太ってサヤがしっかりふくらんで、表皮にシワが出たら収穫どき。

4 収穫

5月上旬～中旬頃

適度な大きさになったら、こまめに収穫する

実が成長したら、早めに収穫する。開花後は次々と実がつくので、硬くなる前にとること。

根元をもいで収穫するか、ハサミを使うとよい。写真はサヤエンドウ。

スナップエンドウも同様にして硬くなる前に収穫する。大きく生育してしまったものは、グリーンピースのようにマメを楽しむこともできる。

Q 母本の選び方は？

A 株の下のほうが実が充実しやすいので、そこから種とりするか、種とりする株を決めておき、そこからは収穫しないようにするとよい。生育がよく、病害虫が少ない株を母本に選ぶ。

5 種とり

5月下旬～6月上旬頃の梅雨入り前までに

サヤが枯れたら収穫する

サヤが枯れてシワシワになり、しんなり柔らかくなってきたら収穫。雨に濡れると発芽してしまうことがあるので、早めにとり込もう。写真はスナップエンドウ。

サヤエンドウも同様に収穫する。

雨がかからない風通しがよい場所で、からからに乾燥させてから種とりし、保存する（➡ P46）。

栽培成功のカギはアブラムシ対策

ソラマメ

◆マメ科ソラマメ属

栽培のポイント

- 秋に種をまいて冬越しし、翌春に収穫する。
- 開花期にアブラムシがつきやすいので、こまめにチェックしてとり除く。

おすすめの品種

仁徳一寸、駒栄、初姫など。

肥料について

無肥料でも育つ。有機栽培の場合、元肥と追肥をするが（➡P29）、アブラムシがついている場合は追肥を控える。

栽培難易度　むずかしい

畑の準備

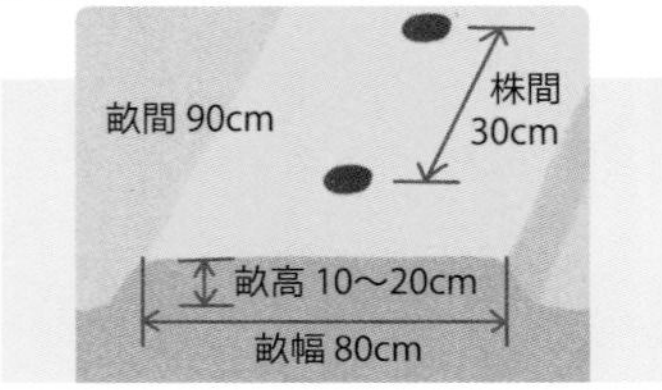

栽培暦

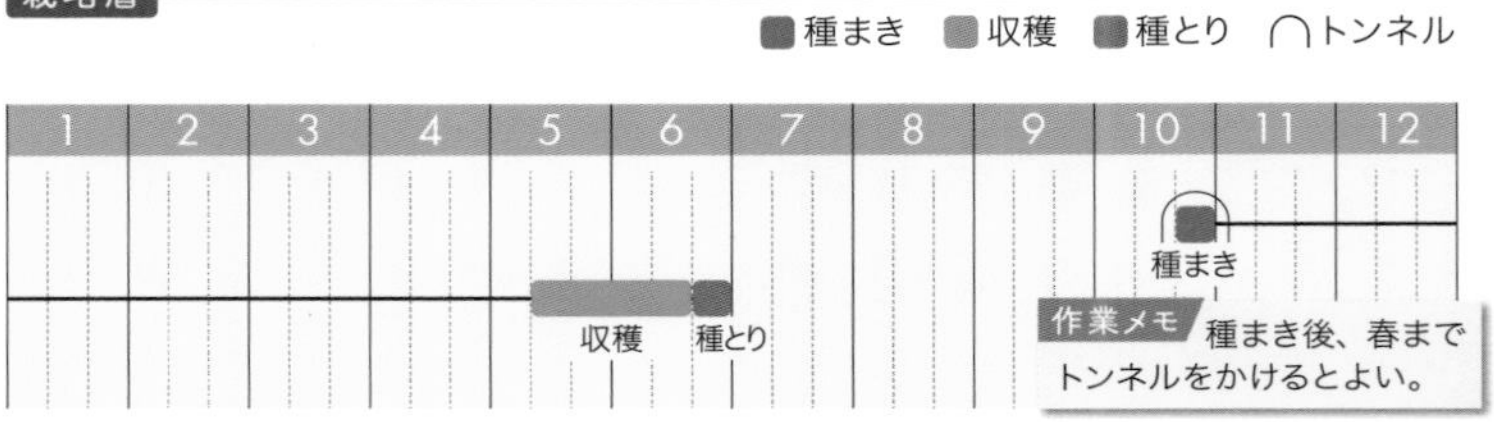

作業メモ　種まき後、春までトンネルをかけるとよい。

1 種まき　10月下旬頃

直まきかポットまきで育てる

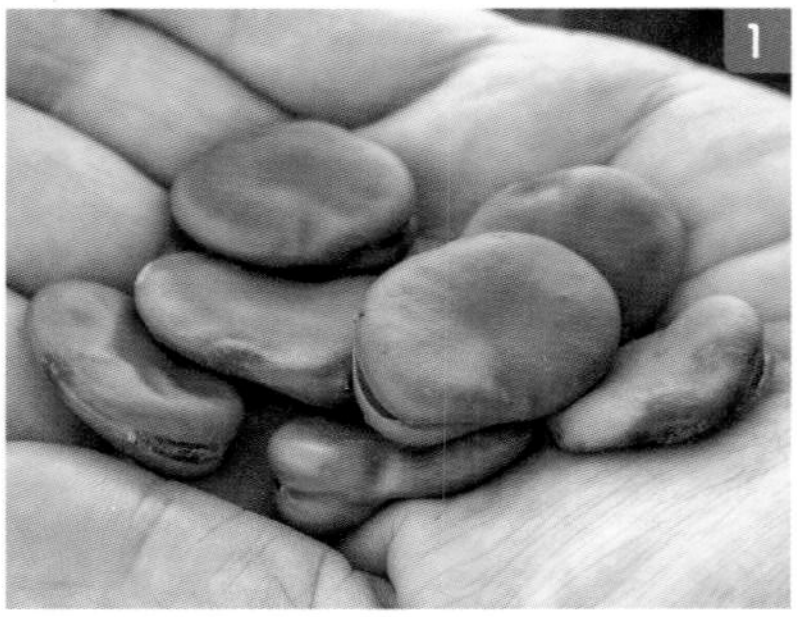

ソラマメの種。写真は仁徳一寸。

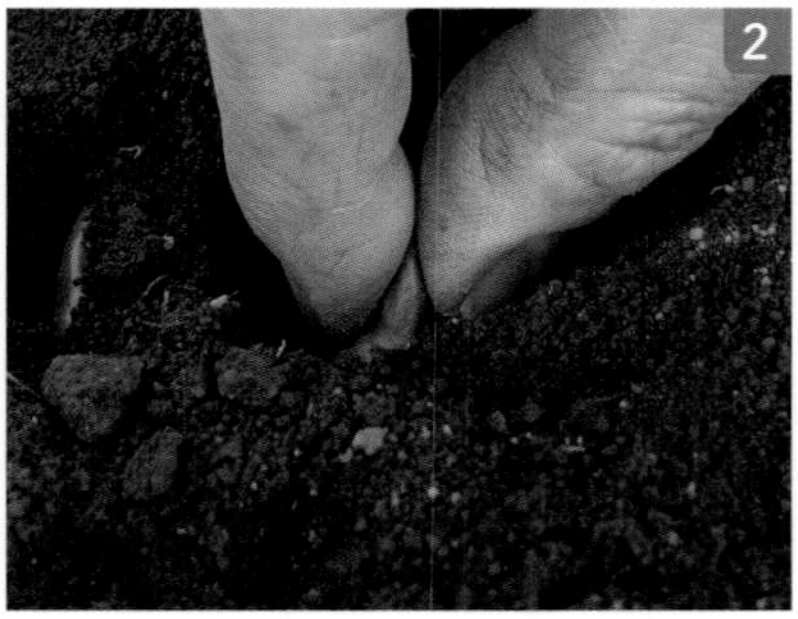

種のオハグロ部分を斜め下に向けて土の中に押し込む。1か所に2粒ずつまく。

覆土して軽く押し、落ち着かせる。種まきをしたら、トンネルがけをする。

発芽したソラマメ。

ポットまきの場合

ポットに土を入れ、オハグロ部分を斜め下に向け、深さ2㎝で1粒ずつ植える。11月下旬頃、本葉が4、5枚の苗を畑に定植する。

2 管理作業
11月下旬～4月下旬頃

開花時期のアブラムシに注意する

本葉が出てきたところ。苗は畑で冬越しさせる。

春になり、新しい葉が成長しはじめる。

ソラマメの花。

追肥する場合
開花時期に追肥するとよいが、アブラムシがついている場合は控える。

3 収穫・種とり
5月中旬～6月中旬頃

サヤが下を向いてきたら収穫適期

花後、実がついてきたところ。

収穫適期のサヤは色が濃く光沢があり、背筋部分が黒くなる。さらにサヤが下向きに垂れてきたら、ハサミで切って収穫する。

種とり用には、地面に近くふっくらと大きいサヤを選ぶ。サヤが黒くなってしぼみ、茎が枯れてきたら収穫する。雨当たりがなく、風通しのよいところで乾燥させて保存する。

マメの表面が赤茶色の初姫の種とり。

病害虫対策
花がつく４月下旬頃から、ソラマメの最大の敵であるアブラムシがつきやすくなるため、まめにチェックし、見つけしだい手でとる。

開花後に子房柄が伸びて地面に入り、マメができる

ラッカセイ

◆マメ科ラッカセイ属

栽培のポイント

- 地温がしっかり上がってから直まきする。
- 種まき後、鳥害予防のために寒冷紗をベタがけ（➡P39）するとよい。

おすすめの品種
千葉半立落花生、黒落花生など。

肥料について
肥料はなくてもよく育つ。酸性に偏っている場合は牡蠣殻粉末（➡P28）を入れる。

栽培難易度 ふつう

畑の準備

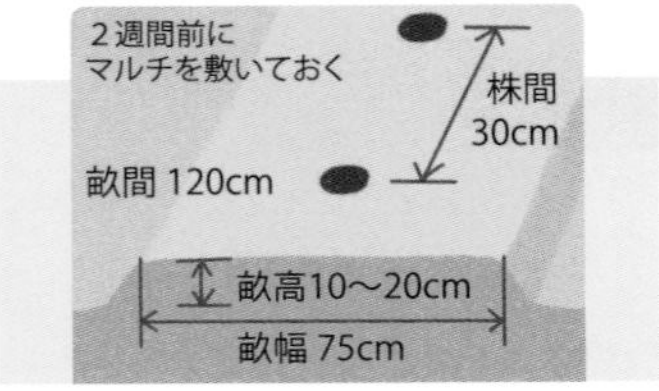

栽培暦

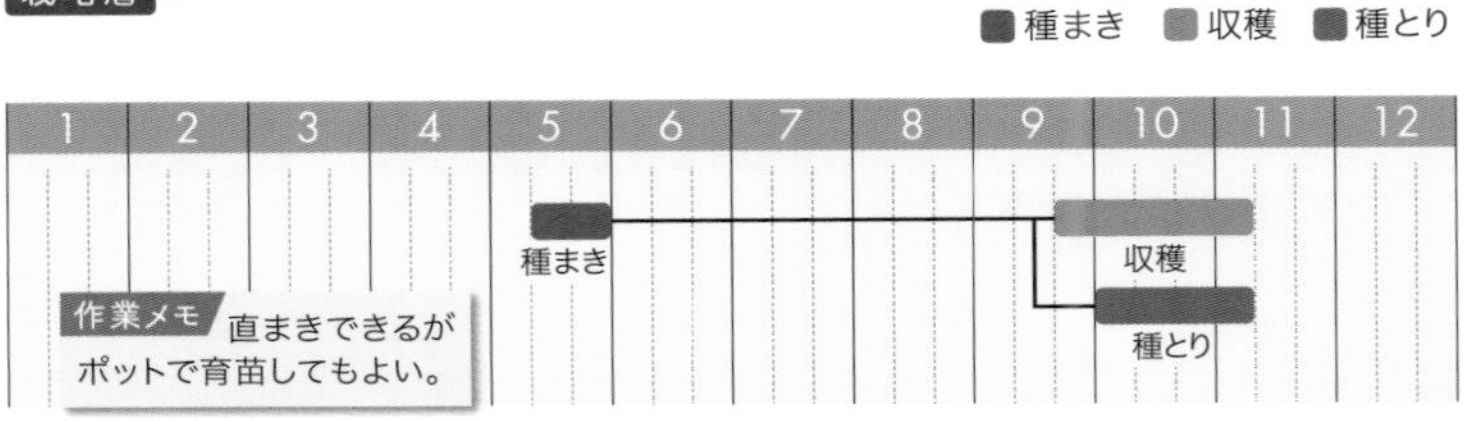

1 種まき

5月中旬〜下旬頃

暖かくなる5月に直まきする

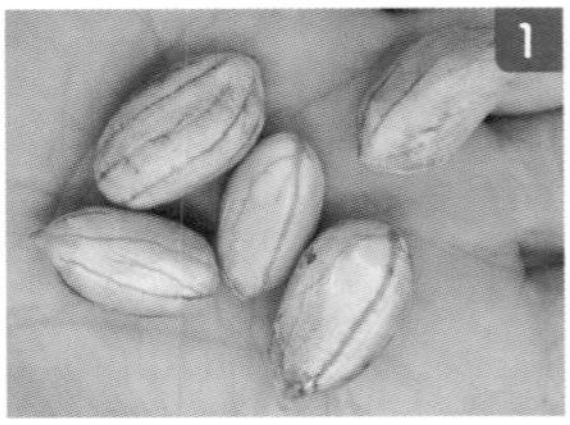

ラッカセイの種。

2粒ずつ直まき。指で2㎝くらい押し込み、覆土し鎮圧する。

草丈 10㎝の頃、マルチをはがし、除草をかねて中耕し、株元に土寄せする。

2 収穫

9月下旬〜11月上旬頃

試し掘りして肥大してたら収穫

花後、子房柄が伸びて地面に潜り、その先にマメができる。

ポイント
ヒモのように伸びていく小房柄が土に潜りやすくするために、耕しておこう。

子房柄が伸びる時期は、土を耕して柔かくして、株元に土寄せしておくとよい。

ポイント
収穫が遅れると、小房が土の中に残ってしまうので注意。

秋になり、葉が枯れてくる頃、試し掘りして、サヤ（子房）がふくらんで網目がはっきりしていたら掘り上げて収穫し、よく乾燥させる。生育がよかった株のマメを翌年の種にする。

Part 5

イモを食べる野菜

旺盛に茂り、巨大なムカゴをつける

エアーポテト

◆ヤマノイモ科ヤマノイモ属

栽培のポイント

- つるが長く伸びるため、支柱や棚、ネットを張って育てる。
- ハート型の大きな葉が茂り、グリーンカーテンにもなる。

おすすめの品種

宇宙芋、エアーポテトなど。

肥料について

無肥料でも育つが、有機栽培なら元肥のほか、ムカゴがつきはじめた頃に追肥する（⬇P29）。

栽培難易度 ふつう

畑の準備

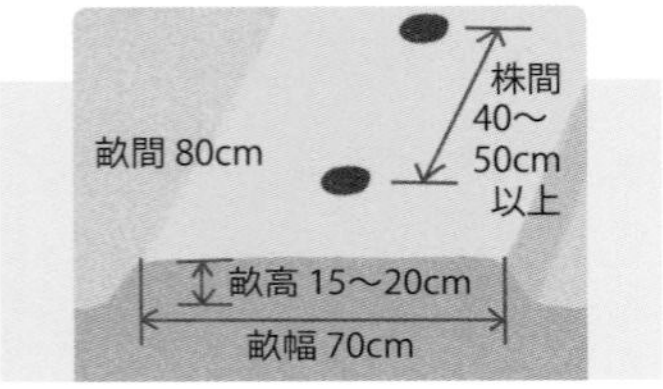

栽培暦

■植えつけ　■収穫

1	2	3	4	5	6	7	8	9	10	11	12
			植えつけ	植えつけ			収穫	収穫	収穫		

作業メモ　ネットなどにつるを誘引し、葉を茂らせて育てる。

1 植えつけ

4月上旬〜5月下旬頃

棚や支柱を立てて育てる

ネットがはれる壁面、もしくは棚や支柱が立てられる場所を選ぶ。深さ10㎝くらいの植え穴を掘り、芽を上にして植えつける。

種イモが隠れる程度に覆土して鎮圧し、土を落ち着かせる。

2 管理作業・収穫

6月上旬〜7月下旬頃・8月上旬〜10月下旬頃

霜が降りる前に収穫を終える

発芽しつるが伸びてきたら、支柱を立ててネットをはり、ツルを誘引する。

つるが旺盛に成長する。

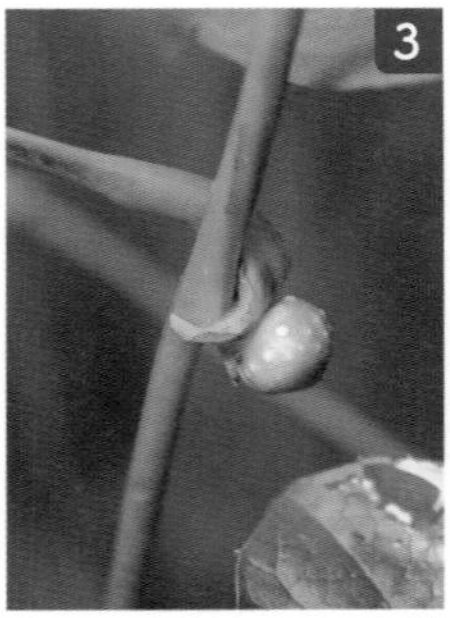

葉のつけ根に、ムカゴがつきはじめる。

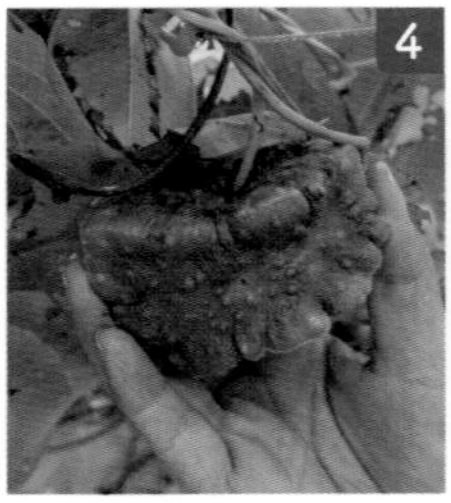

ムカゴが大きくなったら収穫する。ムカゴを持ってねじり、つるから外す。霜が降りる前に収穫を終えるようにする。

ポイント

種イモの保存

収穫したムカゴのなかから形や肌色がよく、傷みのないものを選ぶ。寒さに当たるとしぼんで傷むため、冬は新聞紙などで包んでダンボールなどに入れ、暖房をしない室内で保存する。

生育力が強く、手間いらずの健康野菜

キクイモ

◆キク科ヒマワリ属

栽培のポイント

●性質は強健で栽培しやすい。根づきがよいため、イモの掘り残しがないようにする。

●草丈が2m以上になり、ほかの作物の日当たりを遮ることがあるため、注意が必要。

おすすめの品種

赤系と白系がある。

肥料について

無肥料でもよく育つ。有機栽培の場合、元肥を入れる（➡P29）。追肥は必要ない。

畑の準備

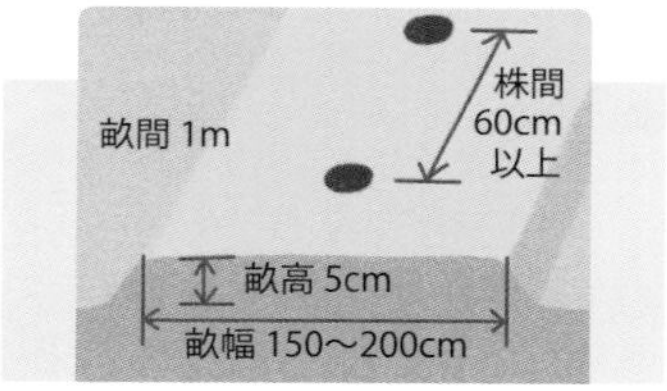

栽培暦

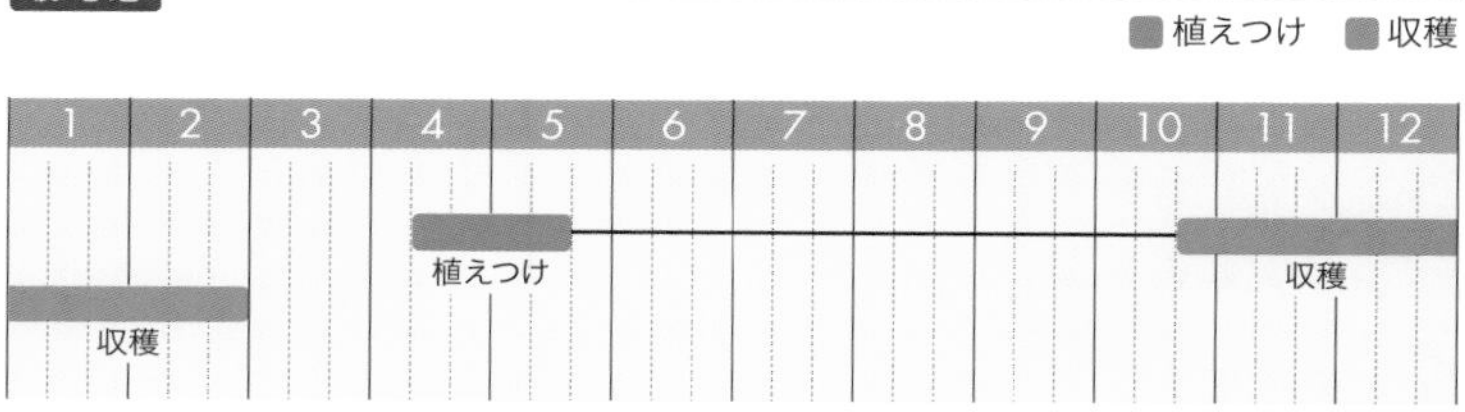

栽培難易度 やさしい

1 植えつけ・芽かき
4月中旬〜5月中旬頃

深めの植え穴を掘り60cm間隔で植えつける

キクイモの種イモ。

深さ10〜20cmの植え穴を掘り、60cm間隔で種イモを置く。1個のイモから4本以上の芽が出ていたら芽かきして、2、3本残す。

2 収穫
10月下旬〜2月下旬頃

地上部が枯れたら掘り上げる

植えつけから1か月半ほど経ったところ。

植えつけから2か月ほどで1m以上に。最終的に2m程度まで成長する。

夏の終わりから秋にかけて黄色い花が咲く。

秋に地上部が枯れたら、スコップで株のまわりを掘って収穫。イモは根の真下ではなく周辺につくため、株から30cmほど離れたところから掘り広げる。

ポイント

保存方法

収穫後のキクイモは洗わずに、泥つきのまま新聞紙で包んで冷蔵保存する。長期保存する場合は土に埋めて貯蔵し、必要なときに掘りだすとよい。

種イモから苗を育てて植えてみよう！

サツマイモ

◆ヒルガオ科サツマイモ属

栽培のポイント

●元気な苗をつくることが成功のコツ。

●もともとやせた土地でも育つ作物なので、肥料が多いとイモが育たず、つるばかり育つ「つるぼけ」になるので注意。

おすすめの品種

紅東、紅はるか、鳴門金時、関東83号、安納芋、シルクスイート、紫いもなど。

肥料について

無肥料でも育つが、有機栽培では腐葉土や米ぬか、ワラなどを元肥として入れることが多い。

栽培難易度 ふつう

畑の準備

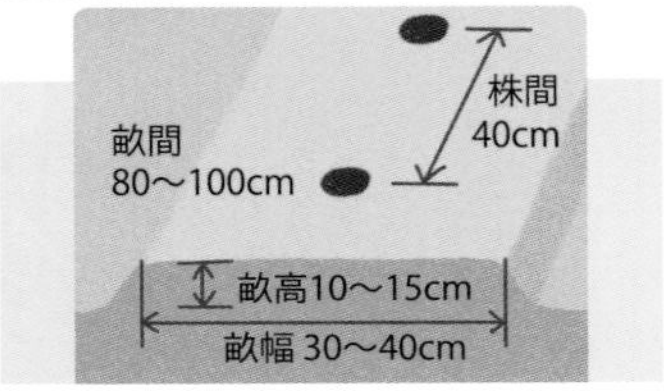

栽培暦

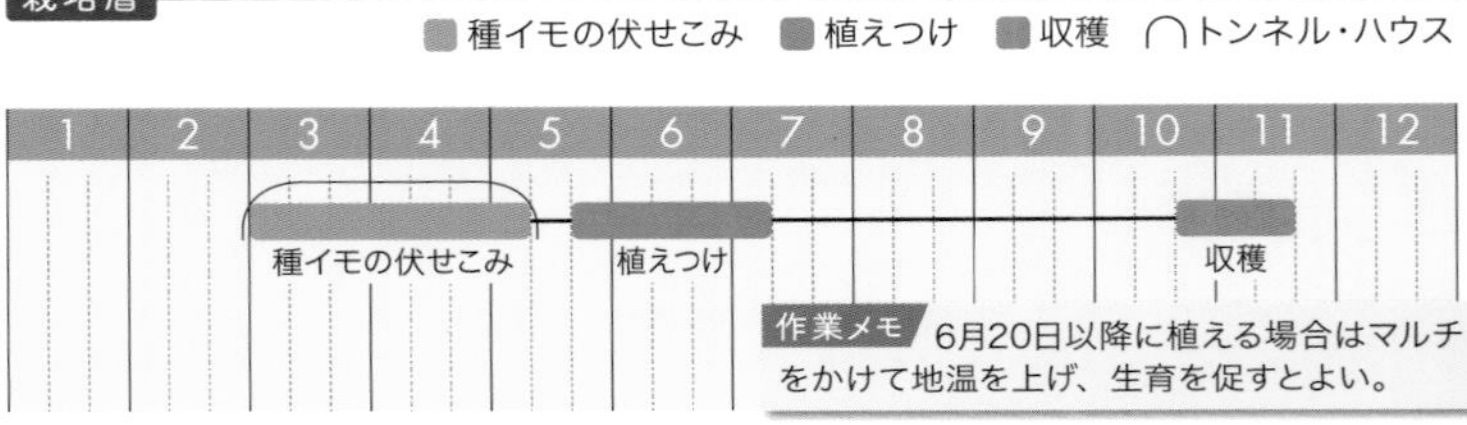

作業メモ 6月20日以降に植える場合はマルチをかけて地温を上げ、生育を促すとよい。

1 種イモの伏せこみ

3月上旬～5月上旬頃

種イモを植えて苗をつくる

1 種イモを用意。前年に収穫し保存したものか、食用のイモでもOK。

家庭菜園では？

家庭菜園で苗を少量だけつくりたいときは、プランターに植えてもOK。不織布やビニールをかけて暖かく管理する。

2 植え穴を掘り、40cm間隔でイモを横にして置く。

3 イモが隠れる程度に覆土する。

ポイント

地温を上げて生育を促す。

4 前年の温床（➡P34）をふるって粗い部分をかける。家庭菜園では腐葉土を利用するとよい。

5 たっぷり水やりして、ビニールをベタがけし、さらに穴あきビニールをトンネルがけする。家庭菜園では不織布をトンネルがけしてもよい。

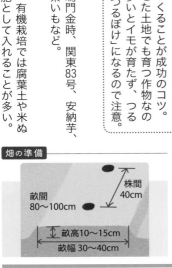

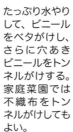

2 苗とり

5月下旬〜7月上旬頃

苗をとって発根させる

葉が伸びてきたらビニールのベタがけをとる。日中はトンネルをあけ、夜間はトンネルをかけて温度管理する。

つるが伸びてきたら、いよいよ苗とり。

根元から1〜3節を残し、40㎝くらいの長さでつるをハサミで切る。

ポイント

紅はるかなどつるが出やすいものは1節、紅東や鳴門金時などつるが出にくいものは、2〜3節残して切るとよい。

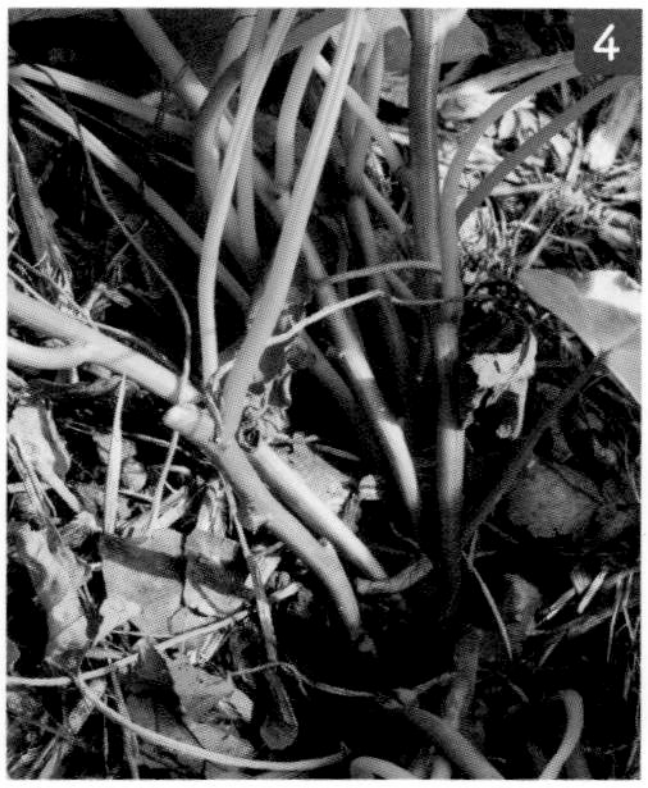

残した節から、またつるが出て育つので、2〜3回、苗とりできる。

苗とりしたつるはコンテナなどに立てて、暖かい日陰に置く。3〜5日、朝夕、水やりして（水は貯まらず、下から抜ける）、発根させる。

サツマイモの品種

甘く滑らかな食感のシルクスイート、ホクホクとした鳴門金時、美しい紫色であっさりとした味わいの紫いもなど、品種によって甘味や食感の違いがある。いずれも自然栽培でも育てやすいので、好みの品種を育ててみよう。

3 苗の植えつけ

5月下旬～7月上旬頃

根を傷つけないようにやさしく植えつける

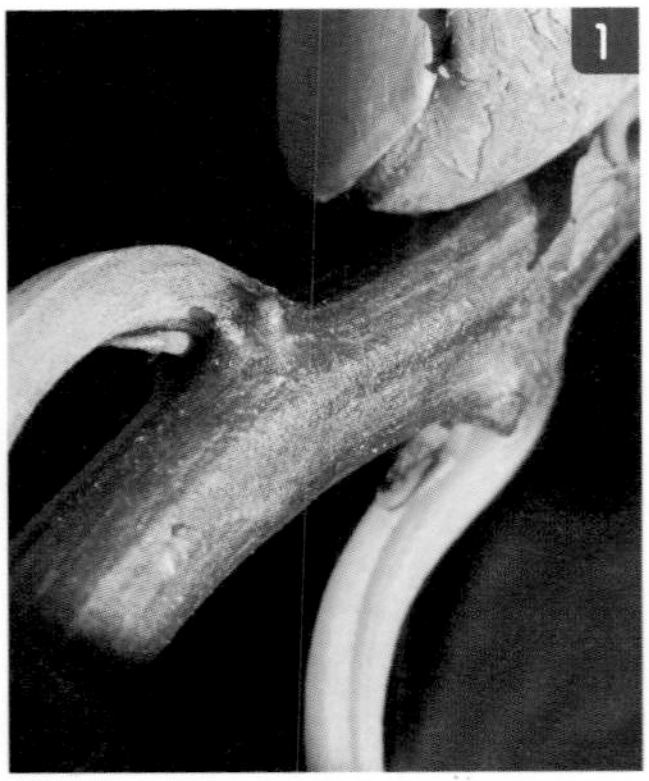

3～5日後、根がちょっとだけ出た頃が植えつけどき。ほんの少しぷっくりしてきたくらいがベスト。

ポイント

苗を植えるときは、根を傷つけないように苗の上のほうをやさしく持つ。

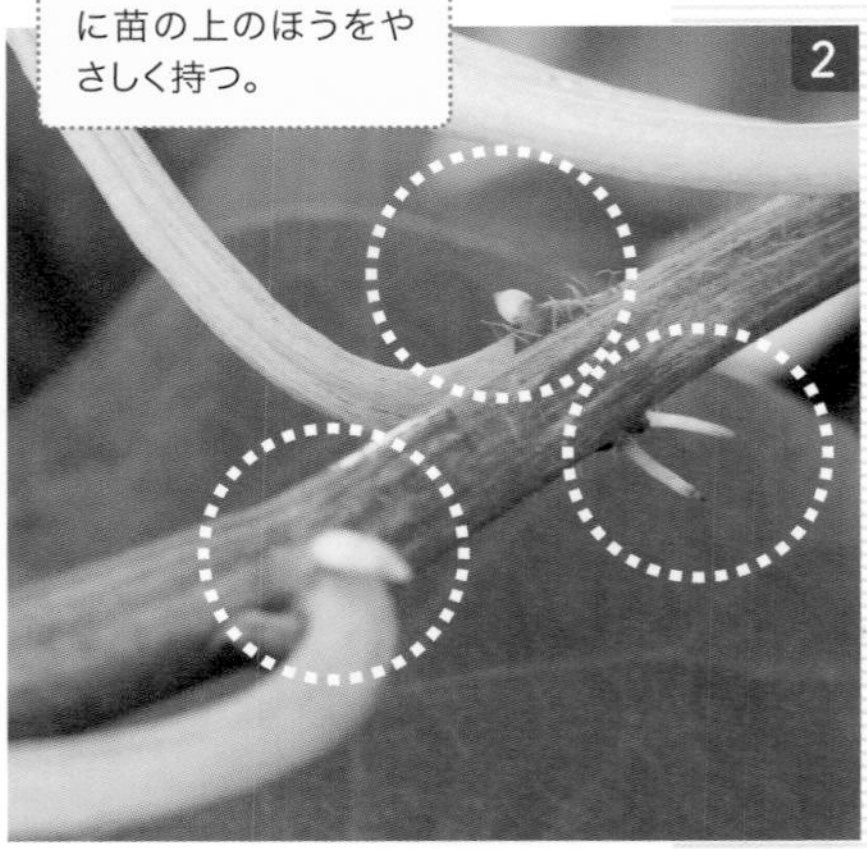

このくらい発根している場合は、植えるときに根を折らないように注意する。

植え穴を掘る。植えつけは風のない日を選ぶ。

船底植えにする。成長点を埋めないように注意。

覆土して植えつけ完了。株間は40㎝が目安。

生育中のサツマイモ。畝間を中耕して畝の肩に土寄せする。除草をかねて1～2回行ない、畝高を30㎝くらいにする。

夏にはつるをどんどん伸ばしていく。つるが伸びて根づくと余計なイモがついてしまうので、つるをべりっとはがす「つる返し」をするとよい。

4 収穫 10月下旬〜11月中旬

試し掘りをしてイモが大きくなっていたら収穫

試しに掘ってみて、イモが大きくなっているようであれば収穫スタート。つるをカマなどで切り、葉とつるをよける。

イモを傷つけないようにスコップなどで掘り、つるの根元を持って引き抜く。

霜が下りるまでに収穫を終える。

Q 種イモの貯蔵は？

A 農家ではハウスの中など雨がかからない場所に穴を掘り、イモを入れたコンテナを埋め、板などでフタをしてブルーシートで覆い、土をかけて保存する。保存適温は13〜16度前後。家庭ではイモをつるからはずさずに新聞紙で包み、ダンボールや空気穴をあけた発砲スチロール箱などに入れ、暖房をしない室内などで保存。

プロのコツ

サツマイモの苗の植え方

サツマイモの苗を植える方法はいくつかあるので、それぞれの特徴を知っておこう。

◆ 水平植え

茎が水平になるように植える方法。各節から発根し、均等な大きさのイモがたくさんできるとされる。

◆ 船底植え

水平植えより、茎の中央部分をやや深めに植える方法。乾燥に強く、水平植えより確実に収穫できるとされる。

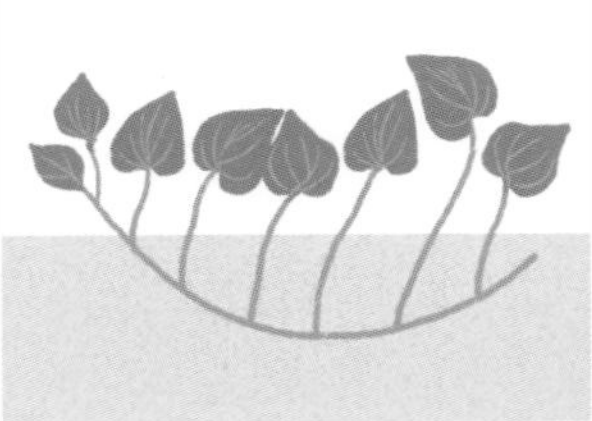

◆ 斜め植え

茎を斜めにさして植える方法。苗が短いときや、マルチをしているときに適して、植えやすい方法。水平植えや船底植えよりイモの大きさに大小ができたり、収量が少ない傾向があるとされる。

水が好きなので乾燥に注意して育てる

サトイモ

◆サトイモ科サトイモ属

栽培のポイント

- 除草をかねて中耕を何回かして土寄せするとイモが大きくなる。
- 翌年からは親イモを種イモとして植えるとよい。

おすすめの品種

土垂、セレベス、石川早生、ヤツガシラなど。

肥料について

無施肥でも育つが、有機栽培では、植えつけの際、イモとイモの間に元肥（⬇P29）をひとつかみずつ入れるとよい。

栽培難易度　やさしい

畑の準備

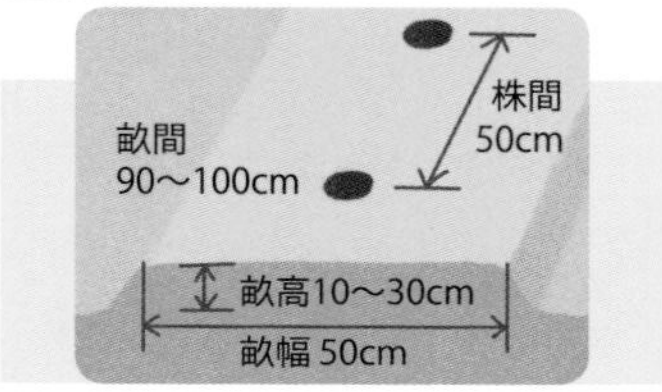

栽培暦

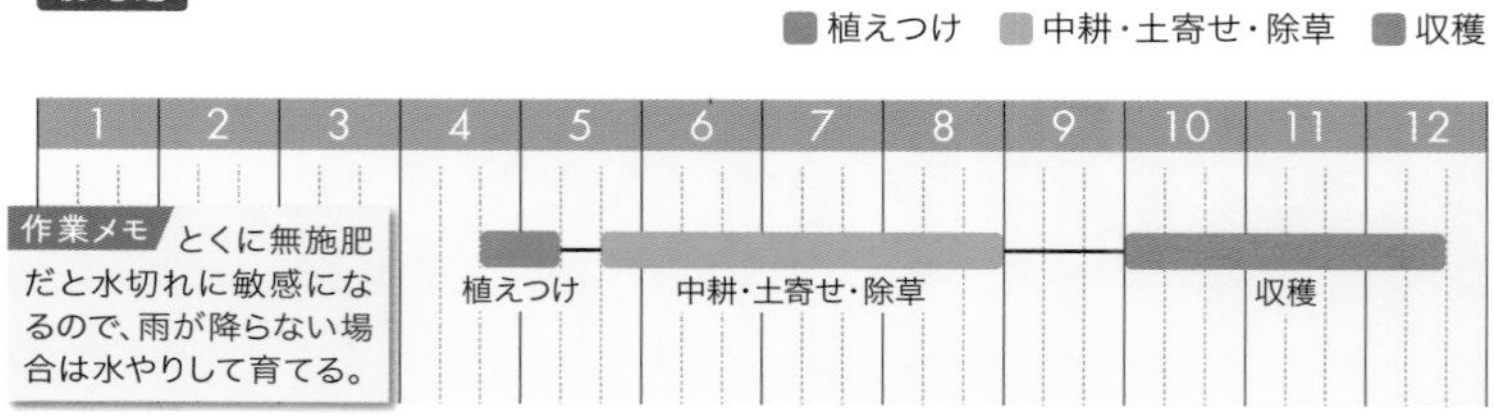

1 植えつけ

4月下旬～5月上旬頃

地温が上がった頃に種イモを植える

ポイント

親イモは大きいので収穫量がアップする。

前年のイモがある場合は、親イモや大きめの子イモを種イモにする。初年度は購入したものでOK。芽や根が出すぎていないものがベター。

植え穴を掘り、種イモを横にして株間50㎝で置く。

イモに両手で土をかけて、植えつけ完了。

2

5月下旬～8月下旬頃

中耕・土寄せ

2～3回土寄せして、イモを大きくする

1

本葉2～3枚の頃。乾燥に注意し、土が乾くようであれば水やりする。

2

生育が盛んになってきたら、除草をかねて中耕し、株元に土寄せする。8月まで、2～3回行なうとよい。

ポイント

中耕・土寄せすることで新鮮な空気が根に送られ、イモが大きくなる。

ポイント

水をたっぷり与えて育てると、収量が上がるだけでなく、ねっとりキメが細かく、ほくほくのおいしいイモになる。

3

夏場、グングン成長する。この時期も雨が少ない場合は定期的に水やりする。

病害虫対策

肥料が多いと病害虫が出やすい。ハスモンヨトウやスズメガの幼虫が食害するので、見つけたらとり除く。

セスジスズメの幼虫（上が若齢、下が終齢）。雨が少ないと多発する。

3

収穫

10月上旬～12月中旬頃

試し掘りして大きくなっていたら収穫できる

9月下旬以降、試しに掘ってみて、イモが大きくなっていれば収穫OK。茎や葉が枯れてきたら収穫しよう。

スコップなどで掘って収穫。

霜が下りたあと、茎葉が完全に枯れてから収穫してもよい。

ポイント

茎葉が枯れたら、そのままビニールをかけておくと関東南部以西では春まで保存できる。

ビニールが飛ばないように土をのせておく。

畝の上からビニールをかける。

休眠の短い品種は春植えと秋植えができるので二期作が可能

ジャガイモ

◆ナス科ナス属

栽培難易度 ふつう

栽培のポイント

- 無施肥では芽かきの必要はないことが多い。
- 除草をかねて中耕と土寄せをすると、イモがたくさんできる。

おすすめの品種

出島とアンデスレッドは二期作できる。ほかに男爵、メークイン、キタアカリなど。

肥料について

無肥料でも育つ。有機栽培では、植えつけ時にイモとイモの間に腐葉土や堆肥をひとつかみ施すとよい。

畑の準備

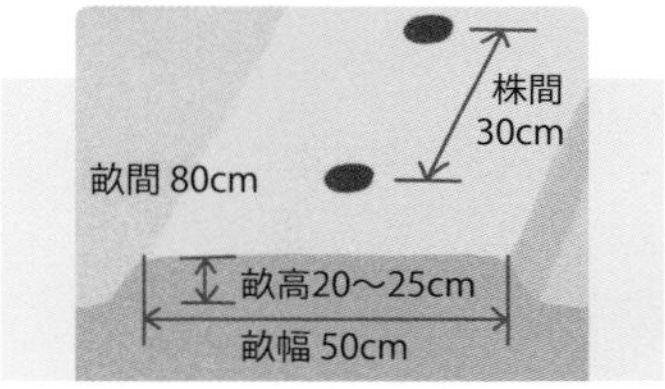

栽培暦

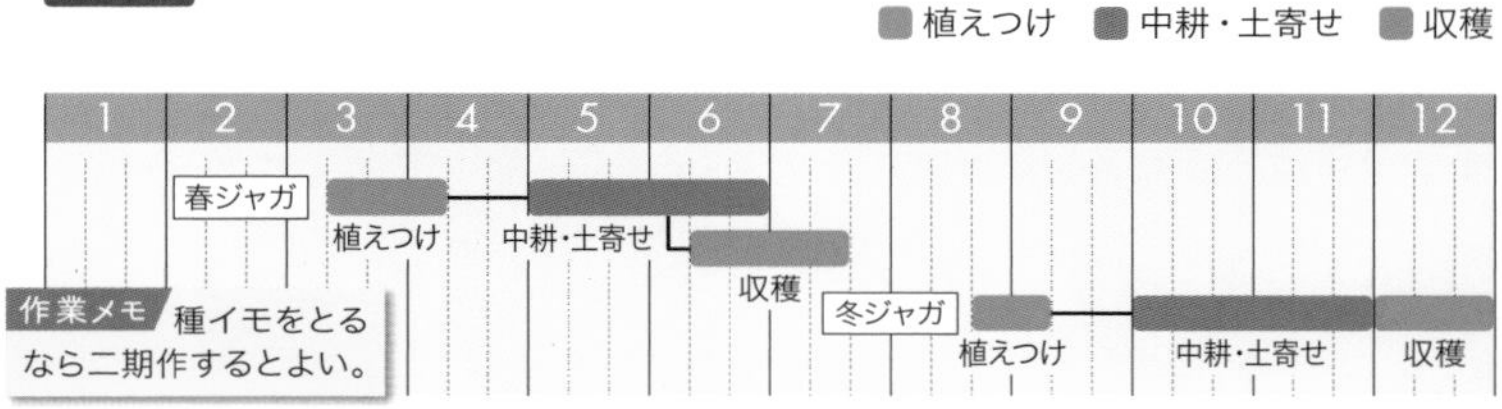

作業メモ 種イモをとるなら二期作するとよい。

1 植えつけの前日

種イモの準備

芽の位置を確認して、カットする

1 種イモは、芽の位置を確認して２～３個に切る。

2 小さいイモはヘソ（親イモとつながっていたところ）を中心にして半分に切るとよい。

ポイント

秋植えする場合は休眠があけていないと芽が出にくい。秋は切らずに植えるが、爪楊枝などでイモを傷つけると芽が出やすい。傷口が乾いたらすぐに植える。

3 １日ほど天日干しして、切り口を乾かす。乾かしたらすぐに植えつけること。

2 植えつけ

3月中旬～4月上旬頃・8月下旬～9月上旬頃

株間30cmで植えつける

植えつけ用の畝を立てる。左右からクワで土を盛っていく。

株間30cmで切り口を上にして種イモを置き、イモ1個ぶんくらい押しこむ。

ポイント

切り口を上にすると強い芽だけが伸びてくるといわれる。切り口を下にして植えたほうが切り口が腐らないという説もある。

土をかけて軽く押して畝をととのえる。

株間をはかる

30cmや20cmなど、よく使う長さで棒をつくっておくと、植えつけのときに便利。

3 中耕・土寄せ

草丈20cmの頃

雑草退治とイモを大きくする秘策

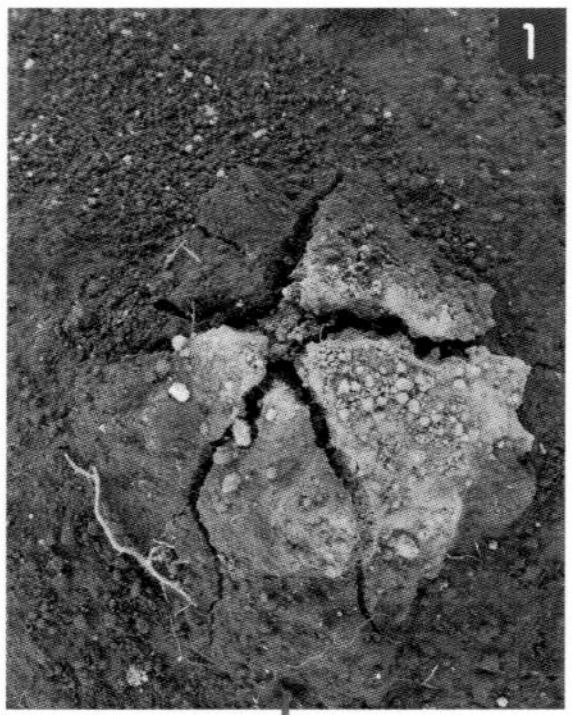

葉が出てきた！

ポイント

芽かきをすることで、イモの数は少なくなるが、1個のイモが大きくなる。

芽が4本以上出ている場合は、3本残して芽かきする。無肥料栽培では芽かきをしなくてもよいことが多い。

4 収穫

6月中旬〜7月中旬頃・12月上旬〜下旬頃

茎葉が枯れたら、収穫の合図

1 茎や葉が枯れてきたら、収穫適期。梅雨時は晴れ間を選んで収穫する。

2 株ごと引き抜いて収穫。スコップでイモを傷つけないように掘ってもよい。半日ほど表面の土を乾燥させてから保管する。

Q 種イモの保存は？

A 収穫したイモの中から、形や肌がよく、病害虫の被害を受けていないものを選ぶ。冬はダンボールなどに入れ、低温で傷まないようにして保管する。

ポイント

中耕と土寄せをすることで、イモがたくさんつき、かつ大きく育つ。

3 草丈 20㎝の頃、除草をかねて中耕し、株元に土寄せする。

4 ジャガイモの花。白花やピンク花などがある。出島は白花。

病害虫対策

無施肥ではあまり出ないが、肥料が多いと通称テントウムシダマシ（ニジュウヤホシテントウ）が食害するので、見つけたら捕殺する。

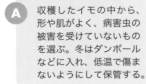

ナガイモ

支柱を立てて誘引して育てる。ムカゴも楽しめる

◆ヤマノイモ科ヤマノイモ属

栽培のポイント

- イモが地中に伸びていくため、植えつけ前に土を深めに耕しておく。
- 晩夏に、地上のツルにつくムカゴも食用として楽しめる。

おすすめの品種

ナガイモ、ヤマトイモ、イチョウイモ、ツクネイモなど。

肥料について

無肥料でも栽培できるが、有機栽培なら元肥を入れる（➡P29）。

栽培難易度 ふつう

畑の準備

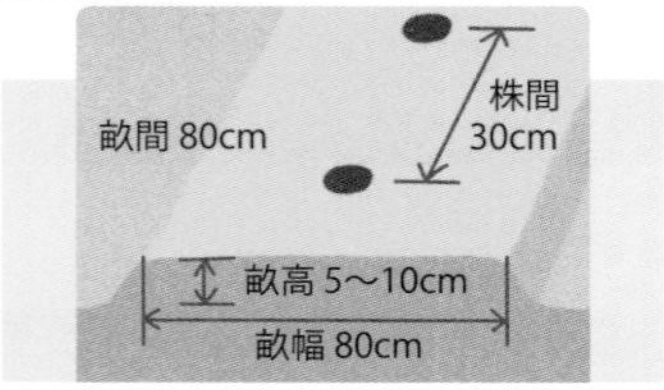

栽培暦

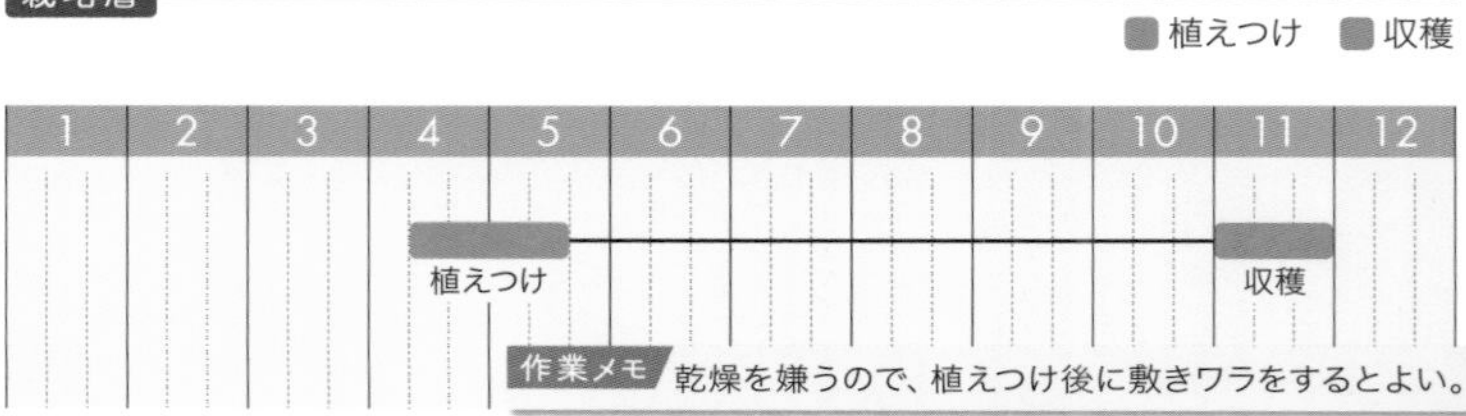

作業メモ　乾燥を嫌うので、植えつけ後に敷きワラをするとよい。

1 植えつけ　4月中旬〜5月中旬頃

植えつけたら乾燥防止の敷きワラをする

植え穴を掘り、種イモを横にして置き、土をかける。

プロのコツ

育苗してから植えつける方法もある。その場合は3月中旬に土を入れた育苗トレイにイモを並べ、暖かい場所に置き、芽が出たら畑に植えつける。育苗によってより早く成長するため、大きなイモの収穫が期待できる。

敷きワラをして植えつけ完了。

2 収穫　11月上旬〜11月下旬頃

晩夏はムカゴを、葉が枯れたらイモを収穫

つるが伸びてきたら、支柱に誘引して絡ませる。

初夏になり、ツルが旺盛に成長。

晩夏から秋にかけて、葉の付け根に球状の芽であるムカゴがつく。ムカゴも食用になり、ムカゴご飯などで楽しめる。

葉が枯れたら、イモを傷つけないようにスコップで掘って収穫する。

種イモの保存

掘り上げると長期間の保存はできないため、土の中に埋めて保存し、芽出しをさせる3月中旬以降に掘り上げるとよい。

ポイント

イモを大きく成長させるには、つるにつくムカゴの数を抑えたほうがよい。その場合は、つるがネットの上まで伸びたら摘芯してわき芽を育て、葉を茂らせる。

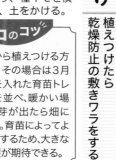

Part 6

根を食べる野菜

いろいろな品種があるので
畑の土と好みに合うものを見つけよう

カブ

◆アブラナ科アブラナ属

栽培のポイント

- 防虫対策をしっかりし、間引きをタイミングよく行なう。
- 長雨対策のため高畝で水はけよくする。

おすすめの品種

固定種のみやま小かぶは、甘味のある肉質でカブも葉もおいしい。飛騨紅かぶや日野菜かぶなど色がきれいな固定種も楽しい。

肥料について

無肥料でも育てやすい。有機栽培では、元肥と追肥を施す（⬇P29）。

栽培難易度 やさしい

畑の準備

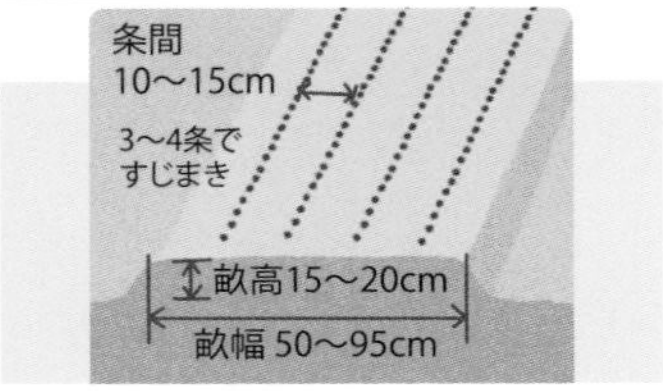

栽培暦

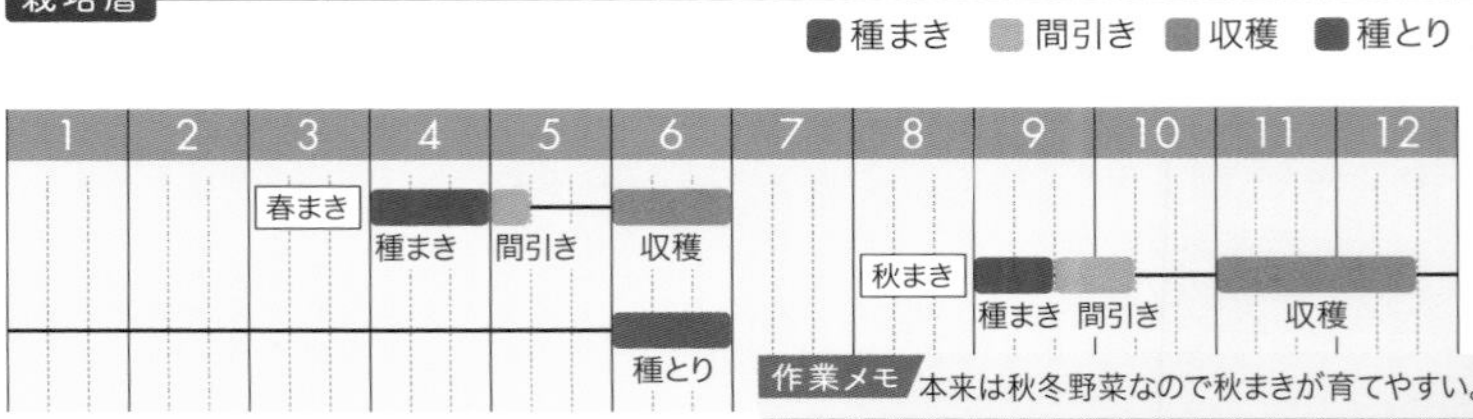

作業メモ 本来は秋冬野菜なので秋まきが育てやすい。

1 種まき

4月上旬〜下旬頃・9月上旬〜中旬頃

株間15㎝ですじまきする

1 みやま小かぶの種。

2 深さ1㎝くらいにまき溝をつくる。

3 10〜15㎝間隔で3〜4粒をすじまき。または、1〜2㎝間隔でふつうにすじまきしてもよい。

4 まき溝を左右からつまむようにして覆土。

ポイント

土が湿っている場合は鎮圧しなくてもOK。乾いていたら軽く鎮圧。

5 軽く押さえて鎮圧する。

6 カブの双葉。種まきから約10日後。

2 間引き

5月上旬頃・9月下旬～10月上旬頃

成長に合わせて1～2回間引く。除草が大切

本葉3～4枚までに、株間7～8㎝に間引く。間引き菜も食べられる。

ポイント

自家採種した種をまいていると、交雑しているものが出ることがある。緑色が濃く葉先が丸いものはコマツナ、葉が細いものはミズナなど、交雑が疑われるものを優先的に間引こう。

すじまきして混み合っている場合も、カブの実が育つくらいの間隔をあけて間引く。

病害虫対策

ネキリムシと呼ばれるカブラヤガの幼虫、ハモグリバエ、カブラハバチの幼虫などが食害するので、見つけしだいとり除く。害虫は肥料過多、草や堆肥が未分解だとふえる傾向がある。防虫ネットをかけておくと安心。風通しが悪いと白さび病が発生するので、しっかり株間をとるように間引くことで予防する。

左の株のようにしなびているときは、近くの土の中にネキリムシがいる可能性が大。

土を掘ったらネキリムシがいた！

追肥する場合

本葉5～6枚になりカブが生育してきた頃、追肥する（➡ P29）。

カブの品種

木曽紫かぶ

紫紅色でしまった果肉と歯応えが特徴。皮ごと漬物にすると中まで鮮やかな紫色になる。間引きながら育て、直径5～7㎝で収穫。葉もおいしい。

飛鳥あかねかぶ

古くから奈良県でつくられてきた伝統野菜。長さ約20㎝、直径2～3㎝で収穫。

日野菜かぶ

長さ約20㎝、直径2～3㎝の長カブ。地上に出ている首部分は鮮やかな紫紅色で、土中部分は白色。滋賀県の在来種として知られ、主な用途は漬物。

スは入りにくいが、収穫が遅れると硬くなるため、直径が2～3㎝になったら収穫を。

3 収穫

6月上旬～下旬頃・11月上旬～12月中旬頃

大きくなったら早めに収穫する

小カブの場合、5～7㎝が収穫適期。早めに収穫すると葉もおいしく食べられる。

根元を持って引き抜いて収穫する。カブは大きくなりすぎると固くなるので、早めに収穫しよう。

赤カブもちょうどよい大きさになったら収穫する。収穫適期は品種によっていろいろ。

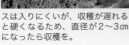

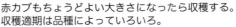

4 種とり

6月上旬〜下旬頃

交雑しやすいので移植して育てる

1 収穫の際、品種の特徴がよく出ていて、生育がよく、好みの形のものを母本に選ぶ。葉を5㎝ほど残して切る。

2 種とりする場所にマルチを敷き、葉を切った株を深植えしないよう浅めに植える。

3 根づくと新しい葉が出てくる。

4 春になるとトウ立ちして開花。

5 ほかのアブラナ科が咲く前に、ハウスなどで囲んで交雑対策をする。家庭菜園では植木鉢と簡易トンネルでもOK。

6 ミツバチに交配してもらうときは、トンネルをあける。関野農園では近くでハクサイの母本があるので、日替わりでトンネルをあけて受粉させている。

7 花のあとにサヤができる。

8 黄色く完熟したものから、サヤを刈りとる。

9 手でしごくようにしてサヤから種を出す。

10 風でゴミを選別して保管する（➡P46）。

11 種とりしたあとの母本のカブ。

冬野菜の代表格。各地に在来種があるので探してみよう

ダイコン

◆アブラナ科ダイコン属

栽培難易度 やさしい

栽培のポイント

●種まき時期が重要。毎年、記録をつけて害虫被害が少ない時期を探ろう。

●秋の長雨に備えて高畝で水はけよく育てる。

おすすめの品種

三浦大根（晩生種）は肉質がしっかりしていて、どう料理してもおいしい。早生種の宮重大根などと組み合わせると長く収穫できる。ほかに源助大根、紅芯大根など。

肥料について

無施肥でも育つが、有機栽培では元肥を中心に、追肥を組み合わせるとよい（➡P29）。

畑の準備

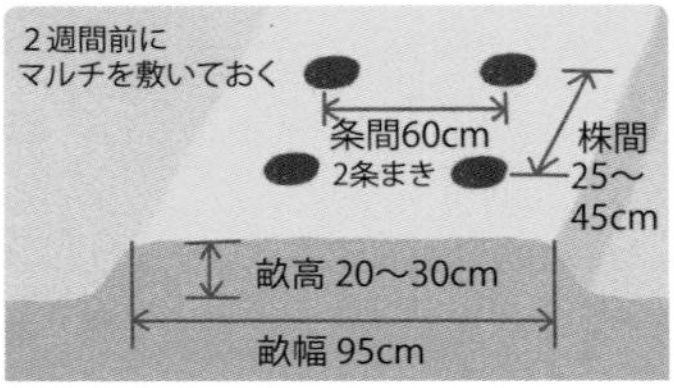

栽培暦

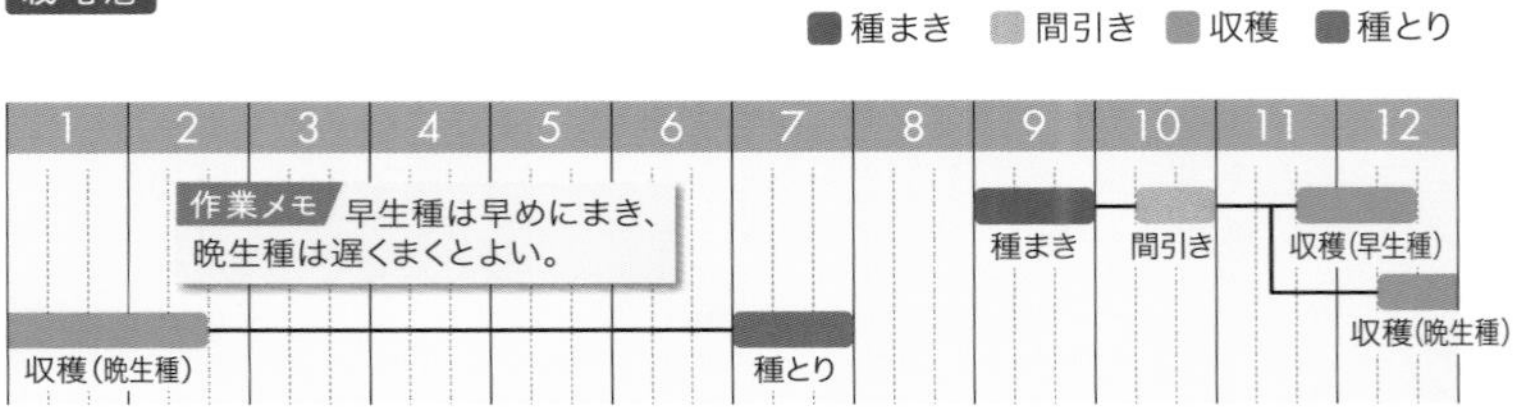

1 種まき

9月上旬〜下旬頃

品種や地域によって種まき時期を見定める

1 宮重大根の種。

2 1か所に3粒ずつまく。深さ1〜2㎝くらいでまき穴をあける。

3 種を1粒ずつまく。

ポイント

ダイコンは浅まきせず、1〜2㎝の深さでまく。乾燥した状態で発芽させると側根が出て又根になりやすい。

4 土をかける。宮重など青首系は株間30㎝、三浦など大型種は株間45㎝が目安。

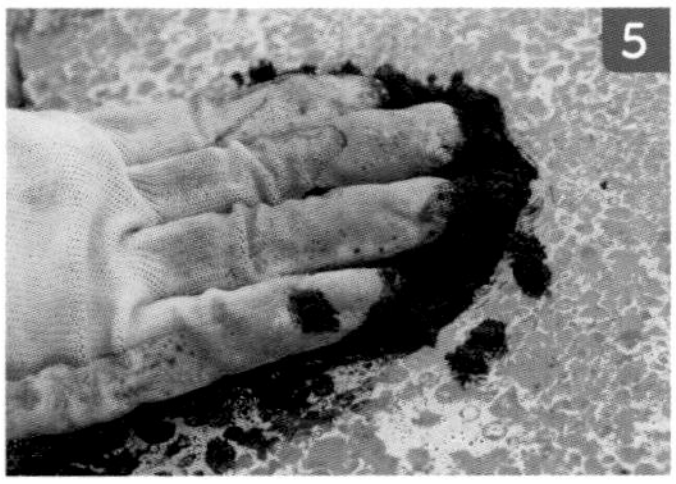

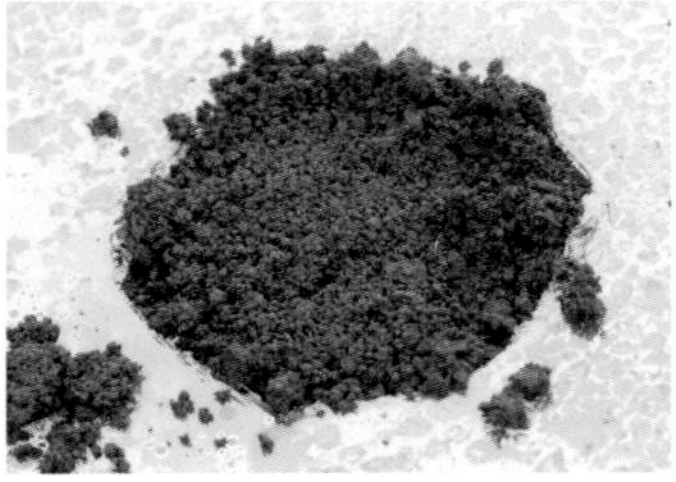

5 表面を軽く押しておちつかせる。

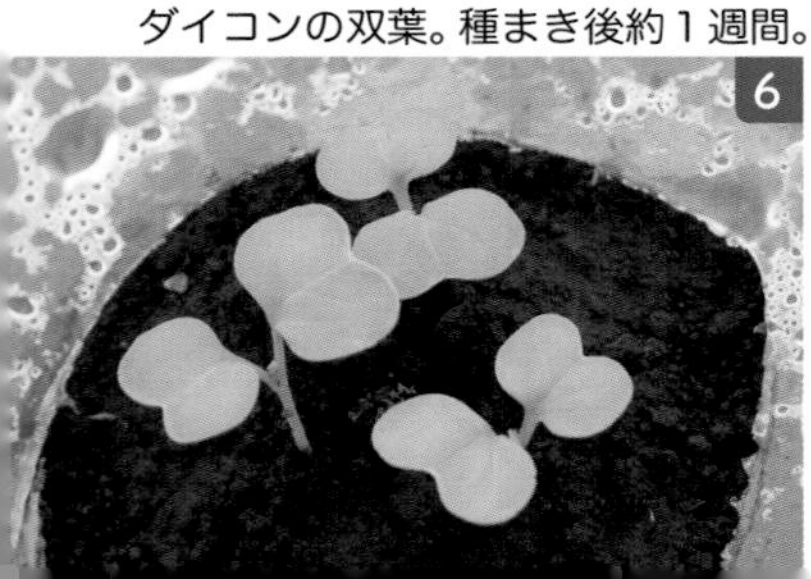

6 ダイコンの双葉。種まき後約1週間。

プロのコツ

種をまく時期を見定める

関野農園では、三浦大根は9月10〜15日にまいている。この時期より早いと害虫被害が大きく、これ以上遅いと生育不良になるため。品種や地域によって、適した種まき時期は違ってくるので、毎年、種まき時期や害虫の様子、生育具合を記録し、自分の畑の場合、いつ種まきするのがベストかと探っていくことが大切。

2 間引き
10月中旬～下旬頃
生命力があるものを残して育てる

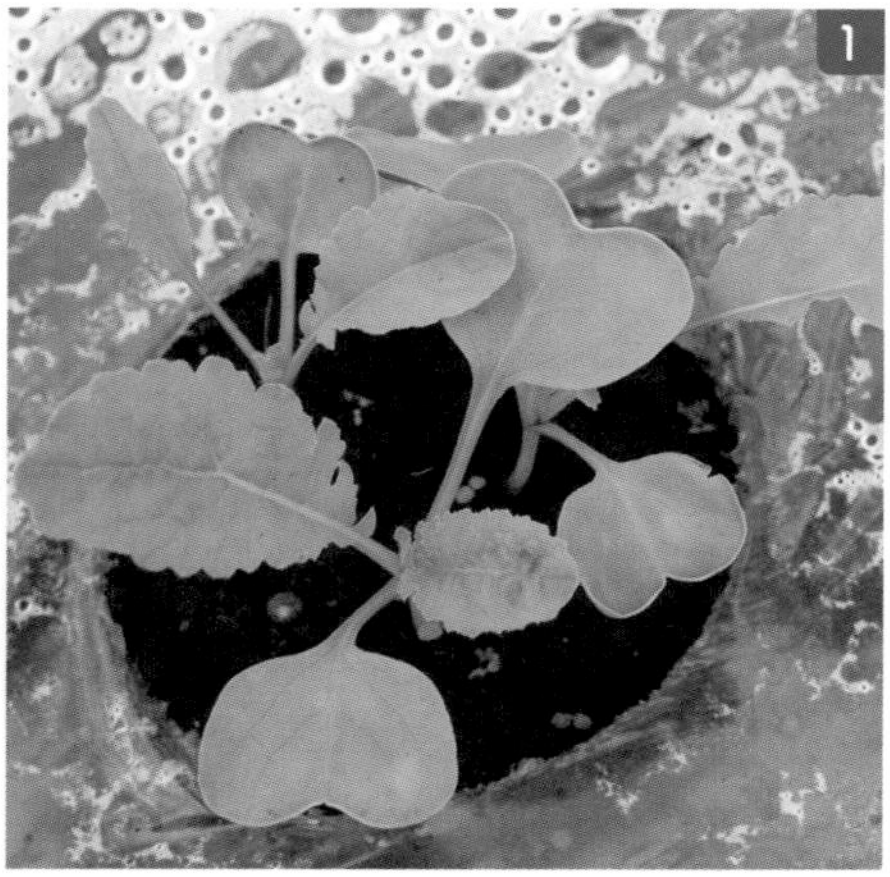

間引きはあせらず、葉が触れ合う状態を保つ。

10月中旬～下旬頃、本葉が５～６枚になり、葉が重なってきたら間引きのタイミング。

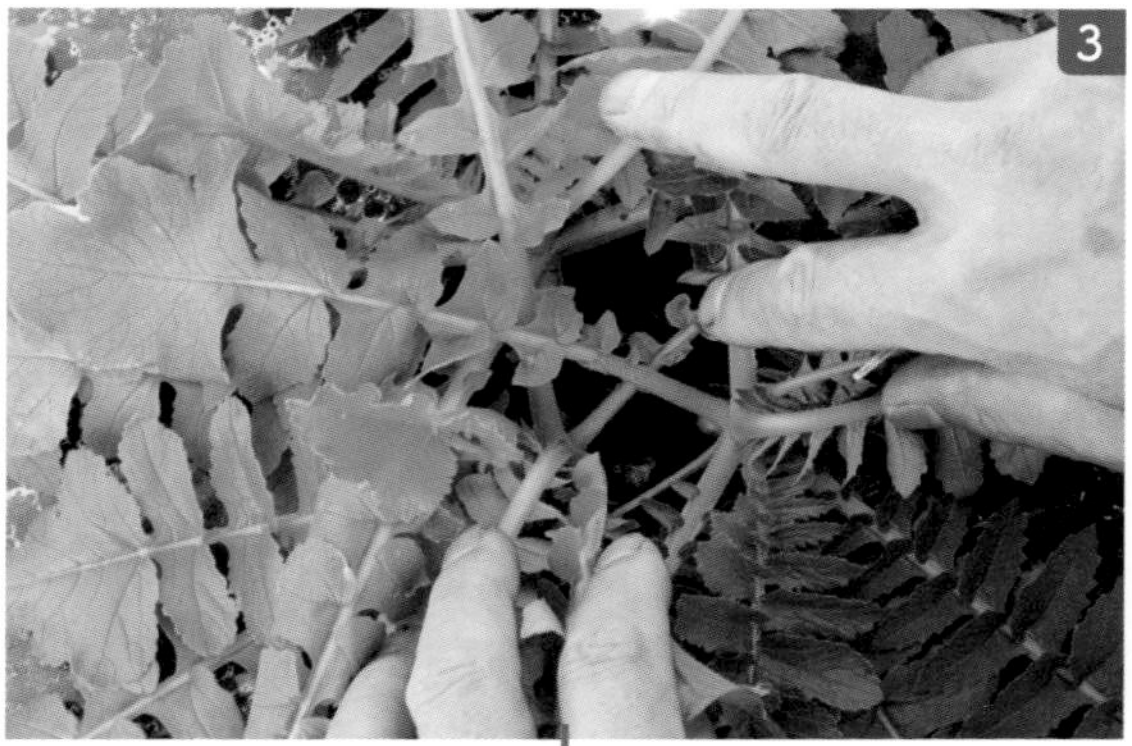

生育がよく、生命力があり、虫食いがなく、首が白いものを残して間引き、１本にする。

ポイント

右側のダイコンのように、首が黒い株は間引く。

病害虫対策

アブラムシ被害もあるが、とくに通称シンクイムシと呼ばれるハイマダラノメイガの幼虫による被害が多い。害虫が出る時期は、最低でも週１回は１株ずつチェックして、見つけしだいとり除く。

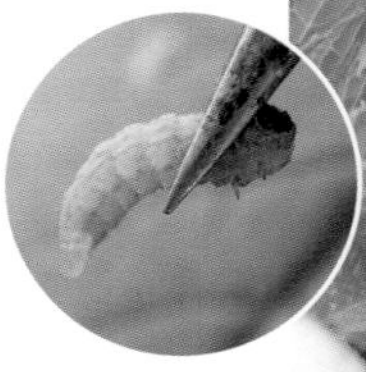
シンクイムシ。ピンセットを使うととりやすい。

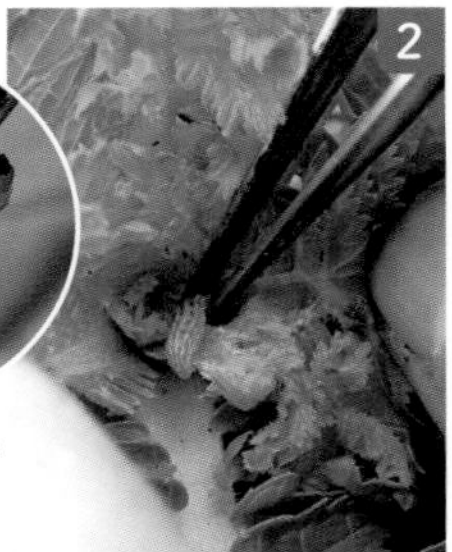

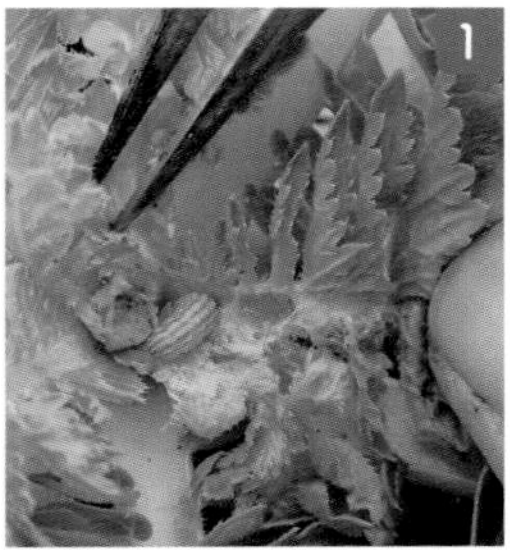

中央の成長点をチェック。いた！

追肥する場合

１本残しに間引いたタイミングで追肥し（➡ P29）、中耕と土寄せをするとよい。

3 収穫❶ 11月下旬〜12月中旬頃

宮重大根（青首系）の場合

青首系の宮重大根は早生種。少し掘り、さわって太さを確認し、よければ収穫。

葉や首を持って引き抜く。

4 収穫❷ 12月中旬〜2月中旬頃

三浦大根（晩生種）の場合

三浦大根は、さわって太さを確認し、少し掘ってみてよさそうなら収穫する。

プロのコツ

畑で冬越しさせる場合は、寒冷紗をベタがけするか（➡ P39）、地上に出ている首の部分が凍らないように、土をかけておく。

葉元や茎を持って、折れないように引き抜く。

三浦ダイコンは生食にも煮込みにも向く。

5 種とり 7月上旬～下旬頃

母本を移植して交雑に注意する

ポイント
母本は水に沈むものがよい。浮くものはスが入っている可能性がある。

品種の特徴がよく出ていて、生育や形がよく、病害虫の被害が少ないものを母本に選び、種をとる場所（交雑しにくいところ）に移植する。葉は5㎝ほど残して切っておく。最低2株必要。株間30～40㎝でやや斜めに植えるとよい。

4月頃に花が咲く。

花後にサヤができる。

サヤが枯れたら刈りとり、雨が当たらない風通しがよい場所で、完全に乾燥させる。

↓

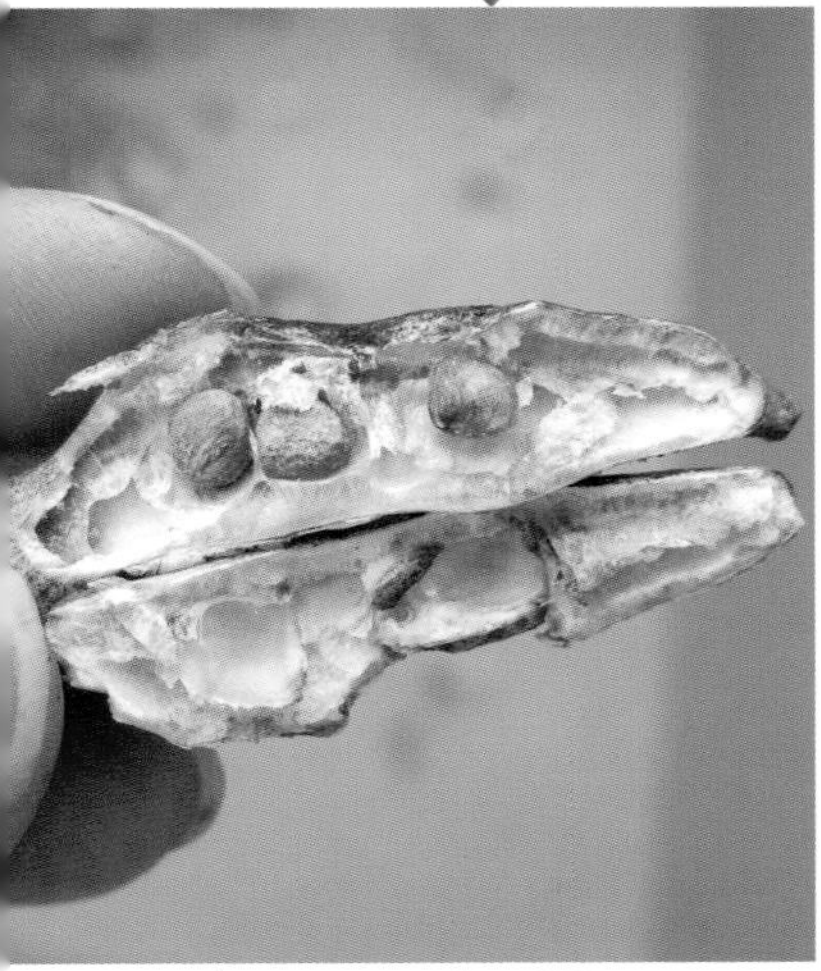

ダイコンのサヤは硬いので、ペンチなどで割って種を出し保存する。

ダイコンの品種

紅芯大根

中国の品種といわれる。辛みは控えめで、大根おろしやサラダ、三杯酢、甘酢漬け向き。育て方は青首系と同じ。

播種後70～80日、直径7～10㎝が収穫どき。青皮で丸みを帯びた形と、中の紅色が特徴。

打木源助大根

育て方は青首系と同じ。畑に長くおきすぎるとスが入りやすい。繊維質が少なくて甘味があり、肉質は柔らかい。

播種後60～65日、直径8㎝程度で収穫。おでんやふろふきのほか、大根おろしや酢あえなどに。

ニンジン

短形の西洋種のほうが一般的。正月に出回るのは東洋種

◆セリ科ニンジン属

栽培難易度　ふつう

栽培のポイント

- 発芽に水分が必要なため、種まき後の水分管理が成功のコツ。
- もともと夏まき秋冬どりの野菜なので、夏まきが育てやすい。

おすすめの品種

西洋種の固定種、黒田五寸人参は食味がよく育てやすい。ほかにひとみ三寸人参、春まき5寸にんじん、東洋種の真紅金時人参など。

肥料について

無肥料でも育てやすく、甘さが際立つ。有機栽培では追肥をするとよい（⬇P29）。

畑の準備

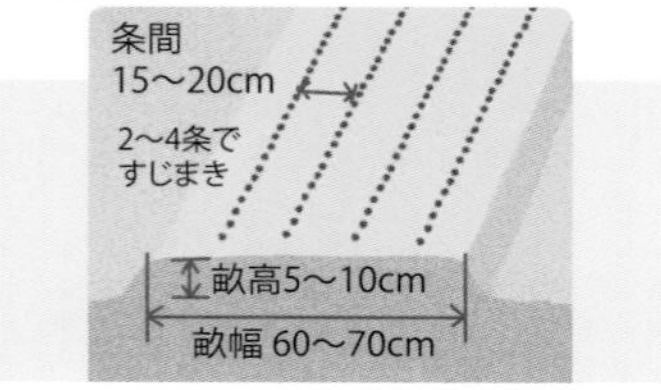

栽培暦

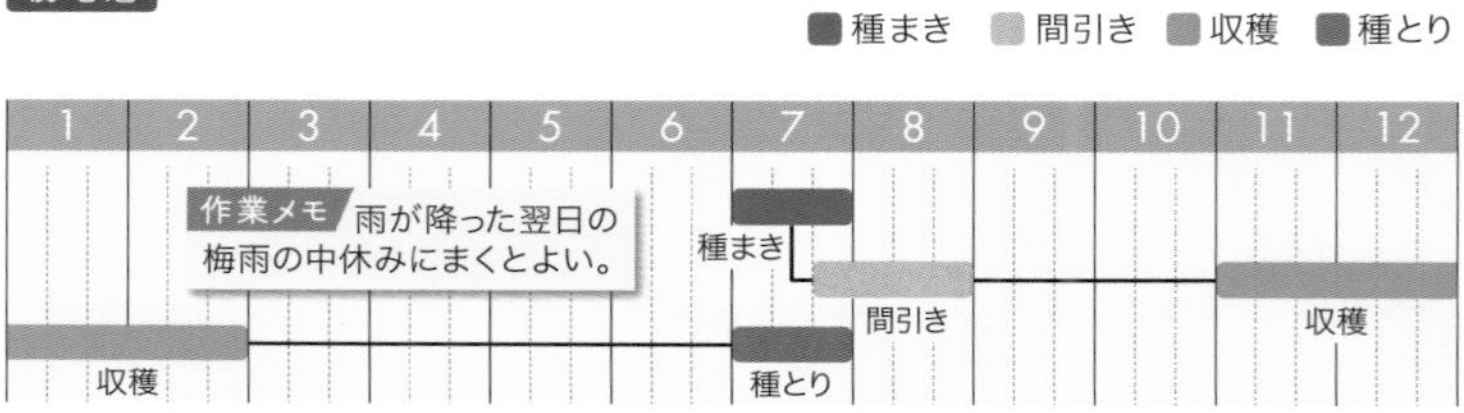

1 種まき

7月上旬〜下旬頃

発芽に水分と光が必要なので浅まきする

1 ニンジンの種。土が湿っているときにまく。

2 深さ5㎜ほどのまき溝をつくり、すじまきする。密集させて互いに競争し合うくらいでOK。

3 種が土に隠れるくらいに、ごく浅く覆土する。

プロのコツ

マルチを事前に張って除草対策

透明マルチを種まきの1か月ほど前に張っておくと、除草に効果的。種まきの直前にはがしてまく。水分も保てるため、発芽率が高まる。ニンジンやネギなど、発芽に光が必要な好光性種子をまく場合のほか、秋作のコマツナやハクサイ、ダイコンにも向く。

2 間引き

7月下旬～8月下旬頃

2回に分けて間引きする

1

土に水分があれば3～4日で発芽する。

2

草丈10㎝の頃、指2本くらいあくように間引く。間引いた葉も食べられる。

3

ニンジンが鉛筆くらいの太さになった頃、2回目の間引き。最終的にこぶし1個分が開くくらいに間引く。

4

間引きが終わったタイミングで、畝間に溝を切るように中耕し、畝の肩に土寄せし、畝が30㎝くらいになるようにする。

ポイント

ニンジンは寒さと乾燥から身を守るために太くなるので、高畝にして乾きやすい環境をつくることが大切。

春まき五寸人参

本来は春まきの品種だが、渋谷農園では秋まきも行なう。ニンジン臭が少なくさわやかな味で、ジュースにも向く。秋まきの場合は、春まきよりも味が濃くなる。肩の部分が地表面に出やすく、秋まきは寒さによる害を受けやすいが、渋谷農園では土に潜る系統を選抜して採種してきたため、土から出てしまう株は見られなくなったという。同じ品種でも母本の選び方によって個性が出るのは、自家採種ならでは。

黒田5寸や筑摩野5寸などとくらべ、収穫は半月ほど早く春のトウ立ちも遅い。

病害虫対策

キアゲハの幼虫や、タマナギンウワバの幼虫などが葉を食害する。見つけしだいとり除く。

キアゲハの一齢幼虫。

キアゲハの終齢幼虫。

タマナギンウワバの幼虫。

追肥する場合

中耕する前に畝間に追肥し、土寄せする。

3 収穫

11月上旬～2月下旬頃

冬の寒さで甘くなる！ 太ったものから収穫

ニンジンが十分に太くなったら、随時、収穫する。葉が枯れはじめた12月中旬頃から甘さがのってくる。

葉の根元を持って引き抜く。

4 種とり

7月上旬～下旬頃

形がよいものを母本に選んで移植

根がしっかり土に潜り、病害虫が少なく、形や色がよいものを母本に選び、種をとる場所に移植。根の部分が隠れるくらいに植える。

春にトウ立ちして開花。ニンジンは虫媒花なので近くに他品種のニンジンがないか確認。花が雨に濡れると受粉率が下がるので雨よけするとよい。

種が枯れてきたら刈りとり、日陰で追熟させる。

指でもんで種をとり、ゴミは風や扇風機で飛ばして保存する（➡ P46）。

Q 種とりした種をすぐまける？

A 7月上旬まきには間に合わないが、下旬にまく場合は、冷蔵庫に2週間ほど入れて休眠を打破し、浸水させてからまく。

生育適温が高めなので、地温が上がった4月下旬に植えつけ

ショウガ

◆ショウガ科ショウガ属

栽培のポイント

- 夏の水切れに注意し、乾燥が続く場合は水やりする。
- 乾燥は苦手だが多湿も嫌うので、水はけをよくして育てる。

おすすめの品種

大ショウガの土佐一号や近江、中ショウガの三州、小ショウガの谷中など、使い方に応じて選ぼう。

肥料について

肥料はなくても育つが、肥料を使ったほうが育てやすい。有機栽培では元肥と追肥を行なう（➡P29）。

栽培難易度　ふつう

畑の準備

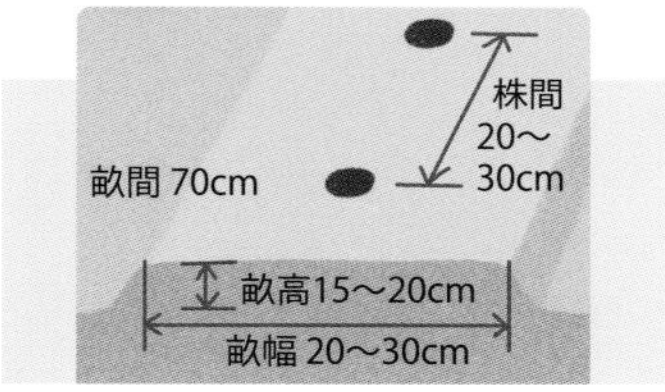

栽培暦

■植えつけ　■中耕・土寄せ　■収穫

作業メモ　早めに収穫すると筆ショウガや葉ショウガとして利用できる。

1 植えつけ

4月下旬頃

大きいものは折って植えつけする

1 土佐一号の種ショウガ。大きいものは重さをはかる。

2 1個70～120gに折る。

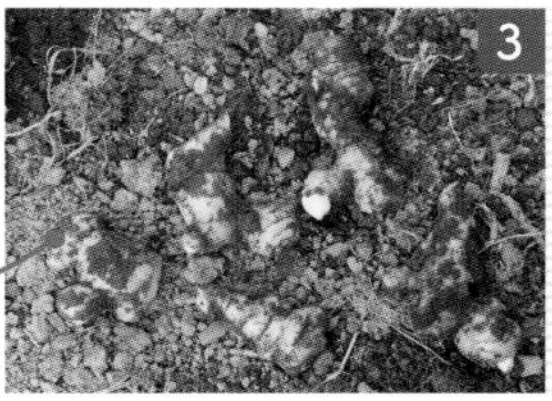

3

ポイント

どれにも芽があるように確認して折る。

折ったところ。

4 クワで深さ10㎝に溝を掘り、種ショウガを株間30㎝で横にして置いていく。

5 ショウガが隠れるくらい土を手でかぶせて平らにする。

6 1か月くらいすると芽が地上に出てくる。発芽までに乾燥が続く場合は水やりする。

2 中耕・収穫

6月中下旬頃・10月中旬～11月中旬頃

除草をかねて中耕する

1 草丈10㎝の頃と20㎝の頃に、除草をかねて中耕し、株元に土寄せする。

秋になりショウガが十分に大きくなったら収穫。茎を持って引き抜く。霜が下りる前にすべて収穫する。

2

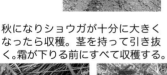

種まきから20日前後で収穫できる二十日ダイコン

ラディッシュ

◆アブラナ科ダイコン属

栽培難易度 やさしい

栽培のポイント

- 初心者でも育てやすい家庭菜園向きの野菜。雑草に負けないように除草をしっかりと。
- 春まきと秋まきができるので、時期をずらして何回かまくと長期間収穫することができる。

おすすめの品種

固定種のコメット、赤丸金門二十日大根、フレンチブレックファースト、ロングスカーレットなど。

肥料について

肥料はなくても育つが、有機栽培では元肥を入れるとよい（➡P29）。

畑の準備

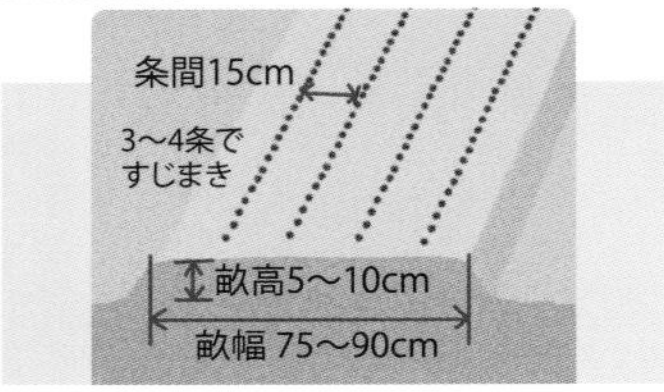

栽培暦

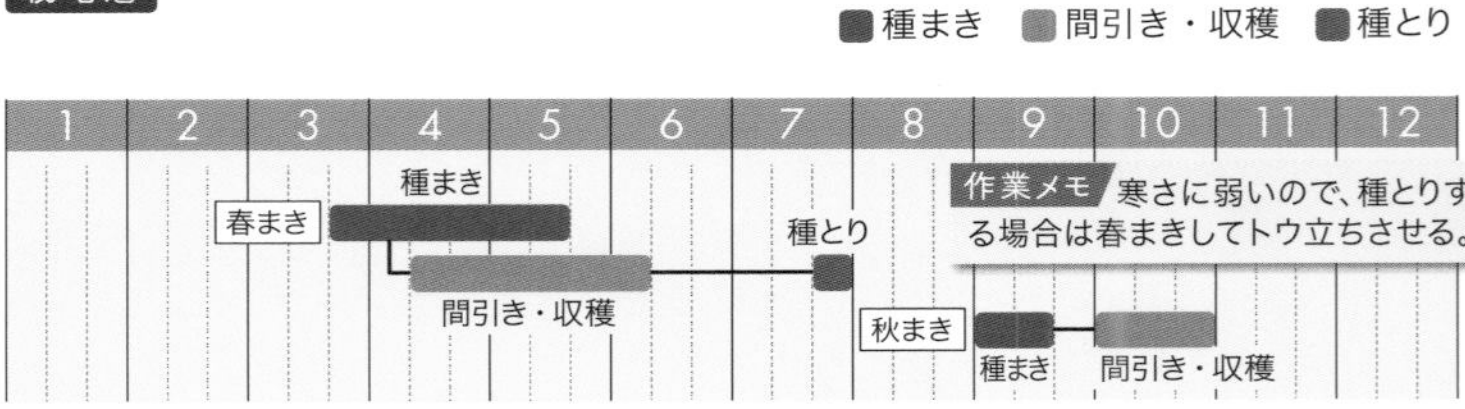

1 種まき

3月下旬〜5月中旬頃・9月上旬〜中旬頃

すじまきして間引きする

ラディッシュの種。

深さ1㎝ほどのまき溝をつくり、すじまきする。10㎝に4〜5粒が目安。

覆土し、軽く手で押して鎮圧する。

ラディッシュの双葉。

病害虫対策 コガネムシの幼虫やネキリムシのほか、高温期はシンクイムシが食害する。見つけしだいとり除く。

2 間引き・収穫

4月中旬〜6月上旬頃・10月上旬〜下旬頃

間引いて大きく成長させる

葉が触れ合うようになったら、株間4〜5㎝に間引く。

収穫時の大きさは品種によるが、適度なサイズで収穫。首の部分を持って引き抜く。

フレンチブレックファーストなど紡錘形の長丸種は、長さ4〜5㎝で収穫する。

ポイント

とり遅れると割れたり、スが入りやすいので適期に収穫しよう。割れない株を母本に選んで種とりすると、2〜3年で割れなくなる。種とりの方法はダイコンと同様（➡P201）。

Part 7

穀物

水田は不要、畑で育てられる米

陸《オカ》稲《ボ》

◆イネ科イネ属

栽培難易度 ふつう

栽培のポイント

- 種まきが早すぎると雑草に負けやすいので、春の雑草を除草してから種まきするとよい。
- 発芽後も、除草をかねて2回ほど中耕する。

おすすめの品種

陸稲農林24号（うるち）、陸稲農林1号（もち）など。

肥料について

無肥料でも栽培できるが、有機栽培の場合は元肥を入れるとよい（➡P29）。

畑の準備

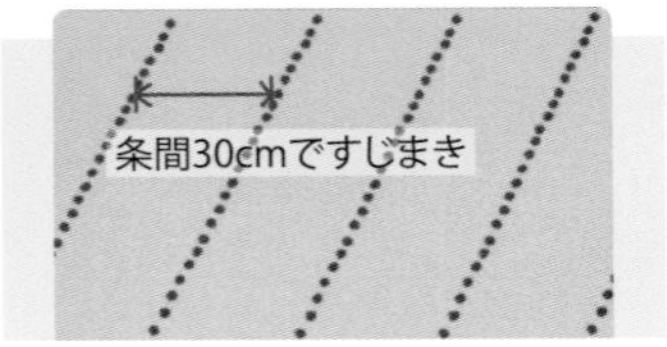

栽培暦

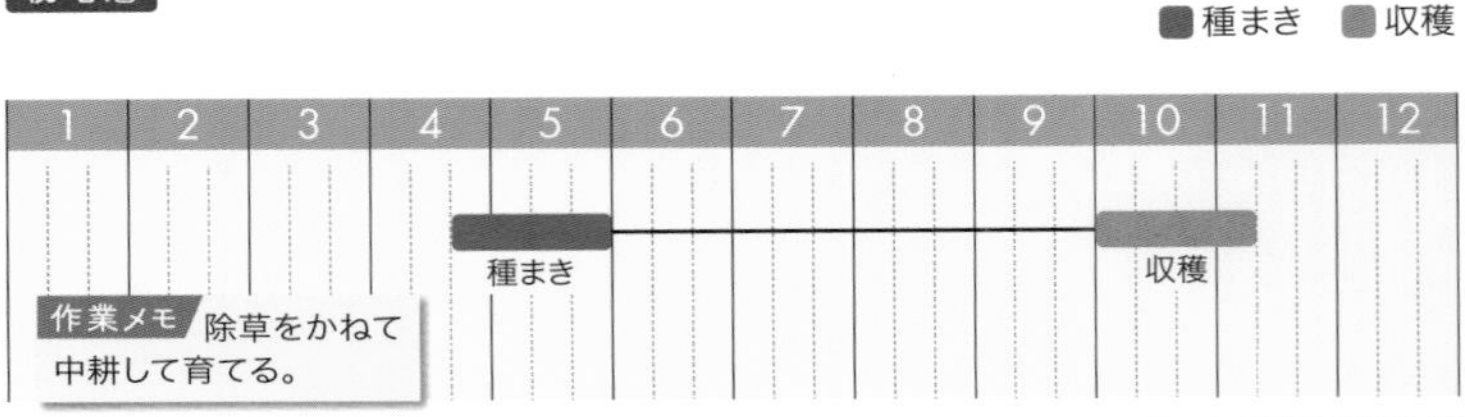

1 種まき 4月下旬～5月下旬頃

まき溝を掘り種を直まきする

1 陸稲の種。

2 三角ホー（➡P50）で深さ3㎝程度のまき溝を掘る。

3 まき溝に種をばらまきする。

4 覆土して、軽く鎮圧する。

育苗する場合

直まきだと除草が大変なので、ポットで育苗してもよい。数粒ずつまき、10㎝くらいの頃に株間30㎝で定植する。

プロのコツ

春の草が生える前に種まきすると、陸稲と同時期に芽生えて除草が難しい。明石農園では春の草を除草（耕運）してから5月下旬頃に種まきすることで、草より先に陸稲が発芽するようにしている。

2 管理作業
6月上旬～7月中旬頃

除草して雑草に負けないように育てることが成功のカギ

種まきから約１週間ほどで発芽。写真は種まきの約３週間後。

７～８月頃の生育中の苗。

除草と中耕 草丈 10～20㎝の頃、１～２回、除草をかねて中耕し、株元に土を寄せる。この際、欠株があるときは、混んでいる部分を間引いて移植できる。幼穂形成がはじまると根を傷つけないほうがよいので、中耕や移植は7月中旬までにすませる。

8月中旬から9月上旬頃に出穂《しゅっすい》する。

3 収穫・脱穀
10月上旬～11月上旬頃

1～2週間かけてしっかりと干す

穂先の３割の茎が茶色に枯れてきたら収穫する。

片手で持てる程度の稲穂を持ち、カマで株元から切る。

麻ヒモで束ねる。束ね方はコムギ P211 を参照。

束ねた稲穂を干し、１～２週間乾かす。

プロのコツ

雨が当たらない場所で防鳥ネットをかけて、1～２週間干す。乾燥させすぎると稲が落ち、干しが不十分だとカビが出やすいので注意。途中で内側と外側を入れ替えると干しムラが起きにくい。

干し終えた稲穂を脱穀機にかける。脱穀機がない場合、少量であれば稲穂をゴザやブルーシートなどに広げ、ビンなどでたたいて脱穀する。

ふるいでゴミをとり除き、唐箕《とうみ》にかけるか風選（➡ P46）する。種として保存する場合はよく乾燥させて冷蔵保存がベスト。

病害虫対策

イモチ病。種子から感染するので、病気が出た株のもみは、翌年、種籾に使用しない。病気を予防するためには、種籾を塩水選《えんすいせん》（比重 1.08 の塩水に種籾を入れて浮いた籾を捨てる）や温湯《おんとう》消毒（55 度で5分消毒し、水洗後、干して乾燥）を行なうとよい。

土のバランスを整える力のある、育てやすい穀物

コムギ

◆イネ科コムギ属

栽培難易度 やさしい

栽培のポイント

●芽が出たら、2月頃まで定期的に麦踏みをする。
●土中の過剰なリン酸、カリウムを吸収するので、土の調整に役立つ。

おすすめの品種

農林61号など。

肥料について

無肥料でも栽培できる。有機栽培の場合、元肥と追肥を行なう（⬇P29）。

畑の準備

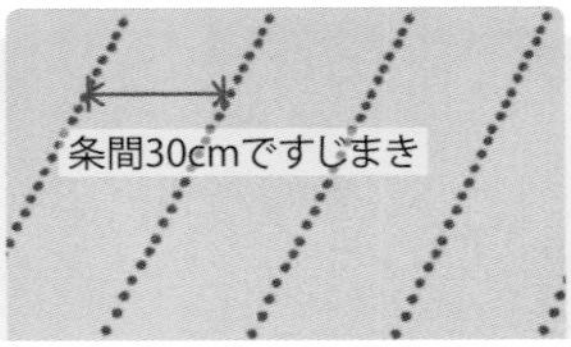

栽培暦

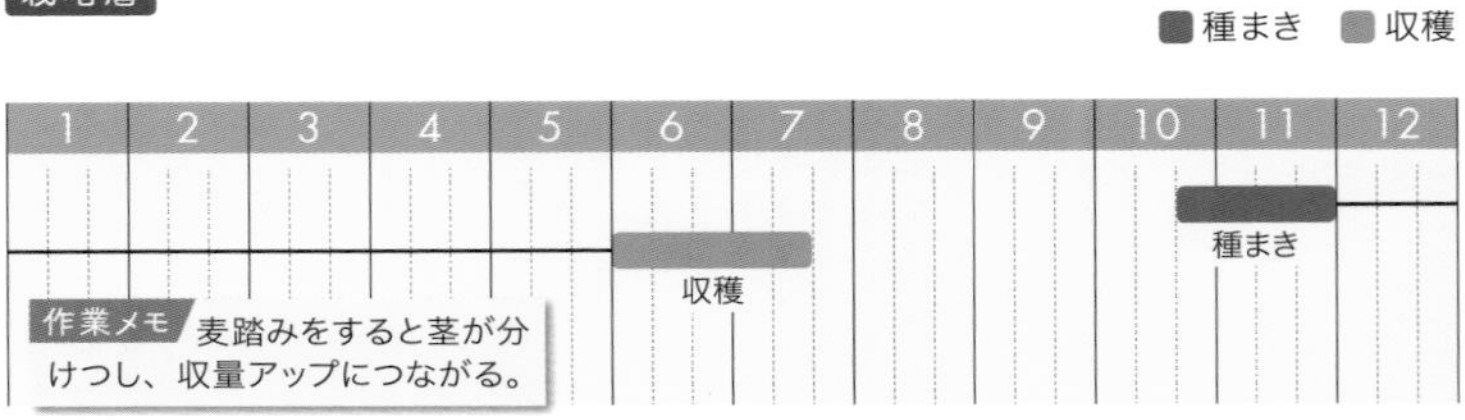

作業メモ　麦踏みをすると茎が分けつし、収量アップにつながる。

1 種まき 10月下旬～11月下旬頃

種を直まきし、芽が出たら麦踏みをする

コムギの種。

三角ホー（➡P50）で深さ３㎝程度のまき溝を掘る。

3～4本の指で多めの種をつかみ、手をふって動かしながらパラパラとまく。

手で種の３倍くらいの厚みの土をかける。足でまき溝の両側から覆土してもよい。

天候にもよるが１週間ほどで発芽する。写真は種まきから約３週間後。

2 管理作業と生育過程

12月上旬～5月下旬頃

4月下旬から5月頃穂が実り、色づいてくる

芽が出そろって、草丈5cmほどになったら、土が乾いているときに麦踏みをする。畝に対し横向きになり、移動しながら踏む。麦踏みをすることで、茎の分けつが盛んになって穂が増え、収量アップにつながる。年内に2～3回、年明けに1回ほど行なうのが理想。

3月頃のコムギ。

追肥する場合

発芽後、12～2月の間に追肥するとよい。

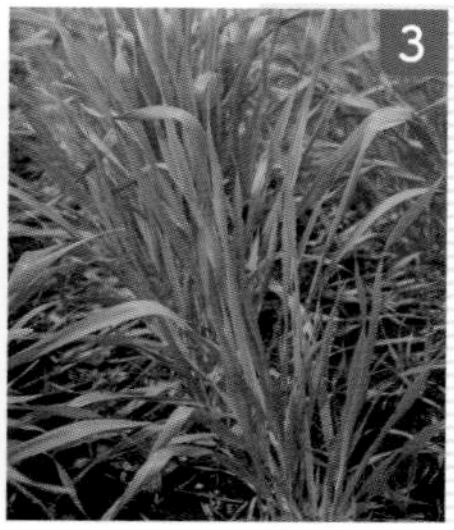

4月上旬頃。茎がしっかりと分けつしている。

5月下旬頃、穂が大きくふくらみ、色づいてくる。

5月頃、穂が実る。右はコムギの花。

3 収穫・脱穀

6月下旬～7月中旬頃

穂が黄金色になったら収穫する

穂先が茶色になり、親指の爪を麦にたてて傷つかないくらいしっかり硬くなっていたら、収穫の適期。

片手でつかめる程度の麦穂を持ち、カマで株元から切る。

2つの束をつくり、根元近くでクロス。

クロス部分に、麻ヒモをかける。

麻ヒモを2周させ表に出し、固結びにする。

完成。

束ねた麦穂を干す。雨が当たらない場所で1～2週間干して乾燥させる。

脱　穀

干し終えた麦穂は、脱穀機にかける。脱穀機がない場合は、業者や農家に依頼するか、少量であれば麦穂をゴザやブルーシートに広げ、ビンでたたいたり足で踏んで脱穀する。製粉も同様に業者などに頼むか、少量であればミルミキサーで挽く。コムギを保存する場合は、脱穀後、よく乾燥させて冷蔵保存がよい。

やせた畑でも育てやすい穀物

キビ（タカキビ・モチキビ）

◆イネ科キビ属

栽培のポイント

- やせ地や乾燥地にも適し、育てやすい。
- 欠株があれば間引きをかねて移植する。

おすすめの品種

たかキビ（モロコシ／ソルゴー）、いなキビ（もち系）、もちキビなど。

肥料について

無肥料でもよく育つ。

栽培難易度 やさしい

畑の準備

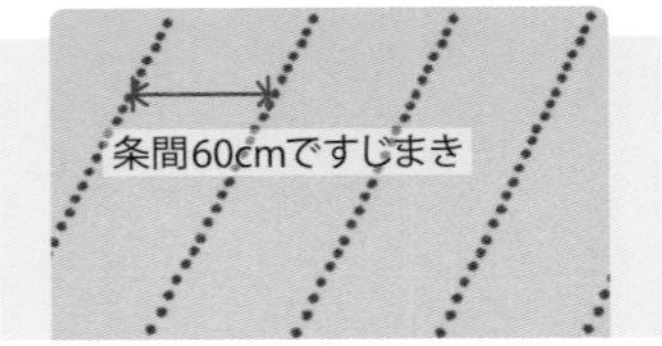

栽培暦

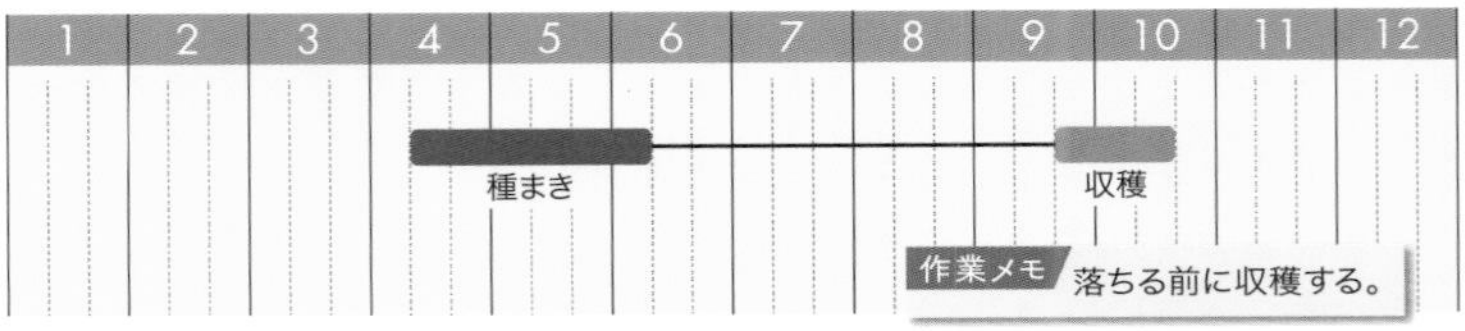

作業メモ 落ちる前に収穫する。

1 種まき・管理作業

4月中旬〜6月上旬頃

芽が出そろったら2週間後から間引きする

1 タカキビの種。キビは多湿に弱いので、大雨が予想される日の種まきは避ける。

2 三角ホー（➡ P50）で深さ3㎝程度のまき溝を掘ってばらまきし、1〜2㎝覆土。3㎝以上になると、発芽率が下がるので注意。

3 芽が出そろった頃。草丈10〜20㎝の頃、除草をかねて中耕する。欠株がある場合は7月上旬頃までに混んでいる部分から間引きをかねて移植する。株間10㎝が目安。

4 6月下旬頃のタカキビ。

5 穂がついた7月下旬頃のタカキビ。タカキビは草丈約2m、モチキビは約1mに成長する。

2 収穫・脱穀

9月下旬〜10月中旬頃

熟したものから落ちる前に順次収穫する

1 モチキビは穂先が下がり、黄色くなったら収穫。

2 タカキビは濃い赤から黒っぽくなり、実がふっくらした株から収穫。

3 麻ヒモで束ね、雨が当たらない場所で1〜2週間干す。

プロのコツ

モチキビは地面に落ちやすいので色が変わったら早めに収穫して追熟させる。

4 脱穀機にかけるか、ゴザに広げ、ビンでたたき脱穀。

5 ふるいでゴミをとり除く。

6 唐箕にかけるか風選（➡ P46）する。

7 保存はよく乾燥させて冷蔵保存が基本。

Part 8

コンパニオンプランツと緑肥作物

コンパニオンプランツの目的と役割

単一の野菜を育てるのではなく、相性がよい野菜と植え合わせるコンパニオンプランツ。野菜が本来持つチカラを引き出す栽培法です。

コンパニオンプランツでおいしく元気に育てる

自然界ではいろいろな植物がともに育ち、共存しています。それを畑にとり入れ、野菜本来のチカラを引き出すのがコンパニオンプランツの考え方です。

たとえば長野の竹内自然菜園の一角では、柿の木の下にミョウガがあります。そこはどちらにもよい環境。柿は夏、太陽の光をたっぷり浴びますが、逆にミョウガが苦手な強い日射しは、柿があることで遮られ木陰に。秋は柿が落葉し、春まで大地は日射しを浴びます。お互いが調和し、無農薬でどちらも豊作です。

ある場所で1種類だけ野菜を育てた場合の収穫量を100とすると、足元で別の相性のよい野菜を育てて20収穫できれば、合計で120の収穫量になることに。これがコンパニオンプランツの効果です。たとえば大豆を

1 害虫を予防

害虫は特定の野菜や匂いなどを嫌う傾向がある。忌避効果がある植物を近くに植えると、被害を減らすことができる。

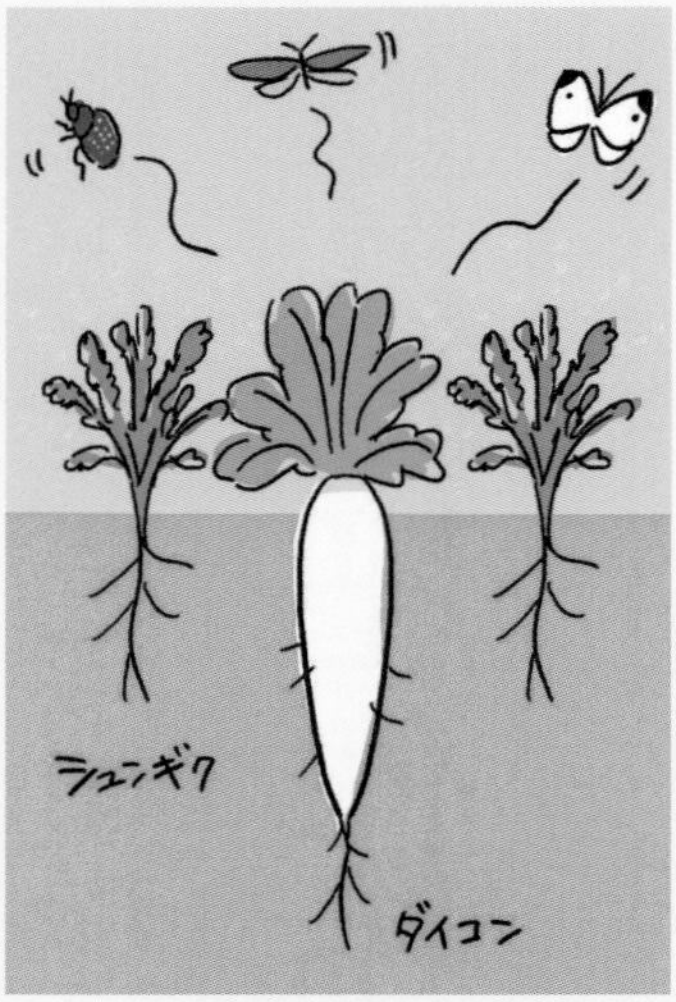

シュンギクの香りでモンシロチョウやコナガ、ダイコンサルハムシがダイコンにつくのを抑制（➡ P235）。

2 病気を予防

ネギやニラなどの根は抗生物質を出すことが知られている。ナス科やウリ科と混植することで、病気の抑制や連作障害を予防する。

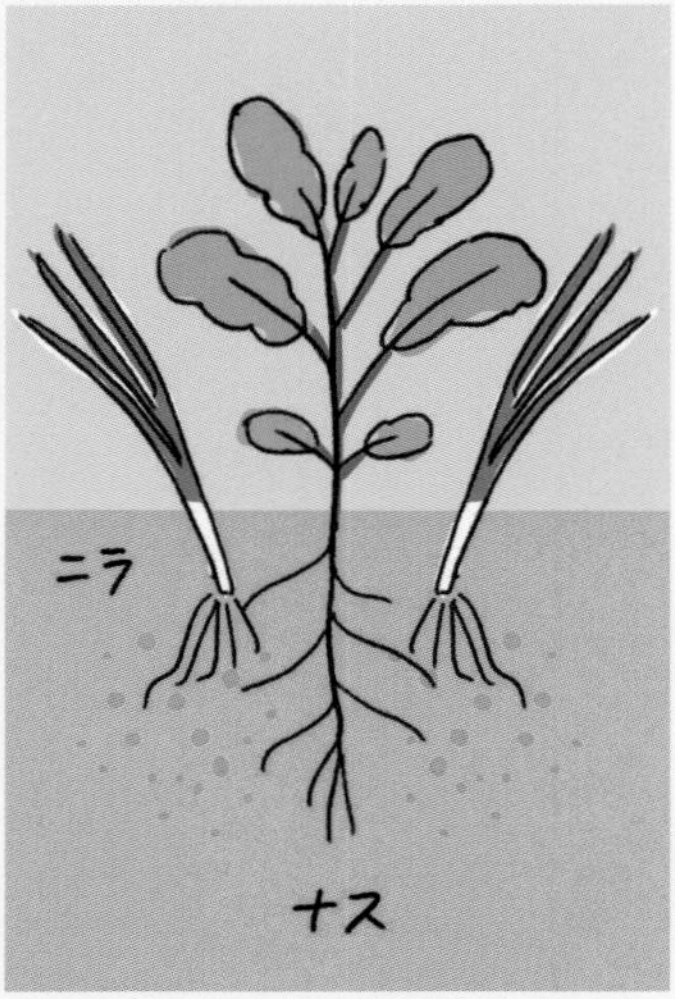

ニラの根に共生する抗生物質が土中の病原菌を抑制（➡ P222）。

1合入れたビンに、ヒエを入れたら、すき間にヒエが入る、そんなイメージ。お互いにとってムリなく、よりよい関係を築くことができるのです。

病害虫を予防したり収穫量もアップ！

コンパニオンプランツは、家庭菜園でこそ役立つ方法です。家庭の野菜づくりでは、少量多品目栽培が基本。コンパニオンプランツをとり入れやすいのです。

また、自然が相手の野菜づくりでは、失敗する野菜が出ることも。そんなときも、複数の野菜を育てていれば、AがダメでもBはたくさん収穫できた、ということがよく起こります。コンパニオンプランツは失敗の確率を減らしてくれる栽培法でもあるのです。

コンパニオンプランツは、相性がよい野菜を植え合わせるのが大原則。そうすることで、お互いにとってよい効果を発揮。病害虫を予防したり、よりおいしくなったり、収穫量がアップしたり。農薬や化学肥料を使わない有機栽培や自然栽培は、コンパニオンプランツと好相性です。

下記にコンパニオンプランツの代表的な5つの目的や効果をまとめました。

3 土壌環境を整える

エダマメやラッカセイなどマメ科の根には根粒菌と呼ばれる微生物が共生している。根粒菌は空気中のチッソをとり込み、植物が利用しやすい形にかえるので、よく育つようになる。

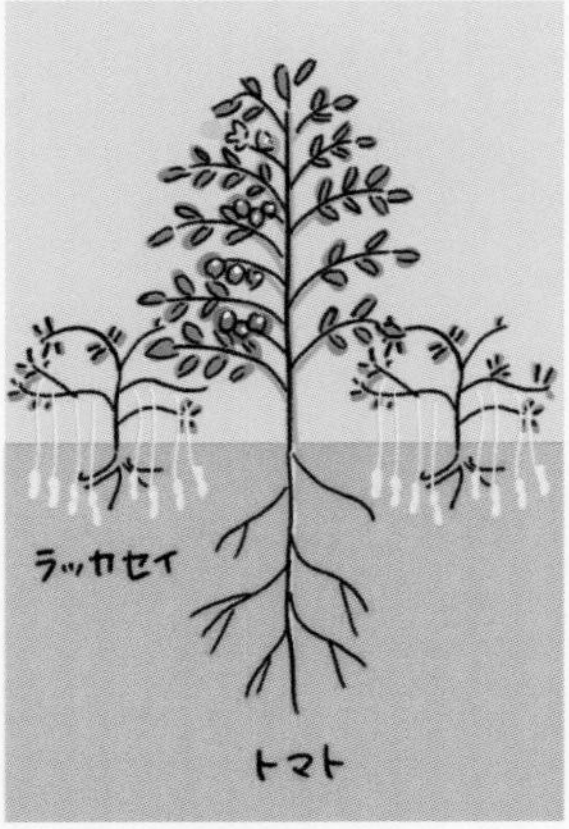

ラッカセイの根粒菌がトマトの成長を促進する（➡ P221）。

4 生育促進＆風味アップ

相性がよい植え合わせは、栄養素を分け合ったり、下草を抑えて乾燥を防ぐなど、お互いの生育を助ける。食味や風味のアップにもつながる。

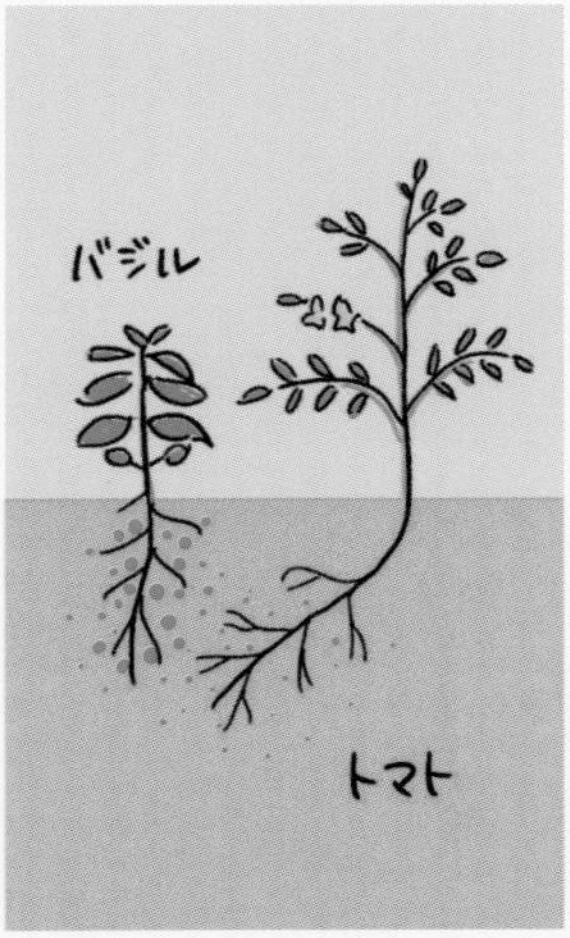

バジルが水分を吸収してトマトが好む乾燥した環境に。バジルの葉は柔らかくなる（➡ P220）。

5 空間利用

草丈が高い植物と低い植物やつる植物の組み合わせは、畑の空間を有効に活用できる。

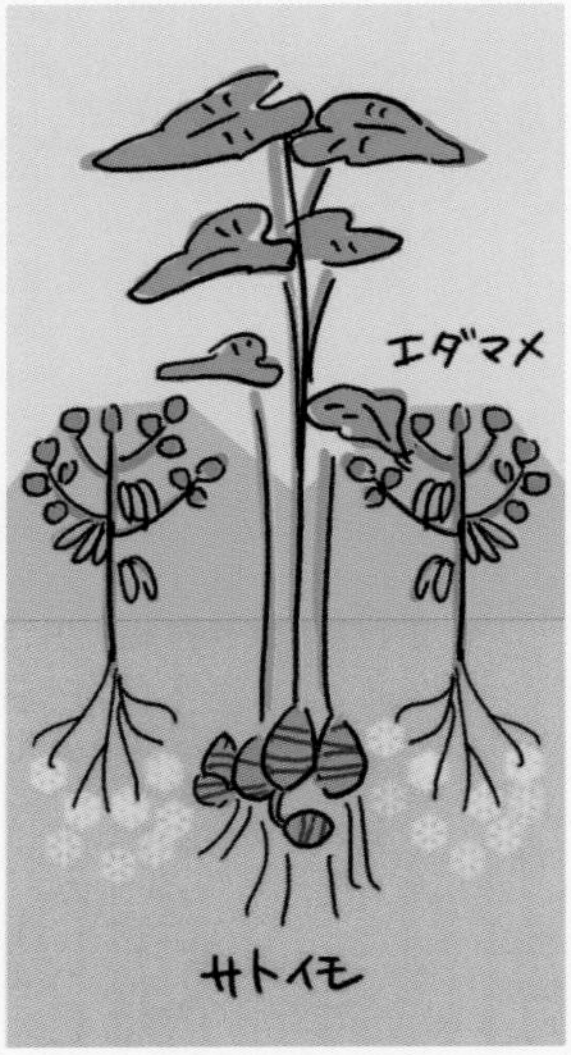

エダマメやダイズが株元を保湿しサトイモが好む湿度を保つ。ダイズなどの根粒菌の働きも加わりサトイモの収穫量もアップ。

コンパニオンプランツの植え方と相性が悪い組み合わせ

植え方は主に3種類。
相性がよい組み合わせ、
相性が悪い組み合わせを知り、
効果的に活用しよう。

野菜と野菜の距離、植えるタイミングを知る

コンパニオンプランツの効果を高めるには、相性がよい組み合わせ、悪い組み合わせを知ることが大原則。さらに、植える距離、植えるタイミングが重要です。

植え方は3種類。植えつけのときに根をからませて同じ植え穴に植える「一緒植え」、適度な距離を保って離して植える「株間植え」、そして前作、後作で組み合わせる「リレー植え」や「交互植え」です。それぞれの植え方のコツを紹介します。代表的な定番野菜の組み合わせ例はP220－239を参照してください。

ニラやネギなどは根をからませて
同じ植え穴に一緒に植える。

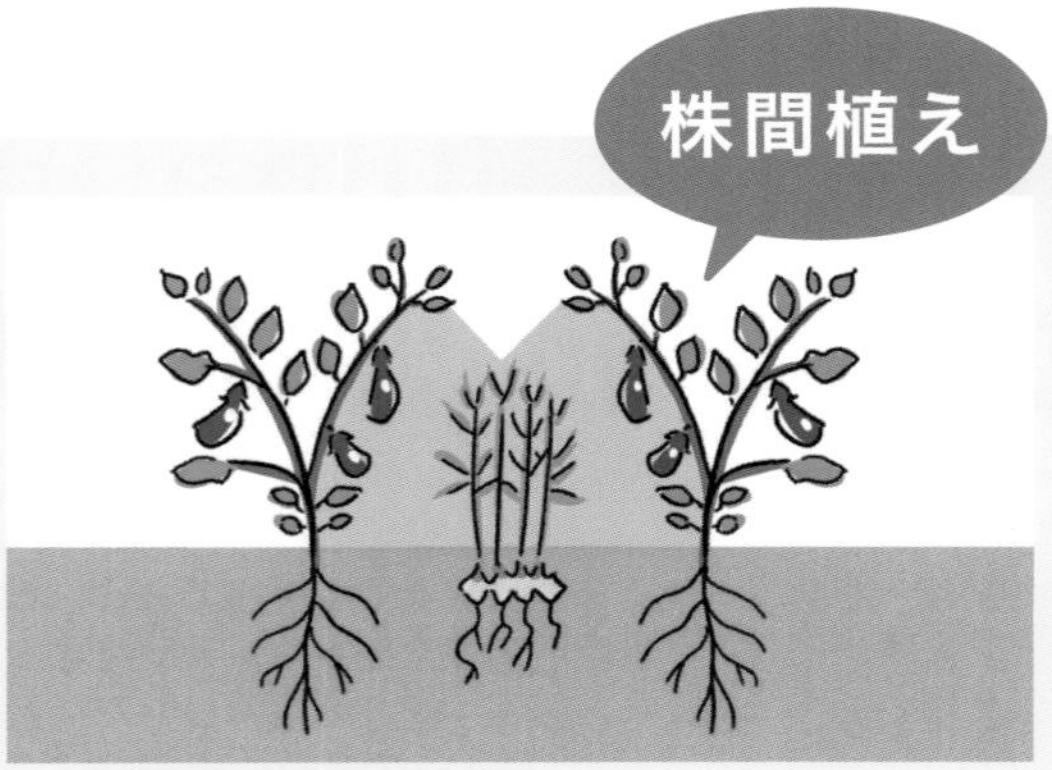

ある程度の距離を離して、
株と株の間や条間に植える。

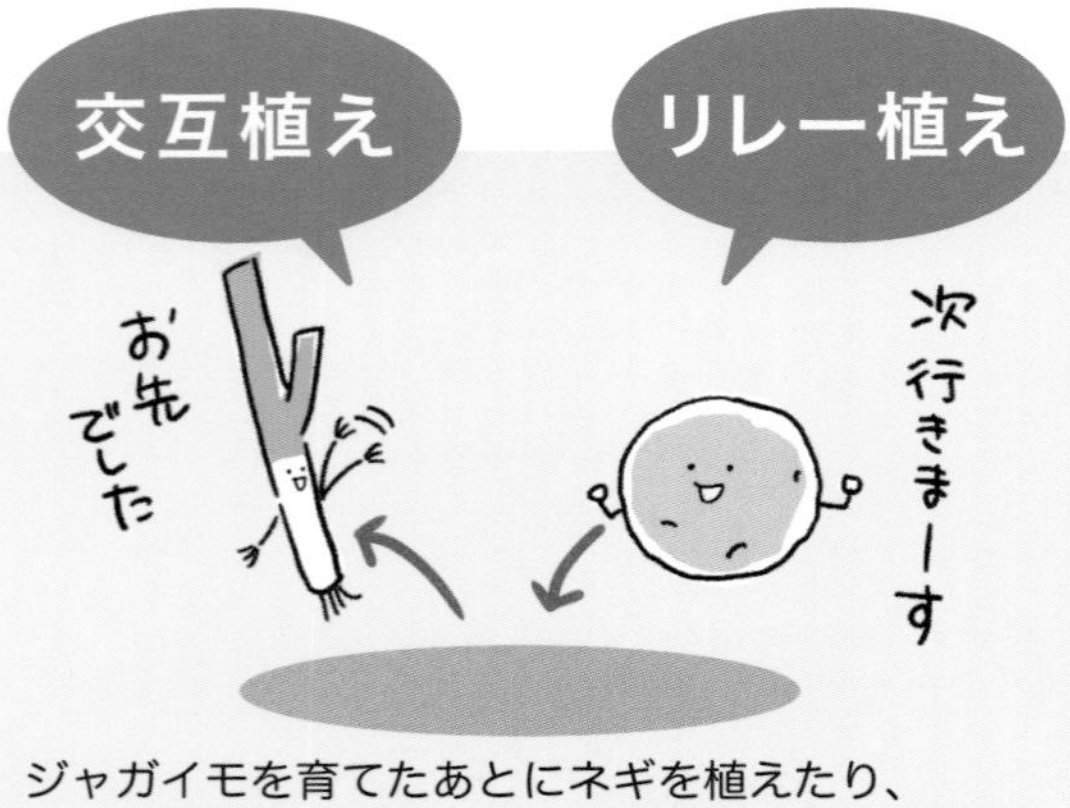

ジャガイモを育てたあとにネギを植えたり、
ネギを植えたあとにジャガイモを植えるなど、
前後作や交互作で植える。

相性の悪い組み合わせ

コンパニオンプランツは相性がよい野菜同士を組み合わせて植える方法だが、その効果はプラス 15 ～ 20%ほどと考えよう。しかし、相性が悪い組み合わせだと、マイナス 80%になることもある。相性がよい組み合わせは大切だが、相性が悪い組み合わせを知っておくこともとても重要。同時期にそばに植えないほうがよい組み合わせと、前後作の悪い組み合わせ例を紹介。代表的な定番野菜別の相性の悪い組み合わせは各ページを参照。

近すぎる場所に植えないほうがよい組み合わせ

インゲン×センチュウ被害がある畑

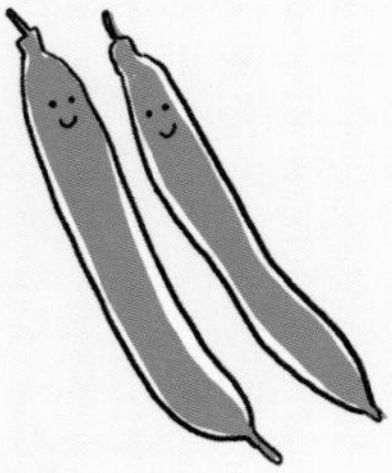

インゲンはいろいろなセンチュウを呼びやすい。センチュウ被害がある畑にインゲンを植えると被害が拡大しやすい。センチュウ被害に弱いナス、スイカ、ニンジンは要注意。

同じ科同士

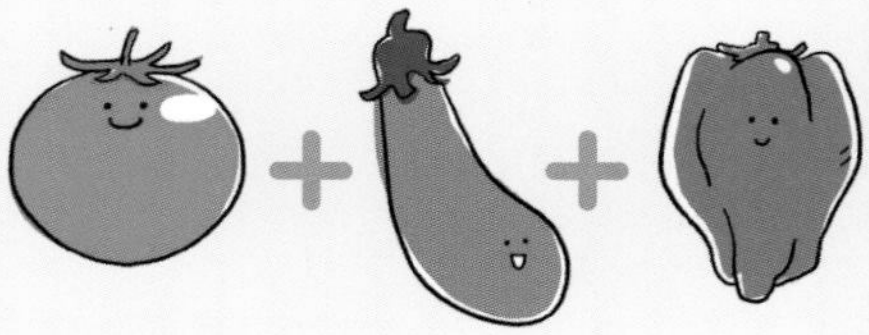

トマト・ナス・ピーマンは同じナス科。同じ科同士は同じ養分を欲しがるので競合しやすい。病害虫も共通のものが多いので病原菌や害虫が増殖しやすい。

※代表的な野菜の科はP16参照

根の形が似ている野菜同士

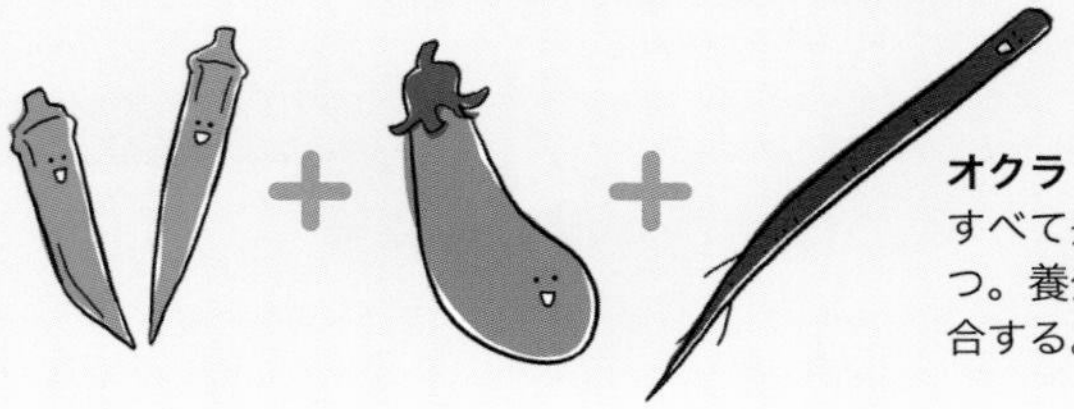

オクラ・ナス・ゴボウはすべて長く太い直根を持つ。養分を奪い合って競合する。

相性が悪いリレー栽培

トマト・ナス	↔	ジャガイモ
ナス	↔	オクラ・ゴボウ
キュウリ・エダマメ	→	ニンジン
エンドウ	→	ホウレンソウ
ジャガイモ	→	エンドウ・インゲン
サツマイモ	→	カブ

↔……お互いに前後作の相性が悪い

→……左の後に右の野菜を育てる相性が悪い

コンパニオンプランツの代表的な4つのグループ

コンパニオンプランツによく使われる4つのグループの野菜を紹介。特徴を知って上手に活用しよう。

ネギ・ニラなどの ヒガンバナ科

ネギやニラ、ニンニクなど、ヒガンバナ科の野菜は、根に共生している菌から抗生物質が出るため、土壌の病原菌の繁殖を抑制してくれる。ネギは多くの野菜と相性がよく、コンパニオンプランツの代表選手。ナス科、ウリ科といった定番野菜と組み合わせよう。根をからませるように同じ植え穴に1～2本、一緒植えする。九条ネギや葉ネギ、長ネギの若い細苗がおすすめ。植えたら15㎝くらいで切る。ネギの匂いが出て害虫予防（ネキリムシなど）になり、初期生育を助ける。つる割れ病や青枯れ病の予防にも。ただし、ネギは結球野菜とは相性が悪い。ナス科やアブラナ科はニラがおすすめ。

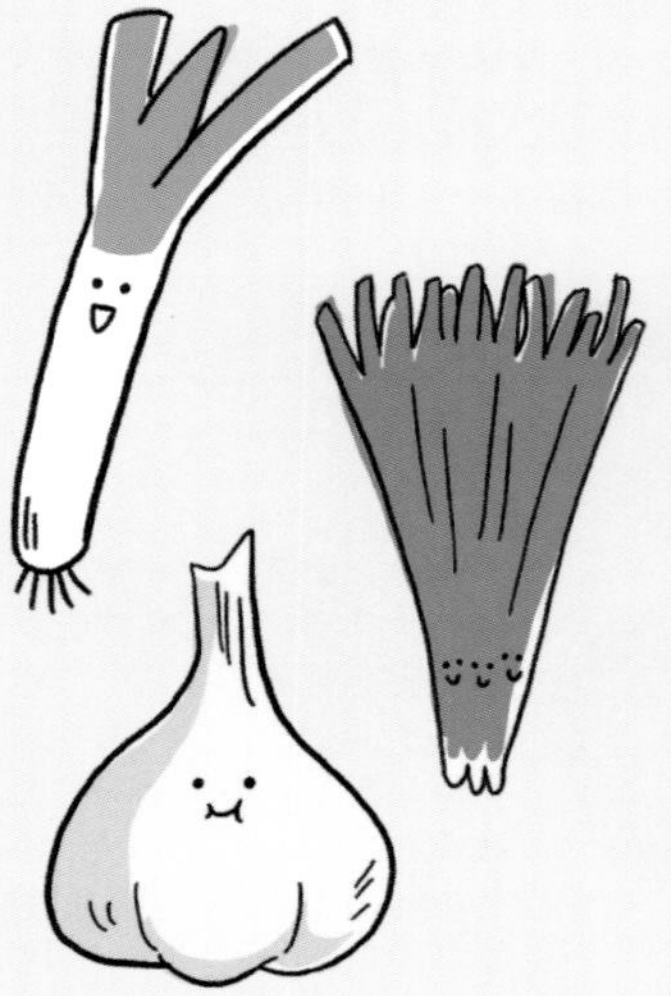

エダマメ・ラッカセイ・インゲン・ソラマメなどの マメ科

マメ科は根に根粒菌（⬇P250）という微生物が共生するため、空気中のチッソをとり込み、植物が利用しやすい形にしてくれる（チッソ固定⬇P251）。また、根粒菌とは別にマメ科の根に集まる菌根菌（⬇P250）は、リン酸吸収を高め、共生菌ネットワークが作物の成長を促進する。

マメ科は団粒構造（⬇P20）を作るので、土が機能的になるが、マメの種類によって、根粒菌の種類が違う。

コンパニオンプランツとしてエダマメを育てるときは、極早生の品種（60～65日タイプ）がおすすめ。エダマメはアワノメイガ、ラッカセイはセンチュウを抑制。ただし、インゲンはセンチュウ被害が出ている畑では使わないこと。

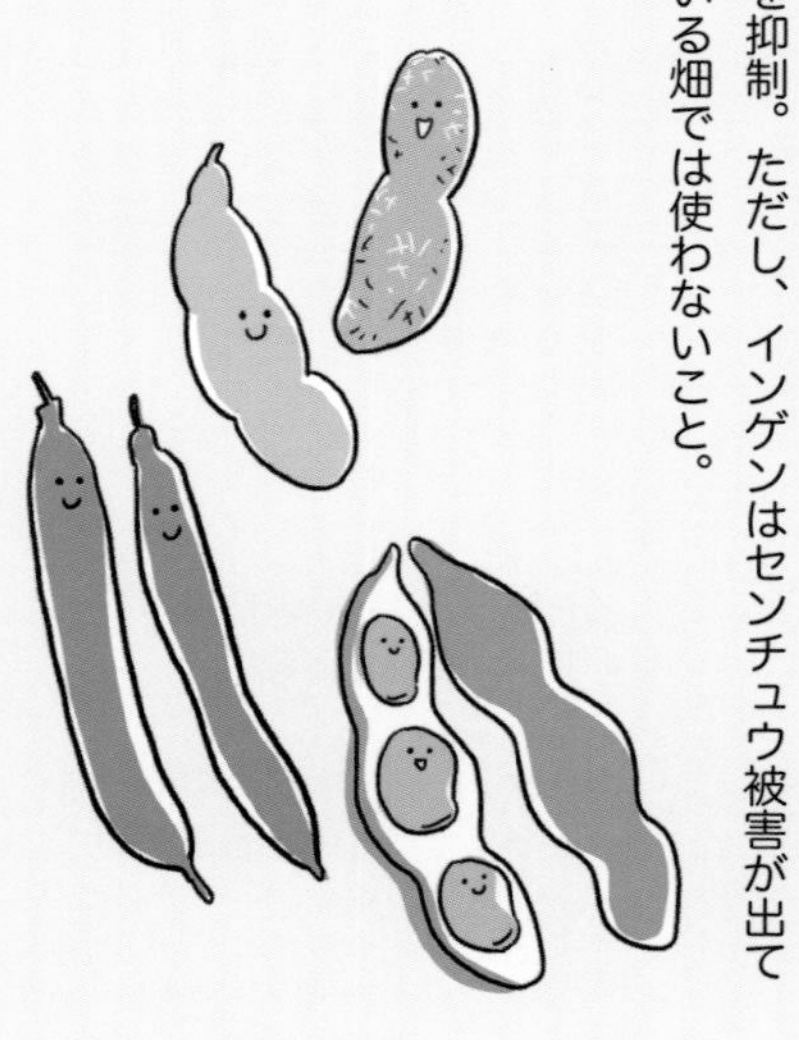

シュンギク・レタス・マリーゴールドなどの キク科

シュンギクなど香りが強いキク科は、害虫を忌避する効果がある。コマツナ、カブ、ダイコン、ハクサイなど、害虫（モンシロチョウやアブラムシ、カブラハバチ、コナガ、ダイコンサルハムシなど）が来やすいものと組み合わせるとよい。さらにキク科はお互いの生育を促進し、土壌に菌根菌ネットワークを作ってくれる。

アブラナ科やヒユ科（ホウレンソウなど）には菌根菌がいないため、混植すると育ちやすくなる。

マリーゴールドは、センチュウ類の密度を減らすほか、受粉昆虫（ハナバチやアブなど）を招く。ウリ科などは受粉したほうが実つきがよくなるので活用しよう。受粉目的で植える場合は、風上の株間に植えるとよい。背丈が低い品種がおすすめ。

バジル・パセリ・イタリアンパセリ・セロリなど、シソ科やセリ科のハーブ類

1年草のシソ科やハーブ類は、特有の匂いで害虫の忌避効果がある。

いずれも株間に植えるのが効果的。とくにトマトとバジルは好相性。

ローズマリーやミント、セージなど、宿根草や多年草のハーブは繁茂しやすいので畑には植えないこと。しかし、香りで害虫を寄せつけず、ハナバチやアブなどの天敵を呼び、受粉を助けるので、ポットやプランターに植えて畑におくとよい。

トマト

ヒガンバナ科で病気を予防し、ハーブで味をアップ

南アメリカ・アンデス山脈の高地を原産とするトマトは、乾燥気味で昼夜の気温差が大きい気候と、強い日射しを好む。相性のよいコンパニオンプランツは、ラッカセイなどのマメ科や、害虫の忌避や味のアップに効果のあるイタリアンパセリやバジルなど。ニラやネギなどヒガンバナ科の野菜を混植させると、連作障害を予防する効果がある。

病気予防

ニラ

ニラの根に共生する拮抗菌が抗生物質の一種を分泌。土中の病原菌を抑制し、連作障害を予防する。根同士をからませると効果が増すため、トマトの植え穴に一緒に植えるとよい。

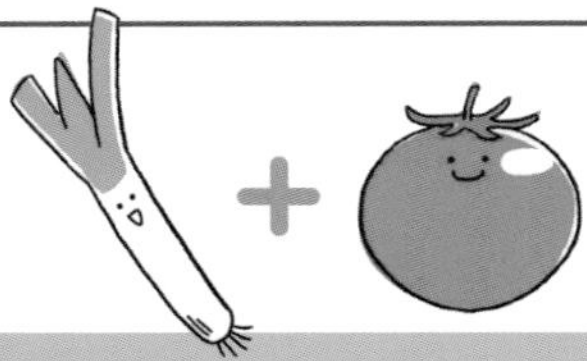

ネギ

根が浅く伸びるニラがもっとも効果的だが、ネギでも代用できる。長ネギのほか、九条ネギなどの葉ネギを使ってもよい。ニラと同様、根同士がからむよう一緒に植える。

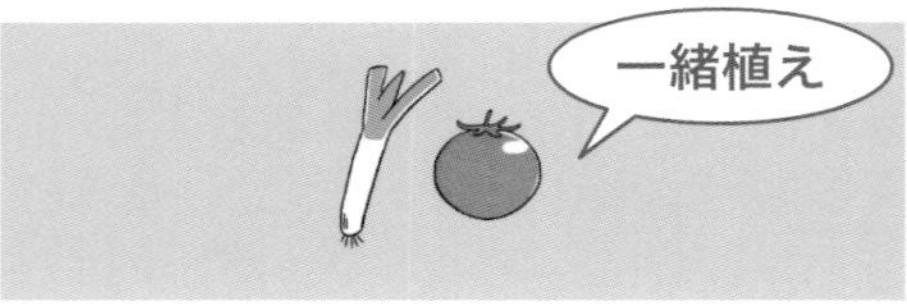

害虫予防＋食味アップ

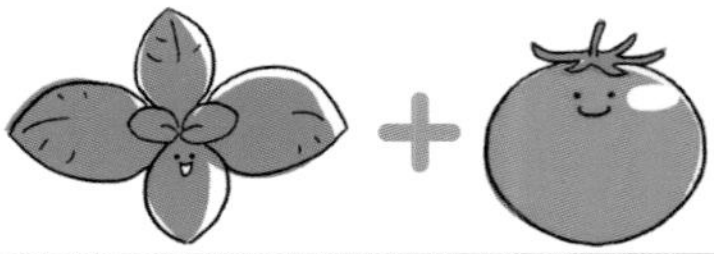

バジル

バジルの香りが害虫を忌避。水分を旺盛に吸収するため乾燥気味の環境になり、水っぽくない甘みあるトマトに。トマトの株間に植えて半日陰にすると、バジルの葉が柔らかくなる。

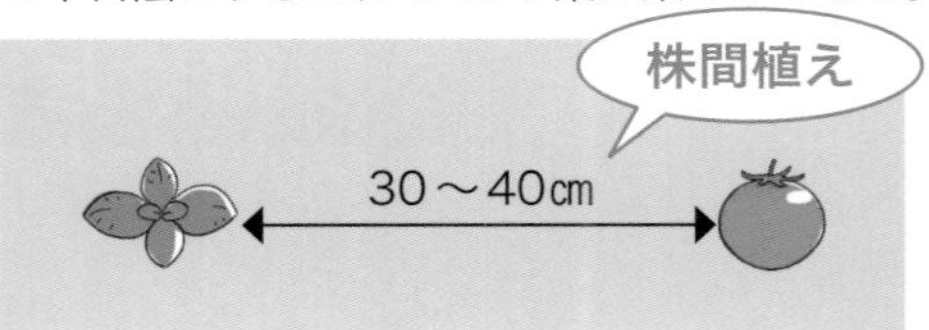

イタリアンパセリ

強い香りで害虫を忌避。バジルと同様、トマトの株間に植えて半日陰にすると、葉が柔らかく。ただし縮れ葉のパセリを根元に植えるとトマトの樹勢に負けて消えるため注意。

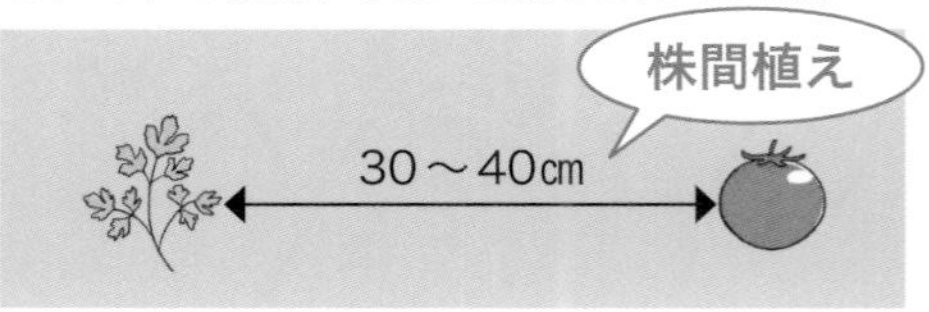

害虫予防＋割れ予防

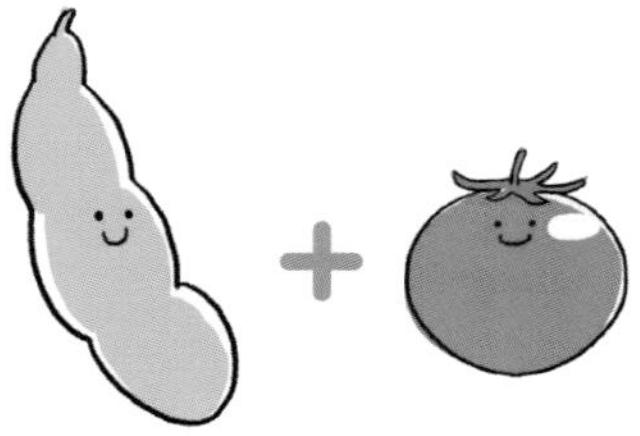

エダマメ

ラッカセイと同様、根に共生する根粒菌の働きでトマトの成長を促進。ラッカセイとは異なり、粘土質の畑向き。トマトの株間に極早生や早生品種を植えるとよい。実の割れを軽減する効果もある。

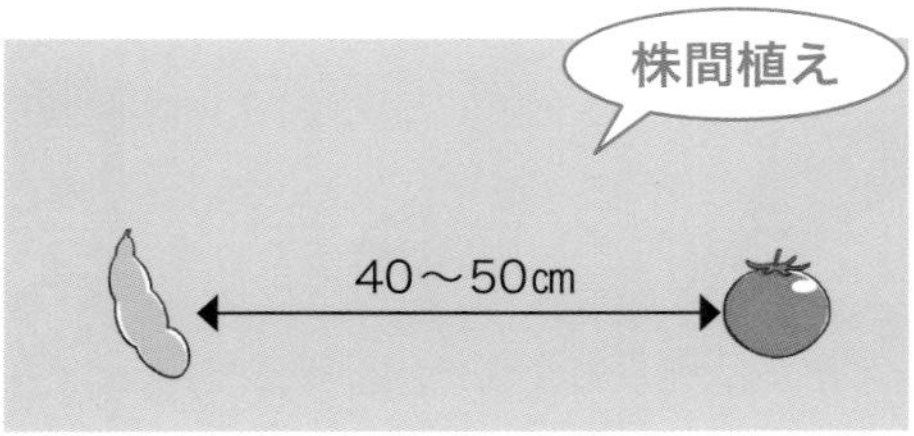

害虫予防＋成長促進

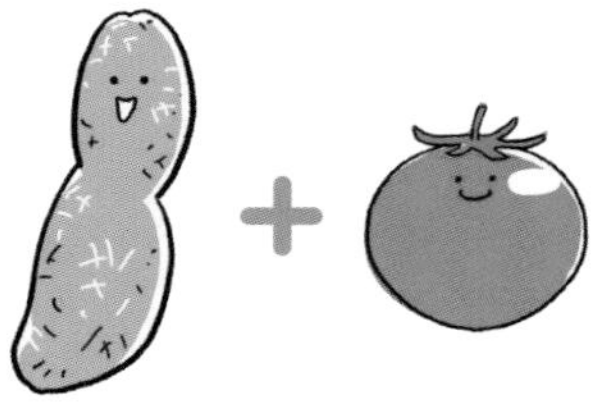

ラッカセイ

横に広がって育ち、乾燥や雨の泥ハネを防ぐ。根に共生する根粒菌が空気中のチッソを固定し（➡ P251）、トマトの成長促進につながる。また、根こぶセンチュウなどを忌避する効果も。乾燥気味の畑向きで、半立ち品種を選ぶとよい。

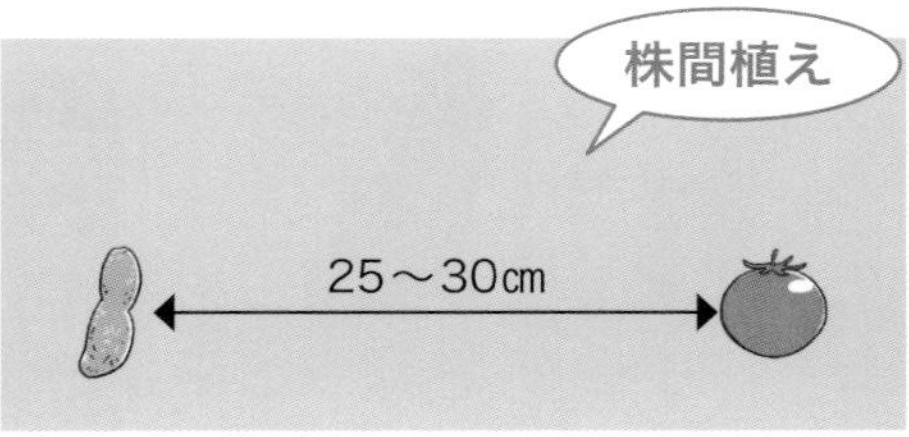

相性の悪い野菜

ナス科同士は離して病害虫や連作障害を忌避！

ナスやピーマン、シシトウ、トウガラシなど同じナス科の野菜は、トマトと同じ養分を必要とするため、基本的に相性が悪い。病害虫も共有しやすく、爆発的に発生する恐れがある。連作障害も出やすいため、前年にナス科の野菜を育てていない場所に植える。

トウモロコシ

旺盛に成長して、最盛期には草丈が２ｍほどになる。トマトの近くに植えると、日陰をつくってしまい、強い日射しを好むトマトの成長を阻害してしまう可能性がある。

ジャガイモ

トマトと病害虫が共通で、同じナス科のなかでもとくに相性が悪い。そのため混植はもちろん、前後作も避けるのが鉄則。かならず離して植える必要がある。

ナス

たっぷりの養分と水分が不可欠
根を広範囲に伸ばし
養分と水分を吸収

ナスの原産地は熱帯モンスーン気候のインドあたりで、高温多湿な環境と肥沃な土を好む。セロリやラッカセイ、パセリなどは、グランドカバープランツとして、株元の乾燥を防止する。ナスの根は直根性で、梅雨時期には数本の太い側根を横に伸ばし、梅雨明け後に地中深く張る。根の浅いショウガや、根をからませながら育てるヒガンバナ科とは相性がよい。

成長促進

ラッカセイ

根粒菌が空気中のチッソを固定し（➡ P251）、ナスの成長を促進。根と共生する菌根菌の働きでリン酸分の吸収も促す。根には根こぶセンチュウなどの発生を抑える効果も。

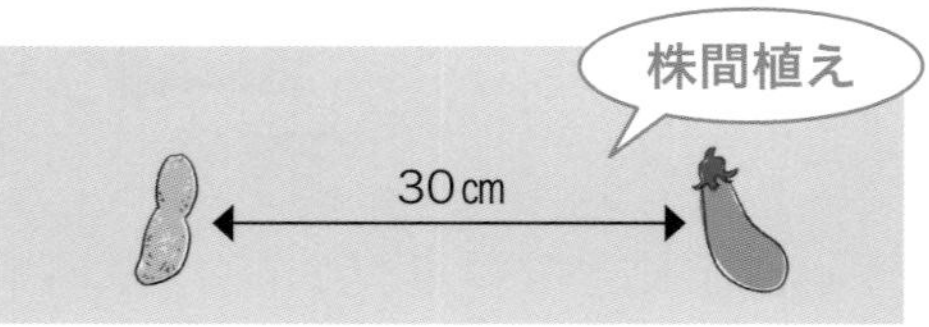

エダマメ

ラッカセイ同様、根に共生する根粒菌の働きで、ナスの成長を促進する。ナスの株間、もしくはナスから50㎝離した畝に植える。極早生か早生の品種を選ぶとよい。

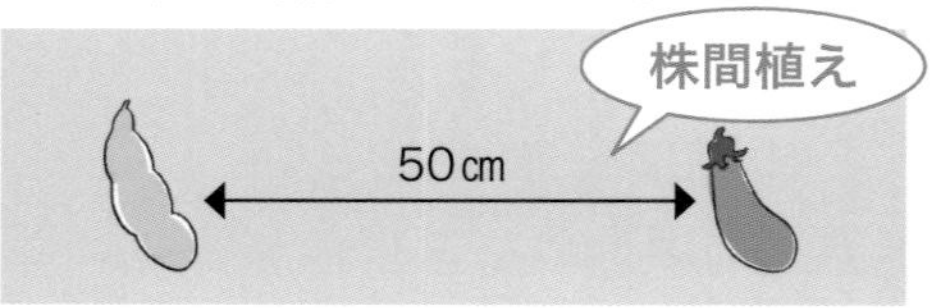

病気予防

ニラ

ニラの根に共生する拮抗菌が抗生物質の一種を分泌。土中の病原菌を抑制し、ナス科全般の連作障害を予防。土壌伝染性の青枯病《あおがれびょう》や萎《い》凋病《ちょうびょう》なども防ぐ。ナスの植え穴に一緒に植える。

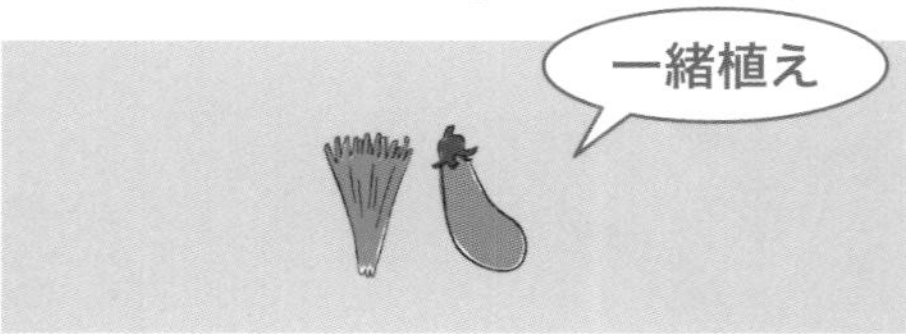

ネギ

長ネギのほか、葉ネギも可。根同士をからませることで効果が増すため、ナスと一緒に植える。ナスの育苗時、ニラの種を一緒にまくと発芽時から根がからんで、より効果的。

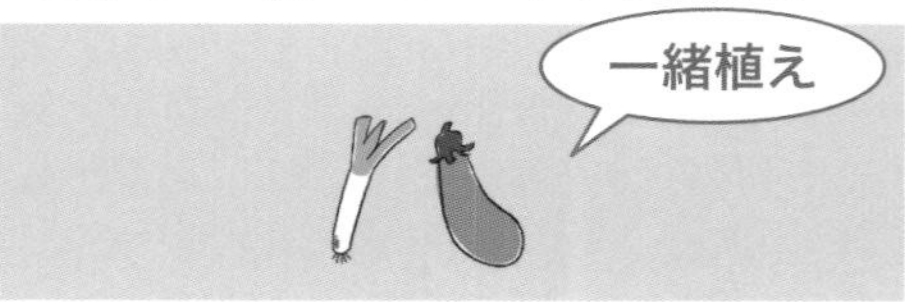

相性の悪い野菜

同じナス科と直根性の野菜を避ける

ジャガイモをはじめ、トマト、ピーマン、シシトウ、トウガラシなど、同じナス科の野菜とは、基本的に相性が悪い。連作障害も出やすいため、前年にナス科の野菜を育てていない場所に植える。ゴボウ、オクラなど、ナスと同じ直根性の野菜とは競合してしまうため、混植、前後作いずれも避ける。

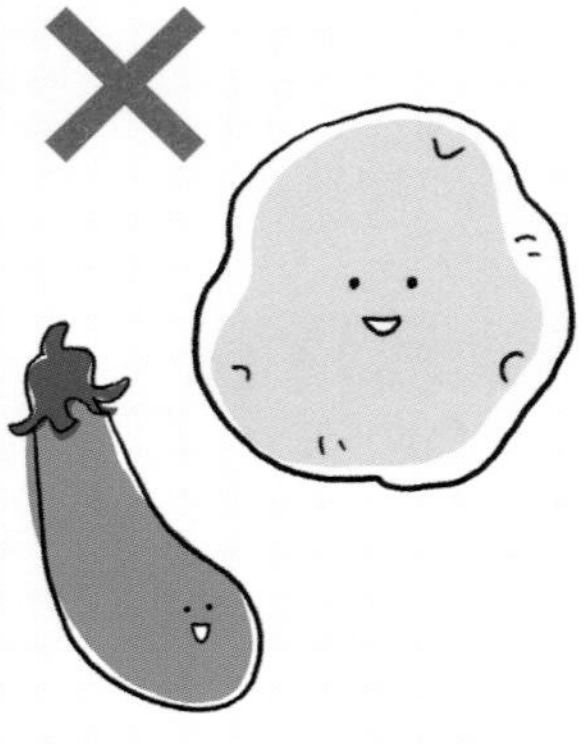

ジャガイモ

原産は南アメリカのアンデス山脈高地。痩せ地でもよく育つが、同じナス科の野菜はもちろん、ほとんどの野菜との相性が悪い。前後作も避けるようにする。

病気予防＋成長促進

ショウガ

株間のショウガは乾燥を防止し、ショウガの殺菌成分がナスの病気を予防。またナスはショウガに適した半日陰をつくり、どちらにもメリットがある。ナスの植えつけの半月後に、芽出ししたショウガを植えるとよい。ナスの株間が狭いとショウガの成長が悪くなる。

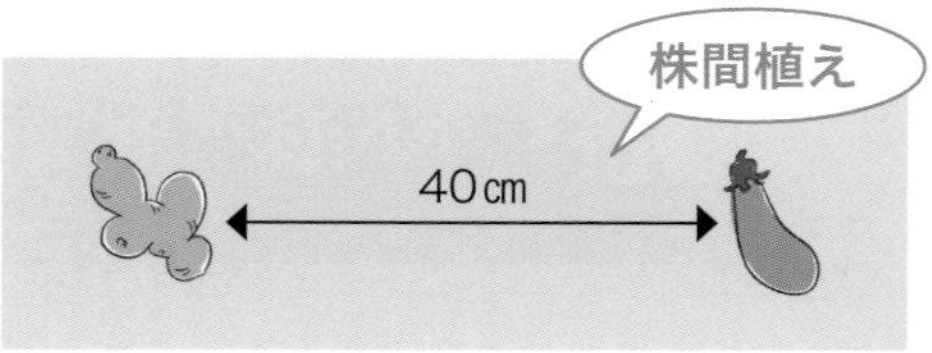

害虫予防

パセリ

強い香りでアブラムシやハダニなどを忌避し、株元の乾燥を防ぐ。ナスの株間に植えると半日陰になるため、葉の柔らかなパセリが収穫できる。バジルやナスタチウムでも代用可。

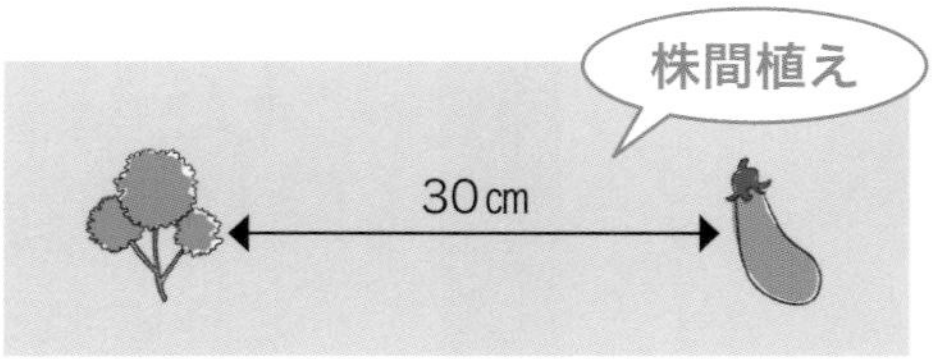

センチュウ予防

マリーゴールド

根などに含まれる成分が、根腐れセンチュウや根こぶセンチュウなどの被害を軽減。また葉の香りは、コナジラミやアブラムシを遠ざける。土にすき込むと防虫効果はさらにアップ。

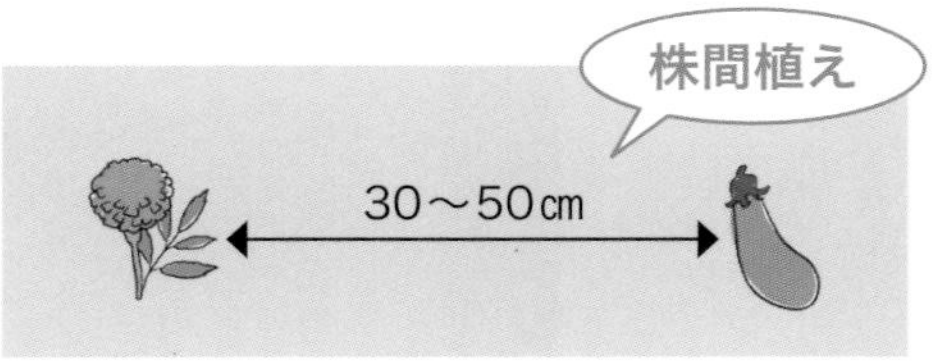

キュウリ ゴーヤ

乾燥にも過湿にも弱くややデリケート ラディッシュやエンバクが病害虫よけに

キュウリは冷涼な気候とほどよい降雨、水はけのよい土壌を好む。過湿状態や通気性の悪い環境では、うどんこ病やアブラムシが発生。うどんこ病予防には、エンバクの野生種を隣で育てるのがおすすめ。エンバクの茎や葉を刈って敷くと、高温障害の抑制にも。キュウリを育てる1か月前に、周囲にラディッシュの種をまくと、匂いを嫌うウリハムシ避けになる。熱帯植物であるゴーヤも同様。

病気予防

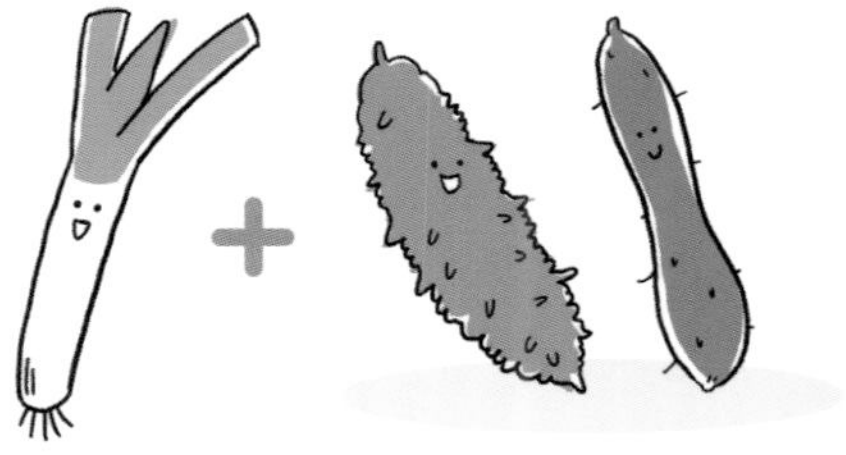

ネギ

根に共生する拮抗菌が抗生物質を分泌し、土壌を消毒して病原菌を抑制。つる割れ病や連作障害を予防する。長ネギ、九条ネギなど、ネギならどの品種でもよい。根同士がからまるよう、キュウリの植え穴に一緒に植える。土の団粒化を促進する働きもある。

害虫予防

ラディッシュ

ウリハムシはウリ科の野菜の根元に卵を産み、幼虫は根、成虫は生育初期の葉を食害。ラディッシュの辛味成分は、ウリハムシを遠ざける効果があり、生育初期のキュウリを守る。キュウリを植える1か月前から種まきし、キュウリが6節以上になったら、花が咲く前にラディッシュを収穫する。

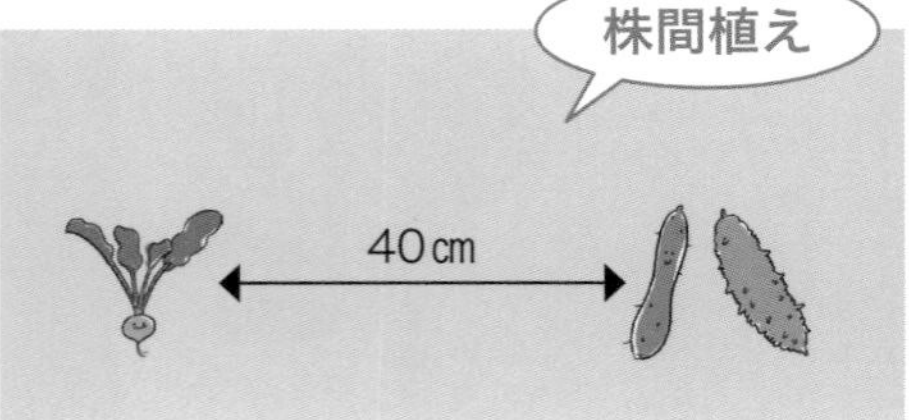

連作障害予防

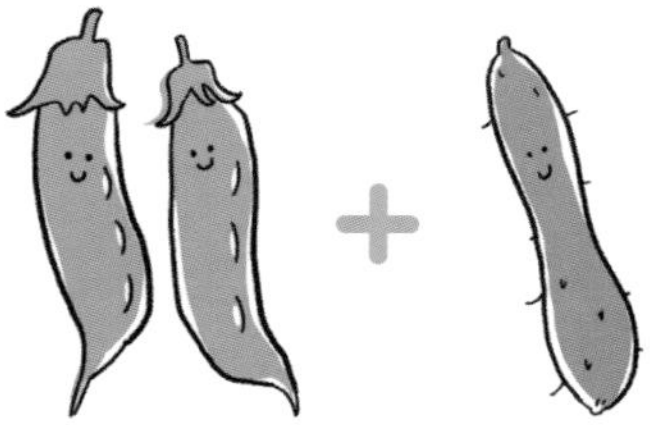

エンドウ

エンドウは連作を嫌う野菜で、一度栽培したら５年は同じ場所で植えない方がよいとされる。しかし、キュウリとは交互連作が可能。初霜が下りる頃にキュウリを栽培していた場所にエンドウをまき、キュウリ用の支柱は、そのまま利用して育てるとよい。

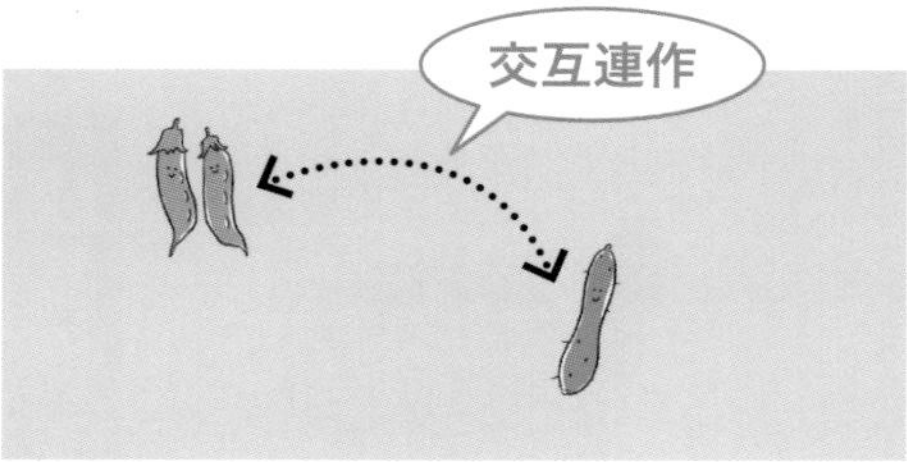

害虫予防＋成長促進

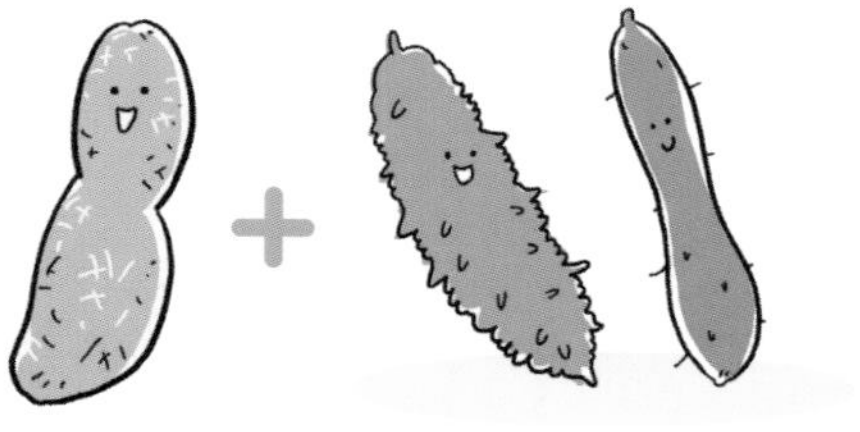

ラッカセイ

ラッカセイの根に共生する根粒菌が、空気中のチッソを固定する（➡ P251）。キュウリやゴーヤの成長を促進するほか、土壌害虫である根こぶセンチュウなどを忌避する効果もある。品種は早生のものを選ぶのがおすすめ。

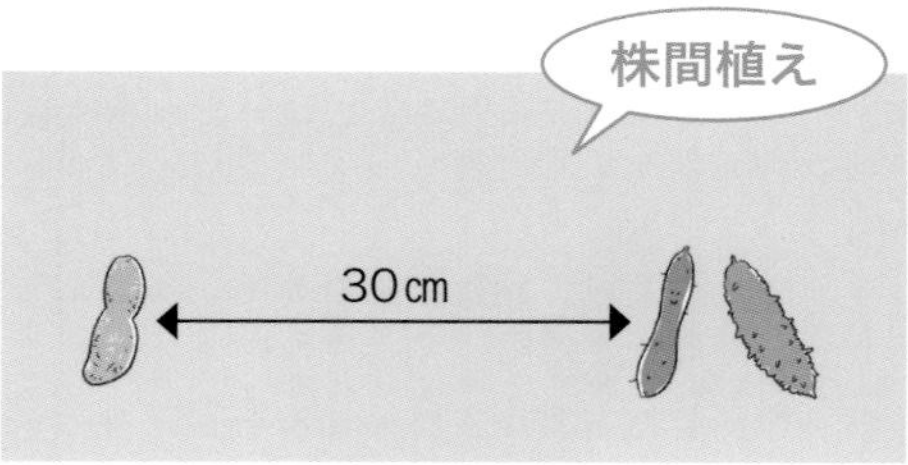

相性の悪い野菜

ウリ科との混植は苦手 インゲンは環境によって有益に

つるありインゲンは、根粒菌の働きでキュウリの成長を促進。ただしキュウリもインゲンもセンチュウ害を拡大するため、市民農園のような、被害の可能性がある環境では混植を避ける。その場合はかわりにマリーゴールドを植えるとよい。またウリ科同士の混植も不向き。

カボチャ・スイカ

ウリ科全般と相性が悪い。カボチャとキュウリを隣同士で植えると、カボチャ、キュウリともに実つきが悪くなってしまうため避ける。メロンやスイカも味が低下するので避けよう。

カボチャ ズッキーニ

トウモロコシとのコンビで畑の空間を効率よく利用

原産地によって性質や味が異なるが、いずれも水はけや風通しのよい場所を好み、コンパニオンプランツも共通。もっとも相性がよいのが、トウモロコシ。どちらも連作可能なので、2つをセットにして、毎年同じ畝で育ててもよい。ネイティブアメリカンは、カボチャとトウモロコシにインゲンを加えて混植し、不作のリスクを防いだといわれる。

エダマメ

根に共生する根粒菌の働きで空気中のチッソを固定し（➡ P251）、カボチャの生育初期から中期の生育を助ける。養分過多によるつるぼけや、病害虫の発生予防にも役立つ。

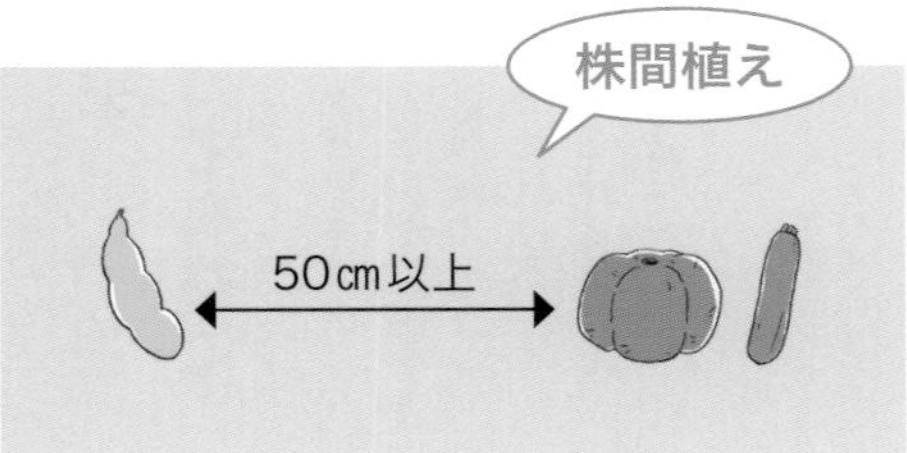

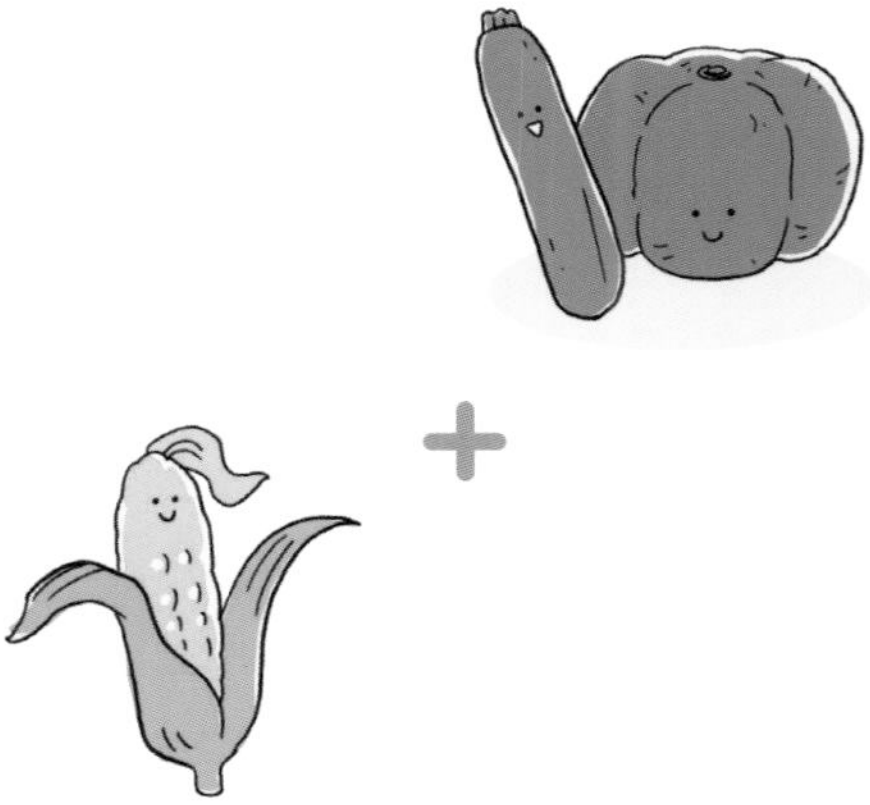

トウモロコシ

トウモロコシが風や暑さを防ぐ。トウモロコシを東側に植えると、カボチャは太陽に向かって伸び、トウモロコシの株元にからみながら安定して成長。畑を立体的に利用できる。

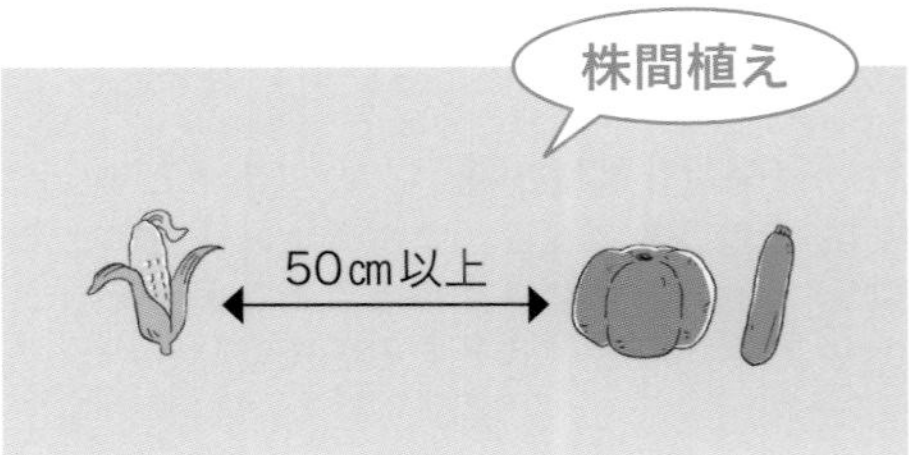

害虫予防

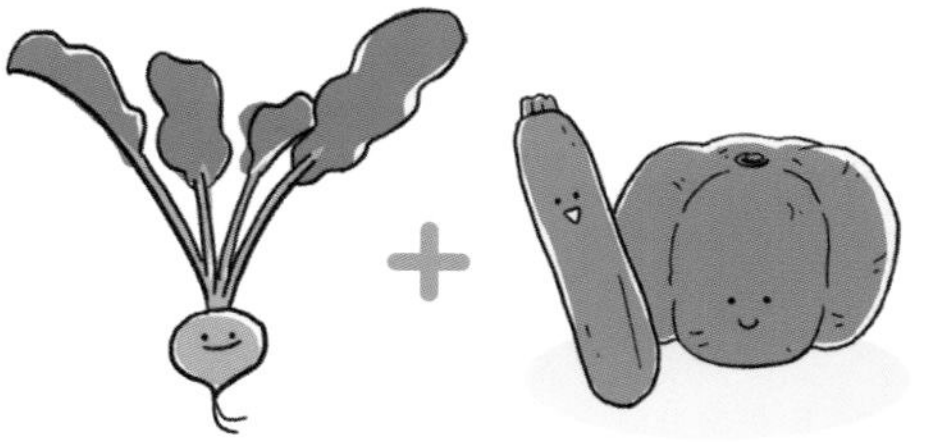

ラディッシュ

ウリハムシはカボチャやズッキーニ、キュウリなど、ウリ科の野菜の根元に卵を産み、幼虫は根、成虫は生育初期の葉を食害する。ラディッシュの辛味成分は、ウリハムシを遠ざける効果がある。カボチャの植えつけの1か月前に、3㎝間隔ですじまきするとよい。

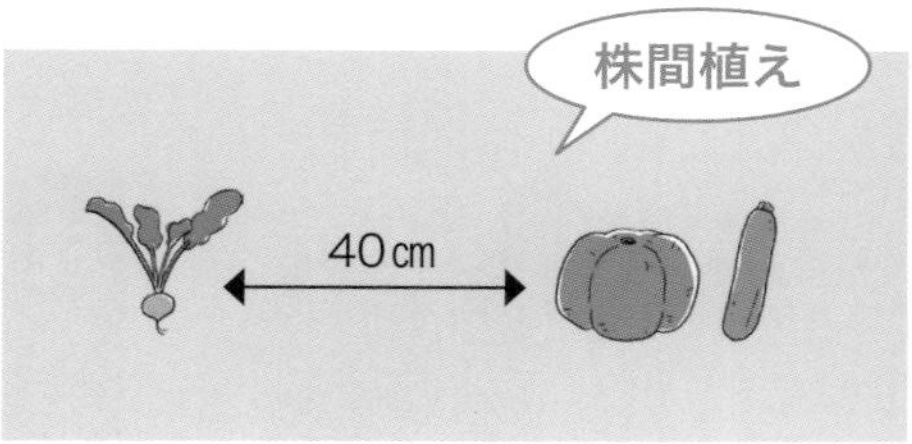

病気予防

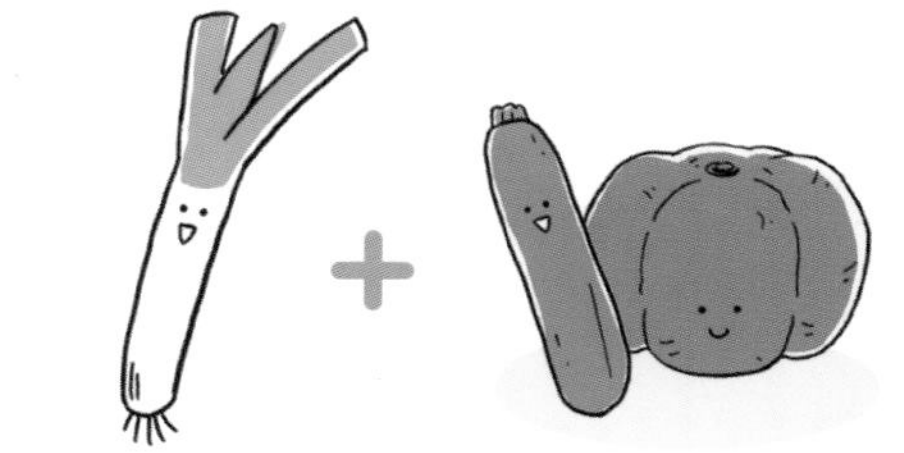

ネギ

根に共生する拮抗菌が、抗生物質を分泌して土壌を消毒し、つる割れ病や連作障害を予防する。長ネギ、九条ネギなど、ネギ類ならどの品種でもよい。植えつけ時に、根同士を接触させて同じ穴に植える。カボチャやズッキーニが終わったら、掘り上げて移植もできる。

相性の悪い野菜

養分の多すぎる土では実つきが低下 多肥を好むスイカを避けて

ウリ科同士を近くに植えると、うどんこ病やウリハムシなど共通の病害虫が互いに移りやすいので避けたほうがよい。また、近くに植えるとお互いに収量が減ったり、味が低下することも多い。

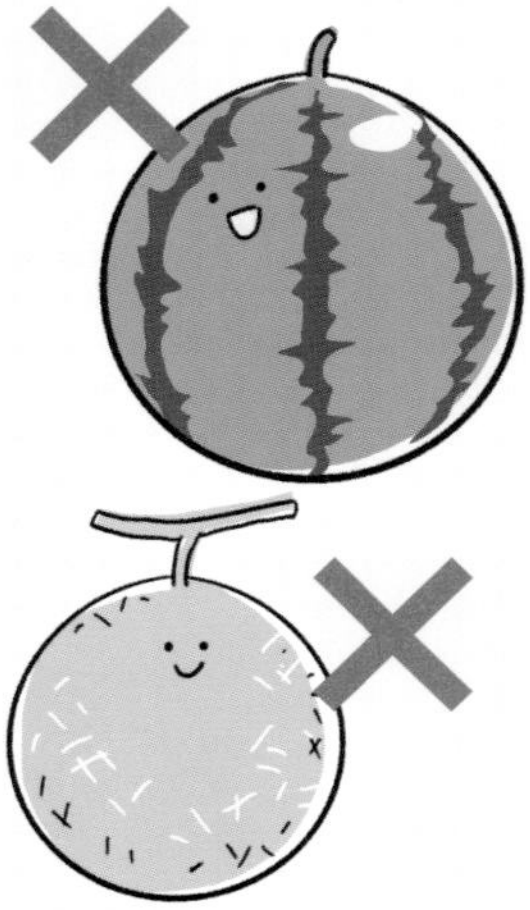

害虫予防＋受粉促進

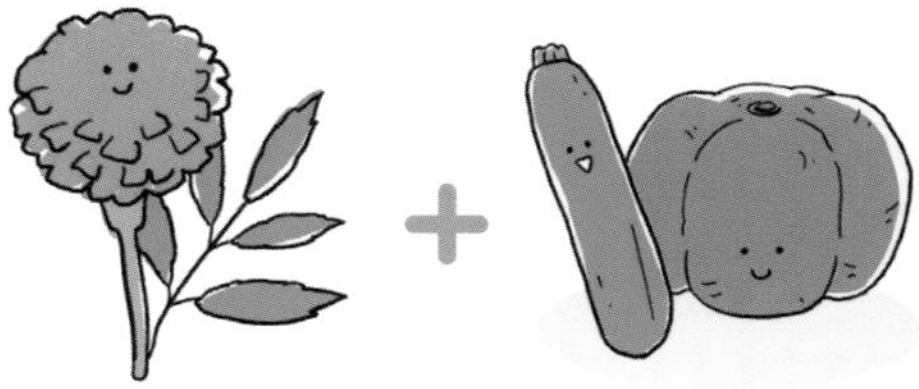

マリーゴールド

マリーゴールドに虫が集まり、受粉不良になりがちなズッキーニの受粉率を高める。また、マリーゴールドが夏の強い光を遮って高温障害を防いだり、地中のセンチュウ密度を抑制する効果もある。ズッキーニの畝の入り口や株間にマリーゴールドを植えておくとよい。

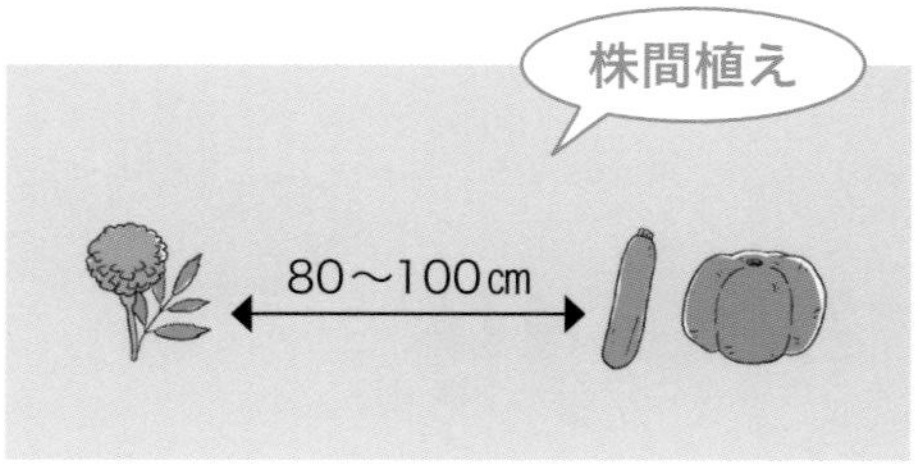

ピーマン シシトウ

根が弱いピーマンの生育はニラとつるなしインゲンが応援

南米の熱帯雨林を原産とするピーマンは、根張りが浅いため、モザイク病などの病気になりやすい。そのため病気予防や生育促進などの効果のあるニラや、つるなしインゲンと組み合わせるとよい。品種改良によって肉厚になったパプリカよりも、トウガラシやシシトウなど、原種に近いもののほうが、病害虫に強く育てやすい。

病気予防

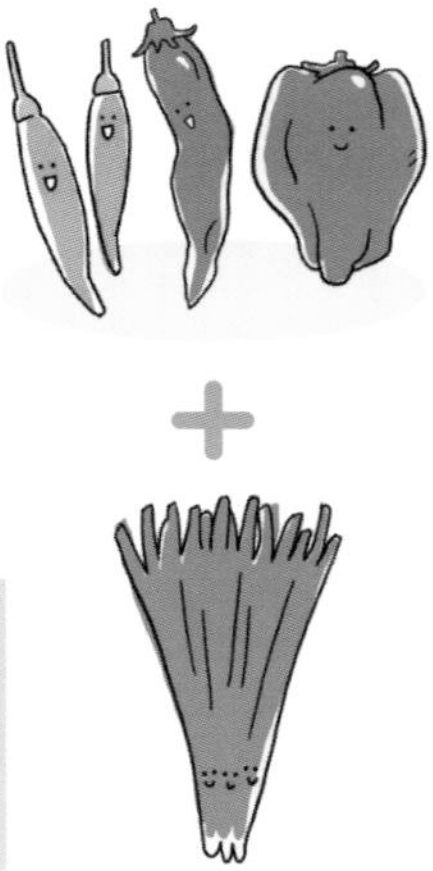

ニラ

ニラの根に共生する拮抗菌が抗生物質の一種を分泌。土中の病原菌を抑制し、連作障害を予防する。根同士をからませることで効果が増すので、ピーマンの植え穴に一緒に植える。

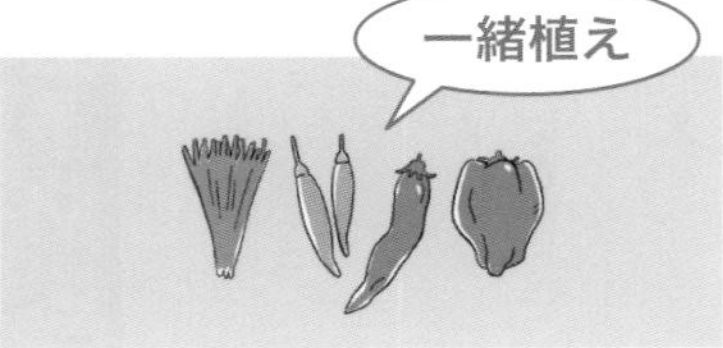

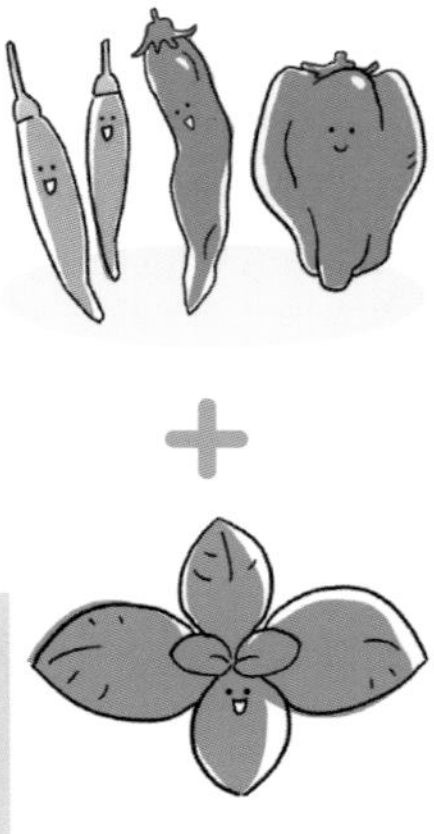

バジル

バジルの香りが害虫を忌避。ピーマンの株間に植えて半日陰にすると、バジルの葉が柔らかくなる。草丈を大きくしすぎると、ピーマンの生育の妨げになるので注意。

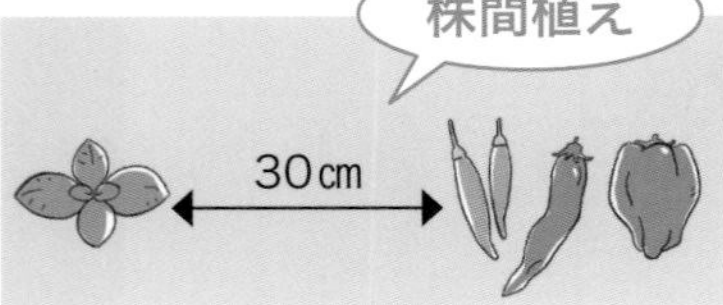

成長促進

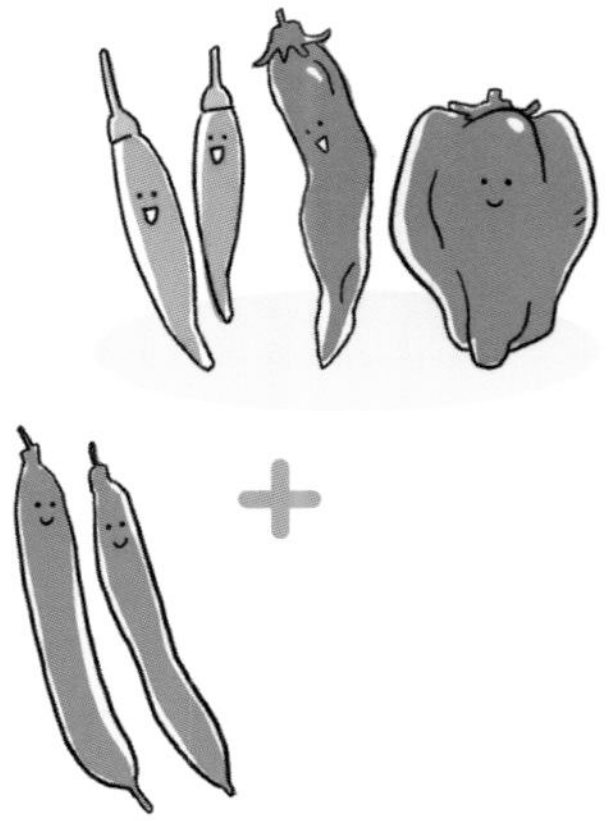

つるなしインゲン

株元の水分蒸散を抑え、根粒菌の働きでピーマンの生育を助ける。ピーマンより早く収穫が終わるため、最盛期の競合もなし。終わったインゲンは地上部を刈り、ピーマンの株元に敷き乾燥を防止。ただし、センチュウ被害の可能性がある畑では不可。

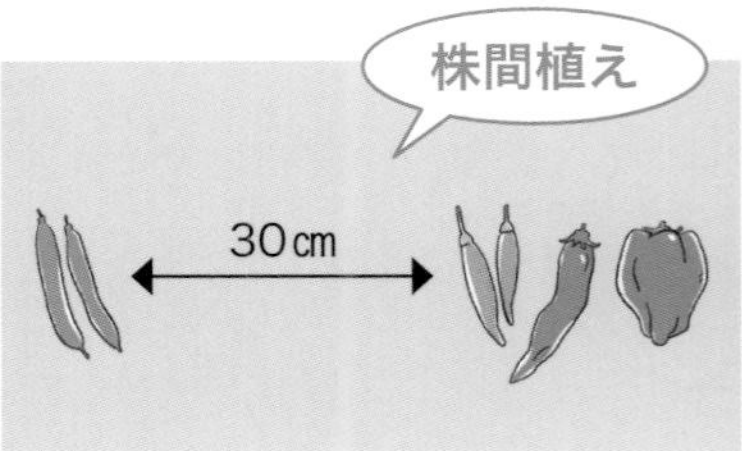

相性の悪い野菜

ナス科とジャガイモの組み合わせはNG！

つるなしインゲンは、ピーマンの初期生育を助けるが、センチュウを呼ぶため、被害の可能性がある環境では混植を避ける必要がある。またジャガイモは基本的にナス科の野菜との相性が悪く、ピーマンやシシトウとも同様。連作障害も出やすいため、前後作は避ける。

ジャガイモ

原産は南アメリカのアンデス山脈高地。やせた土地でもよく育つが、同じナス科の野菜はもちろん、ほとんどの野菜との相性が悪い。前後作も避けるようにする。

成長促進＋よりおいしく

ハクサイ

秋にピーマンの株間に苗を植えつける。ピーマンがつくる半日陰の環境は、ハクサイにとって快適。完熟した実の赤色は、虫除けにもなる。とくにトウガラシとの相性がよい。

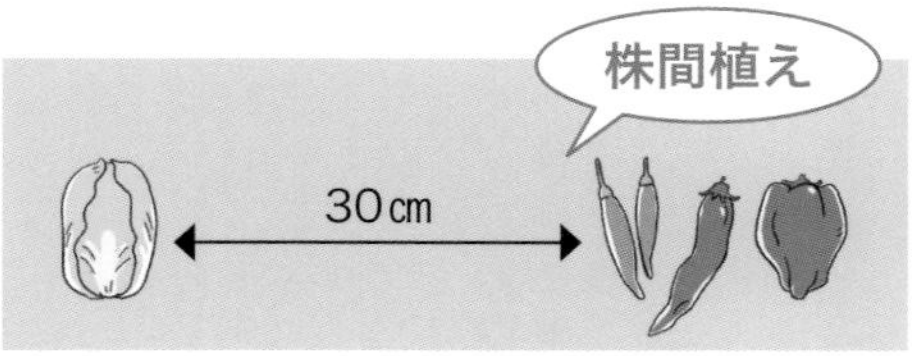

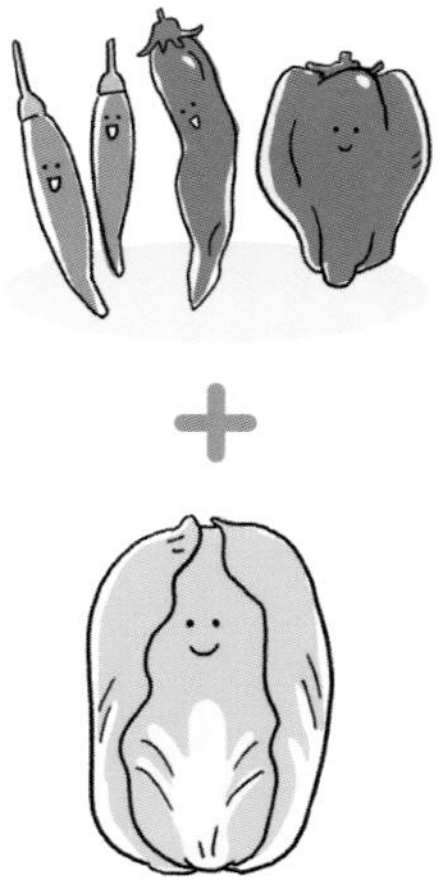

レタス

レタスとピーマンは好む生育環境が同じで、適度な水分を好む。根張りが悪いことも似ている。はじめにレタスを植え、株間にピーマンを植えても、逆にピーマンの後にレタスを植えてもよい。

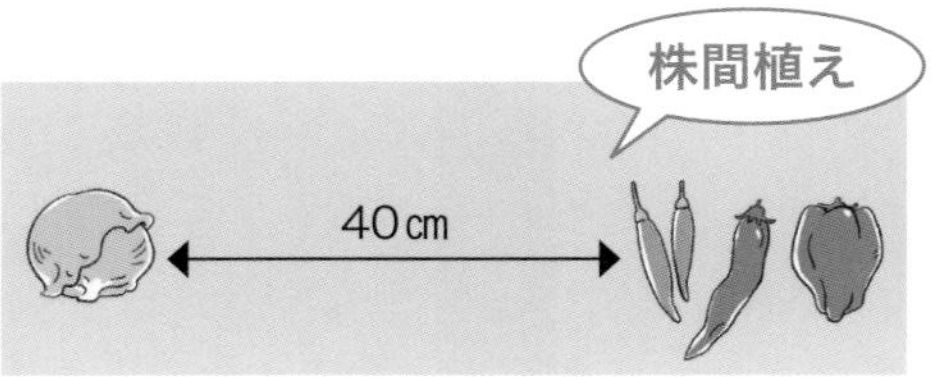

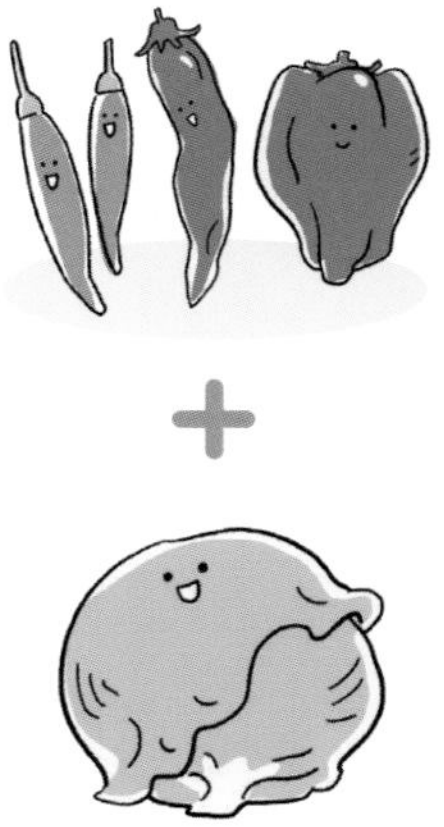

センチュウ予防

マリーゴールド

マリーゴールドに含まれる成分は、根腐れセンチュウや根こぶセンチュウなど、有害センチュウの被害を軽減する効果がある。また葉の香りは、コナジラミやアブラムシを遠ざけ、天敵を呼ぶ効果も。土にすき込むと防虫効果はさらにアップする。

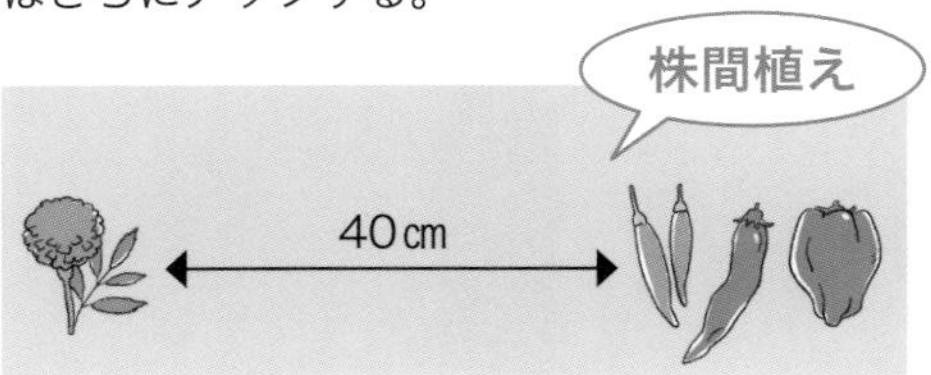

キャベツ ブロッコリー

レタスとの混植でチッソ過多を防ぎ セリ科の香りで害虫も遠ざける

キャベツは地中のアンモニア態チッソを貪欲に吸収するため、チッソ過多になり虫に食べられやすい。硝酸態チッソを好むリーフレタスを近くに植えると、チッソの吸収しすぎが抑えられ、害虫被害を軽減、キャベツの味もよくなる。ニンジンとの混植では、キャベツの苗植えより早めの7月中旬〜8月上旬にニンジンの種まきを行ない、先に成長させておくとよい。

害虫予防

リーフレタス

キャベツやブロッコリーに卵を生むモンシロチョウやコナガを寄せつけにくくする。キャベツの植えつけ時点から虫除けができるよう、キャベツと同時もしくは、やや早めに苗を植えつける。緑葉よりも赤葉の品種を使うとキャベツなどが目立ちにくくなり、効果が高い。

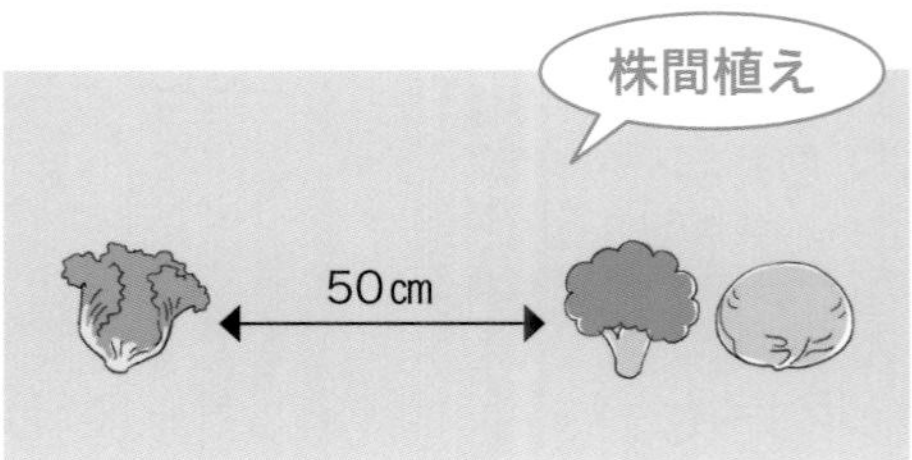

害虫予防

シュンギク

リーフレタス同様、シュンギクの独特の香りが、キャベツにつくモンシロチョウやコナガを寄せつけにくい。またキスジノミハムシの幼虫を防除する効果もある。虫を防除するため、キャベツより2〜3週間早くすじまきをして、成長させておくとよい。

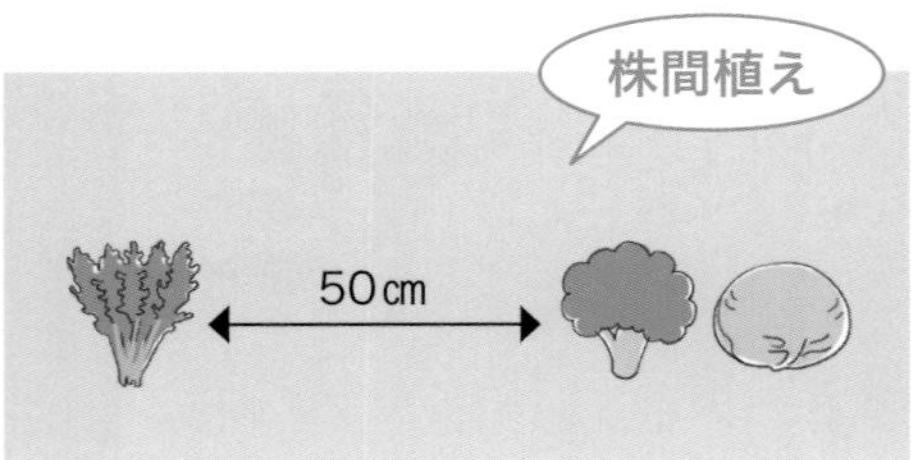

害虫予防

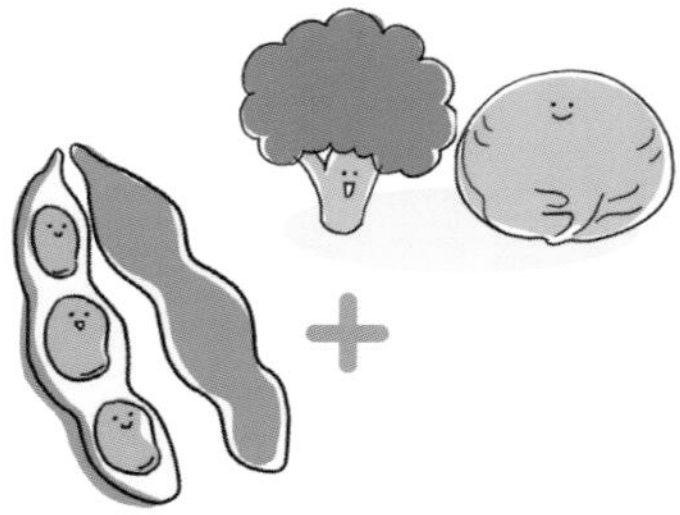

ソラマメ

根に共生する根粒菌が空気中のチッソを固定する（➡ P251）。肥料分が多すぎると根粒菌の働きが鈍り、病害虫がふえてしまうので注意。またソラマメにつくアブラムシが、天敵のテントウムシやヒラタアブを呼び、被害を減らす。秋のキャベツを日射しから守る効果も。

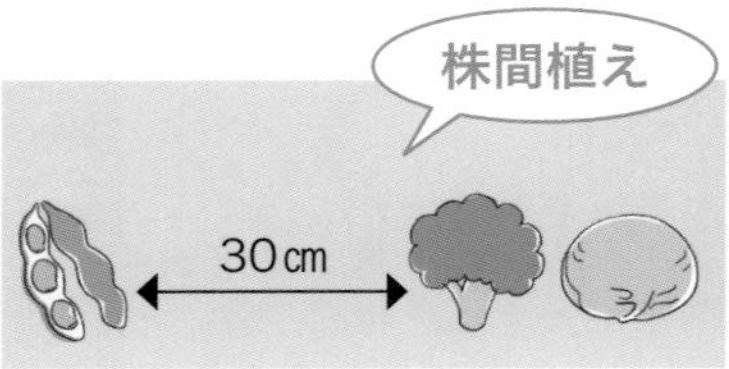

害虫予防＋成長促進

ニンジン

セリ科独特の香りが、モンシロチョウやコナガを遠ざける。春か夏にキャベツの隣に種をすじまき。ニンジンの葉の日陰ができ、キャベツが好む涼しい環境になり、成長を促進。

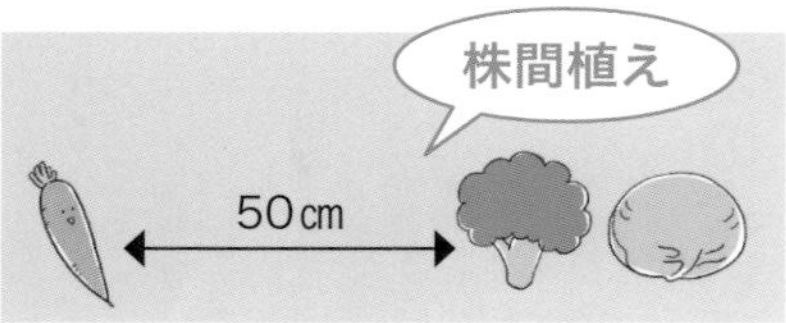

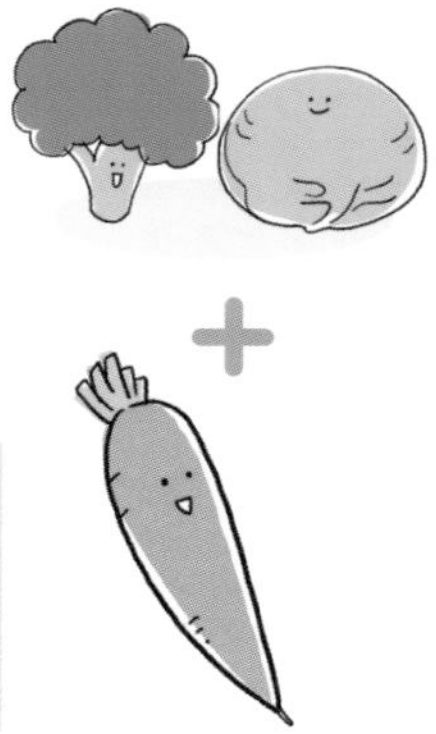

パセリ

ニンジン同様、セリ科がもつ独特の香りにより、モンシロチョウやコナガを忌避。近くにキャベツなどがあると、キアゲハが飛来しにくくなり、パセリやニンジンにとっても有益。

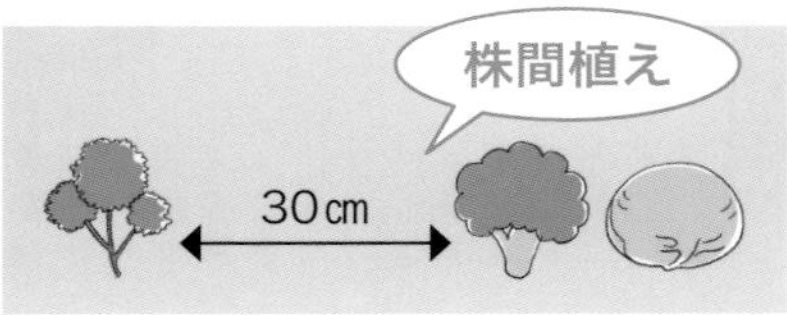

相性の悪い野菜

ジャガイモやネギとの混植はタブーだがブロッコリーはネギと相性◎

品種改良が進んだキャベツは、ジャガイモとの相性が悪く、互いに生育を阻害してしまうため、畝を離して育てよう。キャベツとネギは、混植は避けるべきだが、結球をしないブロッコリーとカリフラワーは、ネギとの混植によって病気が抑えられ、生育促進の効果もある。

ジャガイモ

ジャガイモとキャベツ類は混植、前後作ともに厳禁で、キャベツが結球できなくなる。またジャガイモも、キャベツ、ブロッコリーの隣で育てると、生育不全になる。

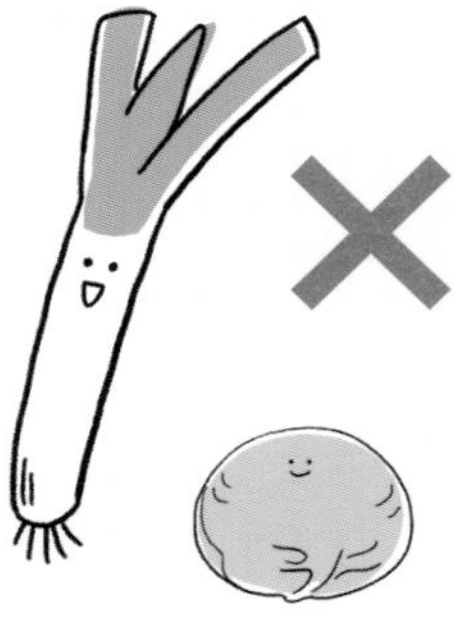

ネギ

キャベツの隣にネギを植えると、キャベツが結球しなくなる。ただし、ネギを栽培することによって土壌が消毒されるので、前後作であればおすすめ。

カブ・コマツナ 青菜類

多くの野菜と相性のよいカブはコンパニオンプランツが豊富

コマツナや青菜類、葉にうまみ成分が多いカブなど、アブラナ科の野菜は害虫に食害されやすい。そのためコンパニオンプランツを使う際は、害虫を予防する野菜を選ぶのがおすすめ。もっとも相性がよいとされるニンジンをはじめ、シュンギクやニラ、カラシナなどを使うとよい。センチュウの被害軽減には、マリーゴールドがおすすめ。

害虫予防

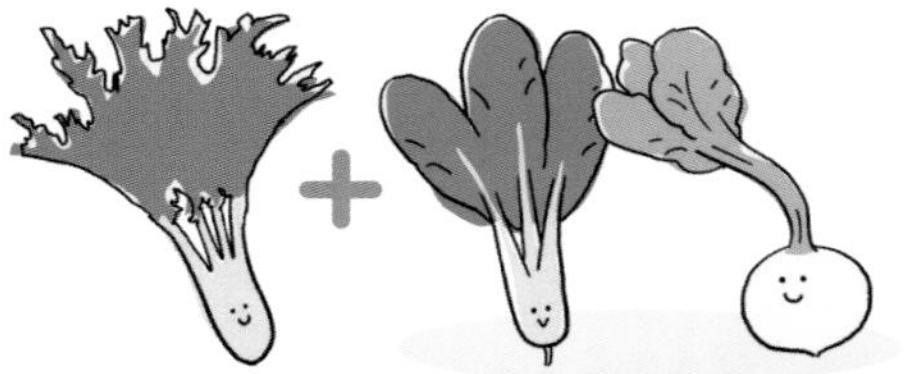

カラシナ

アブラムシやコナガ、ヨトウムシを寄せつけず、キスジノミハムシの幼虫も防除。アブラムシなどは赤い色が苦手なため、赤葉の品種である赤リアスカラシナがおすすめ。

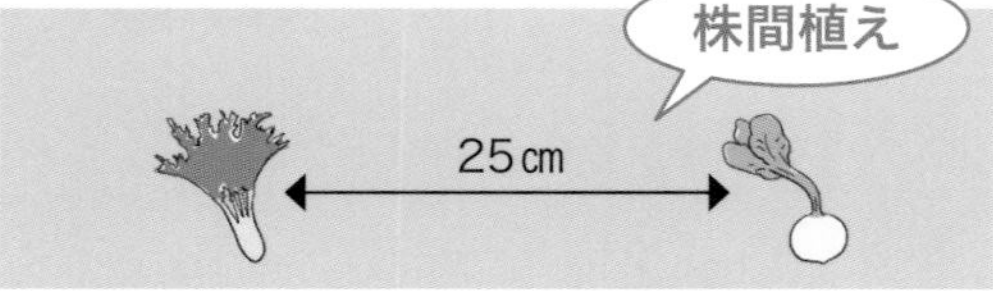

シュンギク

独特の香りによって、アブラムシやコナガ、ヨトウムシを寄せつけず、キスジノミハムシの幼虫も防除する。カブより２週間早くすじまきをして、成長させておくとよい。

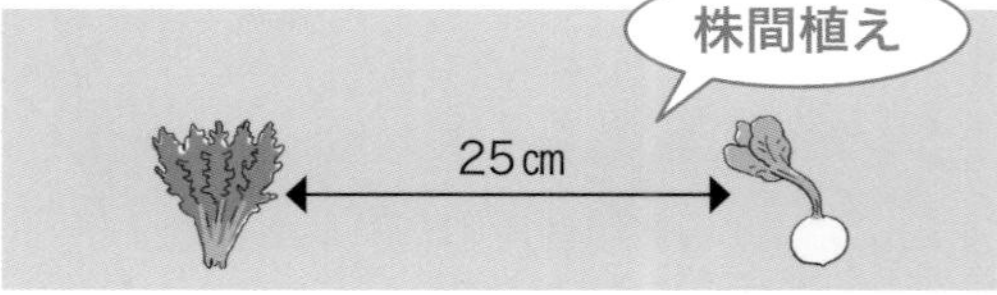

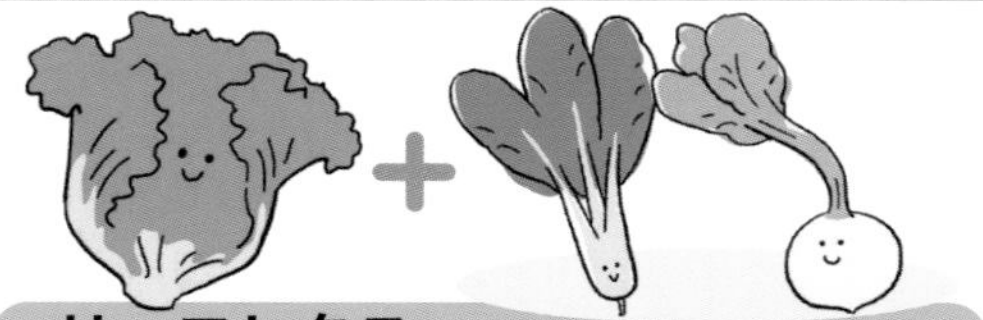

リーフレタス

相性のよいリーフレタスのなかでもとくに、葉の赤いサニーレタスは、害虫を集まりにくくする。また、カブとチッソ分の養分を分け合うため、養分過多による病害虫を防ぐ効果も。

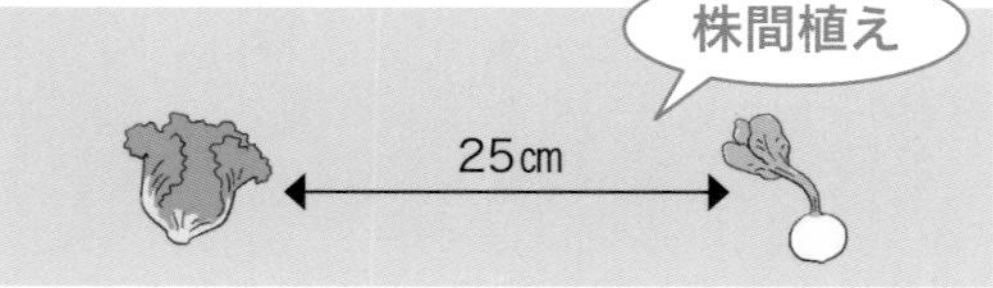

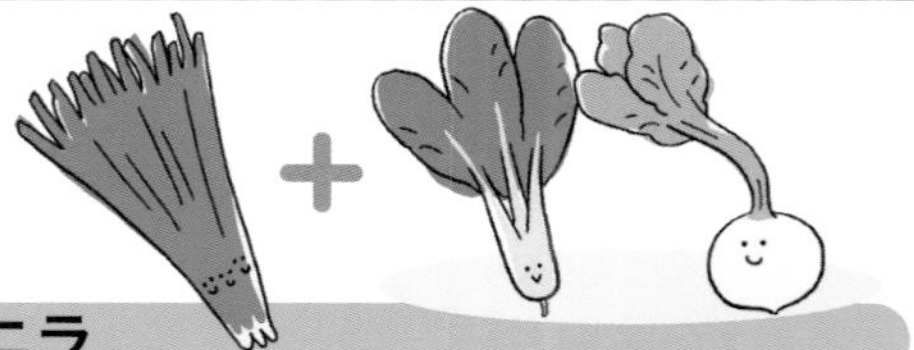

ニラ

アブラナ科とネギ類は基本的に相性が悪いが、ニラとは相性がよい。青菜類を好むダイコンハムシ、キスジノミハムシがニラの匂いを嫌うため、隣で育てると虫が寄りつかなくなる。

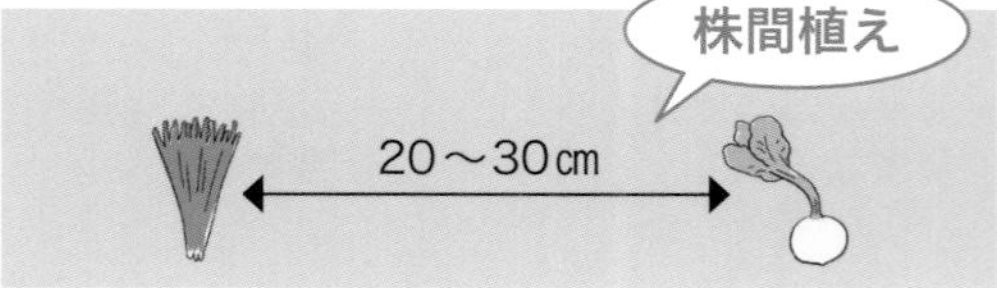

相性の悪い野菜

ジャガイモとの混植はアブラナ科の生育を悪化させる

ジャガイモはナス科をはじめ、多くの種類の野菜と相性が悪く、アブラナ科もそのひとつ。ジャガイモを盛んに栽培した南アメリカの古代都市マチュピチュでも、ほかの野菜とは隔離して育てたという。

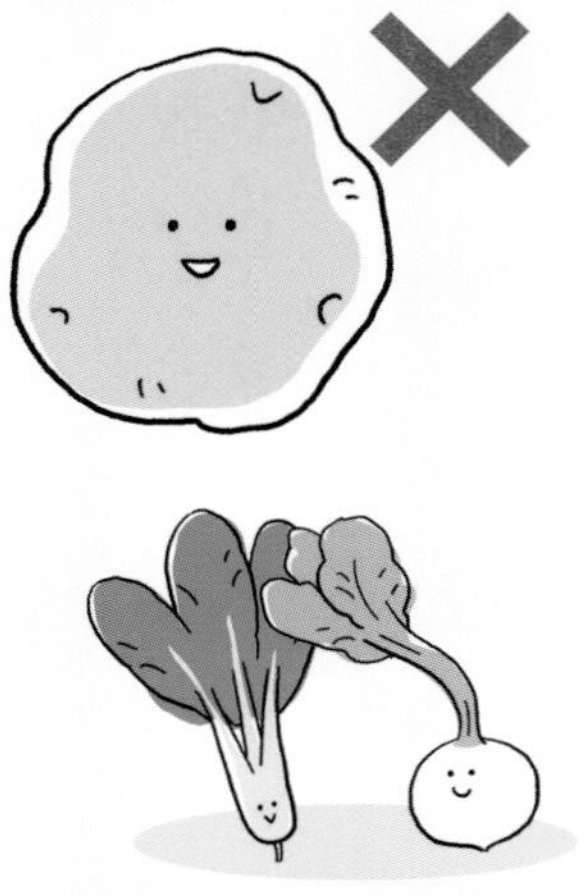

ジャガイモ

ジャガイモとアブラナ科との相性は全般的に悪い。カブの場合は、混植しても一応育つが、やはり生育は悪く、肌も汚くなる。コマツナや青菜類も生育が悪くなる。

病気予防

ラディッシュ

ラディッシュをはじめ、ダイコンをカブの隣で育てると、カブの根こぶ病発生を軽減。ラディッシュは根こぶ病に感染しても発病せず、カブよりも早く収穫することで、病原菌が除去される。カブが大きくなるまでの間に、条間などを利用して育てるとよい。

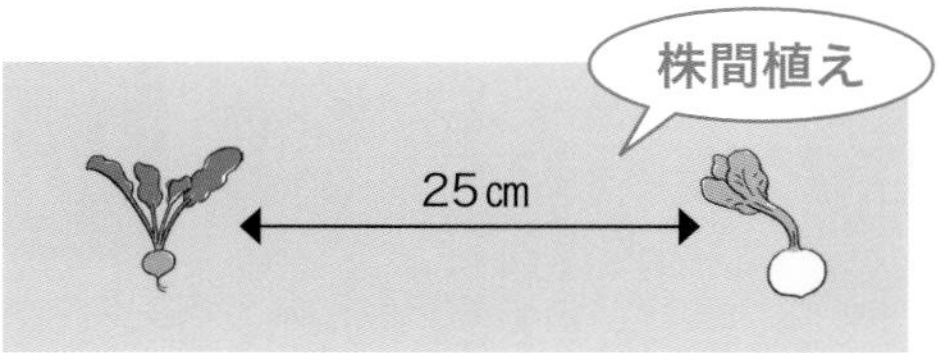

害虫予防＋成長促進

ニンジン・パセリ

ニンジンの隣でカブや青菜類を植えると互いに成長を促進。ニンジンの葉が目隠しになり虫除けに。またセリ科独特の香りも害虫を忌避し、パセリも同様の効果がある。春まきでは葉が日陰をつくり、青菜類のトウ立ちを遅くする。混植、前後作ともにおすすめ。

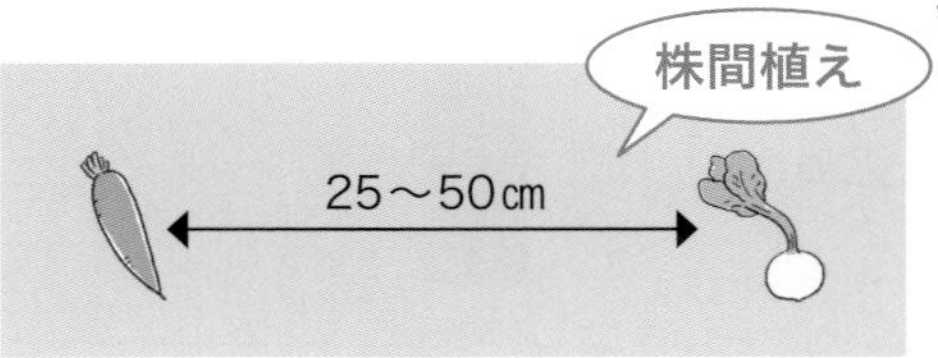

成長促進

エダマメ

根に共生する根粒菌の働きで青菜類が育ちやすい。混植、前後作ともに可。また枝豆の菌根菌は、お互いの生育をよくして、害虫を忌避する働きがある。

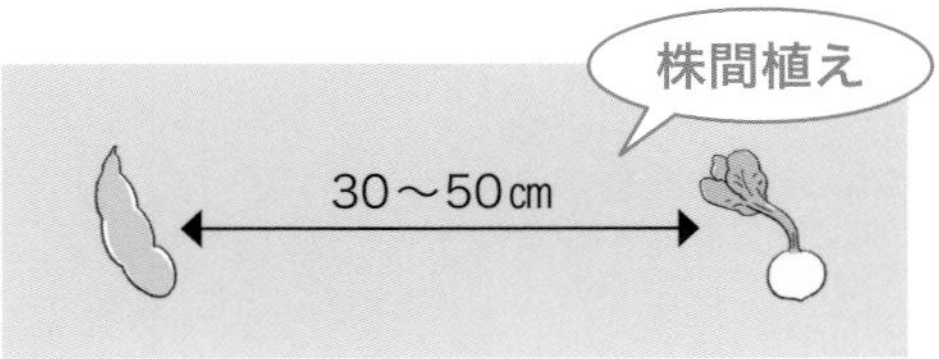

トウモロコシ

古代から食べられてきた作物 強い吸肥力で土をクリーンに

カボチャやインゲンとの混植は、古くからトウモロコシを主食に用いてきた南米で行なわれてきた。余分な養分を吸い上げて土をきれいにし、連作障害を予防する力がある。

害虫予防

エダマメ

根の根粒菌がチッソを固定（➡P251）。トウモロコシより半月早く種まきを。アワノメイガなど互いの害虫も遠ざける。

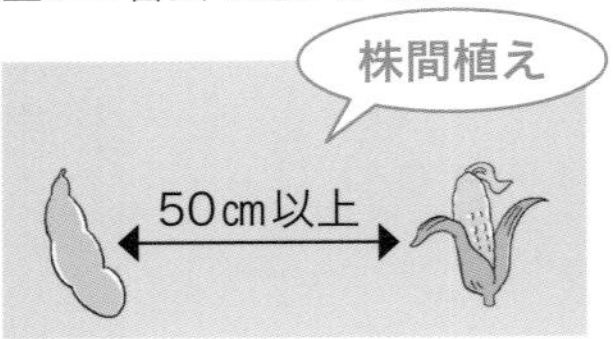

成長促進

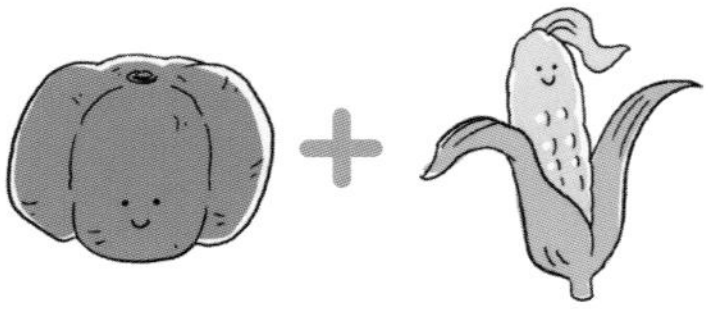

カボチャ

カボチャがトウモロコシの株元にからみながら、安定して成長。畑を立体的に利用でき、土の乾燥防止にも役立つ。地這いキュウリとも相性がよい。

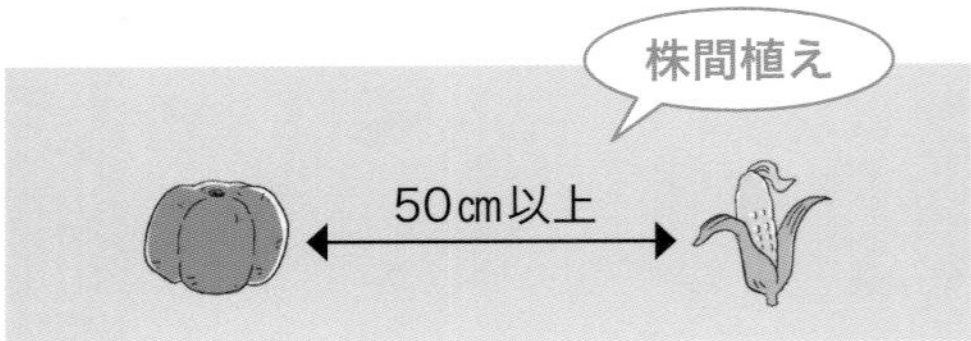

収量アップ＋害虫予防

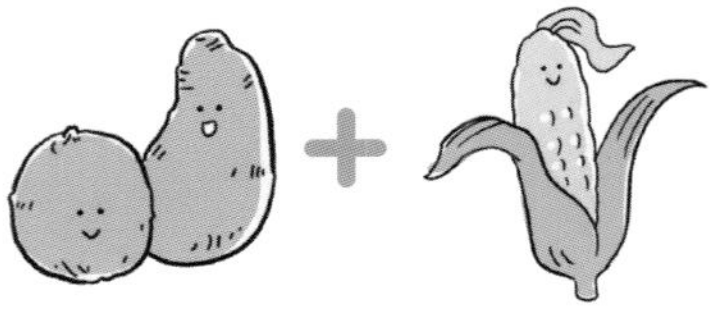

サトイモ

トウモロコシが日陰をつくり、サトイモを高温障害から守る。サトイモはチッソ固定する能力が高く、少ない肥料でトウモロコシが育ち、害虫発生を抑える。

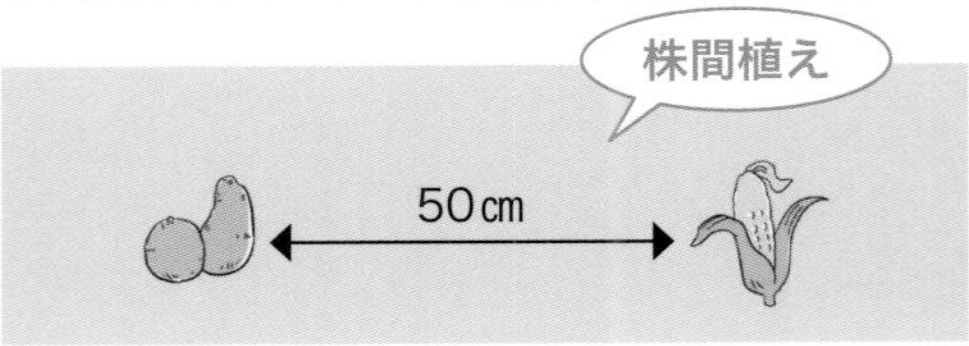

害虫予防＋成長促進

つるありインゲン

混植するとトウモロコシのアワノメイガ被害を軽減。トウモロコシが1m以上に成長したらつるありインゲンの種を植え、トウモロコシにからませる。

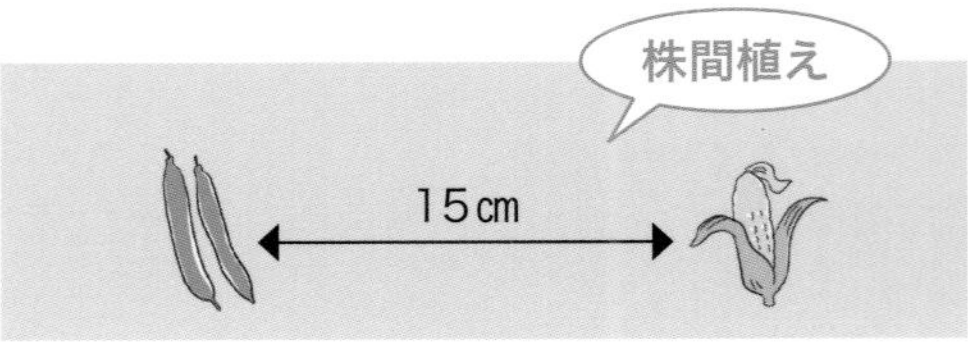

相性の悪い野菜

光を遮り水を奪い、トマトやサツマイモの収量を減らす

草丈が高く、多くの水分を吸収するトウモロコシ。強い日射しを好むトマトや、水を好むナスとの混植は避ける。やせた土を好むサツマイモとも相性が悪い。

トマト

トマトはカラッとした気候と日光を好む。トウモロコシに光を遮られ元気を失う。

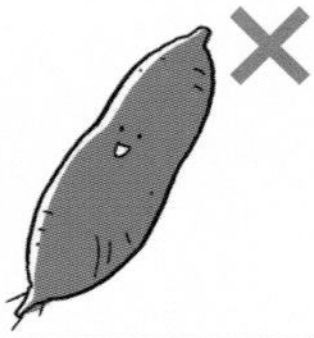

サツマイモ

トウモロコシが光を遮るため混植NG。トウモロコシが好む肥沃地ではつるぼけに。

ダイコン

虫が嫌う香りと視覚効果で食害から守る

原産地は中近東の砂漠や地中海沿岸で、やせ地に強い。未完熟の堆肥を嫌い、肥沃な土では生育が悪くなる。カラシナやシュンギクとの混植で、極端な暑さと虫の食害から守る。

成長促進

エダマメ

根粒菌が空気中のチッソを固定し、養分を供給。ダイコンの隣で育てると有益だが、跡地に植えるとダイコンが股割れしやすい。

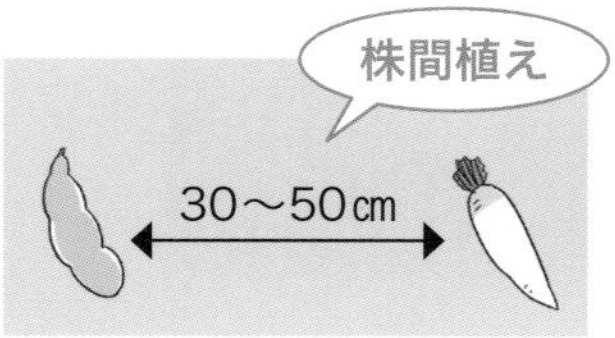

害虫予防

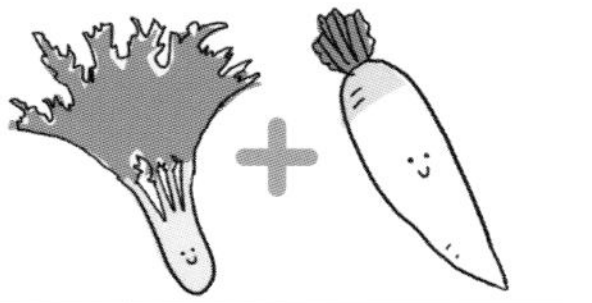

カラシナ

モンシロチョウやコナガを寄せつけない。赤葉の品種を使うと、ダイコンが目立たず、辛み成分によって効果がアップ。

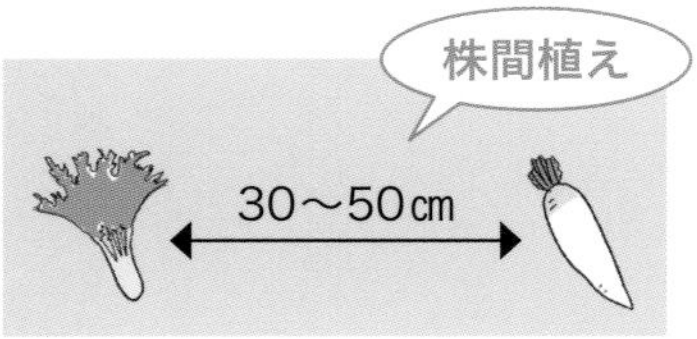

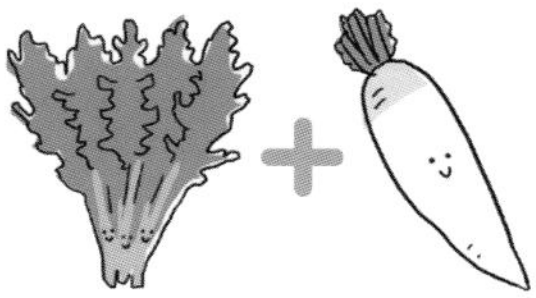

シュンギク

シュンギクがもつ独特の香りがモンシロチョウ、コナガを寄せつけず、キスジノミハムシの幼虫を防除する。

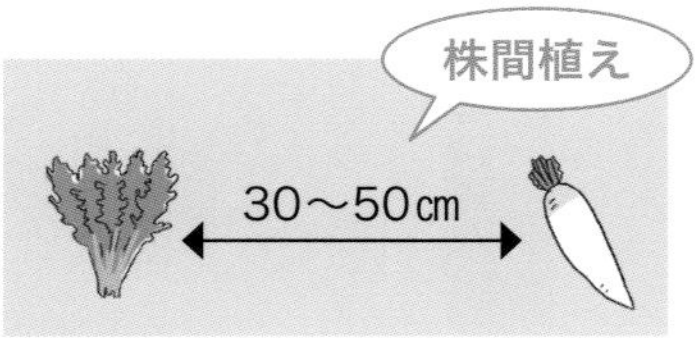

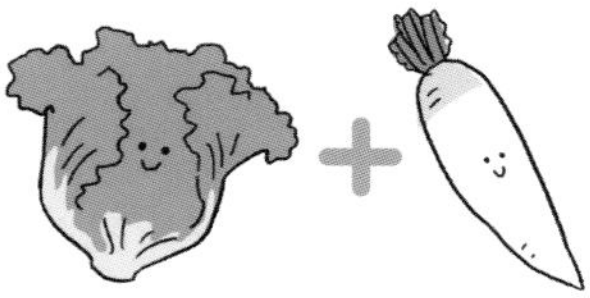

リーフレタス

ダイコンと同時かやや早めに苗を植えつけると、モンシロチョウを寄せつけない。赤葉を使うとダイコンが目立たず効果大。

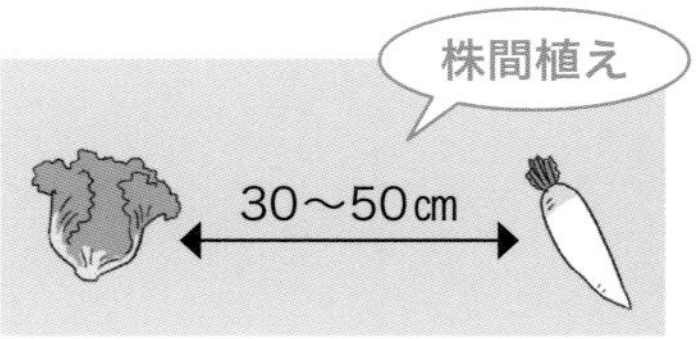

マリーゴールド

根に含まれる成分がセンチュウの被害を軽減。葉をすき込むと防虫効果がさらにアップ。天敵を呼ぶ効果もある。

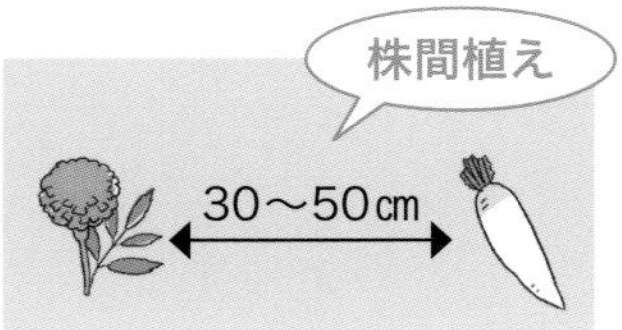

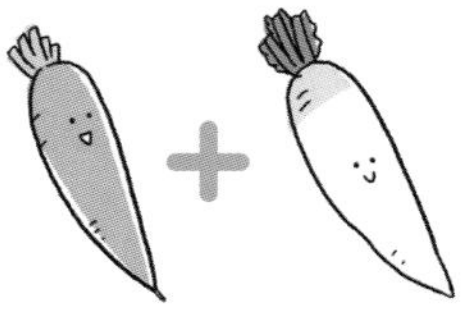

ニンジン

セリ科独特の香りによって、モンシロチョウやアブラムシなどを忌避。ダイコン予定地の隣にニンジンを前もって育てておくとよい。

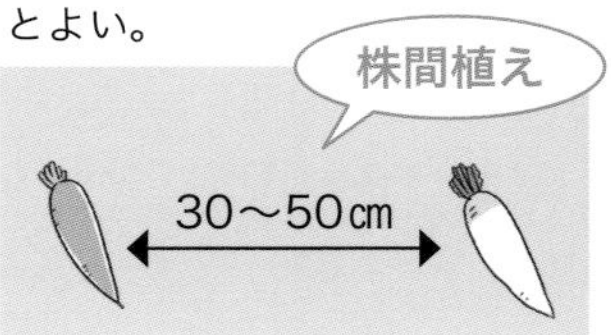

相性の悪い野菜

ネギ類との混植はダイコンの形を悪くする

ネギは未熟な有機物を分解して成長。その影響で二股ダイコンになりやすい。栽培直前に堆肥や有機質肥料を入れるのもNG。

タマネギ

肥料好きのタマネギを近くで育てるとダイコンの肌が汚くなったり股根になりやすい。

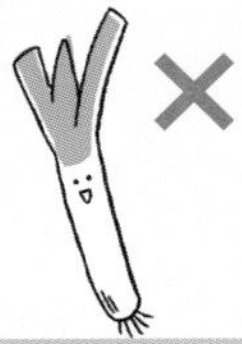

ネギ

ネギによって養分が地中に点在し、ダイコンが股根に。

ニンジン

ダイコンとマリーゴールドはニンジンの病害虫を忌避

セリ科とアブラナ科は相性がよく、とくにカブとは好相性。二股になる原因である地中の有機物をカブが分解し、余分な水分も吸収。ダイコンやマリーゴールドは病気から守る。

成長促進

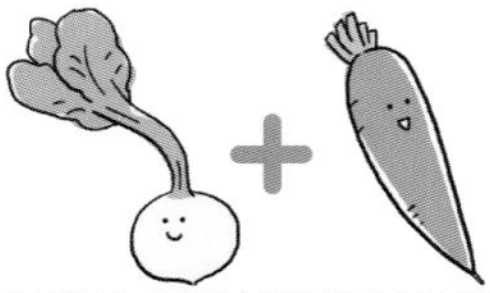

カブ

ニンジンは乾季に雨が降ると割れやすいが、カブは肥大期にニンジンには余分な水分を旺盛に吸収し、互いによく成長する。

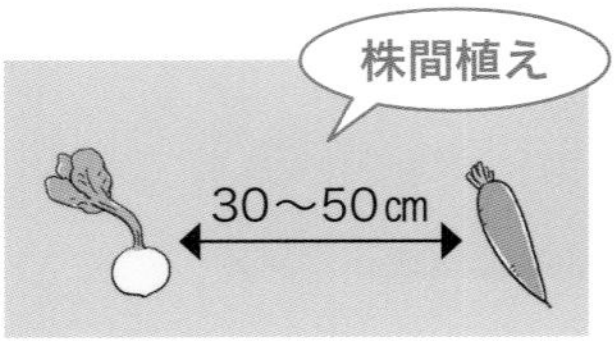

成長促進＋害虫予防

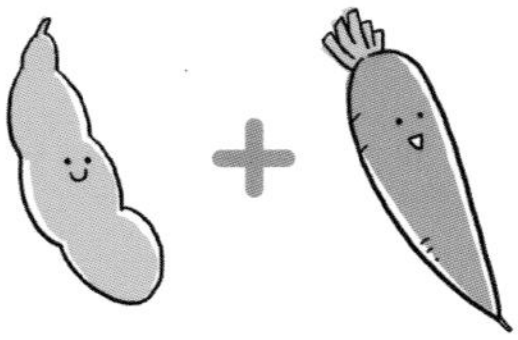

エダマメ

根に共生する根粒菌の働きで、ニンジンの成長を促進。ニンジンの葉の香りは、エダマメにつくカメムシを忌避する効果も。

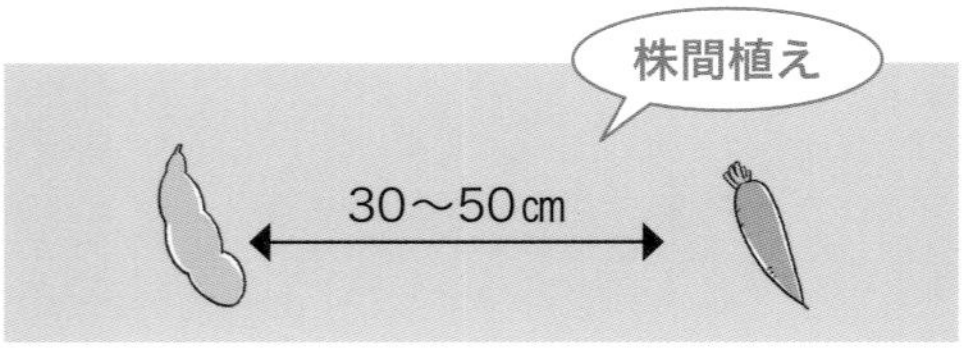

害虫予防

マリーゴールド

マリーゴールドの根に含まれる成分が、ニンジンに悪影響を与える根こぶセンチュウや根腐れセンチュウの被害を軽減する。

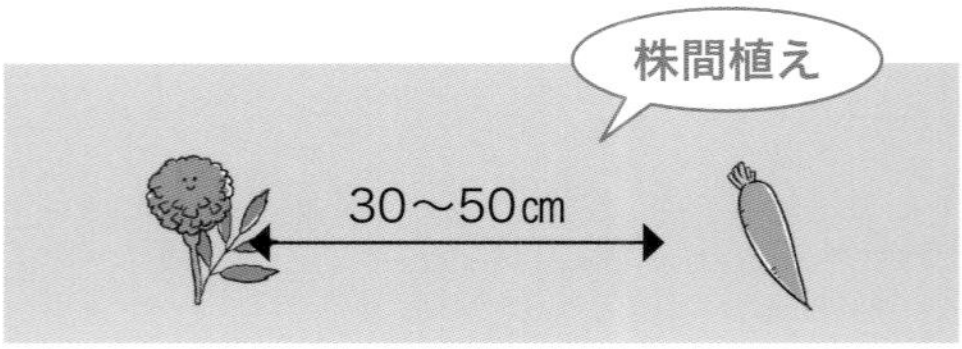

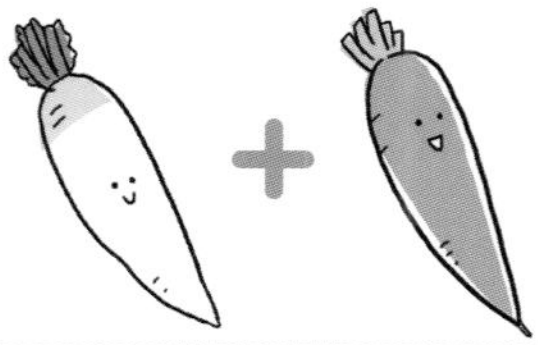

ダイコン

ダイコンは根こぶ病に寄生されても発症せず、収穫時にウイルスが減り被害が軽減される。収穫後にしっかり耕してから、ニンジンを後作するとよい。

相性の悪い野菜

センチュウを呼ぶインゲンはニンジンにとって諸刃の剣

ニンジンはセリ科同士を嫌い、多年草で好みの気候が異なるセロリとは前後作もタブー。インゲンの根に共生する根粒菌は、センチュウ被害のない場合は有益。

セロリ

ニンジンはセリ科全般と相性が悪い。湿地と冷涼な気候を好むセロリとは最悪。

インゲン

ニンジンとともにセンチュウを呼ぶため要注意。被害の可能性がある畑では不可。

ハクサイ

ナスがつくる半日陰で涼ませ リーフレタスで虫除けを

ハクサイはたくさんの養分を必要とし、肥沃な土を好むが、チッソ分が多いと病害虫のリスクがアップ。リーフレタスやシュンギク、カラシナは虫の忌避に効果がある。

成長促進

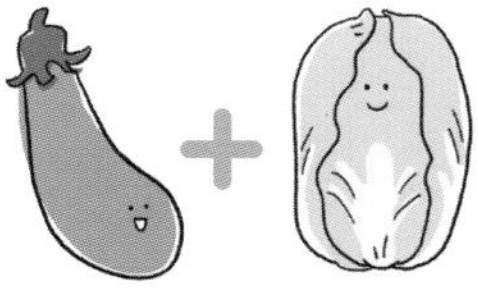

ナス

ハクサイが好む肥沃な土をつくる。大きな株が半日陰の環境をつくり、小さなハクサイの苗を高温障害から守ってくれる。

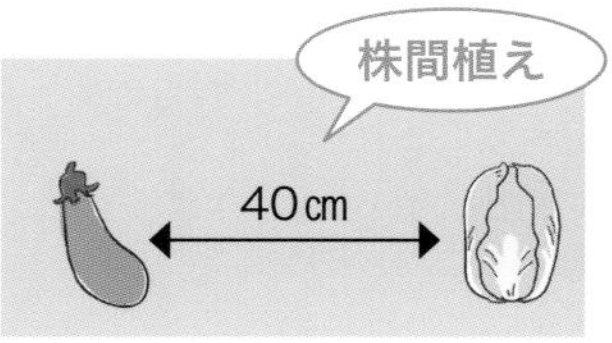

害虫予防

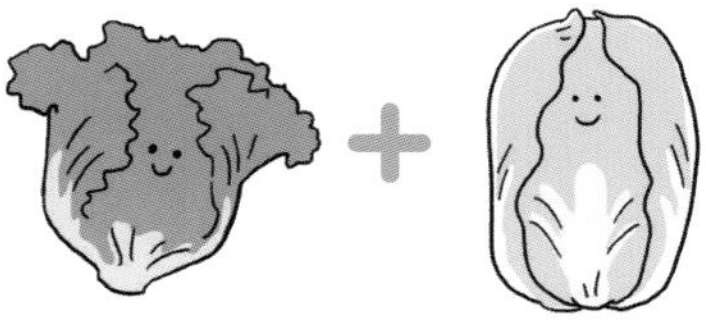

リーフレタス

香りによって、モンシロチョウやコナガを寄せにくくする。ハクサイと同時もしくは、２～３週間早く種まきを。赤葉の品種は忌避効果が高い。

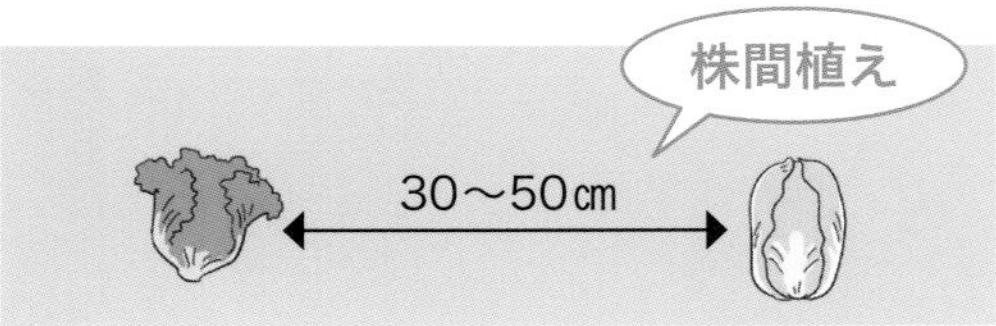

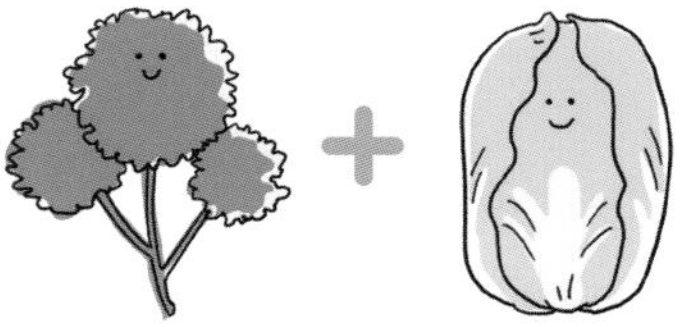

パセリ

セリ科特有の香りが、ハクサイを食害する虫を忌避。パセリが乾燥や雑草を防ぎ、株があまり大きくならないため、ハクサイの成長の邪魔もしない。

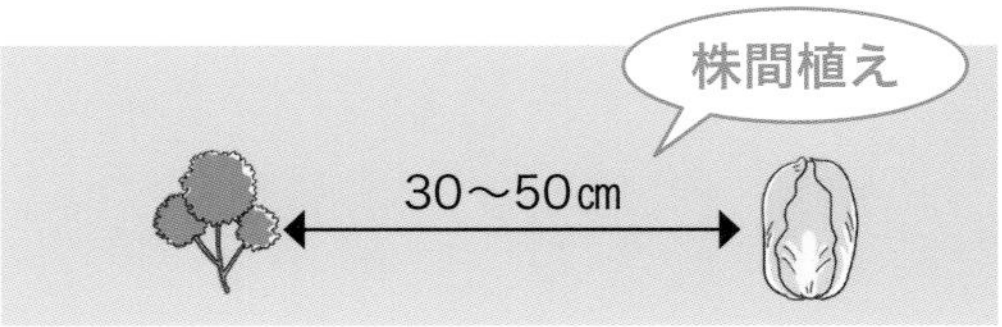

相性の悪い野菜

同じ細根のネギとの勝負はハクサイの敗北が濃厚！

ハクサイの根は細かくて浅く、同じ細根タイプのネギ類とは相性が悪い。隣同士で育てるとネギに負けてしまうことが多い。

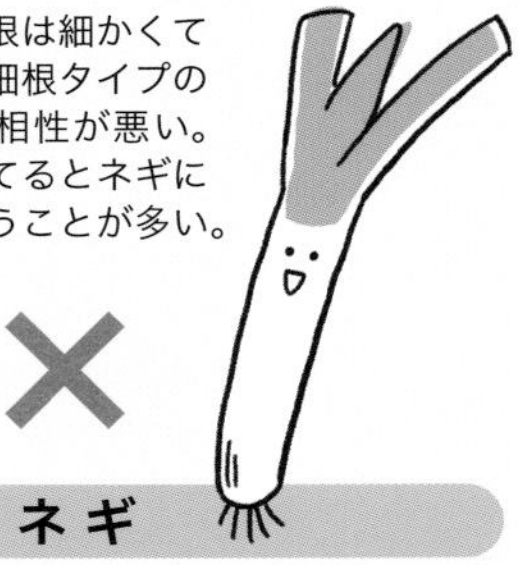

ネギ

長ネギも葉ネギも、すべてのネギ類との組み合わせはNG。ネギを隣に植えると、ハクサイの結球が阻害されてしまう。

成長促進

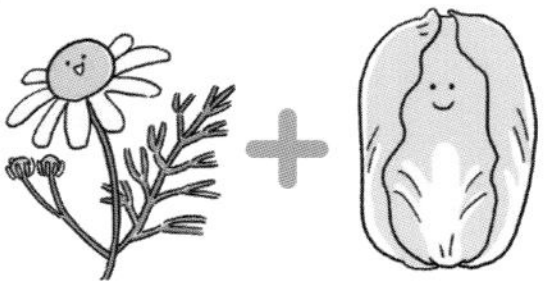

カモミール

周囲で育てることで益虫がふえて雑草の繁茂を防ぎ、ハクサイの成長を促進。根が広がるため、畝と畝の間に植えるとよい。

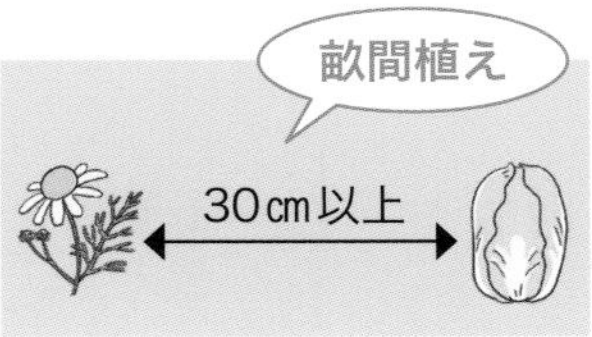

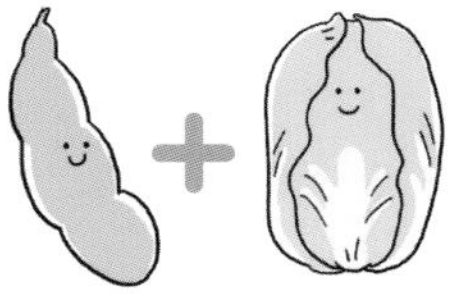

エダマメ

根粒菌が土を肥沃に。エダマメ収穫後、根を残して刈り、ハクサイ苗を植えるとよく成長。エダマメの株間に植えてもよい。

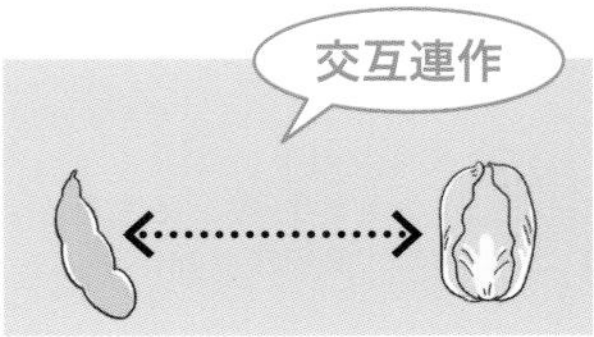

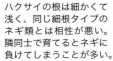

ホウレンソウ

寒さで甘みを蓄える冬野菜 葉ネギとの混植でおいしさアップ

病害虫が少なく育てやすいが、酸性土や肥料不足の土で育てると、葉が黄色くなったり、成長が止まったりする。葉ネギとの混植で成長促進され、ホウレンソウ特有のえぐみも防ぐ。

成長促進

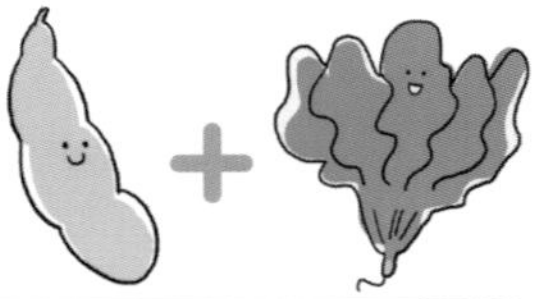

エダマメ

根の根粒菌がチッソを固定し(➡ P251)、ホウレンソウの養分に。エダマメの跡地はホウレンソウにぴったり。エダマメと相性の悪いネギとの混植は NG。

成長促進

ニンジン

畝の有効利用のほか、ともに酸性土壌を嫌い、成長を促進する効果がある。7月にニンジン、9月にホウレンソウの種まきをする。春まきでは同時に育てるとよい。

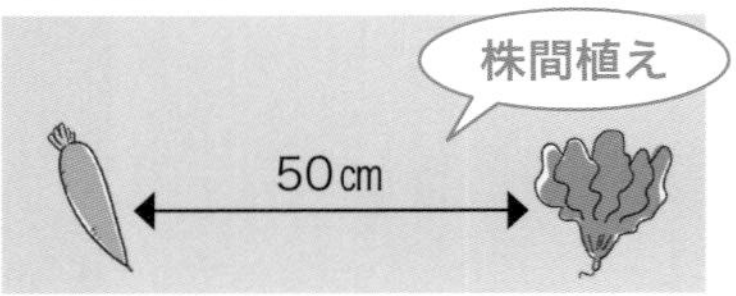

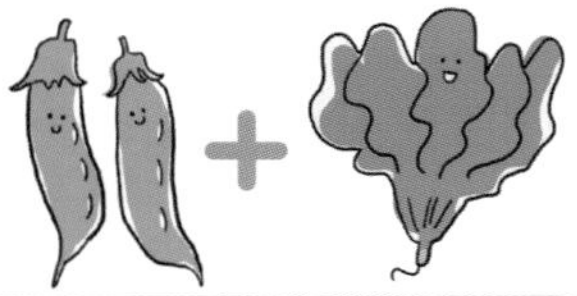

エンドウ

混植するとよく育つ。ただし、エンドウは連作障害が出やすく、なぜか跡地にホウレンソウを植えると育ちが悪い。

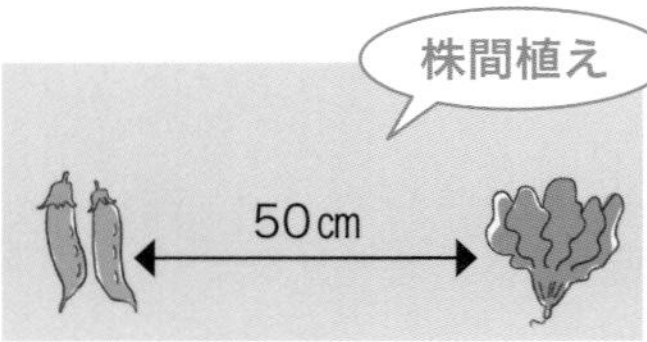

タマネギ

タマネギとは混植しても前後作をしてもよい。5～6月頃にタマネギを収穫したら、その跡地にホウレンソウを植えると育ちがよい。

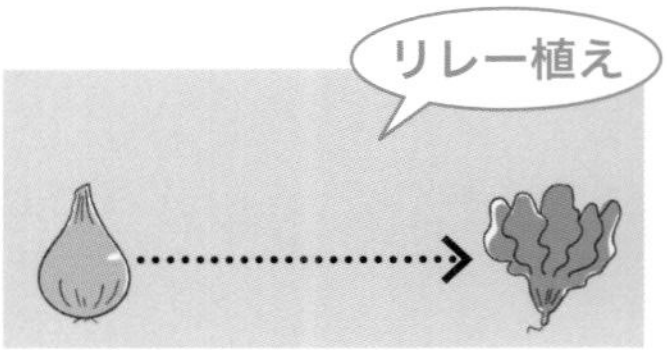

相性の悪い野菜

エンドウやショウガの前後作にはホウレンソウを植えない

多くの野菜が好む弱酸性土ではホウレンソウは育ちにくい。とくにエンドウやショウガ、ハーブ類の後作は避けたほうがよい。

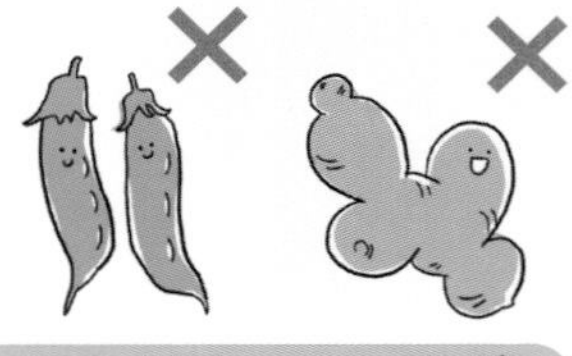

エンドウ・ショウガ

エンドウの根の成分やショウガの匂いなどが影響して生育不良になるため、前後作は避ける。

成長促進＋害虫予防＋よりおいしく

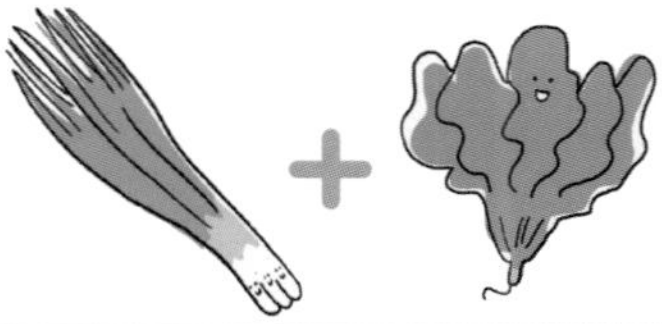

葉ネギ

ホウレンソウとネギは異なるチッソ分を好み、ともにチッソの吸収しすぎを防ぐ。土寄せの必要がなく、栽培のラクな葉ネギがよい。お互いの生育を促進する効果も。

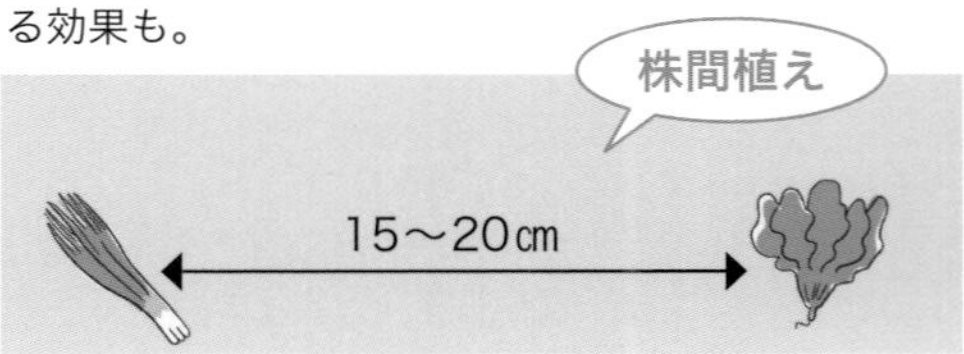

ジャガイモ

連作障害を引き起こす危険な野菜 ネギとだけは蜜月の関係

原産地は南米のアンデス山脈で、無肥料の痩せ地を好む。日本の高温多湿の気候では、病害虫を招きやすい。多くの作物の連作障害を引き起こすが、ネギとは交互連作も混植も可能。

病害虫予防

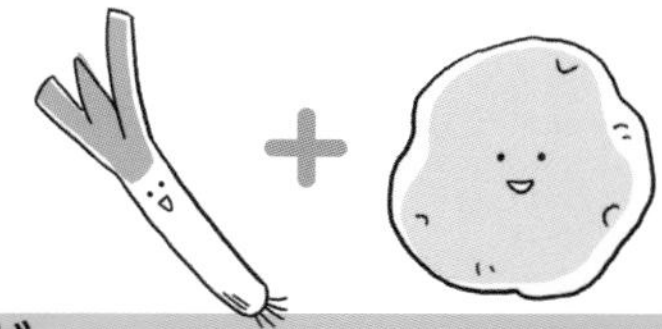

ネギ

ネギが呼ぶ微生物やミミズが、ジャガイモが苦手とする未熟有機物を分解。根に共生する拮抗菌が出す抗生物質で土壌を消毒し、連作障害を防ぐ効果も。

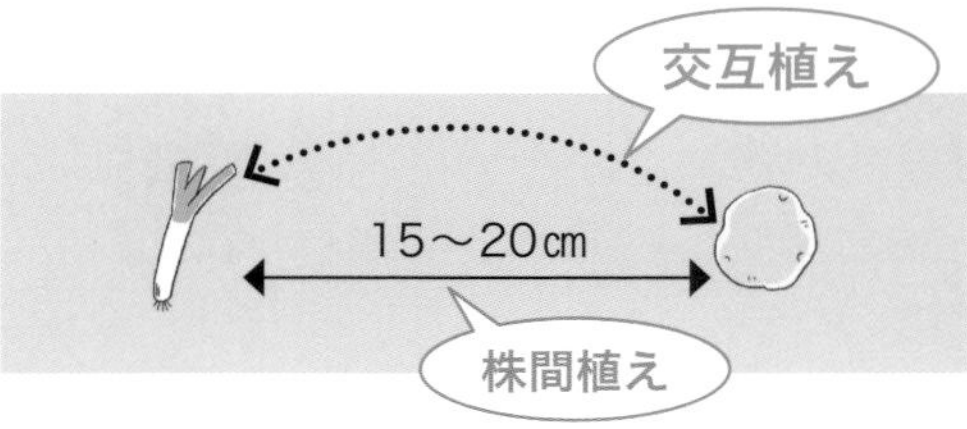

成長促進＋収量アップ

つるなしインゲン

根に共生する根粒菌が土を活性化。ジャガイモに適度な日陰を与える。ジャガイモと最も相性のよいネギとは相性が悪い。

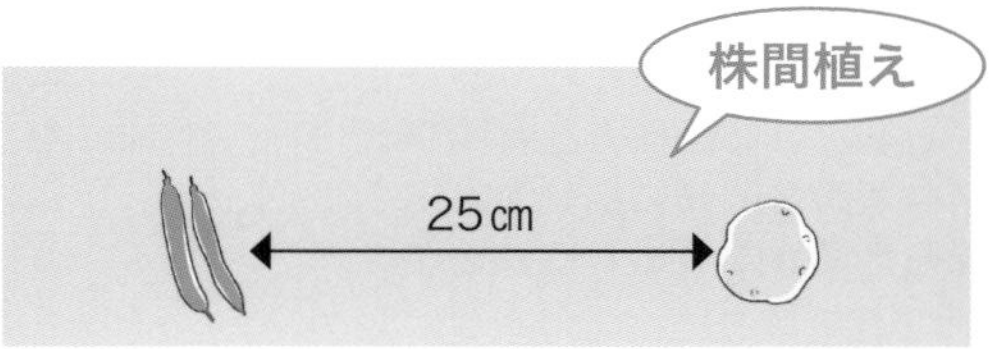

相性の悪い野菜

ほとんどの野菜と相性が悪く隔離して育てる

ジャガイモは多くの野菜と相性が悪いため、専用区画で植えるのがおすすめ。ショウガはジャガイモの茎葉にも弱い。

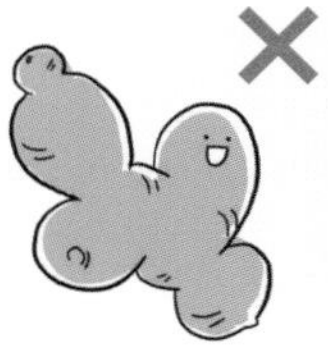

ショウガ

ジャガイモは、ショウガの大敵である疫病や根こぶ病を温存していることが多い。前後作も混植も不可。

カボチャ

ウリ科のほとんどがNG。キュウリやスイカとは最悪で、センチュウが増え病気が多発。ゴーヤだけは後作してもよい。

キャベツ

アブラナ科の野菜すべてと基本的に相性が悪い。キャベツは結球しにくくなり、カブは粒がそろわなかったり、肌が汚くなったりする。

トマト

トマトをはじめ、同じナス科の野菜とは、養分を奪い合い、病害虫も共通。混植や前後作をすると連作障害が起こる。

緑肥作物の目的と役割

根が土を耕し、土が豊かになる緑肥作物。さらに草マルチに利用することでさまざまな効果も期待できます。

イネ科とマメ科が土を改善してくれる

緑肥作物とは、本来イネ科やマメ科で収穫を目的としない作物です。緑肥作物を栽培して土の中にすき込むことで、植物体が分解されて、「腐植」というよい土壌に変わります。

イネ科の作物は、細かい根を地中深くまで伸ばして成長するため、根っこが土を耕し、団粒構造（⬇P20）を作ってくれます。野生エンバクなどは、アブラナ科の野菜（ダイコンやキャベツなど）に被害を与えるセンチュウを撃退し、連作障害を予防する効果も。土中の過剰な養分を吸いとったり、逆に深く伸ばした根は畑の下層から養分を吸って野菜に供給。さらに、苗の風よけや、地温上昇を防ぐ役割のほか、天敵（益虫）の棲みかになります。センチュウ対策もできるイネ科もあります。

マメ科の作物は、根っこに根粒菌と呼ばれる微生物が共生。根粒菌は空気中のチッソを

1 土づくり

イネ科の緑肥作物は、根が畑を耕し、水はけをよくし、団粒構造をつくってふかふかの土にしてくれる。余分な肥料分を吸収する働きや、センチュウを撃退する効果も。

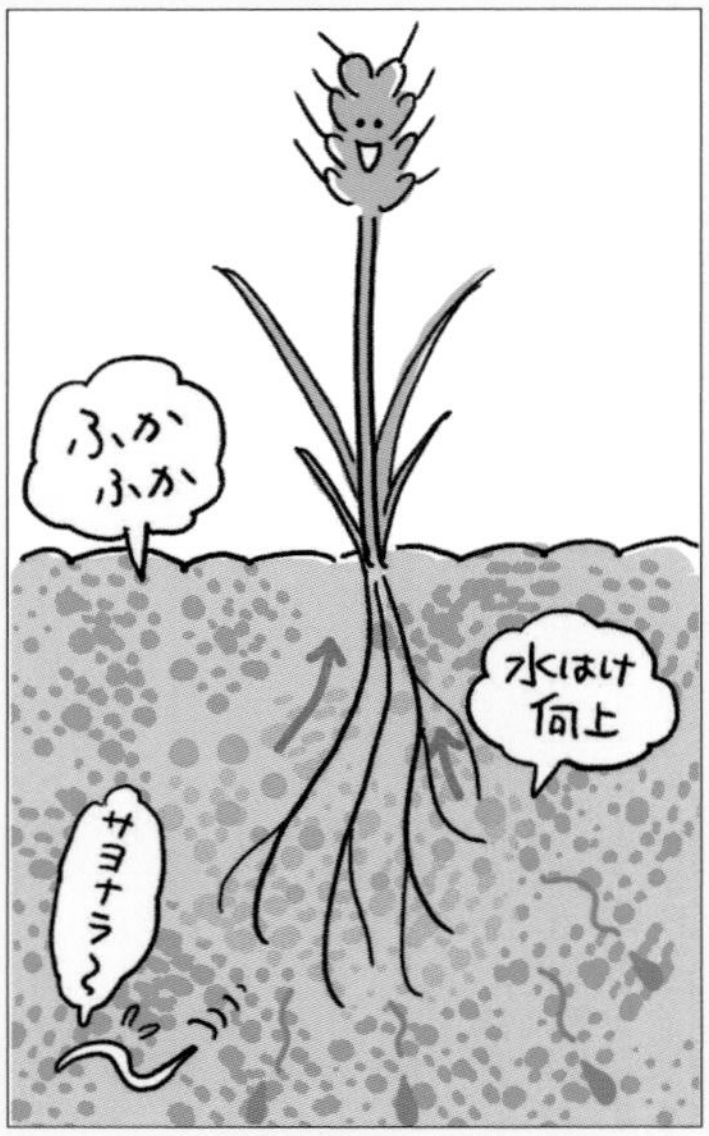

2 生育を助ける

マメ科の緑肥作物は、空気中のチッソを固定し（➡P251）、生育を助ける。刈って草マルチに利用することでさらに土づくり（草マルチが分解される過程で土着菌やミミズなどの分解者により腐食化され団粒構造をつくる）に大活躍。

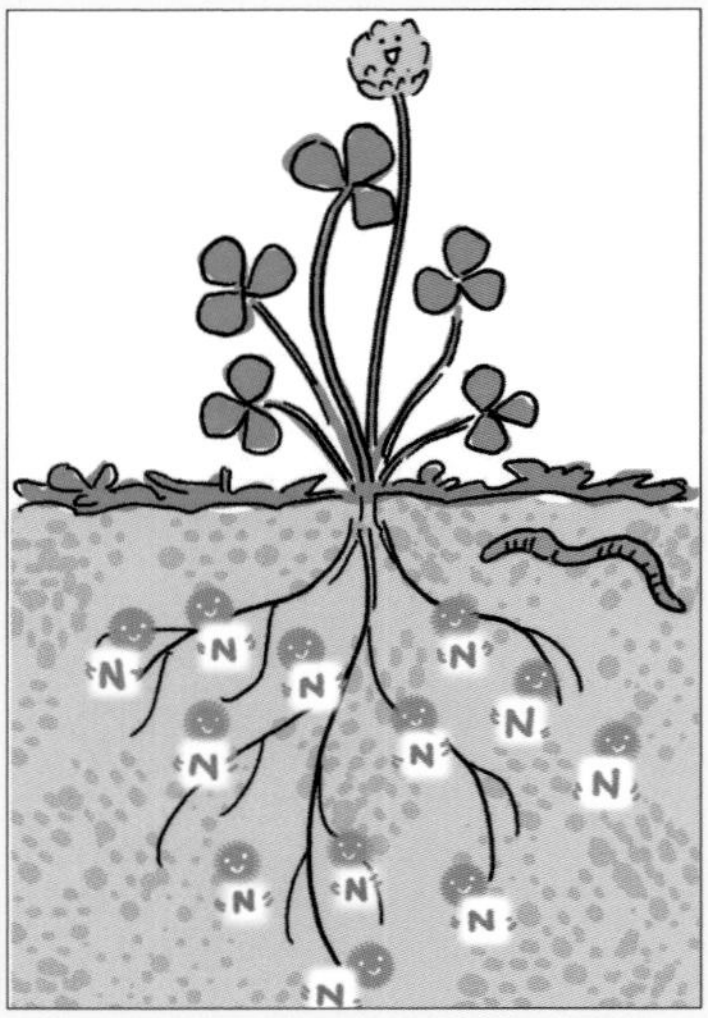

とり込み、植物が利用できる形に変えるため、生育を助けてくれます。

イネ科とマメ科の作物を組み合わせると、相乗効果も期待できます。

緑肥作物を刈って草マルチに利用しよう

本書では、緑肥を畑にすき込む本来の利用法ではなく、畝と畝の間の通路やあいている場所で緑肥作物を育て、茎葉を刈って草マルチとして活用する方法を紹介します。

草マルチとは、ビニールではなく、草で野菜の株下をマルチする方法。刈った草で野菜の株元を覆うことで、雑草が繁茂するのを抑制するほか、土を保温&保湿でき、根の成長を促し、雨による泥ハネを防いで病気を予防するなど、多様な効果が期待できます。

さらに草マルチは、枯れ草を食べて分解するミミズや微生物がふえ、ミミズや緑肥作物の根によって耕され、土はふかふかに。分解された草マルチは、自然堆肥、腐植に。さらに害虫を食べてくれる天敵（益虫）も集まってくるため、菜園が生物多様性になり無農薬栽培がしやすくなるのです。

緑肥による草マルチは、有機栽培や自然栽培での家庭菜園と好相性です。下記に緑肥作物の5つの目的と役割を紹介します。

3 雑草を抑える

あいたスペースや通路に緑肥作物を育てることで、草の生育を抑制。また、緑肥を刈って草マルチとして利用することで、畝の雑草も抑制する。

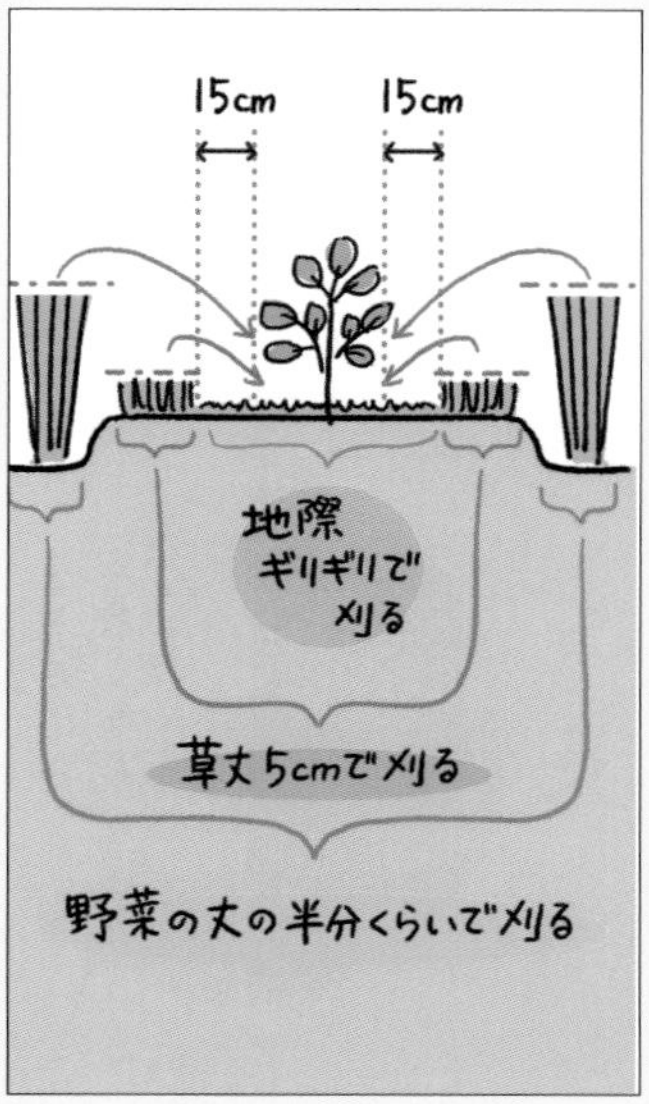

4 病害虫対策

緑肥作物や草マルチはバンカープランツ（➡ P252）になり、生物が多様になり、天敵（益虫）も増加。天敵は害虫を捕食してくれる。また、野生エンバクなどはセンチュウを減らす。

5 野菜を守る

緑肥作物は風よけになる。草マルチは雨による泥のハネ返りによる病気を予防し、地温上昇や乾燥を防ぐ。その結果、野菜の根がよく育ち、収穫量が安定する。

緑肥作物の種類と育てる場所＆使い方

緑肥作物はイネ科とマメ科を数種類混ぜて、通路にまくとよい。踏まずに育て、伸びたら刈って草マルチに使おう。

家庭菜園では相性がよい緑肥作物を混ぜてまくのがおすすめ

緑肥にはいろいろな種類がありますが、家庭菜園ではイネ科とマメ科を組み合わせるのがおすすめです。深く根を伸ばすイネ科で土を耕し、マメ科の根粒菌の働きでチッソを固定する（P251）ダブルの効果をねらいましょう。イネ科とマメ科は相性がよく、一緒に播種するとどちらもよく育ちます。

1年草と多年草の緑肥をミックスしてまくと、はじめに1年草が育ち、翌年から多年草が元気に育ち、やがて畑に合う緑肥作物が残ります。複数種をまくメリットは、その畑に合ったものが、発芽したいタイミングで育ってくれること。

ただし、市民農園など1年単位で畑を借りている場合は多年草の緑肥は向きません。その場合は1年草をまきましょう。

緑肥を数種類ミックスしてまくとよい。

緑肥ミックスをつくろう

市民農園向き1年草ミックス

1年草のイネ科とマメ科を1対1で混ぜる。

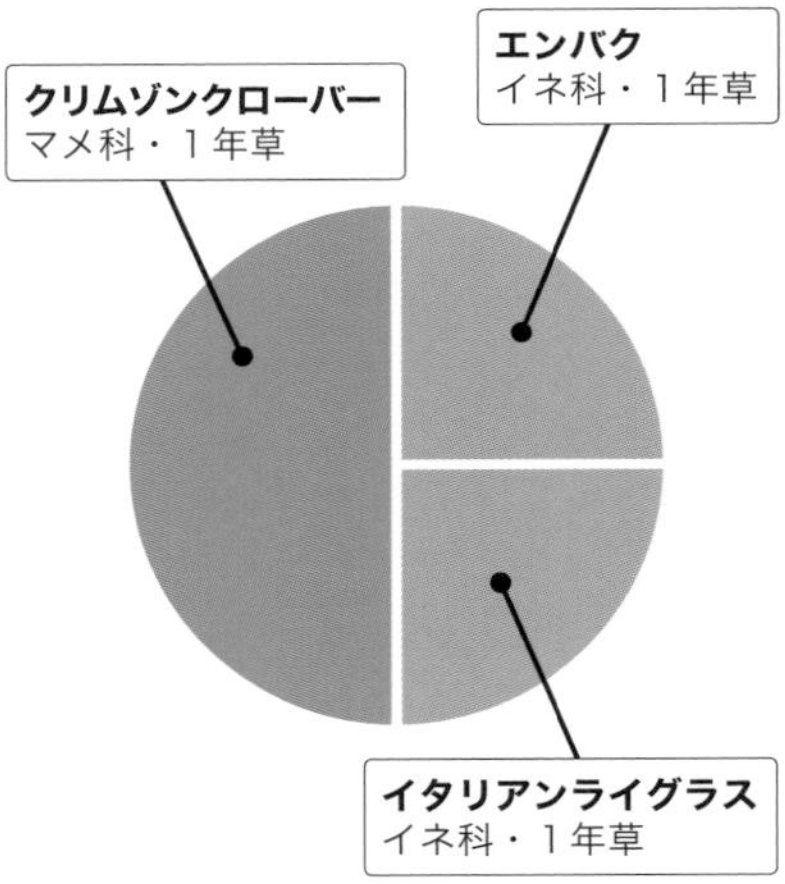

基本の4種ミックス

1年草と多年草を組み合わせる。4種よりふやしてもよい。

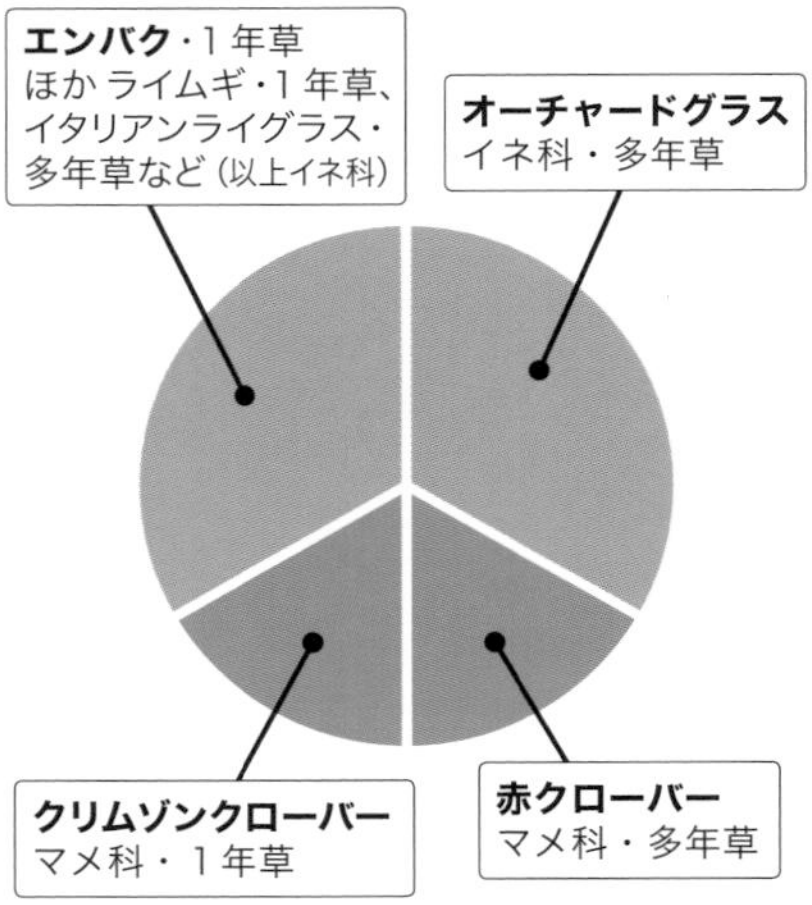

畝間の通路に緑肥ミックスをまいて利用する

緑肥作物は、畝と畝の間の通路にまくのがおすすめです。通路に緑肥ミックスをまくと、通路の土もふかふかになり、天敵（益虫）など生きものの棲みかになり、すぐに畝の草マルチに利用できるので一石三鳥。

一般的に通路の土は踏んで固くなっていて、雨の後は水がたまりがち。緑肥ミックスを育てると土がふかふかになるため、畝の野菜の根が通路まで伸びることができます。また、通路に緑肥ミックスを育てていると、畝を耕す際も、通路は耕運しません。すると、通路にミミズなどの生きものが担保されるので、畝の生物多様性が早く再生します。

広い面積をとりにくい家庭菜園では、通路を味方につけましょう。

通路の両端で緑肥を育てると中央を歩ける。

畑の空いている場所に緑肥ミックスをまく場合

畑で使っていない場所があるなら、緑肥ミックスを育てるのがおすすめ。雑草も生えにくく管理がラクになるとともに、景観的にもグッド。生物多様性が確保される。開花したら15㎝以上残して刈り、草マルチや堆肥の材料として利用しよう。その場所を畑にする場合は、2～3回、よく耕してから使うとよい。緑肥を育てたあとの土壌は、確実によくなっている。

緑肥活用 ● 3つのルール

緑肥作物を育てて草マルチに利用する方法では、3つのルールを守ることが大切です。

ルール1 野菜の背丈より大きくしない

緑肥作物が育ちすぎると野菜に日が当たらなかったり、風通しが悪くなる。野菜より育ってきたら地上部を15㎝以上残して刈ること。柔らかいときに刈ると草マルチに利用したときに分解しやすく、緑肥作物が再生しやすい。また、開花期は茎葉にチッソやミネラルなどが抱負なので刈るとよい。こうすると何度も刈ってマルチに利用できる。緑肥作物に種をつけてから刈ると再生しにくいので注意。

ルール2 刈ったら草マルチにする

緑肥作物を刈ったら、畝で育てている野菜の草マルチに。株元に敷き草することで多くの効果がある（⬇P240）。

ルール3 緑肥作物を踏まない

緑肥作物は踏まれると育たない。緑肥作物を踏まずによけて歩こう。

緑肥ミックスの種まきと種まき後の管理

1年草と多年草を混ぜた緑肥ミックスは、踏まなければ種まき後2～5年は草マルチに利用できます。50㎝ほどの通路なら、中央に緑肥ミックスをまきます。80㎝ほどの通路は両脇2列に緑肥ミックスをまきましょう。緑肥ミックスの両脇や中央の歩くところは、ワラや草マルチ、もみがらなどを敷いておきます。

●種まき成功のコツ

種まきの時期は春（3～4月）と秋（9～10月）。春は初夏の雑草が大きくなる前にまくこと。秋は残暑が落ち着いた頃にまきましょう。

クワなどでまき溝を軽く掘り、種まき後、軽く覆土して鎮圧します。その後は踏まないように注意。

生育後は、15㎝以上残して刈り、草マルチに利用します。5㎝以下で刈ると枯れてしまうことも。

発芽しなかったり、枯れてしまった部分は、追いまきしましょう。

緑肥を刈って草マルチにする

生育した緑肥を刈るミックス。

刈った緑肥ミックス。

畝で育てている野菜の足元と畝を覆うように刈り草を敷く。

緑肥を追いまきする

緑肥が枯れた部分。

あいた部分に種をまき、軽く覆土する。

無農薬・無化学肥料栽培 Q&A

野菜の育て方はひとつではありません。
この本の監修者である4人が、
種まきから育苗、植えつけ、種とりまで、
これまで培ってきった独自の方法や
成功のためのノウハウを伝授します！

Q どんな育苗土を使っていますか？

関野：畑ごとに残渣置き場をつくり、その場所で刈った雑草や作物残渣を積んでいます。雑草７割、作物残渣は３割程度で、その場所で出たものはその場所で育てる苗の育苗土に使います。その畑で育った育苗土なので、その場に戻すのがよいと思います。ハクサイの畑に生えた草からできた育苗土は、ハクサイを育苗し、ハクサイの畑に戻すというのがこだわり。切り返しはせず野積みしているので、育苗土に使えるまでには３年かかります。

渋谷：渋谷農園には粘土質の畑と火山灰質の畑があり、使用する育苗土はそれぞれ異なります。粘土質の畑用には、稲ワラを主に利用した踏み込み温床の土に、25％量の畑の土を混ぜて育苗土にしています。温床の土だけではふわふわして軽く水持ちが悪く、植えつけ時にも土がバラバラになるため、重い畑の土を混ぜています。
火山灰質の畑用には、刈り草や作物残渣（ハクサイの外葉、ブロッコリーやカブの葉など）を積んで、分解したものを育苗土に使います。こちらは畑の土はブレンドしていません。基本的にその地で育ったものを材料にした育苗土は、再びその地に戻すという考え方で、積んだ残渣が育苗土として使えるようになるのは約２年後です。

竹内：自然菜園スクールでは、市販の育苗土に畑の土や燻炭を１～２割入れるよう指導しています。市販の育苗土の中には軽いものもあり、軽すぎると水やりが難しいのですが、畑の土を混ぜることで、その地に合う育苗土になります。養分のある畑の土なら２割まで、やせた土なら１割程度混ぜるとよいですね。市販の育苗土を選ぶ目安は、価格が安すぎないこと。ただし高価ならよいというわけではなく、自分の畑に合わない場合もあるので、まずは2、3種類使ってみて、畑に合うものを見つけましょう。
自家製オリジナルの育苗土には、温床の土を使っています。温床の材料は稲ワラや広葉樹の落ち葉、もみがら、米ぬかなど。温床の土は、養分が強いときと弱い場合があるため、調整が必要。温床の土を８割にして、重さや軽さは燻《くん》炭《たん》で調整。養分が足りないときは、草や米ぬかなどを発酵させた土ぼかし（土を多めに配合して土そのものを発酵させたもの）を加えますが、配合は作物によって調整しています。

竹内自然菜園の土ぼかし：古い自作の育苗土、余った苗（ポットをはずしたもの）８割に対して、刈った青草１割、もみがら（または燻炭）１割で、全体の 10％の米ぬかで発酵させる。

明石：雑草と野菜の残渣を３年間畑の一角に積んでおいたものを１㎝目くらいの網でふるい、育苗土として使います。基本的に切り返しはせず、米ぬかなども使いません。ちなみにナス、オクラ、ピーマンなど茎が木質化する作物の残渣は、野積みしても土になるまで時間がかかるので、別枠をつくり、その中で実験をしているところです。

Q 育苗の温度管理の方法は？

明石：育苗中の温度管理はハウス内の温床がメインですが、サツマイモの苗床だけは電熱線を使ってコントロール。温床の作り方はP27で紹介しています。温度が下がってきたら、切り返すとまた発酵熱が上がります。こうして何回か使うといいですね。

渋谷：温度管理は基本的にハウス内の温床を使います。発芽時に温度が足りないときだけ、補助的に電熱線を利用します。

竹内：育苗時の温度管理は野菜の気持ちになって行なっています。温度の推移を知ることが大切なので、最高最低温度計を設置することをおすすめします。温床だけだと温度管理が大変だと思われるかもしれませんが、つねに地温をチェックして、温度が低いところには、低温でも大丈夫なものをおいて管理しています。

関野：ハウスの中で電気マットを使い、サーモスタットで温度管理しています。

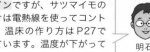

Q 育苗を成功させるポイントは？

竹内：苗をおく場所を水平にすることが大切だと思っているので、建築用の水平計を使って水平を保つようにしています。傾いていると苗の水切れが起きたり、ポットごとに温度差が出るなど、成長が安定しません。水やりひとつにしても、苗の気持ちになって行ないたいものです。

明石：育苗ポットに土を入れるとき、ふかふかの状態で終わらせず、きちんと土を詰めること。水持ちが悪く根もうまく張れません。育苗土はポットに入れる前に十分湿らせておくこと。また水やりの際は、たっぷり与えることが大切です。中途半端に少しずつ何度もやらないようにしましょう。

関野：初心者は水をやりすぎる傾向があります。土はつねに濡れた状態ではなく、夕方には土の表面が白く乾いているくらいがちょうどよいですね。もしビニールハウスがあれば、朝一番でジョウロに水をくみ、十分温まったところで水やりをするのが理想。土が冷えないための、ちょっとした工夫をすることが大切です。

渋谷：夏野菜の育苗では、15時以降に水やりをしないこと。温度が下がる時間帯に水やりをすると、土が冷えて根が傷みます。もし15時以降に水やりが避けられないくらい土が乾いてしまったら、水やりをし、電熱線を使って土の温度を上げています。

Q 苗の植えつけの目安やポイントは？

関野：苗の地上部と地中部には相関性があるので、ポットの高さより地上部が高くなっていたら、根鉢が回っていると考えてよいでしょう。施肥をする慣行農法の場合は根鉢が回っている多少老化した苗の方がよいですし、有機農法の場合も、ある程度成長していたほうがよいと思いますが、無施肥の場合は、なるべく若い苗を植えつけるほうがよいのです。

渋谷：ポットの高さと苗の高さが同じになったときが、植えつけの適期だと思います。植えつけ後に水やりをして土が冷えるようなことがないよう、あらかじめ畝にしっかり水をやって土を十分に温めておくことも大切。植えつけ後はトンネルをかけるなどして苗を守りながら成長を見守りますが、トンネルをはずすまでは、育苗の延長線上というイメージを持って管理しましょう。畑に植えたら放任、という人がいますが、それだと失敗する可能性があります。

竹内：植えつけのポイントは２つ。不耕起や無肥料農法の場合や畑の土がやせている場合は、苗の双葉が落ちてない状態で植えつけをしたほうがよいと思います。双葉がついていると、種子由来の貯えがあるので、活着の負担がありません。もうひとつは苗を植えるタイミング。植えつけから約３日間は、苗の根が畑になじもうとしている最中で、急激な温度変化などに対処しきれません。週間天気予報をしっかりチェックし、植えつけ予定日から５日以内に急な温度変化、大雨や霜の予報などがある場合は、植えつけを控えましょう。寒さ対策では、不織布や寒冷沙を使う方法もあります。うちの畑ではビニールマルチは使わないため、十分に地温が上がってから植えつけするようにしています。

明石：植えつけの適期は本葉の枚数ではなく、苗を上から見たときに、葉の広がりがポットから出るか出ないかくらいです。ポットを抜いたとき、軽く根が回り、でも土が崩れない程度が目安。定植する２週間前に、畑にマルチをかけて温めておき、しっかり畑の準備をしておくことも大切ですね。

Q 野菜の育て方について、全般的なアドバイスをお願いします。

竹内：僕の畑では極初期のわき芽はとりますが、そこから先は基本的に放任です。施肥していなければ、暴れるような余計な芽は出ず、その株にとって必要な芽しか出ないのです。
野菜の栽培法にこだわると、目の前の野菜の成長をよく見ないということが起こりがち。葉や茎の状態から根を想像し、摘芯などは様子を見ながら慎重にやるのが大切です。１株は摘芯して、もう１株はやらないで生育を比較するのもいいですね。

関野：化学肥料を施す一般的な農法の場合、摘芯や芽かきをすることで肥料分の吸収を抑えています。ただし無施肥の自然栽培で同じことをすると、どうしても根が弱りがち。摘芯や芽かきをしなければ、根もそれだけ成長できるのです。地上部を摘芯するということは、土の中の根も切っているというイメージをもつこと。見えないところを想像することも楽しいものです。有機栽培や自然栽培の場合の摘芯は、あわてずにタイミングを合わせてやりましょう。

Q 種とり用の母本《ぼほん》の選び方は？

関野

たとえばナスの場合、二番果からお盆くらいまでにできた実からは、充実した種がとれます。お盆後の秋なりの実には、株の元気さによって採種がうまくいかないこともありますが、その年に起こった気候的な現象の蓄積が種にあるので、より畑に合った種をとることができます。できれば両方を種とりするのが理想的。
結局、種とりはセンスですから、自分の独断と偏見で行なっていいのです。そこに最低限のテクニックがあれば、なおよし。育てる人の人柄や性格が出るのも面白いところ。種をとってつないでいくと、その作物の特性がわかってくるようになります。

渋谷

母本は実のなり始めの頃に選ぶというのが基本です。たとえばスナップエンドウの場合、最初のころについた実でないと完熟しません。ナスやキュウリも収穫が始まってから１週間くらいのものを選びます。私はニンジンは早生のものがおいしいと思うので、11 月末くらいに抜いてみて、しっかり実が詰まっているものを母本にします。晩生の傾向が強い種をとりたいなら、１月くらいにしっかり土の中に潜っていて（肩が地上部に出ていると寒さに弱い）、真冬の寒さに耐えられるものを選んでいます。
種とりは自分が何を重視し何を求めるかで、母本を選ぶ基準が異なってくるものです。

明石

ナスの場合は２、３番目の実を種とり用として目星をつけ、さらに生育後半の状態を見て、いいものがあればとるようにしています。株の樹勢や葉の様子を見て、「こいつ元気だな！」とピンときたものを自分の独断で選んでつき合っていく感じです。以前は腐って落ちて自然に発酵したトマトの実から、種をとったことがありました。毎年成長の具合を見ていると、この種はこの時期はこうなるというのがわかるようになり、様子がおかしいとすぐわかるようになって対処できるので、失敗も減ります。

竹内

家庭菜園では農家さんのようにたくさんの本数を育てられません。しかし種をとるには、種とり用の株と食用の株が必要になるので、食べたい量よりも１割多めに栽培しましょう。せっかく母本を選んでも、食べるために実を収穫してしまうと、その種とり用の採種果は充実できなくなってしまうので、種とり専用の株を用意すること。たとえば食用のズッキーニの株が２本必要なら、３～４本植えつけし、その中の生育のよい１～２本を種とり専用にするのです。
種とり用の株は病害虫が出ていないことが最低条件。さらにおいしい、たくさんとれるなど、よい条件の株を選んだら、その採種果はよい種をつけるために全力投球させましょう。そして家族が誤って収穫しないよう、印をつけます。誰にでもひと目でわかるよう、ピンクのヒモなどを結びつけておくといいですね。
母本を選び、採種果を太い枝に着果させたら、その実が太りきるまでの間、種とり用の実以外はすべてとります。たとえばナスの場合は 60 ～ 65 日間で着果させますが、前半の１か月は種とり用の実だけを成長させます。ある程度まで大きくなった時点で株に余力があれば、先の方の枝に実をつけるようになりますので、それらは大きくしすぎないうちに収穫して食べましょう。

Q 種とりしたいけれど、交雑が心配です。

竹内

まずは固定種からはじめるとよいでしょう。遺伝子組み換えやゲノム編集する作物はとくに注意が必要です。交雑が心配なら、畑ではなく、近くに野菜を育てていない場所で選抜した母本をプランターに植えて育ててはいかがでしょう。たとえばニンジンの場合、農家では交雑を避けるため、ビニールハウスに移すなどしますが、家庭であればプランターに植えれば育てやすく、交雑を避けるためにプランターの周囲を囲うのも簡単。野菜の一生をじっくり見られるし、観葉植物としても楽しめます。私が使っている底面吸水プランターは、下に水を７リットルも貯められるので、水やりの心配が減るのでおすすめですよ。

明石

交雑しないものから始めてみましょう。ルッコラは種とりしやすいですし、レタス、シュンギクなどのキク科全般も簡単に種とりできます。自家受粉で種がつくオクラやゴーヤ、ヘチマ、固定種のスイカなどは交雑しにくいのでおすすめ。ヒマワリや雑穀など、畑の周りの緩衝材となる緑肥作物も種とりしやすいですよ。

渋谷

アブラナ科の交雑を完ぺきに防ぐのは難しいですが、母本のトウ立ち前にトンネルをかけたりすれば多少は防げるかもしれません。うちの場合は、母本を選んだらビニールハウスに移します。すると花の時期がずれるので交雑しにくくなります。しかしこれは誰もが実際にできる方法ではありません。まずはトマトやピーマン、トウガラシなど、交雑しにくいものから始めて、レベルが上がってきたら、アブラナ科などに挑戦していくのがよいのですね。

関野

種とりは楽しいので、交雑を気にしすぎてやらなくなるのは残念。家庭菜園であれば、あまり交雑を気にしすぎなくてもよいのではないでしょうか。家庭菜園は農家の畑に比べると狭く、交雑しやすい環境。交雑したら「こんなのができちゃった」と笑えばいいし、種とりに失敗したらまた新たに種を購入すればいいのです。ただ同じグループのなかで、どれとどれが交雑しやすいのか知識として知っておきましょう。アブラナ科はとても交雑しやすいですが、ノラボウナは交雑しないので初心者にもおすすめ。またアブラナ科は２年生で、種とりをしようとすると長期間畑を占領することに。そのため家庭菜園の種とりは、１年生の果菜類がおすすめです。まずは種とりの結果より、種をとることの楽しみを知って欲しいですね。

Q 種とりの頻度は？

竹内
ダイコンは３品種つくっていますが、毎年１品種ずつ種とりして維持しています。１回種とりをしたら、その品種の次の種とりは３年後です。

関野
アブラナ科、ウリ科の種の寿命は長いので、３～５年に一度。マメ科の寿命は短いので、毎年とります。本当はどの野菜でも、種とりはこまめにとるのが理想です。私は種とりマニアなので、毎年種とりをしたくなります。毎年、気候などに変化があり、「この条件を乗り越えた種をとりたい！」と思ってしまうのです。

渋谷
購入したばかりの種だったら、自分の好みになるまでは毎年種とりします。これでいいなと納得できるものができたら、以降は種子寿命の範囲内でとるようにしています。たとえばニンジンであれば４年に１回。チンゲンサイ、コマツナ、ハクサイなど、交雑しやすいアブラナ科は、１年おきにどれかをとるようにしています。

明石
アブラナ科はカブ、チンゲンサイ、紫カブ、ハクサイの４種類をローテーションさせています。ダイコンは２種なので１年おきに。果菜類や穀類、ダイズなどは毎年種とりしています。

Q 種の保存方法は？

関野
プラスチック容器に入れて冷蔵保存しています。基本的に乾燥剤は入れていません。プラスチック容器に入れるときの条件が肝心なので、まずは種を十分乾燥させ、空気が乾いている時期に詰めるようにしています。

竹内
まず封筒に種を入れ、乾燥剤を加えて密封できるプラスチック容器に。長野は気温が低いので、容器は二重にしています。自分の失敗経験からおすすめするのは、乾燥剤を２つ入れること。前年から使っているものが半分くらい湿気てきたら、次の乾燥剤を入れます。そうするとうっかり乾燥剤切れになることがありません。
冷涼な気候なので、タマネギ、ニンジンなどの短命種子は冷蔵庫に入れていますが、そのほかは基本的に常温保存。温度よりも湿度を低めにすることのほうが重要です。

渋谷
コンパクトに収納可能なジッパー付きの保存袋を使い、乾燥剤を入れて冷蔵保存しています。乾燥剤は湿気ていることもあるので、冬の時期に全部袋を開けてチェックし、乾燥剤を交換します。

明石
ジッパー付きの保存袋に入れて冷蔵保存です。

Q 無農薬・無化学肥料で野菜づくりをしたい読者にメッセージを！

渋谷
肥料を入れずに育てることは、野菜の力と畑の力だけで育った野菜ができるということ。その姿から感じられる生命力を楽しんでもらいたいです。

関野
戦後世代の日本人は、結果を出して褒められることを一番大事にしてきたように思います。でも結果を出すことは、実はそれほど大事なことではないのです。ベテランの家庭菜園の人たちのなかには、過去に得たよい成果や経験に執着することが多い傾向にあります。楽しみのために畑を始めたはずなのに、成果のみを求めるようになると、畑に通うのがつまらなくなってしまいます。成果や結果を出すことよりも、そこに向かうプロセスを楽しむことが大切だし、結果にもつながるもの。失敗自体は悪いことではなく、解決のための工夫をすれば、いつか絶対うまくいくはずです。ピクニック気分で畑に行き、思いっきり楽しみましょう！

明石
農作業中だけでなく、近隣の農家の畑や、周囲の街路樹などを見るだけでも、気づくことがたくさんあるもの。「なぜこんなところにこれが生えているのか」「なぜこんな時期に花が咲いているのか」など、さまざまな事象をフラットな目で観察するだけで多くの発見があり、それらを自分の畑で試してみると面白いことができるかもしれません。野菜作りを成功させよう！と思うと、新しい方法を試してみたくなりますが、１株は従来の方法で育てて、もう１株は別の方法で実験してみると、新しい育て方が見つかるかもしれません。それを見つけることを含めて野菜づくりを楽しんでください。

竹内
有機栽培や自然栽培の師匠たちの時代は、野菜づくりは大変だったと思います。しかし、今は有機栽培でも不耕起栽培でも、好きな農法を選べるよい時代です。
車や自転車の運転も、最初はできないけれど、一度乗れるようになれば、どんどん上達していくので楽しいですよね。野菜づくりも同じ。失敗することもありますが、野菜が育たなかったのは何か不自然なことが起きたということ。その不自然なことは、一体なんだったのだろうと探求していくことが楽しいのです。失敗を恐れずにチャレンジし続けてほしいです。

野菜づくり用語ガイド

あ

赤玉土（あかだまつち）
乾燥させた赤土をふるった粒状の用土。通気性や水はけがよい。（⬇P22）

育苗（いくびょう）
畑に直《じか》まきしないで、育苗トレイやポットに種をまいて苗を育てること。（⬇P34）

一番花（いちばんか）
株の中で最初に咲く花。

畝・畝立て（うね・うねたて）
畝とは、作物を栽培するために畑の土を細長く盛り上げたもの。畝をつくる作業を畝立てといい、野菜や場所によって高さや幅、形を変える。（⬇P30）

F1種（エフワンしゅ）
一代交配種。異なる品種を人工的に交配してつくられた雑種一代目。メンデルの法則により、両親の形質の顕性だけがあらわれて、生育や大きさなどがそろう。遺伝的に固定されていない一代限りの形質なので、種とりには向かないものが多い。（⬇P13）

雄花・雌花（おばな・めばな）
植物は雄しべの花粉が雌しべにつくことで実がなる。ナス科の野菜のように、同じ花の中に雄しべと雌しべがあるものは雌雄同花。ウリ科の野菜などは、1株に雄しべしかない雄花と雌しべしかない雌花が咲く雌雄異花。ヒユ科のホウレンソウは雄花・雌花が別々の株に咲く雌雄異株となる。

キュウリの雄花（上）とキュウリの雌花（下）。

親づる・子づる（おやづる・こづる）
つる性の植物で、種から最初に伸びて主茎になるのが親づる。その葉のつけ根に出るわき芽が伸びて子づるになる。

お礼肥（おれいごえ）
収穫後も手をかけると成長してふたたび収穫できる作物に、再収穫をねらって最初の収穫後に施す肥料。

温床（おんしょう、おんどこ）
苗を早く育てるため温熱を加えて温かくした苗床。電熱を使うほか、堆肥づくりの発酵熱を利用することもある。（⬇P26）

か

害虫（がいちゅう）
野菜の葉や茎、実を食べたり汁を吸って被害を与える昆虫。ウイルスを媒介したり、病原菌を招くこともある。野菜によってつきやすい種類が異なる。（⬇P48）

化学肥料（かがくひりょう）
鉱石など、自然界にある無機物から化学合成した肥料。水溶性で成分量にムラがないため、必要量がわかりやすい。チッソ・リン酸・カリウムのうち、ふたつ以上の成分を含むものは化成肥料と呼ばれる。（⬇P24）

牡蠣殻（かきがら）
牡蠣の貝殻を焼いた粉末。カルシウムや海に由来する微量要素を含む。（⬇P28）

株・株間・株分け（かぶ・かぶま・かぶわけ）
株は根のついた植物のひとかたまり。株間は、畑で栽培するときの株と株の間隔で、野菜によって適正な間隔がある。（⬇P30）株分けは、多年性の野菜は混みあった株を分けて株数をふやし、成長を促す。（⬇P139）

花蕾（からい）
花の蕾《つぼみ》。ブロッコリーなどで食用にする部分。主茎の頂上は頂花蕾《ちょうからい》という。

ブロッコリーの花蕾。

寒冷紗（かんれいしゃ）
化学繊維を網目状に織った園芸資材。透過性があり、遮光や防寒、防風や防虫などの目的に、ベタがけやトンネルがけで利用。（➡P39）

拮抗菌（きっこうきん）
土中の微生物が互いに縄張り争いをし、影響を与え合うことを拮抗作用といい、その作用をもつ菌のこと。たとえばネギには特徴的な香りのアリシンと、土中の病原菌に相反する拮抗微生物が寄生し、拮抗微生物が病原菌と拮抗する抗菌物質を生成。アリシンと抗菌物質がつる割れ病などの病原菌を防ぐ。

牛フン（ぎゅうふん）
ウシのフンを完熟させたもので、肥料として使用する。（➡P28）

切り返し（きりかえし）
堆肥や腐葉土などをつくるとき、材料を積んで10～14日後に全体をよく混ぜること。繰り返すことで発酵が進む。（➡P27）

菌根菌（きんこんきん）
植物の根と共生する糸状菌のこと。キノコを指す外性菌根菌と内性菌根菌があり、本書では内性のアーバスキュラー菌根菌（AM菌）をさす。植物の根の内部や土中の広範囲に菌糸を伸ばし、植物が光合成で得たエネルギーを受けとり、水分やリン酸などの養分を作物に運ぶ。水や養分が効率よく吸収されることで、病害虫被害が軽減。アブラナ科、タデ科など以外の植物と共生でき、とくに果菜類との相性がよい。（➡P218）

鶏フン（けいふん）
ニワトリのフンを乾燥、発酵させた有機肥料。堆肥の材料や速効性を利用して追肥として使う。乾燥させただけの乾燥鶏フンは、水に触れると悪臭を放ち肥料焼けしやすい。（➡P28）

結球（けっきゅう）
キャベツやレタスなどの外葉が育って内側を巻き込み、丸くなること。生育が悪いと結球しないこともある。

結実（けつじつ）
着果《ちゃっか》。植物が受粉して実がなること。

交雑（こうざつ）
植物が受粉することを交配、異なる品種同士が受粉することを交雑という。品種改良のための人工的なものと、自然に起きる自然交雑があり、雑種が誕生する。（➡P46）

固定種（こていしゅ）
味や形などの形質が何代も受け継がれて固定化している種。自然淘汰されてきたものと、人が選抜しながら栽培してきた種がある。その土地に適応している。（➡P32）

混植（こんしょく）
同じ敷地内に複数の異なる植物を混ぜて植えること。コンパニオンプランツ。（➡P214）

根粒菌（こんりゅうきん）
マメ科の根に共生する細菌で粒状の根粒を形成する。空気中のチッソ分子を固定してアンモニアに還元し、植物に供給する。植物からは光合成によってできた物質を受けとる共生関係にある。（➡P218）

さ

在来種（ざいらいしゅ）
ある地域で昔から栽培されてきた固定種。伝統野菜や地方野菜などとも呼ばれる。

直まき（じかまき）
畑やコンテナなど、作物を育てる場所にタネを直接まくこと。ダイコンやニンジンのような直根性の野菜で行なう。（➡P36）

自家受粉（じかじゅふん）
雄しべの花粉が、同じ花や同じ株の雌しべの柱頭について受粉すること。（⬇P46）

支柱立て（しちゅうたて）
野菜の茎やつるを支えるため、棒などを立てること。茎やつるをヒモなどで支柱に結んで、省スペースで栽培できる。（⬇P43）

地這い（じばい）
支柱を立てずに、つるを地面に這わせる栽培。キュウリなどで行なう。（⬇P43）

雌雄異花（しゆういか）
同じ株に雄花と雌花が咲いて受粉する。ウリ科のキュウリやカボチャなど。（⬇P249）

条・条まき（じょう・じょうまき）
条とは種まき、苗植えをする列のこと。（⬇P30）そこに種をまくことを条まき、すじまきという。

スが入る（すがはいる）
生育が早すぎたり食べごろを過ぎてしまったりして、ダイコンやカブ、ニンジンなどの根菜内部に空洞ができること。

成長点（せいちょうてん）
茎や根の先端や新葉が繰り出す部分など、細胞分裂が活発な成長の起点。

生理障害（せいりしょうがい）
栄養失調や過多、低温や高温、日照不足などによって引き起こされる障害。

整枝・剪定（せいし・せんてい）
いずれも茎を切る作業だが、目的が異なる。整枝は、摘芯やわき芽かきにより、実なりをよくする。剪定は枝を切ることで樹勢をよくする。

た

堆肥（たいひ）
落ち葉や鶏フンや牛フン、米ぬかや野菜くずなどの有機物を踏み固め、発酵させて完熟させたもの。土壌改良材や肥料として用いる。（⬇P26）

高畝（たかうね）
通常の畝が高さ10～15㎝なのに対し、20～30㎝に盛り上げた畝。水はけの悪い畑で排水性をよくするために設ける。（⬇P30）

他家受粉（たかじゅふん）
雄しべの花粉が、ほかの花や別の株の雌しべの柱頭について受粉すること。（⬇P46）

団粒構造（だんりゅうこうぞう）
小さな土の粒（単粒）がいくつかくっついた団粒によってできた土の構造。団粒の間にすき間があり、排水性や保水性、通気性がよく野菜栽培に適している。（⬇P20）

チッソ固定（ちっそこてい）
空気中のチッソをアンモニアに還元する過程のこと。固定されたことによって植物が利用できる状態になる。根粒菌による作用が有名だが、マメ科と共生する根粒菌（リゾビウム属など）のほか、根粒を形成しないタイプのチッソ固定細菌（好気性細菌のアゾトバクター、嫌気性細菌のクロストリジウムなど）が20種以上いることがわかっている。すべての植物がこれらのチッソ固定細菌と共生し、共生関係にある微生物から養分供給を受けている。（⬇P215・218）

ちどり植え（ちどりうえ）
2条以上で育てるとき、交互にずれるように植えること。鳥のチドリの足跡のように見えることが名前の由来。（⬇P52）

中耕（ちゅうこう）
野菜の生育中に、株間や畝間などを浅く耕す作業。通気性がよくなり、根の成長を助けたり追肥の効果を上げる。（⬇P45）

直根（ちょっこん）
ダイコンやニンジンなど、株の下にまっすぐ伸びる根のこと。

鎮圧（ちんあつ）
種をまいて土をかぶせたあと、手やクワなどで圧をかけて押さえる作業。種と土を密着させ、タネの発芽を促す。（⬇P35）

追肥（ついひ）
株が成長する栽培途中で、必要な肥料を与えること。株間や畝間にまく。（⬇P28）

土寄せ（つちよせ）
株まわりの土を株元に寄せて盛り上げる作業。株を安定させたり、根の発育を促す。ネギ

では株の一部を軟白化させるために行なう。追肥や中耕とあわせて行なう。（⬇P45）

つるボケ（つるぼけ）
茎や葉ばかりが育ち、花や実がつかない状態。肥料、とくにチッソ分が多すぎることで起きやすい。（⬇P25）

定植（ていしょく）
トレイやポットなどで育てた苗を、栽培する畑などに植えつけること。（⬇P41）

摘芯・切り戻し（てきしん・きりもどし）
茎の先端にある成長点を切り詰め、主枝に行っていた養分を側枝により分ける作業。高さの成長をとめ、茎数をふやして収穫量を上げる（⬇P44）。伸びた茎を短く切る作業は切り戻しといい、株姿を整えて風通しや株元への日当たりを改善する。

天敵（てんてき）
ある生き物を捕食や寄生などで殺す習性をもつ生き物。野菜づくりでは害虫を食べる益虫やカエル、トカゲなど。（⬇P10）

テントウムシは天敵のひとつ。
アブラムシを食べる。

トウ立ち（とうだち）
気温の上昇や日足がのびることで、花茎が伸び出すこと。アブラナ科の野菜は収穫期後にトウ立ちして開花、タネを結ぶ。

徒長（とちょう）
茎がヒョロヒョロと軟弱に伸びることで、その後の成長が悪くなる。日照不足やチッソ分が多いことで起こりやすい。

トンネル（とんねる）
苗床や畑の畝にアーチ状の支柱を立て、ビニールフィルムや寒冷紗《かんれいしゃ》などをかけたもの。防虫や防寒、防霜などのため。（⬇P39）

な

中生（なかて・ちゅうせい）
同じ野菜でも品種によって、タネまきから収穫までの栽培期間の長短を、早・中・晩と分けた場合の中間のもの。成熟の早いものを早生、遅いものは晩生《ばんせい》という。

軟白栽培（なんぱくさいばい）
土をかぶせるなどして日光をさえぎり、本来は緑の茎葉を白く栽培する。ネギやアスパラガス、セロリなどで行なう。

は

培養土（ばいようど）
おもに育苗やコンテナで用いる植物の栽培用土。排水性などを高めた混合用土で、元肥として化成肥料が入るものも多い。

バンカープランツ（ばんかーぷらんつ）
作物を栽培する際に発生する害虫の天敵や、天敵のエサとなる虫を呼び寄せる植物。

晩生（ばんせい・おくて）
同じ種類の野菜でも、生育の遅い品種。

覆土（ふくど）
種まき後に土をかぶせること、その土。かぶせる土の厚さは野菜ごとに異なる。

腐葉土（ふようど）
落ち葉を積み重ね、微生物の働きで分解発酵させた土。土壌改良に用いる。市販の腐葉土が未熟な場合は、完熟させてから使用する。（⬇P28）

pH（ペーハー、ピーエイチ）
水素イオン指数。水素イオンの濃度を示す値で、野菜づくりでは土壌の酸性度を示す単位として利用される。pH７が中性で、７未満なら酸性が強く７より大きければアルカリ性が強い。（⬇P21）

ベタがけ（べたがけ）
種まきや苗の植えつけ後に、支柱などを立

てずに畝全体に不織布や寒冷紗などを直接かけること。暑さ寒さ対策や害虫を寄せつけない効果がある（⬇P39）。

ボカシ肥（ぼかしひ、ぼかしごえ）
鶏フンに山土やもみ殻燻炭《がらくんたん》、米ぬかやオカラなどを混ぜ、発酵させた肥料。おもに追肥として利用する。（⬇P26）

ポット上げ（ぽっとあげ）
鉢上げ。トレイや育苗箱に種まきして発芽した苗をポットに移植すること。（⬇P40）

ま

間引き（まびき）
よい株を残して株間をあけるため、成長の悪い苗を抜くこと。葉菜類などは間引いた苗も食べられる。（⬇P40）

マルチ・マルチング（まるち・まるちんぐ）
マルチとは株のまわりを覆うため、土の上に敷くシート。地温を上げたり雑草を防ぎ、雨の泥ハネを防いで病気を予防する。市販のポリエチレンフィルムのほか、紙マルチやワラなども利用する。マルチをかけることをマルチングという。（⬇P38）

無施肥（むせひ）
肥料を与えないこと。

元肥（もとごえ、もとひ）
種まきや苗の植えつけ前に、土にすき込んでおく肥料。堆肥など、長くゆっくり効く肥料を施す。（⬇P28）

や

誘引（ゆういん）
株が倒れるのを防いだり形を整えるために、茎やつるを支柱やネットに結びつける作業。（⬇P43）

雄性不稔（ゆうせいふねん）
雄しべが退化するなど、花粉が正常につくれない突然変異の現象。その株を選抜してつくったF1交配種が近年ふえている。

有機肥料（ゆうきひりょう）
米ぬかや家畜のフンなどの有機物からできている肥料。効果が出るのに時間がかかるが、土壌を団粒化する作用もある。

ら

ランナー（らんなー）
親株から伸びた先に子株をつける茎で、着地した部分から根を出す。イチゴなどにできて、株分けできる。（⬇P55）

緑肥作物（りょくひさくもつ）
肥料の一種として利用する植物のこと。栽培した植物を土の中にすき込むことで、土壌のバランスが整えられ地力が増進、病害も少なくなる。また、草丈の高い緑肥は風よけや害虫の飛来を阻止。生育中の緑肥植物は、刈って草マルチとしても利用される。（⬇P240）

輪作（りんさく）
連作障害を防ぐため、異なる科や種類の野菜を順番に場所を変えて作付けすること。（⬇P16）

連作（れんさく）
同じ場所で同じ科や種類の野菜を続けて栽培すること。連作によって土の栄養が偏って収量が減ったり、病害虫の被害がふえる連作障害が起こりやすくなる。（⬇P16）

露地栽培（ろじさいばい）
温室やビニールトンネルなどを使わずに、戸外の畑で作物を栽培すること。

わ

わき芽かき（めかき）
主茎から出るわき芽を摘みとり、主茎や花や果実の成長を促すこと。（⬇P44）

早生（わせ）
同じ種類の野菜でも、生育の早い品種。早生と晩生の中間のものは中生（なかて、ちゅうせい）という。

50音別 野菜さくいん

固定種を大切にしている団体

野口種苗研究所
埼玉県飯能市小瀬戸 192-1
tel.042-972-2478

ナチュラル・ハーベスト
新宿区西新宿 4-14-7　新宿パークサイド永谷 906
03-6912-6330

自然農法国際研究開発センター
研究部育種課
長野県松本市波田 5632番地 1
tel.053-455-3211

高木農園
長野県松本市渚 2-3-22
tel.0263-25-9833

光郷城　畑懐　浜名農園
静岡県浜松市中区向宿 2-25-27
tel.053-461-1482

たねの森
埼玉県日高市清流 117
tel.042-982-5023

種全般の取り扱い

サカタのタネ（ガーデンセンター横浜）
神奈川県横浜市神奈川区桐畑 2
tel.045-321-3744

タキイ種苗
京都府京都市下京区梅小路通猪熊東入
tel.075-365-0123

日光種苗
栃木県宇都宮市平出工業団地 33
tel.028-662-1313

三重興農社
三重県四日市市河原田町 1007-11
tel.059-347-8551

クラギ株式会社　菜園くらぶ
三重県松阪市川井町花田 539
tel.0120-26-1113

◆監修者紹介

関野幸生（せきの　ゆきお）

埼玉県富士見市で無農薬・無肥料自然栽培の関野農園を営む。1ヘクタールほどの畑で約40品目を栽培。すべて固定種を栽培している。自家採種と連作を繰り返すことで、植物の生命力のすばらしさを実感。無肥料自然栽培の野菜をふやすために、講演や講習などを通じて普及活動も行なっている。無肥料自然栽培を普及、提唱する団体nico代表。著書に『固定種野菜の種と育て方』（野口勲氏と共著、創森社）など。

＊

本書で担当した野菜：オクラ・東洋系つる首カボチャ・キュウリ・ゴーヤ・ゴマ・シシトウ・トウガラシ・シロウリ・スイカ・ズッキーニ・トウモロコシ・トマト・ナス・ピーマン・マクワウリ・コマツナ・春菊・タカナ・ネギ・ノラボウナ・シソ・バジル・ハクサイ・ササゲ・カブ・ダイコン・ニンジン・ジャガイモ

渋谷正和（しぶや　まさかず）

埼玉県富士見市で無農薬・無化学肥料、無肥料自然栽培の渋谷農園を営む。営農面積は水田1ヘクタール、畑1.8ヘクタール。全面積の8割を無肥料自然栽培にて栽培。2004年より農薬・肥料を使わない無肥料自然栽培をスタート。無肥料自然栽培の普及のため、講習なども行なっている。nico圃場技術指導員。雑誌等でも活躍中。

＊

本書で担当した野菜：イチゴ・カボチャ・ゴーヤ・トウガン・トマト（なつのこま）・食用ホオズキ・アスパラガス・キャベツ・ザーサイ・タマネギ・チンゲンサイ・ツルムラサキ・ニラ・ニンニク・ハクサイ・ブロッコリー・カリフラワー・西洋ホウレンソウ・レタス・モロヘイヤ・インゲン・エダマメ・ダイズ・サヤエンドウ・スナップエンドウ・ダイコン（紅芯大根）ショウガ・サツマイモ・サトイモ

明石誠一（あかし　せいいち）

埼玉県入間郡三芳町で無農薬・無肥料自然栽培の明石農園を営む。4.5ヘクタールの畑で年間60種の野菜を栽培。販売先は個人宅配、自然食品店、飲食店など。2012年より農業体験スクール「ソラシド」講師を務め、多くの家庭菜園家を育てている。農をベースにしたコミュニティを作るため、永続性がある循環した社会を実現していくことが目標。明石農園を取材したドキュメンタリーに映画『お百姓さんになりたい』がある。

＊

本書で担当した野菜：ヘチマ・カツオナ・カラシナ・キンジソウ・クウシンサイ・タアサイ・東京ベカナ・ルッコラ・日本ホウレンソウ・ミズナ・リーフレタス・アズキ・ソラマメ・ラッカセイ・カブ（木曽紫かぶ・飛鳥あかねかぶ・日野菜かぶ）・ダイコン（打木源助大根）ラディッシュ・エアーポテト・キクイモ・ナガイモ・陸稲・コムギ・キビ

竹内孝功（たけうち　あつのり）

自然菜園コンサルタント。19歳で、福岡正信著『わら一本の革命』（春秋社）に出会い、東京都日野の市民農園で無農薬・家庭菜園を始める。卒業後に勤めた自然食品店店長を辞し、本格的な自然農・自然農法の修行に入る。（公財）自然農法国際研究開発センターの研修などを経て、自然菜園スクールを開催する。主な著書に『これならできる！自然菜園』（農村漁村文化協会）『コンパニオンプランツの極意』（ブティック社）など多数。

自然菜園スクール
https://www.shizensaien.net/

＊

本書の8章「コンパニオンプランツと緑肥作物」を担当

◆ STAFF

編集・構成 ● 小沢映子（GARDEN）
本文デザイン ● 清水良子・馬場紅子（R-coco）
イラスト ● 千原櫻子
撮影 ● 平沢千秋／関野幸生／信長江美／小沢映子
原稿 ● 小沢映子／平沢千秋／光武俊子
企画・編集 ● 成美堂出版編集部

本書は、弊社既刊『書き込み作業カレンダー付 とっておきの野菜づくり』（2017年4月初版発行）をベースに再編集、大幅な加筆をし、改題したものです。

無農薬・無化学肥料で育てる！ おいしい野菜づくり

監　修　関《せき》野《の》幸《ゆき》生《お》　渋《しぶ》谷《や》正《まさ》和《かず》　明《あか》石《し》誠《せい》一《いち》　竹《たけ》内《うち》孝《あつ》功《のり》
発行者　深見公子
発行所　成美堂出版
　〒162-8445　東京都新宿区新小川町1-7
　電話(03)5206-8151　FAX(03)5206-8159
印　刷　TOPPAN株式会社

ISBN978-4-415-33252-9
落丁・乱丁などの不良本はお取り替えします
定価はカバーに表示してあります